Hans Jörg Fahr

Zeit und kosmische Ordnung

Die unendliche Geschichte von Werden und Wiederkehr

Carl Hanser Verlag

1 2 3 4 5   99 98 97 96 95

ISBN 3-446-18055-9

Satz: Gerber Satz GmbH, München
Druck und Bindung:
Friedrich Pustet, Regensburg
Printed in Germany

Inhalt

Einleitung

Eine alte, nur scheinbar triviale Frage: Man schläft zu einem gewissen Zeitpunkt ein, beim Aufwachen signalisiert eine Uhr, ein Glockenton, daß es eine gewisse Anzahl von Stunden »später« ist. Was eigentlich hat die Zeit inzwischen gemacht? Vergeht die Zeit, auch ohne daß man eigens darauf achtet? Oder steht sie still, ebenso wie das bewußte Erleben über die Dauer der Nacht stillstand? Hängt die Zeit von der wachen Erlebnisbereitschaft ab oder vielmehr von einem Konsens unter den Menschen? Oder hängt sie gar überhaupt nicht vom Menschen ab? Nur eines wird mir immer klarer bei solchen Gedanken: Eine »Kurze Geschichte der Zeit« wird es nie geben können, weil diese Geschichte von jedem, der sie hört, spontan weitererzählt werden will. Jeden fordert diese Geschichte immer wieder erneut heraus, sie lebt weiter, solange die denkende Menschheit existiert, denn die Themen der Zeit sind zeitlos.

Das beginnt und endet meist mit der Überzeugung, daß Zeit eigentlich gar kein konzeptionelles Problem darstellen dürfte, seit man diese doch auf immer genauere Weise zu messen gelernt hat. Doch was heißt es, Zeit zu messen? Einmal abgesehen von dem rein technischen Problem, wie ein solches Messen richtig und angemessen durchzuführen wäre, stellt sich davor die Frage, in welcher Form Zeit überhaupt in der Natur erscheint. Also etwa als Quantität oder als Qualität. Man fragt sich doch, ob sie überhaupt als eine Meßgröße in der Natur auftritt – wie andere ordentliche Meßgrößen auch, etwa der Ort, das Gewicht, die Masse, der Impuls oder die Energie bestimmter Realobjekte.

Die Zeit an Vorgangsabläufen zu messen oder Ereignissen Zeitmarken zuzuordnen, heißt normalerweise nichts anderes als – bestimmte Kommensurabilitäten mit geeigneten zyklisch geschlossenen Normvorgängen wie Pendelschwingungen, Zeigerumläufen, Atomoszillationen, Tages- oder Jahresgängen abzufragen. Das kann jedoch nur Sinn machen, wenn man Vorgänge zu bemessen hat, die selbst von zyklisch geschlossener, sich periodisch wiederholender Natur sind, so daß ein Zeitmessen zum schlichten Periodenvergleich zwischen verschiedenen Vorgangszyklen werden kann. Wenn aber bestimmte Vorgänge nun nicht in ein konstantes Zahlenverhältnis zu Normperioden hineinpassen, dann sollte das Zeitmessen an ihnen schon recht problematisch werden.

Warum geschieht überhaupt etwas und nicht vielmehr nichts? So könnte man sich in Anlehnung an eine alte Frage des Philosophen Leibniz fragen. Wie findet sich die Zeit im Naturgeschehen ein? Oft wollen wir hier einfach glauben, die Zeit tauche als echte Beobachtungsgröße am Realen auf oder sei gar ein Akzidenz an den Naturereignissen, so als sei der Ausbruch des Vesuv nicht nur mit der Ausschüttung unglaublicher Mengen von Lava und Tuff, mit der Freisetzung von Energie analog einer Sprengkraft von soundsoviel TNT und dem Untergang von Pompeji und Herkulaneum verbunden, sondern außerdem auch mit einem ganz bestimmten Datum im August des Jahres 79 n. Chr. Ist aber die Natur nicht völlig gleichgültig gegenüber solchen Orts- und Zeitmarken, die wir ihr willkürlich und immer nur nach bestimmter Konvention überstülpen? Muß es ihr nicht völlig egal sein, wo sie passiert und wann? Wie ein Stein fliegt, wenn man ihn vom Boden in die Luft wirft, hängt weder davon ab, wo man ihn wirft, noch wann man ihn wirft, sondern lediglich davon, *wie* man ihn wirft. Daher sind alle Naturgesetze, mit denen wir die Natur beschreiben, gleichgültig gegenüber Orts- und Zeitverschiebungen. Wäre dem nicht so, so ließe sich an der Art, wie ein Stein über die Erde fliegt, die absolute Zeit des Augenblickes bestimmen. Man könnte dann allein an der heutigen Form des Gravitationsgesetzes, so wie es für uns gilt, schon feststellen, wie alt das Universum ist, seit es sich unter der Wirkung der Gravitation womöglich aus einem Urknall zu entwikkeln begann.

Zu fragen wäre, ob Zeit nicht viel eher die Folge unseres Bemühens ist, das jenseits unseres Bewußtseins Befindliche zu verstehen. Wie sollte sich denn etwas dem Geiste nicht Immanentes, vielmehr in seiner ganzen Eigenständigkeit und Fremdheit Auftretendes verstehen lassen? Kann durch geeignetes Verstehen das Naturgeschehen jemals zu etwas gemacht werden, das dem Verstand voll angehört? Das ihm integriert ist wie Nahrung, die wir unserem Körper zuführen? Wenn ja, dann ließe sich vielleicht argwöhnen, daß die Natur selbst vielleicht vollkommen zeitlos ist und daß nur wir die Natur, indem wir sie verstehen wollen, erst durch unsere transzendentale Perspektive zu einem Phänomen der Zeitlichkeit erheben?

Der Rationalismus ist davon überzeugt, daß der Geist mittels seiner Erkenntniskraft und seines unbeirrbaren Erkenntniswillens sich schließlich alles Seienden bemächtigen kann. Alles Seiende würde dann aber wie unser

Verstand selbst sein, Natur und Kosmos werden zu vernunftvereinnahmten Realitäten. Was passiert aber, wenn das Naturreale zu einem ganz und gar Verstandenen gemacht geworden ist? Oft mag es einem scheinen, daß das so gewonnene Modell, wie es sich unser Verstand von der Natur macht, realer ist als der Gegenstand, den das Modell für den Verstand abbildet. So scheint das Atommodell realer als das Atom – die kosmologischen Weltmodelle realer als der Kosmos selbst! Man muß hier schon genauer untersuchen, wie diese Modelle der Natur eigentlich angelegt sind. Was ist daran Verstand, was Natur? Dann stellt sich bald heraus, daß solche Modelle allesamt nach bestimmten heuristischen Prinzipien angelegt sind, wie etwa nach den Erhaltungsprinzipien, dem Kausalitätsprinzip oder dem Wirkungsprinzip. Wenn dem so ist, bedingt diese Prinzipialisierung des Naturgeschehens dann nicht vielleicht schon, daß alle so gewonnenen Modellnaturen genau dadurch Zeitartigkeit annehmen? Womöglich machen wir uns eben die Welt zeitartig, obwohl sie selbst es gar nicht ist!

Man redet angesichts des Problems der Zeit oft von Zeitpfeilen, die allem Geschehen als Orientierung innezuwohnen scheinen. Für die Physiker gibt es da zunächst den thermodynamischen Zeitpfeil, der jedes physikalische System zwingt, sich in die Richtung größerer Unordnung zu entwickeln. Für die Historiker gibt es den historischen Zeitpfeil, der im Gegensatz dazu immer in Richtung auf Mehrwertbildung und Schaffung von mehr Ordnung orientiert ist. Bisweilen spricht man dann auch von Fortschritt. Daneben erhält jeder von uns, als Bewußtsein, eine Orientierung durch seinen ganz persönlichen, subjektiven Zeitpfeil, der die Subjektvergangenheit auf die Subjektzukunft hin ausrichtet. Hängen alle diese Pfeile eigentlich zusammen? Sind sie vielleicht auf ein einziges Phänomen zurückzuführen, oder treten hier ganz verschiedene Dinge in Erscheinung?

Wenn wir kein Gedächtnis hätten, so gäbe es keine Zeiterfahrung für uns. Wir würden zu einem Seienden, das keine Identität mit sich selbst herstellen kann, weil nichts in uns als tradiert bemerkt werden kann. Es gäbe uns weder als Gewesenheit noch als Zuwerdendes, das sich ja aus der Möglichkeit der Wandlung von Vorherigem erst ergeben können müßte. Das Vorher und Nachher des Ich können nur auf der Basis dieses speziellen Seinsmodus zu etwas anderem als einem diskontinuierlichen Nebeneinander von Augenblikken oder einer kaleidoskopischen Aufstückelung in Zeitsplitter verbunden werden. Das Vorher muß eben jeweils das »Vorher des Nachher« sein können. Das Zeitvertreiben tritt somit im Subjekt als Vollzug der Individuation auf, indem das Ich gerade dadurch zu seinem Selbstverständnis kommt, indem es sein Gewesensein als sich selbst annimmt, um es danach immer wieder zu überwinden. Der psychologische Zeitpfeil ergibt sich so aus der

Zeitlichkeit des Subjektes, welches seine Vergangenheit und seine Zukunft als Kontinuität unterhält.

Alle evolutionären Prozesse, in denen Zeit vergeht, ob in der Kosmologie des Universums, der Kosmogonie von Sonne und Planeten oder der Biologie, orientieren stets einen Zeitpfeil in Richtung auf Bildung von mehr Ordnung und Information. Das heutige Weltall ist gewiß strukturhafter als das frühe, die materiellen Engramme im Zustand des heutigen Sonnensystems sind weit zahlreicher als jene der protosolaren Kollapswolke, und die Informationen, die in der Genmatrix des heutigen Menschen niedergelegt sind, können als weitaus zahlreicher gelten als jene in der Genmatrix des primitiven Lebens. Und trotzdem soll alle Evolution letztlich auf dem Vehikel der physikalischen Gesetze ablaufen, welche im Rahmen des zweiten Hauptsatzes der Thermodynamik verkünden, daß bei jedem in der Wirklichkeit ablaufenden Prozeß vorhandene Information vernichtet und Unordnung geschaffen wird. Wie soll dies miteinander in Einklang zu bringen sein? Es gibt Anzeichen dafür, daß beide gegenläufigen Zeitpfeile wegen der speziellen thermodynamischen Randbedingungen in unserem Kosmos miteinander in Einklang kommen. Kosmos, Milchstraße, Sonnensystem, Erde – sie alle stellen Systeme weitab vom thermodynamischen Gleichgewicht dar. In ihnen wird zwar ordnungsgemäß ständig Unordnung erzeugt, aber diese kann dem System entweichen, so daß dennoch insgesamt die Information in diesen Untersystemen zunehmen kann. Vielleicht liegt dies in den kosmischen Randbedingungen begründet, nämlich in der Tatsache, daß der Kosmos expandiert?

Letztere legt für manche Astrophysiker die Einführung einer kosmischen Zeit nahe, die für die kosmische Gesamtinformation festgelegt wird. Als ein Maß für Zeit und Zeitablauf würde also die Entropie des Kosmos fungieren. Diese Annahme würde nach einer kausalen Einwirkung der kosmischen Entropie auf alle taktgebenden Prozesse, also auch auf den Gang jeder Uhr, verlangen.

Noch etwas ist hierbei zu bedenken. Solches Denken lohnt sich immer nur, wenn wir nicht »weltblind« sind. Innerhalb unseres Horizontes, in dem wir uns die Realität des Universums zugänglich machen, muß sich bereits das Ganze zeigen. Die Gesetze, die bei uns gelten, müssen überall und immerdar gelten. Die Strukturen, die in unserem Verstand in Erscheinung treten, müssen sich überall in gleicher oder analoger Form wiederholen, sie dürfen jedoch einer Entwicklung in der absoluten kosmischen Zeit unterworfen sein, soweit es denn überhaupt eine Entwicklung des Kosmos in der kosmischen Zeit gibt.

Anders, wenn der Kosmos ein Phänomen ewiger Bewegung und ewiger Entwicklung repräsentierte. Wenn es in seinen internen Prozeßabläufen gar keinen Informationsverschleiß und auch keinen wahren kosmischen Evolutionsprozeß gäbe. Alle Strukturen des Universums könnten sich als skaleninvariant erweisen lassen, wenn sich zeigt, daß sie sich morphologisch über alle Zeiten hinweg durchhalten, also sich weder wertbildend noch paralysierend auswirken. Die Welt hätte dann also morphologisch gesehen überhaupt *kein Alter*! Ihre Gesetze könnten vielleicht skaleninvariant formuliert werden. Das Universum wäre dann als eine Struktur erkennbar, die keinen Anfang und kein Ende in der Geschichte hat, die sich zwar ständig bewegt, aber im ganzen dennoch keine Information verschleißt. Wenn wir sehen könnten, daß die Gesetze der Gravitation in Wirklichkeit so angelegt sind, daß die durch sie bestimmte Bewegung der vielen gravitativ wechselwirkenden Körper im All verschleißfrei verläuft, so würden wir damit wissen, daß wir mit diesem Kosmos weder dem Entropiemaximum noch dem allgemeinen Strukturchaos entgegengehen. Alles bliebe vielmehr ewig und zeitlos.

Diese Einsicht besaß interessanterweise schon der griechische Naturphilosoph Heraklit von Ephesos. Er meinte, die Welt sei weder von Göttern noch von Menschen jemals gemacht worden, sie sei vielmehr immer schon dagewesen und werde auch immerdar sein – und das Geschehen in ihr sei ein ewig lebendes Feuer, sich in Stufen entzündend und in Stufen wieder verlöschend. Auch Empedokles stimmte dem zu und nannte diese Welt einen in Ewigkeit fortdauernden Prozeß, bestehend aus einer ewigen Umwandlung von Vorhandenem in Zukünftiges, wenn man so will, – eine Seinsewigkeit, jedoch getragen von dauerndem Wechsel zwischen Entstehen und Vergehen, verbunden mit der beständigen Gestaltenumwandlung unter den Urteilchen der Materie. Eine solche These wird damit begründet, daß niemals etwas neu entstehen könne, ebensowenig wie etwas, was einmal da ist, ins Nichts vergehen könne. Wenn diese Begründung aber als klare Vorgabe für ein in sich stimmiges Denken angenommen werden muß, so ergibt sich daraus als Aufgabe eine vernunftangemessene Form der Kosmologie, also eines versuchten Verständnisses des Ganzen dieser Welt durch unseren Geist. Wenn wir ernst nehmen müßten, daß kein Seiendes im Kosmos aus Nichtseiendem hervorkommt, sondern alles neu Erscheinende nur aus Umwandlung des im Weltall Vorhandenen hervorgeht, so muß die logische Schlußfolgerung sein, daß alles Seiende potentiell schon immer im Kosmos da ist und sich nur jeweils als Konkretes zu bestimmten Zeiten und Orten durch Umwandlung aktualisiert. Angesichts der Kosmologie eines singulären Urknalls muß dies bedeuten, daß dieser nicht mehr und auch nicht weniger reell seiendes Weltall darstellt als jede spätere Phase des Universums im Weiterlauf der kosmischen Evolution. Sie wäre damit gar keine »Evolution« im wahren Sinne mehr, da sie niemals etwas qualitativ Neues, nie zuvor Dagewesenes hervorbringen könnte, sie wäre lediglich eine Konvolution, also eine fortwährende Umwälzung oder Umwandlung von Vergehendem in Werdendes, etwa analog dem Erscheinungswandel eines Objektes, das bei Drehung vor unserem Blick in unserer Zeit eine immer wieder andere von den vielen seiner dennoch immer gleichzeitig vorhandenen Seiten aufzeigt.

Was wäre aber, wenn? Wenn Urknall und heutiges Weltall vom Seinsvolumen her nicht unterscheidbar sein dürften? Muß der Urknall sich im Grunde dann nicht auch aus jeder aus ihm später hervorgegangenen Form des Universums stets wieder neu ergeben können? Denkt man hier daran, daß sich im Zuge der kosmischen Evolution nach allgemein physikalischer Ansicht ständig weitere Entropie entwickeln müßte, so scheint eine Rückkehr zum Urknall von vornherein ausgeschlossen, denn auf dem Weg zurück zum Urknall müßte ja dann entweder negative Entropie erzeugt werden können oder vorhandene positive Entropie beseitigt werden können. Der Urknall kann in diesem Sinne also schwerlich ein äquivalentes Bild unseres heutigen Kosmos darstellen oder dargestellt haben. Es sei denn, man dächte sich ganz neue massen- und schwerkraftauflösende Prozesse in einem sich verdichtenden Weltall aus, die negentropisierende Folgen nach sich ziehen könnten. Da will es fast einfacher scheinen anzunehmen, der Urknall sei überhaupt kein möglicher Zustand, durch den derjenige unseres heutigen Weltalls repräsentiert werden kann, weil ersterer seinsmäßig nie mit dem heutigen Weltall kommunizieren kann. Schaut man vielmehr konsequent darauf, daß alles in der Welt durch Wandlung von bereits Vorhandenem entsteht und daß alles Werden durch das Vergehen von Andersartigem ermöglicht wird, so muß man notgedrungen das gesamte Geschehen im Weltall in Kreisläufen angelegt sehen.

Friedrich Nietzsche hatte schon im 19. Jahrhundert dazu die maßgebenden gedanklichen Richtlinien entwickelt, wie sie sich aus einem konsequenten Weiterdenken der Heraklitschen Philosophie ergaben. Sein Entwurf war die Bejahung des Werdens als der einzigen Form des Seins überhaupt. Werden rechtfertigt sich einfach als Dynamik der Wandlung in jedem Augenblick. Es hat keinen Zielzustand, sondern nur jeweils das Ziel der Zustandsauflösung. Deshalb hat alles hervorkommende Sein bereits das Entgegengesetzte seiner selbst in sich. Das ganze Wesen der Wirklichkeit ist nur einfach das Wirken auf das Veränderte hin. Die Welt als ganze – besteht aus solch schierem Wirken auf Veränderung hin, sie entfaltet nichts Neues aus sich heraus, im Bestreben nach Qualitätsmehrung. Die Welt, indem sie ist, ganz gleich wie gut oder schlecht, bewirkt nur immer ihre Veränderung; sie wird immer und vergeht zugleich dabei, aber sie hat nie angefangen zu werden, und sie wird nie aufhören zu vergehen. Ihr Werden kennt kein Sattwerden, keinen Überdruß und kein Ermüden. Es gibt also auch keine Entropievergiftung der Welt in ihrer Evolution! Die Schöpfung ist demnach eine Unerschöpflichkeit im Werden und Vergehen.

Weder Nietzsche noch Heraklit oder Empedokles und auch nicht die Prediger des Entropietodes im Universum können einem angesichts der Frage nach der Zeitlichkeit des Seins eine absolute Hilfe sein. Hier hilft eben immer nur, sich selbst von dieser Frage herausfordern zu lassen und ihrer unendlichen Geschichte in allen Einzelheiten nachzugehen.

1. Kapitel
Der alltägliche Umgang mit der Zeit

Es kann keine »Kurze Geschichte der Zeit« geben, weil diese Geschichte immer weiter erzählt werden muß und nie endet, solange die Menschheit *selbst* in der Zeit existiert. Die Themen der Zeit sind dabei zeitlos aktuell und faszinierend, und das, obwohl jeder von uns ständig Umgang mit dem Begriff und dem Erfahrungswert »Zeit« pflegt.

Etwa jeder zweite Normalbürger unserer Epoche sagt von sich, er habe keine Zeit. Man solle ihm möglichst das bißchen »Zeit«, über das er verfügt, nicht auch noch stehlen. Dennoch gibt es unter uns viele, die von anderen gerne sagen, daß sie die Zeit totschlügen oder sie unnütz vertäten, daß sie nicht wüßten, wie sie die Zeit herumbringen sollen. Ist die Zeit nun eine Last – oder eine Lust in unserer heutigen Gesellschaft und Gegenwart geworden? Ist sie nicht vielleicht doch eine Geißel unserer Existenz? Gerade, indem wir sie messen und auf Uhren kontrollieren? Denn dem Glücklichen schlägt bekanntlich keine Stunde. Wie kann man sich überhaupt »Zeit nehmen« oder den Dingen »Zeit lassen«? Wo kommt dasjenige her, das man da »nimmt« oder »läßt«? Ist es etwa wie eine Ware verfügbar?

»Zeit« scheint für uns heute kein konzeptionelles Problem mehr darzustellen, seit man begonnen hat, sie zu messen, und sie damit fest im Griff hat. Was heißt es jedoch im eigentlichen Sinne: Zeit zu messen? Ganz abgesehen einmal von der sekundären Problematik, wie ein solches Messen richtig und zuverlässig durchgeführt werden kann, stellt sich zuallererst die Frage, ob Zeit überhaupt als eine Meßgröße in der Natur der Dinge erscheint – wie etwa Gewicht, Masse, Impuls, Temperatur oder Energie. Welche Auszeichnung erfährt ein Ereignis dadurch, daß es zu einem bestimmten Zeitpunkt geschieht? Wenn ein Zug in einen Bahnhof einfährt, prägt es dann die Eigenschaftlichkeit des Bahnhofs oder die des Zuges, wenn dies um 16.15 Uhr passiert? Ist Zeit überhaupt eine Eigenschaft der Dinge an sich?

Wenn dem so wäre, so müßte man dem Naturding seinen Zeitwert so wie eine seiner zu ihm speziell gehörenden Eigenschaften ansehen können. Da die

Zeit aber verfließt, so würde ein durch sie charakterisiertes Naturding ständig eine seiner Eigenschaften ändern und stets seine eigene Identität durch ständige Wandlung in Frage stellen. Die so bedrohte Identität des Dinges ließe sich dann überhaupt nur retten, wenn die Zeit, sowie vielleicht auch die Farbe, der Geruch, die Temperatur eines Dinges, keine im eigentlichen Sinne objekttragende Eigenschaft darstellt, sondern nur eine vom Zugangsaspekt her bestimmte Erscheinungsform desselben festgelegt. Zeit müßte demnach ein akzidentielles, zufälliges, aber eben nicht essentielles Stigma des Dinges sein.

Zeit messen oder Ereignissen Zeitmarken zuordnen heißt doch normalerweise, bestimmte Kommensurabilitäten mit geeigneten, zyklisch geschlossenen Normvorgängen wie Pendelschwingungen, Zeigerumläufen, Atomoszillationen, Tages- oder Jahresgängen herzustellen. Das kann jedoch eigentlich nur Sinn machen, wenn damit Vorgänge zu bemessen sind, die selbst von zyklisch geschlossener, periodischer Natur sind, so daß ein Zeitmessen zum schlichten Periodenvergleich wird. Wenn bestimmte Vorgänge jedoch nicht in ein festes Zahlenverhältnis zu Normzeitperioden hineinzustellen sind, so wird das Zeitmessen an ihnen problematisch. Was soll dann heißen, daß, während eine Vase vom Schrank zu Boden fällt, zweieinhalb Sekundentakte einer Normaluhr verstreichen? Haben beide Ereignisse überhaupt irgend etwas essentiell miteinander zu tun, oder wird hier vielmehr ein Konnex geschaffen, der ansonsten von der Natur vollkommen ignoriert wird?

Wenn die Natur doch ein Interesse daran hätte, den Fall einer Vase vom Schrank auf den harten Fußboden mit bestimmten Zeigerstellungen einer Zifferblattuhr koinzidieren zu lassen, so müßten die Prozeßabläufe in der Uhr im kausalen Kontext mit dem Fallen der Vase stehen. Das würde jedoch kein Naturbeobachter im Ernst als gegeben unterstellen wollen. Im Gegenteil, wir sind davon überzeugt, daß beide Prozesse, der Fall der Vase und das Schlagen der Uhr, eben gerade kausal nichts miteinander zu tun haben, daß sie vielmehr in ihren Abläufen völlig unkorreliert und gegeneinander gleichgültig sind. Nur so sind wir überhaupt bereit, den Schlag der Uhr als ein Maß für den Prozeßablauf des Vasenfallens zu akzeptieren.

Der Zeitmoment, zu dem irgendein äußerer Anstoß die Vase auf dem Schrank in eine instabile Lage bringt, und derjenige, zu dem danach die Vase am Boden aufschlagend zerspringt, haben keine sie voneinander substantiell unterscheidenden Qualitäten. Es sind einfach zwei Zeigerstellungen auf einer Uhr, von denen die eine ebenso gut ist wie die andere. Was hat der Weltpunkt, wo die Vase zu Bruch geht, nachdem sie vom Schrank gefallen ist, mit dem Sekundenstand der gegenüber diesem Sachstand völlig kontingenten Uhr zu tun? Wozu dient uns dann aber die Feststellung einer Korrelation von einzelnen Prozeßphasen mit dazugehörigen Uhrzeigerstellungen?

Anders liegt die Sache vielleicht, wenn die Zeigerstellung einer Uhr ein kausal auslösendes Moment für einen Prozeßablauf darstellen würde, indem sie zum Beispiel wie die Münchner Rathausuhr zur vollen Stunde ein Glokkenspiel in Gang setzt oder wie die Terroristenuhr zur vorprogrammierten Zeit eine Bombe zur Explosion bringt. Hier scheint bestimmten Zeigerstellungen eine besondere Ereignisqualität zuzukommen; nämlich als auslösendes Moment wirkfähig zu werden. Aber diese gewollte »Wirkzeitkoordinate« ist interessanterweise ohne absoluten Zeitwertcharakter. Hält man die Münchner Rathausuhr für eine halbe Stunde an, so ertönt das Glockenspiel hernach stets zu den halben Stunden anstatt zu den vollen, denn es liegt nur eine »mechanische oder elektrische Koinzidenz«, nicht aber eine essentiell zeitliche für die Ereignisabläufe vor.

Dies weist darauf hin, daß Zeit nicht als Eigenschaft der Ereignisse oder der Dinge selbst genommen werden kann. Sie wohnt dem Objekt der Natur nicht als Qualität inne – so wie etwa das Gewicht, die Masse, die Temperatur, der Impuls oder die Energie eines solchen physikalischen Objektes. Ist Zeit demnach überhaupt eine »physikalische Observable«? Oder ist Zeit vielmehr etwas den Dingen, Geschehnissen und Erscheinungen völlig Äußerliches?

Diese Fragen sind durchaus schwierig, und eine Antwort darauf liegt nicht geradewegs auf der Hand. In der Tat werden zwar den Ereignissen wie zu Archivierungszwecken Zeitmarken zugeordnet. Und wenn dies sozusagen »weltweit« geschieht und wenn man auf diese Weise zu bestimmten, wohlgesetzten Zeitmarken einen Katalog von zugehörigen »markengleichen« Ereignissen aufstellt, so kommt es zu einer Kategorisierung von Ereignissen, die jedoch immer dann unsinnig und willkürlich bleiben muß, wenn es keine gemeinsame, hinter allen Ereignissen einer solchen Kategorie stehende Verursachung gibt. Wenn also die so kategorisierten Ereignisse als kausal voneinander entkoppelt gelten können sollen, so macht eine solche Kategorienbildung überhaupt keinen Sinn. Dann nämlich entspringt solchen Zeitmarken keine Bewirkungspotenz. Das Eintrittsdatum eines Ereignisses ändert den Ereignisablauf nicht, das heißt, es hängt nicht von dem Zeitmoment selbst in irgendeiner Weise ab, wie der Ereignisablauf weitergeht. Koinzidenzmarkierungen zwischen Zeigerstellungen und äußeren physikalischen Ereignissen bleiben damit lediglich aus pragmatischen Gründen eingeführte Willkürmarkierungen, die keinen Dinglichkeitscharakter besitzen und keine spezielle Form des Gesetzeswaltens aktivieren.

Aus diesem Grunde kann man es auch als Physiker ohne weiteres hinnehmen, daß verschiedene Raumzeit-Referenzsysteme den gleichen Ereignissen unterschiedliche Zeit- und Raummarken zuordnen, ohne daß damit die Qualitäten der Ereignisse selbst angetastet würden. Die Spezielle oder die Allgemeine Relativitätstheorie hat gelehrt, den Umstand anzunehmen, daß es grundsätzlich *keine* absoluten Zeiten und Orte als physikalisch angemessene Beschreibungsmittel für Naturvorgänge geben sollte, denn Raum- und Zeitkoordinaten sowie Raum- und Zeitmaße können nur jeweils relativ zum gewählten Bezugssystem festgelegt werden. Das Geschehen an verschiedenen Raumzeitpunkten der Welt sollte demnach nicht über eine einzige, allgemeinverbindliche Zeitkoordinate parametrisiert werden können.

Ort und Zeit der Erstellung der einzelnen Kugeln des Atomiums in Brüssel sowie Rauminhalt dieser Kugeln und Zeitdauer ihrer Erstellung können demnach nur innerhalb des jeweils gewählten raumzeitlichen Bezugssystems festgelegt werden und sind somit nicht Eigenschaften des Atomiums an sich. Wie kann etwas Derartiges aber hingenommen werden: Wenn Größe und Rauminhalt sowie Erstellungszeit von bestimmten Objekten nicht zu den Eigenschaften solcher Objekte gezählt werden können, so muß man doch fragen, was dann überhaupt noch als Objekteigenschaft benannt werden kann.

Offensichtlich verfügt die Physik in ihrer Beschreibung der Natur jedoch derart über die Natur der Dinge und der dinglichen Geschehnisse, daß weder den Orts- noch den Zeitmarken von Objekten oder der mit ihnen verbundenen Ereignisse ein Absolutheitsrang zukommt. Steckt dahinter eine weise Grunderkenntnis über die Situation unseres Verstandes vor der Natur des Andersseins, das sich diesem entgegenstellt? »Zeit« messen oder Ereignissen Zeitmarken zuordnen erfolgt normalerweise so, daß man mit bestimmten, heraushebbaren Einzelphasen aus einer Ereignisfolge bestimmte Kommensurabilitäten oder Maßrelationen mit Zeitdauern geeigneter, zyklisch geschlossener Standardvorgänge, wie eben Pendelschwingungen, Zeigerumläufen, Atomoszillationen, Tages- oder Jahresgängen, herzustellen versucht.

Das kann jedoch nach einer tiefgründigen Analyse des Wissenschaftsphilosophen Deppert eigentlich nur dann Sinn machen, wenn die in ihrem zeitlichen Ablauf zu beschreibenden Vorgänge sich in einem physikalischen System vollziehen, das der gleichen PEP-Klasse wie derjenigen der verwendeten Uhrensysteme angehört. Die Kurzbezeichnung PEP steht hierbei für »Periodic Equivalent Process« und meint Prozesse, die sich alle auf eine Grundperiodizität zurückführen lassen bzw. sich durch letztere bemessen lassen. Solche PEP-Systeme sind in einfachster Form das Foucaultsche Pendel, das Torsionspendel oder jeder monoperiodische Oszillator, in komplizierterer Form das Bohrsche Atommodell mit seinen vielen kompliziert koppelbaren Eigenperioden oder, in noch komplexerer Form, Festkörper oder

Plasmen mit ganzen Spektren von Eigenschwingungsmoden. Immer aber stehen die höheren Schwingungsmoden zur Grundschwingungsmode in einem festen Verhältnis, das durch eine rationale, konstant bleibende Zahl darstellbar ist.

Letzteres gilt zum Beispiel, wie man seit neuerem weiß, nicht für das Blutkreislaufsystem des Menschen, das durch den Herzschlag angetrieben wird. Der Puls des Herzschlages weist im Normalfall kein festes Periodenverhältnis mit einem der oben genannten PEP-Systeme auf, sondern die Herzschlagperiode, zum Beispiel gemessen in Minuten, weist eine recht unregelmäßige, geradezu chaotische Schwankung zwischen 70 und 120 Pulsschlägen pro Minute auf, freilich verteilt um einen Mittelwert von etwa 85 Pulsschlägen. Diese chaotisch erscheinende Pulsperiodenverteilung ist dabei nicht, wie man vielleicht denken könnte, signifikant für einen unter Herzarhythmien leidenden Patienten, sondern gerade für den ganz normal gesunden Menschen. Im Gegenteil scheint geradezu die Annäherung an eine konstante Herzschlagperiode mit festem Zahlenverhältnis zu einem Eigentakt eines der oben genannten PEP-Systeme, wie etwa zum Minutentakt der Uhr, das Heraufziehen eines Herzproblems oder Infarktes anzuzeigen. Es scheint sich darin anzudeuten, daß mit der Erscheinung einer chaotisierenden Herzperiodenverteilung das Geheimnis eines lebenserhaltenden Prinzips verbunden ist und daß eine feststehende Monotonie in einer der lebenswichtigen Perioden des biologischen Systems »Mensch« abiogene Folgen hat, also zu Krankheit und Tod führt.

Etwas Ähnliches ist auch von enzephalographischen Aufzeichnungen der Hirnstromkurven bei hirngesunden und hirnerkrankten Patienten gefunden worden. Wenn man die Hirnstromkurven eines Gesunden auf die in ihnen enthaltenen elektrischen Pulsationsfrequenzanteile hin analysiert, so findet man eine sehr hohe Variabilität. Das Fouriermuster der Hirnstromkurven, also die Zerlegung der letzteren in sinuidale Grundschwingungsmoden bestimmter Frequenzen, ist sehr unstet und forminstabil in der Zeit. Dagegen zeichnen sich die Fouriermuster von Epilepsiekranken oder Schizophrenen im Moment akuter Krankheitsanfälle durch eine erstaunliche Konstanz der Fouriermuster ihrer Hirnstromkurven aus. Auch an Sterbenden kennt man dieses Phänomen in der letzten Phase vor dem Exitus. Hier scheint also auch das biologische System »Gehirn« im Normalfall kein PEP-System mit festen Periodenbeziehungen zu physikalischen PEP-Systemen zu sein. Erst im Krankheits- oder Entartungsfall wird ersteres zu einem PEP-System, dann aber ist es auch eher schon aus einem biologischen zu einem physikalischen System verfallen.

Der Wissenschaftsphilosoph Deppert will daraus schließen, daß es verfehlt ist, mit den herkömmlichen Gesetzen der Physik zeitliche Vorgangsabläufe beschreiben zu wollen, wenn diese Vorgänge sich in Systemen ergeben, die selbst keine PEP-Systeme im Sinne dafür stehender physikalischer Modellfälle sind. Dann vielmehr sollte ein systemimmanentes Taktmaß gefunden werden, mit dem zeitliche Abläufe in einem solchen System angemessener und ohne das Auftreten von chaotischen Prozessen zu beschreiben wären.

Zur zeitlichen Bemessung nach herkömmlich physikalischer Art eignen sich demnach eigentlich nur Prozeßabläufe, die selbst von zyklisch geschlossener, periodischer Natur sind, so daß ein Zeitmessen hierbei zum schlichten Periodenvergleich gemacht werden kann. Wenn bestimmte Vorgänge jedoch nicht in ein festes Zahlenverhältnis zu Normzeitperioden hineinzustellen sind, so wird das Zeitmessen an ihnen damit problematisch, womöglich sogar sinnlos.

So kommen wir hier schließlich wieder zurück auf die schon anfangs aufgeworfene Frage: Was hat eigentlich der Weltpunkt, wo die Vase zu Bruch geht, nachdem sie vom Schrank gefallen ist, mit dem Sekundenstand der gegenüber diesem Sachverhalt völlig gleichgültigen Uhr zu tun? Nichts, und dennoch versucht man eine Koinzidenz von abgrenzbaren Einzelphasen eines beliebigen Prozeßablaufes mit irgendwelchen Zeigerstellungen einer Normuhr festzustellen, um das »einzelne« besser ansprechen und im Gesamtkontext sachgerechter archivieren zu können. Das menschliche Bewußtsein, von dem verschiedene Prozeßabläufe simultan wahrgenommen werden können, bildet hierbei das überlappende Ganze für zwei kausal völlig entkoppelte Vorgänge, und nur in ihm drängt sich die Idee der Gleichzeitigkeit bzw. Nichtgleichzeitigkeit von absolut getrennten Ereignissen auf. Solch entkoppelte Naturprozesse besitzen eigentlich keine kommensurablen Qualitäten. Aber mit Hilfe eines im Bewußtsein durchgeführten Zeitvergleiches, gleichbedeutend mit dem Erleben von Simultaneität, löst man diese Prozesse dann in eine Kette von Koinzidenzereignissen auf, so als ließe sich durch eine künstliche Synchronisation eine Einbettung von einander nicht bedingenden Ereignissen in einen gemeinsamen Kausalstrang herstellen. Koinzidenzereignisse dieser Art lassen sich durch eine Reihe verschiedener operativer Mechanismen stets nach irgendeiner methodischen Willkür herbeiführen. Sie bergen jedoch keinerlei innere Kausalität in der Veranlassung des koinzidenztragenden, operativen Vorgangs in sich. Solche Koinzidenzen lassen sich zum Beispiel durch akustische oder optische Signale von verschiedenen Weltpunkten her an einem registrierenden Sammelpunkt erzeugen, die damit erzeugten Simultaneitätsereignisse sind jedoch kein Seinsphänomen der Naturwelt an sich, sondern allenfalls ein Zufallsphänomen an diesem willkürlich gewählten Sammelpunkt. Das Zusammentreffen von verschiedenen

Ereignissen dort gibt den Ereignisurhebern keinen neuen und zusätzlichen Seinsrang. Die Koinzidenz ist etwas Äußerliches, Punkt- oder Systemrelativiertes, jedoch nichts Seinshaftes mit eigener Dignität. Der Weltpunkt, an dem die Gleichzeitigkeit festgestellt wird, dient nur als Sammelstelle von vermeldbaren Ereignissen.

Welche Uhr mißt nun aber bei solchem Tun, nämlich dem Messen der Zeit – wenn dieses denn überhaupt als solches zulässig und epistemisch legitim ist –, richtig? Das Pendel, die Sanduhr, die Sonnenuhr, die siderische Uhr, die Wasseruhr, die Quarzuhr oder die Atomuhr? Wenn ich einen Ungleichgang meiner Armbanduhr mit der Braunschweiger PTB-Standardzeit (PTB steht für Physikalisch-Technische Bundesanstalt) feststelle, so muß ich mich fragen, welcher Uhr ich jetzt mehr trauen will: meiner eigenen Uhr oder der Standarduhr. Was ist überhaupt eine solche Standarduhr?

Hier helfen sich die Physiker mit einem sehr positivistisch pragmatischen Ansatz, indem sie folgende Vorschrift für das Zeitmessen erlassen: Man schaffe sich ein abgeschlossenes mechanisches System, in dem ein von außen ungestörter, aber von außen wahrnehmbarer periodischer Normvorgang, wie etwa eine Pendelschwingung oder eine Federschwingung, abläuft. Dieser periodische Vorgang definiert dann ein Standardzeitintervall, durch welches sich die Zeitdauer gleichörtlich ablaufender Prozesse quantisieren, also mit geeigneten Maßzahlen oder Zeitmarken versehen läßt. Wie aber sollen Prozesse zeitlich quantisiert werden, die an anderer Stelle, abseits vom Ort der Uhr, ablaufen? Hier gäbe es im Prinzip gar kein Problem, wenn es die »absolute Zeit«, wie sie einst Isaac Newton vorschwebte, gäbe, an die alle Ereignisse im Universum, wo immer sie sich ergeben mögen, angekoppelt werden können, auch wenn sie in ihrer inneren Kausalität überhaupt nicht miteinander verbunden sind. Wie aber sieht diese Situation der Zeiteichung örtlich »Uhr-fremder« Ereignisse aus, wenn die Zeit nicht als eine absolute, über allem Geschehen herrschende Größe gelten kann, vielmehr als eine zum jeweiligen Bezugssystem relative Größe angenommen werden muß, wie dies die Spezielle und Allgemeine Relativitätstheorie heute fordern?

Für den Physiker ist auch dies nur eine Frage des Grundsatzes: Uhrsysteme des gleichen Standardtyps müssen eben an alle Orte des physikalischen Raumkontinuums verbracht werden können, nachdem sie zuvor gegenüber der »Ur-Uhr« geeicht wurden, also ganggleich und zählerstandgleich gemacht worden sind. Dabei erhebt sich jedoch die Frage, was mit der Zeitzählung einer Normuhr passiert, wenn diese Uhr durch den Raum zu einem anderen Ort als dem Eichort bewegt werden muß. Gibt es eine Garantie dafür, daß der Gang der Uhr dadurch nicht beeinflußt wird, daß er also vielmehr unabhängig von der Geschichte der Uhr, also hier der Wegführung beim Transport in Raum und Zeit, ist?

Von dem Philosophen und Wissenschaftshistoriker Peter Janich wird hierzu klar hervorgehoben, daß dies ein wahrhaft ernst zu nehmendes, ganz und gar nicht triviales und bis heute ungelöstes Problem ist. Die Ansätze zur Lösung dieses Problems gehen dabei auf die Frage zurück, wie man eine Geschwindigkeitsmessung richtig durchführen sollte: Das hinsichtlich seiner Geschwindigkeit zu bemessende bewegte Objekt gehört nicht dem Bezugssystem an, in dem man einen Normmaßstab zur Streckenlängenvorgabe benutzen kann, denn es ist ja in Bewegung gegenüber den örtlichen Markierungen der Meßstrecke. Sind nun an Anfangs- und Endmarkierungen der Meßstrecke jeweils Uhren aufgestellt, so gehören auch diese nicht dem Objektsystem an. Auf ihnen kann man zwar Zeiten ablesen, aber was haben diese Zeiten mit den Objektereignissen zu tun, die sich in einem anderen System ergeben? Zur Ermittlung der Geschwindigkeit des Objektes muß man also Zeiten in einem objektfremden System an verschiedenen Orten messen, und zwar mit der zusätzlich inhärenten Problematik des Transportes von Standarduhren von einem Eichort zum Meßort.

Als Alternative dazu ließe sich auch eine Geschwindigkeitsmessung denken, bei der die für die Messung maßgebende Zeit auf einer vom Objekt mitbewegten Uhr abgelesen wird. Dabei ergäbe sich der Vorteil, daß man es dann nur mit einer Uhr, anstatt mit zweien, zu tun hätte. Dann jedoch würde man Orts- und Zeitstrecken in verschiedenen Systemen zu messen haben, und es wäre zu fragen: Ist die Meßstrecke für das bewegte Objektsystem noch genauso lang wie die im ruhenden System? Ist die auf der bewegten Uhr abgelesene Zeit gleich der Zeitstrecke im ruhenden System? Wenn nicht, was soll dann Geschwindigkeit eines Objektes gegenüber dem ruhenden System genannt werden? Da die Spezielle Relativitätstheorie die Relativität von Orts- und Zeitstrecken klar hervorhebt und in mathematisch exakter Form formuliert, ist dies durchaus und schon längst kein rein akademisches Problem mehr. Im Gegenteil, es stellt sich heraus, daß die Geschwindigkeit eines Objektes eine mit dem Referenzsystem variierende, aber keine als genuine Eigenschaft des Objektes auftretende Größe ist.

Das in der Speziellen Relativitätstheorie herausgestellte »Zwillingsparadoxon« scheint doch eindeutig besagen zu wollen, daß auf einer bewegten Uhr die Zeit anders vergeht als auf einer ruhenden. Bringt man demnach die bewegte Uhr wieder mit der ruhenden, mit der sie ursprünglich an einem Ort vereinigt war, zusammen, nachdem die erstere zwischenzeitlich eine Reise durch die kosmische Raumzeit gemacht hat, so zeigen beide Uhren ungleiche Zeitverläufe an, auch wenn sie anfangs zählerstandgleich waren.

Für zwei im physikalischen Sinne gleichbeschaffene Zwillinge, also PEP-Systeme im oben erklärten Sinn, führte dies zu der Konsequenz, daß die Zahl der Herzschläge des gereisten Zwillings bis zur abermaligen Zusammenkunft mit seinem in Ruhe verbliebenen Zwillingsgeschwisterteil geringer ist und der Reisende demzufolge im Vergleich zu letzterem jünger geblieben ist.

Diese Situation läßt viele Fragen an die Natur der Zeit – oder an die Natur der Uhren aufkommen. Vergeht Zeit tatsächlich in Bewegung anders als in Ruhe? Oder geht nur die bewegte Uhr anders als die ruhende? Oder trifft beides zu?

Nach Newton verfließt die absolute, wahre und mathematische Zeit vermöge ihrer Natur ohne jeden Bezug zu irgend etwas Äußerlichem immer und überall gleichmäßig. Aber deckt sich dies mit unserer sinnlichen Wahrnehmung der Zeit im Bewußtsein? Ein Tag ist nicht wie der andere für uns, und er ist in unserer subjektiven Empfindung auch nicht gleich lang. Der eine Tag kommt uns länger, der andere kürzer vor, wobei nicht immer leicht zu sagen ist, wodurch dies ausgelöst ist. Wie sollen wir uns da der apodiktischen Gewißheit Newtons von dem ewigen, erhabenen Gleichfluß der Zeit anschließen können? Selbst unsere natürlichen Tage, von Sonnenaufgang zu Sonnenaufgang reichend, sind genaugenommen in ihrer Zeitdauer einander nicht gleich. Viele Dinge nehmen auf die Tagesdauer Einfluß wie etwa die Gezeiteneinwirkung des Mondes auf den Erdball und seine Wassermassen, wie Erdmassenverlagerungen gegenüber der Rotationsachse der Erde oder Drehimpulsübertragungen auf den Erdkörper und die Erdatmosphäre durch die anderen Planeten und die solaren Strahlungen.

Es ist möglich, so meint Newton, daß es überhaupt keine gleichförmigen Bewegungen oder Rotationen gibt, mit denen sich die Zeit genau messen ließe, denn alle Bewegungen könnten durch beständige Krafteinwirkungen beschleunigt oder verzögert werden, und dennoch täte dies dem apriori angenommenen Gleichlauf der absoluten Zeit keinen Abbruch, denn letzterer muß als eine für sich bestehende Realität über allem anderen Realen angesehen werden.

Nicht die Gegenstände selbst haben ein Verhältnis zur Zeit, allenfalls die an ihnen und mit ihnen vorgehenden Veränderungen haben ein solches Verhältnis. Hier mag man im mechanistischen Sinne zuallererst an Lageveränderungen der Gegenstände und danach dann an Gestaltveränderungen und anderes mehr denken. Man denke vielleicht an auf einem Billardtisch sich bewegende Billardkugeln. Für Newton besteht die zeitliche Lageveränderung solcher Kugeln in einer Veränderung gegenüber der absoluten Zeit. Der österreichische Physiker und Naturphilosoph Ernst Mach jedoch hat schon zu Anfang dieses Jahrhunderts als erster richtig hervorgehoben, daß diese Veränderungen von Kugeln oder von bewegten Objekten jedweder Art – nach dem beurteilt, was wir wirklich und ausschließlich wahrnehmen können – lediglich in einer Lage- und Konstellationsveränderung bezüglich anderer Gegenstände im Raum bestehen.

Alle Aussagen, die wir folglich über derartige Veränderungen an umd mit Gegenständen in der Zeit machen wollen, müssen daher relative Ortsveränderungen gegenüber anderen Gegenständen betreffen. Um Veränderungen in der Zeit wahrzunehmen, muß also notwendigerweise ein Bezug zu real ablaufenden Vorgängen vor einem schnappschußartigen Konstellationsbild der Außenwelt hergestellt werden, dessen Realitätscharakter ja durchaus eine problematische Angelegenheit für sich darstellt, wenn man an dessen Relativiertheit zum jeweiligen Bezugssystem denkt. Feststellungen über Veränderungen an Gegenständen sind also abhängig von möglichen und realisierbaren Relationen, in die solche Gegenstände zu *anderen* gebracht werden können.

Wenn es keine solchen Relationen gibt – wenn etwa nur ein einziger, in sich unstrukturierter Körper im Weltall existierte –, so ist es unsinnig, von Veränderungen eines solchen Körpers vor der absoluten Zeit reden zu wollen. Vielmehr muß jede Gegenstandsveränderung mit einer »konkreten Uhr«, also einem geeigneten physikalischen PEP-Vorgang, verglichen werden und kann nur so zeitlich verfolgt werden. Nötig ist also immer der Vergleich zu anderen Geschehnissen und insbesondere auch, daß wir letzteres als isolierte Geschehnisse aus dem Gesamtgeschehen in der Natur herausnehmen können. Wenn die Welt ein einziges, wenngleich sehr komplex angelegtes, dennoch aber mechanistisch exakt ineinandergreifendes Räderwerk wäre, so wäre es unsinnig, Veränderungen durch Vergleich mit einem Teilgeschehnis innerhalb dieses Räderwerkes beschreiben zu wollen, weil es eben nur ein einziges, zusammenhängendes Gesamtgeschehnis gibt, aus dem sich keine unabhängigen Teile herausspalten lassen.

Und dennoch, wenn wir unsere Außenwelt recht studieren, müssen wir dann nicht zu dem Eindruck kommen, daß diese denn doch etwas von der oben erwähnten Räderwerknatur an sich hat? Wenn wir zum Beispiel die Schwingungen eines Schwerependels mit denen eines Federpendels vergleichen und dabei zur Erkenntnis gelangen, daß die Schwingungsperioden, also die Zeiten, binnen deren sich jeweils gleiche Zustände an den beiden Pendeln wiederholen, zueinander in einem konstanten Zahlenverhältnis stehen, so wirkt dies doch, als ob beide Vorgänge mechanistisch miteinander verkoppelt seien. Und dies, obwohl nach unserem physikalischen Verständnis beide Vorgänge kausal völlig entkoppelt sind. Wodurch wirkt also hier die eine Uhr auf die andere ein und zwingt diese, eine kommensurable PEP-Taktfrequenz beizubehalten?

Zu unserer Beruhigung – oder vielleicht auch Beunruhigung – läßt sich hier bei genauerem Studium folgendes Phänomen feststellen: Ganz und gar phasensynchron sind diese beiden PEP-Taktsysteme denn doch nicht. Das hat seinen Grund in der unterschiedlichen nichtlinearen Einwirkung von Störkräften auf beide Systeme. In einer Gasatmosphäre würden Schwerependel und Federpendel unterschiedliche, nicht geschwindigkeitsproportionale Reibungskrafteinflüsse bei ihren Schwingungen erfahren. Zudem sind die Rückstellkräfte – einerseits gravitativer, andererseits elastischer Art – bei beiden Pendeln nicht streng linear korreliert mit der Nullpunktsauslenkung; das soll heißen, diese Kräfte wachsen nicht im gleichen Maße wie die Auslenkung aus der Ruhelage der Pendel. Das bringt es aber mit sich, daß die Taktperioden beider PEP-Systeme sich nicht mit der gleichen Zeitfunktion ändern, so daß das Taktperiodenverhältnis sich langfristig echt und substantiell ändert. In dieser Genauigkeit betrachtet, handelt es sich demnach im eigentlichen Sinne der Definition hier gar nicht um PEP-Systeme, also um Systeme, die ihre Taktperioden in einem konstanten, rationalen Zahlenverhältnis bewahren.

Wie geartet wir uns einen geeigneten Taktgebermechnismus als PEP-System auch vorstellen wollen, als Pendel, Federwerksuhr, Quarzuhr oder Oszillator, wir möchten doch immer implizit dabei annehmen, daß das Ganggeschehen all dieser Taktgeber unabhängig von Ort und Zeit ist. Wohin wir einen dieser Taktgeber auch stellen und wann auch immer wir dies tun, das soll auf die Regelmäßigkeit der Taktfolge und auf die Taktperiode keinen Einfluß haben. Wir können dann innerhalb eines raumzeitlichen Bezugssystemes eine Eichung und Nullpunktsfestlegung an jedem mechanisch gleichwertigen Chronometer in jedem beliebigen Weltpunkt vom Koordinatenanfangspunkt oder einem Referenzpunkt aus vornehmen. Hierzu senden wir vom Referenzpunkt ein physikalisches Signal zu dem Ortspunkt des zu eichenden Chronometers, lassen die Zeitmarke des Signaleintritts dort auf dem dortigen Chronometer festhalten und lassen das Signal augenblicklich von dort zum Ausgangspunkt zurücklaufen. Im Prinzip ist jede Form eines Signals hierzu verwendbar, von großem Vorteil sind allerdings solche Signale, von denen man annehmen kann, daß sie den Hinweg und den Rückweg in gleicher »absoluter« Zeitdauer zurücklegen, also zwischen Hinweg und Rückweg nicht unterscheiden. Das kann bekanntlich im schönsten und idealsten Fall ein Lichtsignal sein, welches im Fall des Vakuums diese Eigenschaft aufweist. Im Falle eines mit Gas oder Flüssigkeit gefüllten Raumes mit stationären Eigenschaften würden jedoch auch Schallwellen oder elastische Wellen die gewünschten Eigenschaften haben und ließen sich folglich zur Eichung nach obiger Art heranziehen.

In jedem Falle läßt sich die zwischen Emission und Wiederempfang des Signals am Referenzpunkt verstrichene Zeitdauer auf der Referenzuhr festhalten und danach halbieren. Sodann läßt sich der erhaltene Wert der so ermittelten Zeitspanne dem zu eichenden Chronometer mitteilen mit der Maßgabe, dort den Ziffernstand zum erfaßten Moment des Signaleintritts um genau diese Spanne zurückzusetzen, um so den mit der Referenzuhr identischen Zeitnullpunkt damit festzulegen. Hierbei besteht die klare Forderung an die Natur der Uhren, daß ihr Ganggeschehen oder ihr PEP-Charakter unabhängig von Ort und Zeit selbst sind. Ob die Uhren dieser zur Rettung der Eichmethode erhobenen Forderung in der Tat gerecht werden oder nicht, läßt sich im Prinzip durch Wiederholen der Eichprozedur zu einem späteren Zeitpunkt überprüfen. Dann nämlich ließe sich durch erneute Eichüberprüfung feststellen, ob die einmal hergestellte Synchronisation der Uhren in der Umgebung des Referenzpunktes sich bis zu diesem Zeitpunkt erhalten hat. Wenn nicht – wenn also eine abermalige Nachsynchronisation nötig würde, weil sich inzwischen wieder eine Zählerstandsverschiebung ergeben hat –, würde dies auf eine gegenseitige Taktabweichung der Uhren hindeuten, die man nur auf ein Außertaktgeraten der zu anderen Orten verbrachten Uhren bezüglich der Referenzuhr verstehen kann. Die Ortsabweichung wäre sozusagen schuld an der Taktabweichung. In der Tat ergibt sich diese Situation zwangsläufig im Rahmen des Theoriengebäudes der Allgemeinen Relativitätstheorie, wie wir an späterer Stelle noch genauer erörtern werden. Wir wollen uns an dieser Stelle jedoch zunächst einfachere Dinge vornehmen.

Woran merken wir überhaupt, daß eine Uhr »falsch« geht? Im allgemeinen werden wir antworten: daran, daß wir ihren Gang mit demjenigen einer anderen, am gleichen Orte befindlichen Uhr vergleichen. Wer garantiert dann aber, daß die für den Vergleich herangezogene »andere Uhr« richtig geht? Zu Lasten welcher Uhr werten wir die Gangabweichung? Ein absolutes Kriterium gibt es hier nicht.

Sehen wir auf Beispiele solcher Uhren: die Pendeluhr, die Federwerksuhr, die Sonnenuhr, die uns die Tagesperiode vorgibt, die Monduhr, die den 28-Tage-Takt vorgibt, oder die Jahresuhr, die in enger Verbindung mit der Bewegung der Erde um die Sonne steht. Wenn man es sich nur genau genug ansieht, weisen alle diese Uhren gegeneinander Gangabweichungen auf, abgesehen davon, daß sie nicht streng kommensurabel in ihren Perioden sind. Dabei gehen die Gangabweichungen von Sonnen- und Monduhr auf die Gezeitenwechselwirkung zwischen Erde und Mond zurück. Der Mond induziert durch sein Schwerefeld auf der Rückseite und Vorderseite der Erde über den Ozeanen je einen Flutberg. Beide sind wegen der Erddrehung ein wenig gegenüber der Erde-Mond-Achse in Drehrichtung verschoben. Durch die gravitative Einwirkung auf diese Flutberge übt der Mond ein kleines Spindrehmoment auf die Erde aus, welches zu einer allmählichen Abnahme der Drehgeschwindigkeit der Erde und damit zu einer Zunahme der Tagesperiode führt. Auf der anderen Seite wirkt ein gegensinniges Bahndrehmoment auf die Mondbewegung ein, welches die Bahnenergie des Mondes bei seinem Umlauf um die Erde vergrößert. Durch diesen Bahnenergiegewinn weicht der Mond allmählich auf größere Abstände zur Erde aus und benötigt dort dann für eine Erdumrundung mehr Zeit. Also auch die Mondperiode nimmt durch diesen Gezeiteneffekt bedingt zu. Allerdings nehmen beide Perioden nicht im gleichen Maße zu, so daß man an der Änderung des Periodenverhältnisses diese Wirkung der Gezeitenkräfte als ein evolutionäres Ereignen deutlich erkennen kann. Zum anderen ändert sich natürlich auch das Periodenverhältnis zwischen Pendeluhr und Sonnenuhr, weil der Tagestakt sich systematisch, der Pendeltakt sich jedoch nur mondtaktperiodisch ändert. Alle diese Uhren sind letztlich also asynchron. Sie sind keine echten PEP-Systeme.

Wiederum: Womit soll man die Zeit, die bei einem Vorgang verstreicht, messen? Man könnte zunächst einmal versuchen, davon auszugehen, die Metrik der Zeit in möglichst enger Anlehnung an unsere Zeitempfindung zu definieren. Das hatte zum Beispiel Ernst Mach im Hinblick auf die Problematik der Zeitverfolgung mechanischer Bewegungen vorgeschlagen. Doch haben wir leider keinen absoluten Sinn für Zeitdauern und demnach auch nicht für die Gleichheit zweier Zeiträume. Der Zeitsinn in unserem Bewußtsein leistet eine freie Interpretation von Zeitspannen, die man schwerlich mit pragmatischem Gewinn auf Außenweltereignisse ausdehnen kann. Für das menschliche Bewußtsein ist erfüllte Zeit »kürzer« als unerfüllte Zeit, und in ihm gilt nicht einmal das Gesetz der Additivität von Zeitintervallen. Zwei Zeitintervalle umfassen nicht die doppelte Zeit von einem Intervall. Die Zeit verrinnt zwar immer, manchmal jedoch rennt sie für uns, manchmal schleicht sie.

In diesem Sinne hatte sich schon der mittelalterliche Philosoph und Kirchenvater Augustinus gefragt, was denn eigentlich den Tag und das darin erlebbare Maß von Zeitvergehen ausmacht. Wenn man die Dauer eines Tages durch die Bewegung der Sonne über den Horizont von Sonnenaufgang bis Sonnenuntergang erklärt, was ist dann die Dauer selbst? Ist der Tag identisch mit Vollendung dieser Bewegung der Sonne selbst? Oder ist er vielmehr die Dauer, in der sich diese Bewegung für uns erlebbar und forthin immer wieder erfahrbar vollzieht und vollendet? Oder ist es gar eher beides zusammen oder keines von beiden? Wenn die Bewegung der Sonne, in ihrer Finalität zur Vollendung des Himmelsbogens, den Tag ausmachte, so wäre ein Tag verstrichen, auch wenn die Sonne innerhalb einer einzigen Stunde ihren Lauf vollzöge. Wäre er aber eine absolut gegebene Dauer, so würde sich in dem genannten Fall die Sonne 24mal über den Horizont bewegen, bevor der Tag sich neigte. Wäre der Tag jedoch gegeben durch das Ineinandergreifen von Dauer und Bewegung, so ließe sich bei dem oben genannten Fall einer geänderten Drehgeschwindigkeit der Erde gegenüber dem vorliegenden Wert weder von einem Tag sprechen, wenn die Sonne einmal über den Horizont gegangen wäre, noch dann, wenn die Sonne am Himmel stillstünde und dabei 24 Stunden vergangen wären.

Auf dieser Basis des menschlichen Zeiterlebens läßt sich demnach wohl schwerlich und schlecht eine physikalische Umwelt beschreiben. Deshalb kam man in der Physik auf die bessere Idee, eine topologische Zeitmetrik einzuführen, um damit von einer solch subjektiven Willkür freizukommen. Man sagte sich, daß bei gleichförmigen Bewegungen eines Körpers ja von diesem gleiche Wegstrecken in gleichen zugeordneten Zeitintervallen zurückgelegt werden müssen. Man braucht also nur von einer entsprechenden Längenmetrik auszugehen und kann dann dazugehörig über eine gleichförmige Bewegung eine Zeitmetrik erzeugen. In diesem Sinne kann man also gleichförmige Bewegungen als Uhren zu verwenden versuchen, wobei man allerdings wegen der abzuwartenden Ortskoinzidenzen des bewegten Objektes mit vordefinierten Ortsmarken aufeinanderfolgende Zeitmarken an unterschiedlichen Orten generiert.

Andererseits taucht mit einer solchen Methodik auch noch das weitere Problem auf, wie man es garantieren kann, daß man es bei einem bewegten Objekt wirklich mit einer gleichförmigen Bewegung zu tun hat. Nach der Newtonschen Mechanik ist dies immer dann der Fall, wenn keine Kräfte auf das bewegte Objekt einwirken. Rein idealistisch gesehen ist die Sache also einfach, praktisch jedoch wird es sehr schwer sicherzustellen, daß auf die Bewegung eines massehaften Körpers keine Kräfte einwirken. Hier kehrt sich nun im Prinzip das Verfahren um. Die Feststellung einer gleichförmigen Bewegung läuft dann nämlich auf eine unabhängige Zeitintervallmessung selbst hinaus. Zwei vorgegebene Zeitintervalle, die durch die Objektbewegung als Ortskoinzidenzen mit metrisch angeordneten Wegmarken geliefert werden, kann man auf ihre absolute Länge hin nur mit Hilfe einer unabhängigen Uhr vergleichen. Bei dieser muß der absolute Gleichgang dann aber schon wieder vorausgesetzt werden. Denn sonst läuft die Feststellung einer gleichförmigen Bewegung ja einfach darauf hinaus, für eine völlig beliebige Bewegung nur das dafür geeignete Zeitmaß zu benutzen, um allein dadurch dafür sorgen zu können, daß gleiche Wegstrecken in gleichen Zeitintervallen durchlaufen werden. Dann läge also eine inertiale Bewegung vor, bei der jeder Körper aufgrund seiner Massenträgheit in der einmal gegebenen Form seiner Bewegung verharrt.

Bei dem mittelalterlichen Geschwindigkeitsbegriff laufen alle diese Dinge zu keinem Problem auf. So kennt ein allgegenwärtiger Gott kein Synchronisationsproblem. Er erfährt alle Weltereignisse selbstverständlich gleichzeitig, weil er sie alle gemeinsam durch seinen Willen zur Realität hervorbringt. Wegen dieses einzigen, welteinigenden Willens werden alle Geschehnisse kohärent, die zu einem göttlichen Willensakt gehören. Weltereignisse an verschiedenen Raumstellen des Universums lassen sich für ihn einem einzigen Willensmoment – und damit einem einzigen Zeitmoment – zuordnen. Newtons Vorstellungen von einer absoluten Zeit und einem absoluten Raum als der für unser Weltverstehen vorgegebenen Geschehensbühne machen es ebenso unproblematisch, Zeitsynchronisationen und Geschwindigkeitsbestimmungen vorzunehmen. Wenn wir jedoch keine absolute Zeit über dem Weltgeschehen annehmen können, sondern lediglich von einer ortspunktrelativierten Eigenzeit eines Registrierpunktes im Weltgeschehen ausgehen können, so werden Synchronisationen und Festlegungen zur Gleichförmigkeit von Geschwindigkeiten fundamental problematisch.

Der französische Physiker und Mathematiker Henri Poincaré versuchte diesen mißlichen Umstand zu nutzen und schlug zu diesem Zweck die folgende Maßnahme vor: Die Zeit muß so gemessen werden, daß die Gleichungen der Mechanik damit die einfachst mögliche Form annehmen! Um diesen Ratschlag Poincarés in die Praxis zu übertragen, schlägt heute der Physiker Peter Mittelstaedt vor, von den klassischen Bewegungsgleichungen der Newtonschen Mechanik für ein Inertialsystem auszugehen, also für ein System, das selbst unbeschleunigt ist.[1]

Die Gesetze, die bei uns gelten und den steten Zeitfluß auf Ereigniseintritte projizieren, müssen für unser Weltverständnis überall und immerdar gelten. Ebenso sollten die Strukturen, die bei uns und von uns aus gesehen in Erscheinung treten, überall in gleicher oder analoger Form sich wiederholen. Dabei dürfen sie lediglich einer Entwicklung in der absoluten, überall gleichmäßig verfließenden, kosmischen Zeit unterworfen sein. Das heißt, alles ist also an eine einsträngige Zeitachse angebunden, wie wir konzeptionell für unser Weltverständnis festlegen wollen. Das könnte man unseren Wunsch nach einer allgemeinen kosmischen Synchronisation nennen. Besteht eine solche Synchronisation jedoch wirklich? Sind die kosmischen Tatsachen danach? Lassen sie ein synchronisiertes, mittelpunktloses Weltmodell überhaupt als heuristischen Ansatz zu? Eine diesbezügliche Analyse, wie wir sie später noch durchführen werden, scheint zu zeigen, daß das kosmologische Prinzip nur aufrechtzuerhalten ist, wenn wir bestimmte Tatsachen in der

Dynamik und der Makrostruktur des Universums auf ganz neuartige Weise zu deuten begännen: Der Kosmos verschleißt sich nicht in seinem Informationsgehalt seit dem initialen Urknall, er ist vielmehr ein Phänomen ewiger Bewegung und ewiger Entwicklung. Es gibt in ihm keinen Informationsverschleiß im Vollzug eines einsinnigen, entropieanhäufenden, kosmischen Evolutionsprozesses. Alle Strukturen des Universums müssen sich als skaleninvariant erweisen lassen und sich morphologisch über alle Zeiten und Räume hinweg durchhalten. Die Welt hat also morphologisch gesehen und von ihrer internen morphologischen Kraft her beurteilt *kein Alter*.

2. Kapitel
Wie gelangt die Zeit in die Natur?

Gibt es die Zeit ureigentlich in der Natur, oder ist sie nur eine Meßgröße, die wir in der Naturbeschreibung benutzen, lediglich durch unseren Verstand ins Geschäft gebracht? Für manche mag dies keine Frage sein, denn in den Abläufen natürlicher Prozesse ändert sich doch schließlich etwas. Offensichtlich ist Zeit dort mit im Spiel, sie ist in das Geschehen involviert. Aber was ändert sich da eigentlich während des natürlichen Geschehens, und was hält sich gerade eben als das Wiedererkennbare in der Veränderung durch oder bleibt trotz der Veränderung als so oder so Benennbares bestehen? Wenn es letzteres, eben ein in sich beständiges Ganzes, gar nicht gäbe, so kämen wir zu keiner Erkenntnis der üblichen Art. Änderung erfährt ein Vordergrundobjekt vor einem Hintergrund, wobei es unserer erkenntnisorientierten Willkür obliegt, darüber zu verfügen, was dabei jeweils Vordergrund und was Hintergrund sein soll. Liegt es nun vielleicht an ebendieser Verfügung, daß sich überhaupt etwas verändert, während sich eigentlich, wenn wir keine Aufteilung von Vorder- und Hintergrund am Naturganzen vornähmen, nichts ändert?

Wenn die Veränderung jedoch an sich real ist, dann gibt es mit ihr verbunden auch die Zeit. Denn wo sich etwas substantiell und essentiell verändert, dort ist doch wohl auch, was wir Zeit nennen wollen, inhärent beteiligt. Wie käme die Zeit sonst überhaupt in das Naturgeschehen hinein, wenn nicht in Verbindung mit dieser Substanzänderung am Gegebenen? Mit gutem Grund wollen wir ja auch naiv glauben, daß die Zeit als eine Observable oder ein Akzidenz an den Naturereignissen auftaucht. Eigentlich mag dies aber nur mit unserer bewußtseinspersönlichen Historie zusammenhängen. Wir machen in unserem Bewußtsein eine Historienbildung durch, und nur durch das Zusammentreffen einer bestimmten Phase eines Prozeßablaufes mit einem bestimmten Historienstand unseres Bewußtseins drängt sich uns ein Gefühl von Zeitlichkeit im äußeren Geschehen auf. Ohne unser Gedächtnis, das ja ein äußeres, für uns relevantes Geschehnis stets begleitet, wäre keine

Wahrnehmung von Veränderung und von Zeit denkbar. Man kann daraus ableiten, daß das Phänomen Zeit sich im Naturgeschehen in dem Maße bedeutsam macht, wie unser wahrnehmendes Bewußtsein sich in der Fähigkeit fortentwickelt, seine eigenen Erlebniszustände aufzubewahren. Wenn unser Gedächtnis nichts anderes wäre als das jeweilige Filmeinzelbild, das gerade durch die Projektorlinse stroboskopiert wird, so wäre ein Geschehen in der Zeit, wie es uns als Erleben geläufig ist, nicht denkbar.

Ist dagegen, sieht man von einem Bewußtsein, das dies anders perzipieren will, ab, die Natur aus sich selbst nicht vielmehr völlig gleichgültig gegenüber allen Orts- und Zeitmarken? Wie ein Stein fliegt, wenn man ihn vom Boden in die Luft wirft, hängt doch schließlich weder davon ab, wo man, noch wann man ihn wirft, sondern einzig und allein davon, *wie* man ihn wirft. Daß er zum Beispiel bei seinem Fluge durch die Luft zu einem ganz bestimmten Zeitpunkt eine ganz bestimmte Höhe erreicht, ist für die Physik des Gesamtflugablaufes und auch für das, was sich da tatsächlich abspielt, völlig unerheblich. Wichtig ist nur, daß und wie der Stein zu dieser Höhe vorstößt und was er danach tut.

Dieser Umstand drückt sich doch auch klar genug in der Tatsache aus, daß alle Naturgesetze, mit denen wir die Natur angemessen zu beschreiben glauben, symmetrisch sind gegenüber Orts- und Zeitverschiebungen. Das soll heißen, daß diese Naturgesetze sich ihrer Form nach nicht ändern, wenn man den Koordinatenanfangspunkt unseres räumlichen Bezugssystems oder wenn man den Anfangspunkt der Zeitzählung ändert. Wäre dem nicht so, so könnten wir an der Art, wie ein Stein über die Erde fliegt oder das Wasser aus dem Eimer ausläuft, die absolute Zeit des Augenblickes bestimmen. Auch könnten wir dann allein an der Form des Gravitationsgesetzes, so wie es für uns heute gilt, feststellen, wie alt das Universum ist, seit es sich womöglich aus einem Urknall zu entwickeln begann.

Alle elementaren Bewegungsprozesse in der Natur lassen sich durch Integration der maßgebenden Bewegungsgleichungen beschreiben, in denen zum einen die wirkenden Kraftfelder, die selbst zumeist keine explizite Funktion der Zeit darstellen, und zum anderen Beschleunigungskräfte in Verbindung mit der trägen Masse der bewegten Objekte auftauchen. Die tatsächlich sich ergebende Bewegung eines bestimmten Körpers wird dann als Lösung einer solchen Gleichung in der Form aufgefunden, daß die drei Raumkoordinaten für die im Laufe der Bewegung realisierten Weltpunkte als Funktion der Zeit angegeben werden. Dem bestimmenden Kraftgesetz ist jedoch völlig gleichgültig, zu welcher Zeit diese Weltpunkte eingenommen werden. Erfüllt wird das Gesetz allein dadurch, daß der Körper von ganz bestimmten Raumpunkten herkommend zu ganz bestimmten weiteren Raumpunkten hinübergeht. Am jeweils erreichten Raumpunkt hängt es demnach nur von der Vorgeschichte der Bewegung, nicht aber von der absoluten Zeit ab, die vielleicht auf irgendeiner Uhr angezeigt werden mag, wohin das Objekt nunmehr weiterwandert. Ein einzelner Raumpunkt in Verbindung mit den in diesem Punkt realisierten Geschwindigkeitskomponenten legt die gesamte Bahn fest, ganz gleich, wie spät es im Moment des Erreichens dieses Raumpunktes ist.

Dabei verstehen wir das Objekt als einen aus dem Naturganzen zum Vordergrund erhobenen, entitären Gegenstand, der nur immer an einem einzigen Raumpunkt vor dem Hintergrund aller anderen möglichen Raumpunkte existieren kann. Man glaubt eben sagen zu können, was zum Gegenstand gehört – und was nicht zu ihm gehört. Dieses Objektverständnis wird in der Quantenmechanik, in der das Objekt sich als Welle im Variablenraum der Raumzeit formiert, noch seine grundlegende Wandlung erfahren. Wie, das werden wir später noch genauer erörtern. Hier gibt es dann nämlich keine klaren Objektgrenzen mehr.

Gewöhnlich wird zum klassischen Objektverständnis auch ein objektassoziierter Zeitbegriff hinzugezogen, der zur Einordnung oder historischen Archivierung von raumzeitlichen Objektereignissen dienen soll, also Begebenheiten, die in Verbindung mit solchen Objekten, nicht eigentlich naturgemäß, sondern eher konzeptionsgemäß, vorkommen können. Solche Objektereignisse werden nach der Konvention in der Darstellung physikalischer Umwelten durch Raumzeitpunkte charakterisiert. Dabei stellen Raum und Zeit sozusagen den Rahmen oder die Bühne für die Ereignisbeschreibung dar. Als ein solches Elementarereignis kann exemplarisch etwa der Zusammenstoß zweier kleiner Metallkugeln an einem Orte mit den Koordinaten x, y, z zu einer Zeit t angesehen werden, die auf irgendeiner Uhr am Orte x', y', z' gerade angezeigt wird. Bestünde die Welt in der Tat nur aus Ereignissen dieser elementaren Klasse, so könnte man Hermann Minkowskis mathematische Darstellung der Weltereignisse durch seine »Weltpunkt«-Konzeption ohne weiteres als richtig und erschöpfend empfinden: Man benötigt einen Raumpunkt zu einem Zeitpunkt zu jedem Ereignis in der physikalischen Welt – und schon wäre durch die vollständige Mannigfaltigkeit solcher Wertequadrupel die gesamte Weltgeschichte beschrieben. Wie aber lassen sich alle Ereignisse dieser Welt wohl in ihrer vollen Vielfalt und Dimensionalität im Minkowskischen Sinne zu solchen Weltpunkten elementarisieren? Sind Ereignisse denn überhaupt auf Weltpunkte hin elementarisierbar? Gehört zum Ereignen nicht immer schon ein Zusammenwirken von zusammenhängenden Weltpunktkompendien?

Betrachten wir noch einmal die von Kraftfeldern bestimmte Bewegung eines klassischen Objektes mit bestimmter, festgelegter Trägheit. In Verbindung mit Gesetz und Anfangsbedingungen ist bei jeder solchen Bewegung dann nur verfügt, daß die Raumkoordinaten der bei dieser Bewegung realisierten Weltpunkte nicht voneinander unabhängig sind, daß sie sich vielmehr als eine Funktion voneinander ausdrücken lassen. So läßt sich zum Beispiel jede Planetenbewegung dadurch festlegen, daß der jeweilige Planetenabstand von der Sonne als eine Funktion des Azimutalwinkels in der Bahnebene des Planeten angegeben wird. Die Zeit bleibt dabei eine völlig äußerliche Größe, obwohl Planetenabstand und Azimut selbst in der realen Welt unseres Sonnensystems sich in irgendeiner Zeit, die von uns gemessen werden mag, ändern. Beide Raumkoordinaten sind in dem Sinne explizite Funktionen der Zeit. Aber die Zeit dient hierbei nur als ein Koordinierungsparameter, der die Gesetzmäßigkeit des Zusammengehörens von bestimmten Abstandswerten mit bestimmten Azimutwerten festlegt.

Wann zum Beispiel die Erde auf ihrer elliptischen Bahn um die Sonne ihren sonnennächsten Punkt tatsächlich einnimmt und wo dieser Punkt bezüglich des raumfesten Frühlingspunktes liegt, wird von den Keplerschen Gesetzen in keiner Weise festgelegt, ebensowenig wie der Zeitpunkt, zu dem der Mars in Konjunktion zu Erde tritt. Wie und wodurch kommt also dann das wahrlich Zeitartige in das Naturgeschehen hinein?

Wenn wir uns an Bord eines erdgebundenen Satelliten befinden und uns mit diesem auf seiner Keplerbahn um die Erde herumbewegen würden, so können wir zwar, während sich die Erdumkreisung vollzieht, auf unsere mitgeführte Borduhr schauen und dabei zum Beispiel feststellen, wann der Satellit seinen erdnächsten Bahnpunkt oder irgendeinen anderen Punkt erreicht, dennoch sollten wir nicht der irrigen Meinung sein, daß solche Bahnpunkte explizit zeitkorreliert seien. Wenn wir nämlich die Borduhr verstellen, so ändert sich selbstverständlich die Bahn des Satelliten dadurch nicht, nur erreicht der Satellit seinen erdnächsten Punkt nunmehr zu einer anderen Bordzeit.

Die einzelnen Bahnpunkte, die nacheinander auf der Keplerbahn eingenommen werden, können wir nach den zugrundeliegenden Gleichungen exakt berechnen und danach von einem Oszillographen aufzeichnen lassen. Wir sehen dann, wie der vom Oszillographen für jedes errechnete Ortskoordinatenpaar erzeugte Lichtpunkt auf dem Oszillographenschirm plaziert wird und wie er Zeitschritt um Zeitschritt gegenüber dem vorherplazierten voranwandert. Dies sieht wie ein zeitliches Verhalten aus, jedoch können wir einen elektronischen Trick benutzen, durch den die Zeitlichkeit dieser Sukzessionsdarstellung vollkommen verlorengeht. Der Trick besteht darin, daß man jeden erzeugten Lichtpunkt von einem elektronischen Gedächtnis memorieren läßt und von diesem Gedächtnis her immer wieder aufs neue auf dem Schirm an der ihm zugedachten Stelle erzeugen läßt. In Verbindung mit den neu hinzukommenden Lichtpunkten entsteht dann ein Lichtfaden, der sich, allmählich immer besser nachvollziehbar, entlang einer Ellipse legt und schließlich zu seinem Ausgangspunkt zurückkommt. Es ist demnach nunmehr aus der Sukzession von Lichtpunkten eine geschlossene leuchtende Kurve entstanden – der Lichtpunkt ist in seine eigene Vergangenheit zurückgekehrt. Wenn aber Vergangenheit und Zukunft auf diese Weise identisch werden, so kann kein echt zeitliches Verhalten vorliegen, vielmehr muß es sich hier um ein integral geschlossenes Zustandsphänomen eines physikalischen Systems handeln, bei dem die Zerlegung in Vergangenheitsmodi und Zukunftsmodi unstatthaft und unsinnig ist. Beide Modi haben keine prinzipiell unterscheidbare Seinswertigkeit. Die Momentaufnahme von einem schwingenden Pendel, die das Pendel bei einer ganz bestimmten Auslenkung aus der Ruhelage zeigt, trägt in sich keinerlei Insignien für das, was die Zukunft nach diesem Moment sein wird und was die Vergangenheit vor demselben war. Denn das Pendel kann nach diesem festgehaltenen Moment sowohl dabei sein, zu größeren als auch zu kleineren Auslenkungen hinzuschwingen, ohne daß die Momentaufnahme dafür ein Zeichen gäbe. Sie ist demnach auch nicht das »Jetzt« des Pendels, denn sie enthält keine Bestimmungen für die »außer-jetztlichen« Zeitbereiche. Das Pendel ist folglich nicht identisch mit der kinematographischen Auflösung in Zeitmomente solcher verschiedenen, ihm in der Zeit möglichen Auslenkungen, es ist vielmehr das Auseinanderhervorgehen der einzelnen Auslenkungen in ihrer gesamten Abfolge, die man nicht in Teilstücke verzeiteln kann, sondern nur als Ganzheitsgeschehen ohne eigentliche Zeitlichkeit sehen muß.[1]

Letzteres ist bei physikalischen Vorgängen generell immer dann der Fall, wenn man die Zeitkoordinate »t«, durch welchen mathematischen Trick auch immer, aus der Vorgangsbeschreibung ganz eliminieren kann. Dann immer handelt es sich nämlich um einen in sich abgeschlossenen Vorgang, bei dem es keine Möglichkeit gibt, einzelne Vorgangsphasen aus sich heraus als Vergangenheit anderer, nachfolgender Phasen mit Hilfe von vorgangsinhärenten Kriterien zu identifizieren. Dies ist gerade der Fall bei den Keplerschen Planetenbewegungen, den Schwingungen eines idealen elektrischen Schwingkreises ohne Ohmschen Widerstand oder den idealen Pendelbewegungen. Nicht jedoch trifft dies zu auf die wahren Planetenbewegungen, auf die tatsächlichen Schwingkreisvorgänge oder auf tatsächliche Schwingungen eines realen Pendels. Woran liegt dies?

Gewöhnlich hat das damit zu tun, daß man für jede der oben erwähnten idealen Vorgänge voraussetzen möchte, es existierten für den zu beschreibenden physikalischen Vorgangsablauf bestimmte unabänderliche Eingangsgrößen, die zu dem spezifischen Vorgang fest dazugehören und die man die Konstanten der hier zu beschreibenden Bewegung nennt. Bei den realen Vorgängen stellt sich jedoch bei genauerem Zusehen immer heraus, daß die in der physikalischen Beschreibung benutzten Bewegungskonstanten in Wirklichkeit während des Vorgangsablaufes nicht konstant bleiben, sondern durch Fremdeinwirkungen eine stete Veränderung erfahren. Liegt die echte Zeitartigkeit der realen Vorgänge demnach vielleicht gerade in dieser Fremdeinwirkung begründet, die man im Grunde aus keinem realen physikalischen System ausschließen kann?

Der Begriff »Fremdeinwirkung« soll hierbei einen physikalischen Einfluß von außerhalb auf die Zustände des beschriebenen, als abgeschlossen gedachten Systems bezeichnen. Ein ideales Pendel wird in diesem Sinne gedacht als ein Pendelgewicht, das an einem Faden unter einem Aufhängepunkt in einem fest definierten, isoliert wirkenden und unveränderlichen Schwerefeld hängt und Auslenkungen aus der Ruhelage erfährt. Idealisierend ist hierbei – die Annahme, daß das wirkende Schwerefeld an jedem Orte des sich bewegenden Pendelgewichtes unidirektional ist und immer gleich stark auf letzteres einwirkt, – die Annahme, daß die Pendelaufhängung beim Schwingen nicht elastisch reagiert und demnach Schwingungsenergie in Form elastischer Deformationsenergie abgibt, – die Annahme, daß das schwingende Pendelgewicht bei seiner Bewegung keine Reibung in einer Umgebungsatmosphäre oder irgendeine weitere Krafteinwirkung erfährt, und vieles andere mehr.

Tatsächlich sind jedoch alle diese Annahmen in der Realität nicht erfüllt. Hier liegt in Gestalt des Erdschwerefeldes zum Beispiel ein nicht streng unidirektionales, sondern eher radialsymmetrisches Kraftfeld vor, das an den verschiedenen Orten, an denen das Pendelgewicht bei seiner Schwingung auftaucht, nicht exakt gleich wirkt. Auch wird die Pendelaufhängung elastisch reagieren und demnach Bewegungsenergie abgeben, also verlorengehen lassen. Zudem treten Reibungskräfte auf und, wenn das Pendel längs eines Erdmeridians oder Längenkreises schwingt, wegen der Drehung der Erde auch noch Korioliskräfte. Während Reibung und elastische Deformation bei der Schwingung über die Gesamtenergieänderung jedoch nur die maximale Auslenkungsamplitude bei der Schwingung allmählich geringer werden lassen, wirken sich Schwerkraftstörungen unmittelbar auf die entscheidende Grundeigenschaft des Pendels, nämlich die Schwingungsperiode, aus. Das auf dem Erdboden aufgestellte Pendel dreht sich zum Beispiel mit der Erddrehung in 24 Stunden einmal unter dem Mond durch. Dabei erlebt es eine Variation der effektiv wirkenden örtlichen Schwerkraft oder der effektiven Erdbeschleunigung.[2]

All diese Effekte, die durch Außeneinwirkungen auf das eigentlich – aber fälschlicherweise – als abgeschlossenes physikalisches System gedachte ideale Pendel zustande kommen, führen dazu, daß die Pendelschwingung zu einem geschichtstragenden Prozeßablauf wird, dessen angemessene physikalische Beschreibung nun nicht mehr wie zuvor bei dem idealen Pendel die Elimination der Zeitkoordinate zuläßt. Bei den Schwingungen eines realen Pendels geht ein zukünftiger Pendelzustand demnach auch nicht mehr in einen vergangenen über, das reale physikalische System kehrt demnach nicht mehr in seine Vergangenheit zurück, sondern evolviert, eventuell einsinnig, in der Zeit.

Erst dann, wenn man auf nicht zyklisch geschlossene Geschehnisabläufe in der Natur trifft, wird demnach die Bedeutung der Dimension »Zeit« als ein Dimensionsaufbruch aus demjenigen manifest, was bis zu dieser Qualität der Beschreibung eigentlich nur reine Örtlichkeit eines Geschehenskontextes genannt werden konnte – etwa im Falle der Ortskoordinaten eines bewegten Objektes, die als Funktionen voneinander auftreten und damit die Formulierung einer Zwangsbedingung darstellen, vergleichbar dem Zwang, nach dem Eisenbahnzüge nur entlang der Schienenstränge fahren, die man ihnen vorgibt.

Nicht unerwartet ist deshalb die Tatsache, daß die Dimension Zeit – und die sich mit dieser Dimension befassende Zeittheorie – gerade in der Thermodynamik, der Chemie des Nichtgleichgewichts oder der nichtlinearen Physik von weit größerer Relevanz ist als in der klassischen oder relativistischen Mechanik. Während die Bewegung von klassischen Einzelkörpern sowohl unter der Wirkung von Zwangskräften als auch unter Kraftfeldeinwirkungen keine Bewegungsrichtung oder Zeitrichtung auszeichnet, weil der in Bewegung befindliche Körper an jeder von ihm realisierten Weltstelle angehalten und dort durch eine Impulsumkehr zu einer Bewegung zurück in seine Weltpunktvergangenheit veranlaßt werden kann, sind die Prozeßabläufe in der Thermodynamik mit dem Auftreten des Problemes der Zeitgerichtetheit verknüpft.

Dieses Phänomen des sich zeigenden Zeitpfeils im Geschehen oder, anders gesagt, des Symmetriebruches des physikalisch beschriebenen Geschehens gegenüber einer Vertauschung der Zeitwerte »+t« durch diejenigen »−t« hat mit der hier ins Spiel kommenden Eigenart sogenannter irreversibler Prozesse zu tun. Solche Prozesse sind unumkehrbar, weil sie von einem Vergangenheitszustand der Systems herkommen, zu dem das System von sich aus nicht mehr zurücklaufen würde. Der Sturz der Porzellanvase vom Schrank auf den Boden, auf dem sie zerschellt, ist ein solcher Prozeß, weil hier ein Zustand geschaffen wird, der ohne Zutun eines kunstfertigen Menschen, wenn überhaupt, nicht rückgängig zu machen ist. Das unter der kreativen Hand des Töpfers in Gestalt der Vase geschaffene Potential an Form und Information kann die Natur im Vollzug eines natürlichen Prozesses niemals mehr zurückbringen, wenn es einmal durch Zerstörung aufgelöst worden ist. Das hat nicht damit zu tun, daß die Natur generell keine kreativ-schöpferischen Kräfte entfalten könnte, die den erneuten Niederschlag von Information im materiellen Substrat ermöglichen würde, sondern damit, daß die materiellen Enkodierungen solcher Information bei natürlicher Kreativität – im Vergleich zu derjenigen bei menschlicher Kreativität – völlig andersartig ausfallen.

Das Problem der Zwangsausrichtung des Zeitverlaufes bei irreversiblen Prozessen scheint in enger Verwandtschaft zu unserer persönlichen Bewußtseinserfahrung zu stehen, die uns vormachen will, daß wir, gerade bedingt durch den anhaltenden Informationseinstrom auf unser sich mit ihm wandelndes Bewußtsein, eine einsinnige Veränderung in der Zeit erleiden. Läßt sich diese Bewußtseinserfahrung wirklich mit den speziellen Prozessen in der natürlichen Außenwelt in Zusammenhang bringen, zumal diese von den Gesetzen her, die ihnen nach physikalischer Vorstellung zugrunde liegen, keine Auszeichnung einer Zeitrichtung aufgezwungen bekommen?

Eine in der physikalischen Beschreibung immer noch vorherrschende Tradition bringt die Erscheinung der Zeitasymmetrien in den thermodynamischen Prozeßabläufen mit der Existenz von wahrscheinlichen bzw. unwahrscheinlichen Anfangsbedingungen für den Ausgang eines solchen Prozesses zusammen. Reale Prozesse laufen danach so ab, daß sich stets höhere Unwahrscheinlichkeit des Makrozustandes eines Systems auf systematische Weise in höhere Wahrscheinlichkeit verwandelt.

Hierbei bleibt nun jedoch der Einsatz des aus der statistischen Beschreibung stammenden Begriffes der »Wahrscheinlichkeit« nicht unproblematisch. Bei einem sich selbst überlassenen, abgeschlossenen System mag es Sinn machen, von Wahrscheinlichkeit im Hinblick auf den Grad von Spezialität eines gegebenen Makrozustandes angesichts der abzählbar endlichen Menge aller anderen möglichen Makrozustände zu sprechen. In einem unabgeschlossenen, unter Außeneinfluß stehenden System macht dies jedoch keinen Sinn, weil die Menge und die Qualität der jeweils möglichen Makrozustände nicht endlich, nicht abzählbar und nicht konstant ist. Auf diesen wissenschaftstheoretisch schwerwiegenden Umstand hat der Nobelpreisträger Ilya Prigogine im Zusammenhang mit seinen Analysen von Zuständen biochemischer Systeme weit weg vom thermodynamischen Gleichgewicht hingewiesen. Bei genauerem Zusehen zeigt sich inzwischen jedoch, daß im Grunde alle realen Systeme und die in ihnen ablaufenden Prozesse von solchen Nichtgleichgewichtssituationen geprägt sind. So ist das System Erde, über der sich das Wettergeschehen abspielt und auf der sich die biologische Evolution vollzieht, eben ein solches Nichtgleichgewichtssystem, dessen Prozeßabläufe ganz entscheidend von den Außenwelteinflüssen her angetrieben werden. Bei der Erde ist es offensichtlich die solare Energieeinstrahlung in Verbindung mit dem durch die Erdrotation bedingten Tag-Nacht-Wechsel, der die gesamte Motorik des Erdgeschehens zu verdanken ist. Für die Erde einen Wert der gegenwärtigen Wahrscheinlichkeit ihres derzeitigen Makrozustandes festlegen zu wollen, wäre völlig unsinnig. Demnach kann der Weg des Erdgeschehens in der Zeit auch nicht als ein Weg von niedrigerer zu höherer Systemwahrscheinlichkeit begriffen werden. Prigogine vertritt deswegen die Auffassung, daß probate und anwendbare, jedoch disjunkte Zeitkonzepte in der Mechanik einerseits, in der Thermodynamik andererseits, gleichrangig, aber alternativ nebeneinander bestehen sollten, um eine sinnvolle Naturbeschreibung im einen wie im anderen Bereich zu ermöglichen. Die Zeitasymmetrie im Naturgeschehen als Phänomen scheint dabei mit der Erfahrung des Fließens der Zeit in unserem Bewußtsein verkoppelt zu sein. Das konstatierende Bewußtsein begleitet nämlich die im äußerlichen Naturgeschehen angelegte Asymmetrie. So ist eine erlebte Gegenwart ja immer verbunden mit oder gar getragen von einem bewußtseinsspezifischen Befindlichkeitsmodus. Sie ist nicht absolut relevant oder allgemeingültig für alle bewußtseinsfähigen Subjekte an anderen Orten und zu anderen Zeiten. Ist das Wandern des Jetztzeitpunktes demnach denn überhaupt bewußtseinsunabhängig vorgegeben? Oder ist es nur ein Immanenzphänomen unseres perzipierenden Geistes? Anders gefragt: Gibt es das Jetzt überhaupt als einen ansichseienden Außenweltgegenstand, oder ist »dieses Jetzt« nicht ganz allein ein Syndrom unseres konstatierenden Bewußtseins selbst? Man könnte meinen: Wandern in der Zeit tun nur wir als Bewußtsein, nicht aber die Natur selbst. Denn Gegenwart kann einfach nur die jeweils erlebte Gegenwart bedeuten und nichts sonst. Denn niemals hat sie ein in der Natur objektiv ausgezeichnetes, in einem objektiv angelegten Zustandsbild verwahrtes, echtes Gegenstück.

Gleichzeitigkeit erweist sich nicht zuletzt gerade aus diesem Grunde, auch außerhalb der Speziellen Relativitätstheorie Einsteins, als eine rein subjektive und standpunktrelativierte, niemals aber als eine für sich bestehende, absolute Gegebenheit, denn die Gegenwart der vor einem Bewußtsein versammelten Seinsphänomene hat keinen Objektivwert an sich. Von daher gesehen muß auch klar sein, daß es nicht erst den Erkenntnissen der Speziellen Relativitätstheorie zu verdanken ist, daß wir die Subjektrelativiertheit dessen, was Gegenwart des Realen oder – physikalisch allgemeiner gesprochen – Gleichzeitigkeit genannt werden soll, einsehen können. Wir verschaffen uns doch offensichtlich mit der Art unserer Perzeption der Umwelt immer nur einen individuell angelegten und augenmerksgewichteten Schnappschuß aus dem Gesamtgeschehen im Universum, der nur für uns den Rang eines Gegenstandes der Anschauung hat, indem er als momentan gegebene Erlebniswelt unserem Bewußtsein innewohnt. Im Grunde aber ist dieser Schnappschuß ein Kompositum aus Geschehendem mit einer subjektiven Willkürgewichtung der Weltereignisse, soweit sie uns simultan zugänglich sind.

Dieser Schnappschuß stellt jedoch nie einen aus eigener Prägung erscheinenden Gegenstand dar. Er ergibt sich als das Produkt der momentanen Konstelliertheit und der speziellen, intentionalen Appetenz unseres Bewußtseins gemäß einem vorbeschlossenen Such- und Sammelmodus, nicht aber wie der Abdruck eines Siegels im prägbaren Wachs des Bewußtseins. In dieser Appetenz des wahrnehmenden Bewußtseins wird das perzeptiv-sensuell Erreichbare in der Außenwelt vor unserem Bewußtsein nach einem bestimmten Auswahlkriterium zusammengeholt und als »Gegenwart der Welt« wahrgenommen. Mit einer solchen als Gegenwart erfahrenen Weltwahrnehmung »reist« unser Bewußsein nun in der physikalischen Welt umher, und es ist verschiedentlich unter Philosophen aus methodologischen Gründen geargwöhnt worden, daß diese Welt selbst vielleicht schon immer in sich fertig, statisch und zeitlos in ihrer Ganzheit ist. Was wir als Geschehnis darin empfinden, ergäbe sich lediglich aus der sich wandelnden Beleuchtung der Welt durch unser Bewußtsein.

Wenn dem so wäre, so geschähe außerhalb von uns in Wirklichkeit eigentlich gar nichts, und so brächte schließlich und endlich nur das Reisen unseres Bewußtseins in der statischen Weltgänze das Phänomen einer Veränderung in der Zeit als Illusion mit sich, und die in unserer Anschauung gewollte Ordnung der Welt in Raum und Zeit, sowie die in Grund und Folge, wäre nichts als eine Täuschung. Steht vielleicht die gesamte Historie des Kosmos schon fertig beschlossen vor uns, und nur unser Bewußtsein, und gemeint ist dabei auch das sich weitende Menschheitsbewußtsein, muß sich diese Historie lediglich erst nach und nach erschließen? Man stelle sich vor, die Weltgeschichte sei in Form einer Bildergeschichte auf die Außenwand eines kreisrunden, großen Gebäudes gemalt, und indem wir um dieses Gebäude herumgehen, würde unser Auge sich wandelnde Bilder zu Gesicht bekommen, die es für Weltgeschehnisse, Mark- und Meilensteine des Geschehens, halten könnte.

Daß das so wahrgenommene, vermeintliche Geschehen nur eine Illusion ist, weil die Bildinhalte und Bildfolgen ja festgelegt sind, könnte erst klar durchschaut werden, wenn das Leben des jeweils Schauenden lang genug währte, daß er bis zum Ausgangspunkt seines Schauens zurückkehren könnte. Wenn aber sein Leben nun – gemessen an der Zeit, die für eine Gesamtumlaufung des Gebäudes nötig wäre –, kurz ist oder wenn das Gedächtnis des Schauenden damit verglichen nur unzureichend kurzreichweitig ist, so würde die Illusion wohl nie entdeckt werden können. Man könnte also mit der Hypothese leben, daß das Weltgeschehen nur ein Sichtbarwerden von neuen Seiten des in sich ewig gleichen Weltganzen beim Standortwechsel des Bewußtseins sei.

Die Information, die wir zumeist über Lichtsignale oder Schallsignale aus unserer Außenwelt aufnehmen, betreffen zum einen die Individualität und Eigenart der gesehenen (oder gehörten) Dinge, also etwa die Gesamtheit der so vernehmbaren Akzidenzien dieser Dinge, die wir als geschlossene Einheiten in unserem Bewußtsein konstituieren. Zum anderen aber liefern diese Informationen uns eine Anschauung von der gegenseitigen Anordnung solcher konzipierten Dingheiten, und auch von deren Erstreckung gegenüber unserer speziellen Sicht. Die Gegenstände selbst sind in dieser von ihnen gewonnenen Anschauung ihrer gegenseitigen Lageanordnung frei auswechselbar trotz Beibehalt der relativen Lageverhältnisse. Neben der Information über die Dinge selbst ergibt sich uns demnach eine unabhängige Information über deren simultane Versammlung im Raum. Letztere hat offensichtlich nichts mit den konzipierten Dingen selbst zu tun, die von sich selbst her gegenüber ihrer relativen Lageanordnung zu anderen Dingen völlig gleichgültig sein sollten. Auf der anderen Seite läßt sich jedoch erkennen, daß diese Information über die Konstelliertheit der Dinge im Raum etwas Unselbständiges und Widerrufbares in sich trägt, weil sie ja auf die jeweilige Form des subjektiven Sehens und Hörens hin relativiert ist.

Daß wir die Gegenstände, die unser Bewußtsein konzipieren möchte, als Simultaneität in dreidimensionaler Raumerfüllung erleben und uns dabei einen Raum vorschweben lassen können, über dem die Zeit wie eine herausgehobene, völlig entkoppelte Variable schwebt, ist ein charakteristischer Grundzug unseres Anschauungswillens. Man muß sich nun jedoch klar machen, daß dieser Wille zur Anschauung nur deshalb überhaupt als Erfahrung unserer Umwelt praktiziert werden kann, weil die Geschwindigkeit des Lichtes, durch das uns ja ganz wesentlich die Konturiertheit und Konstelliertheit des Außenweltlichen vermittelt wird, so riesig groß ist. So groß nämlich, daß unser Blick unabhängig vom Zeitverlauf die Gegebenheiten in ihrer Raumerstreckung erfassen kann. Wir können einen Gegenstand unserer Umwelt gewöhnlich in seiner dreidimensionalen Erstreckung von vorne bis hinten sehen, ohne daß dabei die Zeit vergeht und als eine ins Sehen explizit verstrickte Größe auftritt. Alle Dimensionen von Objekten unserer Umwelt werden uns gewöhnlich gleichzeitig vermittelt, und nur das macht es schließlich möglich, ein Ding als eine einheitliche Entität mit einer Simultanexistenz im dreidimensionalen Raum zu adressieren. Wenn dagegen die Gegenstände uns so vermittelt würden, daß wir mit der Tiefenerstreckung derselben im Raum unterschiedliche Zeiten wahrnehmen würden, so wäre die in der Anschauung durch unser Bewußtsein gewollte Setzung des Gegenstandes als geschlossene, dreidimensionale Raumdingheit nicht vollziehbar.

Was für ein Ding der Anschauung sollte dann zum Beispiel der Kosmos als Ganzes sein? Wir oder zumindest die schauenden Astronomen sehen den Kosmos doch zusammengesetzt aus frühen Teilen und späten Teilen, weil sich in seiner riesigen Erstreckung die Lichtlaufzeit ganz deutlich beim Sehen bemerkbar macht. Den Simultankosmos sehen wir jedoch niemals, er ist kein Objekt der Anschauung. Nehmen wir den Kosmos unserer Anschauung jedoch wie ein Ding der Wahrnehmung, so stellt sich sogleich die Frage nach dem Objektivwert des darin gewonnenen Gegenwartsbildes des Kosmos. Der gesehene Kosmos hat weder eine absolute Realitätsqualität noch einen objektiven Ansichseinswert.

Unser gewöhnlich sich bewährendes, wohlgeordnetes Weltverhältnis, gegründet auf die Raumästhetik der Dreidimensionalität aller dinghaften Objekte, würde fraglos großen Schaden nehmen, ja gar mit absehbarer Gewißheit in ein desasterhaftes Mißverhältnis umschlagen, wenn das Licht als unser wesentlichster Informationsträger sich plötzlich im wahrsten Sinne des Wortes nur noch im Schneckentempo in der Umwelt ausbreiten wollte. Es ergäben sich dann unmittelbar so veränderte Dinge in der Erscheinungswelt, die uns völlig unbegreiflich vorkämen und die wir mit nichts vorher Dagewesenem identifizieren könnten. Beim Schauen auf einem einfachen Spaziergang würde uns dann plötzlich ein geradliniges, von ebenen Flächen begrenztes Gebäude wie aus bizarr gewundenen Flächen aufgebaut erscheinen, deren Geometrien und Verkurvungen zudem auch noch von der Schnelligkeit unserer Schritte beim Gehen abhängig wären.

Ein dingliches Objekt, das seine Gestalt aber vehement mit unserer Gangart ändert, wäre für uns nicht mehr ein Objekt im herkömmlichen Sinne. Die unter diesen Umständen wahrgenommene Verkrümmung der Gegenstände käme daher, daß wir das Gebäude als ein stereometrisches Gebilde nicht mehr wie gewohnt zu einem einzigen Zeitpunkt in allen seinen Tiefendimensionen sehen könnten. Die einzelnen Partien des Gebäudes mit verschiedenen Raumtiefen würden wir bei der Langsamkeit, mit der uns die Lichtinformationen von dort zufließen würden, aufgrund unseres Aspektwechsels in der Zeit unter je tiefenspezifischen Aspektwinkeln sehen. Das würde das Erscheinungsbild jedes Raumkörpers völlig verwandeln. Würde ich zum Beispiel gerade an der senkrecht verlaufenden Kante des Gebäudes vorbeigehen, die zwei ihrer senkrechten Wandflächen begrenzt, von denen die eine sich parallel zu meinem Gang, die andere in die dazu senkrechte Tiefendimension von mir fort erstreckt, so könnte ich die in dieser Dimension erkennbaren Einzelheiten dieser Wand auch dann noch in ein Simultanbild des Gebäudes mit einbeziehen, wenn ich im geometrisch optischen Sinne diese Wand schon längst nicht mehr anvisieren kann, weil mir die zu ihr senkrechte andere Wand längst den Blick dahin verwehrt.

Die Folge müßte dann sein, daß mir ein Simultangegenstand erscheint, der mit keinem Gegenstand aus unserer vertrauten Welt zu identifizieren wäre und dessen Erscheinungsbild auch noch vollkommen von der Richtung und der Schnelligkeit meines Gehens beim Sehen abhängig wäre. Dinge im eigentlichen, vertrauten Sinne könnten wir demnach in unserer Umwelt nur dann als solche sehen, wenn sie sich gegenüber unserem sehenden Auge viel langsamer als mit Schneckentempo bewegen würden. Dinge aber in unserer wahrhaft gegebenen Umwelt – in der sich das Licht ja nun gütigerweise mit seiner bekannt großen Lichtgeschwindigkeit fortpflanzt – können demnach nur dreidimensionale Raumentitäten sein, die sich selbst mit sehr viel kleineren Geschwindigkeiten gegenüber unserem Auge bewegen. Die Entdeckung der Nichtobjektivität des Jetzt – oder der Simultaneität der Welt – erweist sich für unser Weltverständnis als ausgesprochen schwerwiegend. Denn wenn doch der Gegenwart kein Realitätswert entspricht, dann sind auch Vergangenheit und Zukunft keine Realitätsmodi der Natur mit irgendeinem Objektivitätswert. Es gibt keine Vergangenheit an sich, sondern nur Vergangenheit für mich und für jedes andere Bewußtsein. Heißt dies dann aber nicht klar und unbestreitbar, daß die Zeit grundsätzlich an der Natur nicht objektivierbar ist?

Hier soll nun, bevor wir endgültig diesen Schluß ziehen, der Nobelpreisträger und Biochemiker Ilya Prigogine mit seinen Vorstellungen von der Bedeutung der Zeit in der Natur zu Wort kommen. Angesichts der neuen Erkenntnisse über die selbstorganisatorische Dynamik biochemischer Vorgänge in Systemen, die sich fernab von einem thermodynamischen Gleichgewichtszustand befinden, redet Prigogine von einer sich suggestiv aufdrängenden Wiederentdeckung der eigentlichen Zeitlichkeit im Naturgeschehen als eines naturrealen Phänomens. Hier, so analysiert er, träte die Zeit nicht einfach wie ein ersetzbarer Systemparameter, sondern wie eine naturreale Größe auf. In den neueren theoretischen Betrachtungen solcher Systeme nach den Konzepten sogenannter »dissipativer Strukturen« ergibt sich für diese eine Art interner historischer Dimension, fungierend als eine diesen Systemen immanente Charakterisierungsgröße. Die Welt solcher Systeme wird unter dem in den Vordergrund gestellten Aspekt der Offenheit, der Unabgeschlossenheit und des Außeneinflusses als eine sich strukturmäßig entwikkelnde angesehen, die aus sich selbst heraus neue Wege der Selbstorganisation ausbildet und hernach in ihrer weiteren Dynamik diese neu erschlossenen Wege auch nutzt und damit ihr physikalisches Verhaltensmuster ändert. Damit aber gewinnt die Zeit für solche Systeme einen neuen, eigenständigen Rang in der nunmehr aufgenommenen Rolle einer durch sie geleisteten echten Systemcharakterisierung. Sie markiert ja nunmehr den jeweiligen Evolutionsgrad des Systems.

Die üblicherweise in der Thermodynamik benutzten Größen zur Erfassung des Entropiegrades, oder des Gegenteiles davon, des Ordnungsgrades eines Systems, sind ausschließlich für Zustände in der Nähe des thermodynamischen Gleichgewichtes abgeleitet. Hier wird die konstante Gesamtteilchenzahl in einem System, die Temperatur und das Systemvolumen zur Formulierung einer Unordnungsgröße, der Systementropie, verwendet, die sich dann in ihrer zeitlichen Veränderung beschreiben läßt.[3]

Die zeitabhängige Entropie hängt hiernach nur mit der Zeitabhängigkeit der Temperatur und des Volumens des Systems zusammen. Wenn das System aber unter merklichem Außeneinfluß steht, so wird dies bedeuten, daß es zu einer bestimmten Zeit gar keine einheitliche Systemtemperatur gibt, daß es nicht einmal überhaupt eine Temperatur im herkömmlichen Sinne gibt und daß unter Umständen auch die Teilchenzahl des Systems sich dann zeitlich ändert. Hierbei ist der Gleichgewichtszustand immer als Zustand ohne eigentliche Veränderung in der Zeit verstanden, obwohl auch in diesem Zustand mikrophysikalische Prozesse, wie zum Beispiel Atombewegungen, ablaufen. Sie alle bewirken aber keine makrophysikalische, also als Ganzes nach außen in Erscheinung tretende Systemveränderung. Alle mikrophysikalischen Prozesse haben im Gleichgewichtszustand einen unzeitlichen Charakter, indem sie sozusagen nicht Träger eines evolutiven Prozesses sind, indem sie vielmehr nur die Aufrechterhaltung des gegebenen Zustandes durch detailiert ineinander verzahnte Einzelprozeßabläufe garantieren. Die neue dem Nichtgleichgewicht angemessene Beschreibung muß dagegen in Form einer systemimmanenten Größe den Historiengrad des Systems berücksichtigen können.

Die Zeit muß in einem solchen Nichtgleichgewichtssystem also, anstatt einen bloßen Bahnparameter der Bewegungen darzustellen, wieder zu einer echten Kontrollgröße bei der Systembeschreibung gemacht werden, an der die Historie der außenweltlichen Einflußnahme und der Selbstorganisation des Systems sich widerspiegeln läßt. Nach Prigogine nimmt die Zeit erst dann wieder einen echten Realitätswert an, wenn die physikalischen Gesetze zur Beschreibung des Realitätsgeschehens eine explizite Zeitbezüglichkeit in sich aufnehmen. Zeitsymmetriebrüche in den entsprechend formulierten Naturgesetzen müssen dabei die unausbleibliche Folge sein. Eine Vertauschung der Zeitwerte (+t) durch diejenigen (−t) muß unter solchen Umständen die Gesetze selbst ändern. Die herkömmlich auftretende Vertauschungsinvarianz darf es jetzt und hier also nicht mehr geben.

In einer »zeitgerechten« Darstellung des Naturgeschehens sollte das Wachsen des Evolutionsgrades und die Irreversibilität des Werdens in einem System schon in der zugrundeliegenden Naturgesetzlichkeit ihren angemessenen Ausdruck finden. Die Irreversibilität in den integralen Prozeßabläufen muß bereits auf der ihr vorangestellten Gesetzesebene ihre feste und unwiderrufliche Verankerung finden. Es muß diesem Gebot entsprechend eine konsequentere »Physik des Werdens« formuliert werden. In den Naturgesetzen muß eine absolut zeitwertige Größe auftauchen, die die Zeitvertauschungsinvarianz bricht. Der Außenwelteinfluß wirkt als Quelle von neuen Ordnungsmustern und Organisationsstrukturen, die man nicht durch die Wahl von wahrscheinlicheren oder unwahrscheinlicheren Anfangsbedingungen erfassen kann und mit denen sich das System neue Verhaltensformen eröffnet. Das Nichtgleichgewichtssystem durchläuft in seinem inneren physikalisch-chemischen Prozeßgeschehen eine nicht repetierbare Abfolge von Instabilitätsschwellen, was einer historischen Dimensionierung des Systems gleichkommt.

In einer streng deterministischen Welt, zum Beispiel nach der Idealvorstellung eines Pierre Simon Laplace gedacht, kann, wie Prigogine richtig feststellt, eigentlich nichts geschehen, denn alles wäre sozusagen schon teleologisch, also auf ein Ziel hin ausgerichtet, festgelegt. Es gibt nur ein uhrwerksmäßiges Ineinandergreifen von detailiert aufeinander abgestimmten Einzelereignissen. Nichts geschieht in der Zukunft, was nicht in einer entelechetischen Form schon in der Gegenwart vorweggenommen ist.

Wenn aus dem Big-Bang, dem Urknall, deterministisch der heutige Kosmos hervorgegangen wäre, so wäre seit dem Weltanfang eigentlich nichts wirklich geschehen. Es hätte sich lediglich die Welt in ihre immer »zukünftigeren« Formen entfaltet, die schon immer »in nucleo« als ein »esse in potentia«, also ein Sein zum Werden, beschlossen waren. Die wahre Zeit und das freie, ungegängelte Werden in einem System benötigen dagegen den globalen Indeterminismus. Zumindest sollte es keinen »globalen« Determinismus des Uranfangs geben, sondern allenfalls den »spontanen Determinismus« im gerade eben Geschehenden. Erst wenn etwas gerade geschehen ist, kennt das System seine weitere Determination, aber letztere ist lediglich dann eine momentane, spontane, kurzreichweitige Determination!

Über Prigogine kommt so das Gebot an uns und jeden Physiker, anstelle einer Physik der Determination eine Physik der Überraschungen für eine sich in ihrer Seinsqualität evolutionierende Welt zu formulieren. Nur der epistemisch gefaßte Indeterminismus kann den Weg zur Beschreibung eines Systemweges hin zu wirklich neuen Ereignissen ebnen. Die Zeit darf nicht weiterhin als ein bloßer Parameter der Bewegungen verkümmern, wie etwa in den einfachen Beschreibungen isolierter Systeme mit idealen Bewegungsabläufen und darin bewahrten Bewegungskonstanten, sondern mit ihr müssen innere Entwicklungen in Systemen des Nichtgleichgewichtes gemessen werden, die einen Qualitätsgewinn des Systems begleiten. Die Zeit sollte somit ein Indikator des Systemfortschritts werden. Wenn dies auch sicher keine originell neue Entdeckung Ilya Prigogines ist, so wird durch ihn doch der wirklich wichtige Aspekt des Zeitlichen im Naturgeschehen erst wieder voll pointiert.

3. Kapitel
Ist Zeit transzendental?

Wenn Zeit vergeht, wo vergeht sie dann eigentlich? Vergeht sie an uns oder an den Dingen, die sich ändern? Es wird immer wieder zu fragen bleiben, ob die Zeit als ein omnipräsentes Phänomen im Erleben des Weltgeschehens etwas dem Realen Inhärentes oder ob sie nicht vielmehr etwas dem Verstande Immanentes, diesem Innewohnendes und zu ihm artspezifisch Gehörendes ist. Im letzteren Fall also wäre die Zeit als ein »Etwas« anzusehen, das das Bewußtsein als Wahrnehmungs- und Erkenntnisinstrument wie eine Brille einsetzen muß, um Wirklichkeit überhaupt erfassen oder sichten zu können. Wie schaffen wir – als ein die Welt erkennendes Bewußtsein – als eine zunächst »fensterlose, in sich gefangengehaltene Monade«, wie Leibniz es charakterisierte, diesen immensen Schritt aus unserer Eingeschlossenheit heraus zu dem außer uns befindlichen Andersartigen? Den Schritt aber doch letztlich hin zu etwas, das wir offensichtlich nicht selber sind, auch wenn wir an allen anderen Qualitäten desselben zweifeln mögen. Wir sind ja nicht die Dinge, die uns erscheinen in ihrem Sein und in ihrer genuinen Vergänglichkeit! Und dennoch, so schwer eine Erklärung dieses Schrittes auch fällt, wir erreichen jenes Andersartige intentionsgemäß immer wieder, jenes intentional Angeschaute, das wir aber in seiner spezifischen Eigenschaftlichkeit, Eigenständigkeit und Veränderlichkeit demnach auch nicht durch unseren Erkenntniswillen selbst bedingen, das uns jedoch affiziert und uns erfüllt als ein »Bewußthaben von Etwas«, ein Gut der Intentionalität.

Das Außenweltliche ruht, wie wir allenthalben glauben, also bei sich selbst. Und doch erscheint es in uns, aber dann und dort in eigenem Rechte – und nicht nach unserer Willkür. Andernfalls wäre unser ganzes Leben schließlich nichts anderes als eine selbstreflektive Beschäftigung mit uns selbst, wir wären zum Solipsismus verdammt.

Wie verschaffen wir uns bei dem Versuch, das Heraufziehen von Veränderungen an den Naturrealitäten in der Zeit zu erklären, die für eine solche Erklärung geeignete Rationalitätsebene? Durch welche besonderen Konzepte unseres Verstandes läßt sich so etwas nicht dem Geiste Angehörendes, also im vollen Sinne des Wortes »Ungeistiges« außer uns verstehen?

Und wie kommt dann die Zeit eigentlich bei einem Sich-selbst-verstehen des Verstandes als begleitendes Phänomen ins Spiel, als dem transzendenten Naturgeschehen oder unserem Verständnis desselben inhärent? Ist die Natur vielleicht an sich vollkommen zeitlos, und nur wir als verstehendes Bewußtsein machen sie uns, indem wir sie verstehen wollen, durch die transzendentale Perspektivierung des Andersartigen oder durch die Art, wie wir uns die Realität in den Blick rücken, zu einem Phänomen der Zeitlichkeit? So wenigstens wollte es Immanuel Kant sehen.

Zum andern könnte man, noch über Kants Denken hinausgehend, sich leicht zu dem Fazit gedrängt sehen, das Naturreale sei, weil es nur in unserer Perspektivierung erscheint, auch eben überhaupt nur das Verstandene, und nichts sonst und darüber hinausgehend. Damit aber wäre es ja gerade von bloß »geistiger« Qualität und wäre nicht mehr zu unterscheiden von der Qualität unseres erkennenden Bewußtseins selbst. Was macht dann die Außenwelt in ihrer Gesetzlichkeit und in ihrer substantiellen Kraft überhaupt aus?

Die »bewußtgemachte« Naturrealität muß uns zumindest irgendwie in sich logisch und bündig auf sich selbst verweisend erscheinen. Ihr Erscheinen muß einen selbsterklärenden Charakter haben. So sind doch schließlich sinnfälligerweise Atommodelle »realer« als die Atome – die kosmologischen Weltmodelle »realer« als der Kosmos. Weil sie in sich logisch und stimmig sind. Aber gerade diese Modelle der Natur sind nach bestimmten heuristischen Prinzipien unseres Verstandes angelegt, wie etwa dem Kausalitätsprinzip, dem Wirkungsprinzip, dem Energieerhaltungsprinzip oder dem logischen Prinzip des »tertium non datur«, dem Prinzip vom ausgeschlossenen Dritten, also der zweiwertigen Logik, die da sagt, daß jedwedes Ding außer uns entweder »so« ist oder eben »nicht so«, daß es aber kein Sein zwischen diesen Möglichkeiten gibt. Bedingt nicht gerade diese Prinzipialisierung im Ansatz des Verstehenwollens, daß alle diese Modellnaturen des Außenweltlichen genau dadurch zeitartig werden?

Wir verstehen äußere Einflüsse auf unser Denken, Fühlen und Handeln als Einbettung unseres Bewußtseins in eine Wirklichkeit, die objektivierbar ist und unabhängig von uns existiert. Diese Wirklichkeit der Welt läßt dabei, ohne die Frage nach dem Sinn dieses Tuns unausweichlich zu machen, eine gewisse Auftrennbarkeit in Wirkungselemente zu, die selbst wieder, als solche genommen, keinen weiteren Verweisungsbezug auf die größere Wirkungskette in sich bergen, in der sie als Glieder einer Kette auftauchen, die vielmehr als für sich bestehende, isolierte Geschehnisquanten anzunehmen sind. So will sich uns unsere alltägliche Wirkungswelt denn als ein System von objektivierbaren Gegenständen und Ereignisquanten anbieten, und wir erfahren in täglicher Praxis die Realität immer wieder als eine zerlegbare und aus je nach Erkenntnisschärfe beliebig vermehrbaren Teilen bestehende Angelegenheit. Dieser Umgang mit der Wirklichkeit führt uns zu dem naiven Standpunkt, daß die solchermaßen in unserer Wahrnehmung »verpuzzle-te« Wirklichkeit Realitätscharakter mitsamt ihren Teilen und deren Vergänglichkeiten besitzt.

In dieser allgemeinen Haltung nehmen wir im Grunde den positivistischen Standpunkt etwa eines Philosophen wie David Hume ein, der aus praktischen, pragmatischen Gründen glaubte, zu der Meinung kommen zu müssen, das Sein der Außenwelt sei eben immer nur ein »Wahrgenommensein« und nichts außerdem. Aber wie kann dieses Wahrgenommensein dann einen selbständigen Status vor unserem Bewußtsein genießen, so daß wir es nicht als unser eigenes Spiegelbild empfinden müssen?

Nehmen wir nun aber einmal an, daß die Natur als das zu unserem Bewußtsein ganz Andersartige zu uns sprechen will – und sich erfassen lassen will! So kann eine solche Botschaft der Natur an uns ja nur als enkodierte Information in einer speziellen Verpackung geliefert werden, die wir als diese Botschaft empfangendes Bewußtsein dekodieren, also in den Mitteln unserer Geistigkeit entschlüsseln können müßten, wenn wir sie verstehen wollen. Die Frage kann hier jedoch prinzipiell sein, ob die Natur überhaupt eine Sprache spricht, in der sie sich uns mitteilen möchte oder ob sie nicht vielmehr stumm ist. Wenn sie uns denn aber etwas sagen will, so hieße das, daß sie nicht gleichgültig gegen uns ist, daß da vielmehr eine Art Interdependenz zwischen Bewußtsein und Natur vorgegeben ist, so zu denken, als ob das eine grundsätzlich nicht ohne das andere sein kann – also das Bewußtsein nicht ohne die Natur und umgekehrt.

Will die Natur aber etwas zu uns sagen, so gilt es, die Sprachzeichen der Natur so reichlich und so sorgfältig wie möglich aufzunehmen und sodann danach zu fragen, ob wir die nach Übersetzung der Sprache der Natur in die Sprache des Verstandes erscheinende Außenwelt in ihrem genuinen Charakter nicht schon gründlich mißverstanden haben. Die nach den Prinzipien unseres Verstandes als in Einzelgeschehnisse elementarisiert erscheinende Natur mag in ihrem Kern eine Verfehlung der wirklichen Natur darstellen, aber um so mehr bedrängt einen dann die Frage, warum uns nur eben diese »verfehlte« Natur begreifbar wird? Angesichts dieses Problems sprechen die Philosophen seit alters von einer »adaequatio rei et intellectus«, von einer inneren Entsprechung zwischen der Realität und unserem Verstand. Die Repräsentation des Anderen aus der Natur muß in der Symbolik unseres denkenden Verstandes zumindest möglich sein. Die Natur mag keine primär rationalen Absichten bei ihrer Sprachzeichengebung an uns verfolgen. Das mag heißen, daß es ihr bei der Zeichenbildung nicht darauf ankommt, verstanden oder mißverstanden zu werden. Anders als die Natur legen Geheimagenten ihre Botschaften als Zeichen ja so an, daß diese möglichst von den damit Angesprochenen verstanden, von den Unangesprochenen aber tunlichst mißverstanden werden. Dennoch aber ist in der Natur immerhin eine solche Zeichengebung angelegt, die das eigentlich Inkommensurable den Elementen unseres Verstandes kompatibel machen kann, eine Zeichengebung also, die nach einer bestimmten Rezeptur rational gemacht und in Geistiges umgewandelt werden kann.

Worin aber besteht nun diese Rezeptur? Mit ihr strebt unser Bewußtsein ja offensichtlich nach einer bestmöglichen Anpassung an die in der Sprache der Natur gegebenen Zeichen und nach deren möglichst kompletter Erfassung. Dazu werden in den einzelnen Wissenschaften eigene Wissenschaftssprachen und Paradigmensysteme entwickelt, mit denen eine Annäherung an das Verschlüsselte in der Natur unternommen wird. Im Zuge des methodologischen Fortschrittes der Wissenschaften wird so eine immer bessere Erkennung der Semiotik in der Natursprache angestrebt.

Der Wissenschaftsphilosoph und Evolutionstheoretiker Teilhard de Chardin ist der festen Meinung, daß die Natur »die geistige Schwelle direkt unter unseren Füßen« angelegt hat. Das soll heißen, daß unser Verstand überall in der Natur schon von Anfang an auf etwas ihm prinzipiell Erkennbares trifft, was auch die Frage Einsteins beantworten hilft, warum die Natur uns wohl *überhaupt* begreifbar ist. Sie drückt sich eben bei ihren Vorgangsabläufen und Phänomenen in intellektuell lesbaren Zeichen aus. Aber die Lesbarkeit des von der Natur gelieferten »Erkennbaren« verbessert sich vor allem mit der vorsichtig tastenden, methodologischen und paradigmatischen Entwicklung in den Wissenschaften, so etwa mit der Entwicklung der Begrifflichkeit, der Axiomatiken und der Befragungsformen. Die Natur antwortet nur auf intelligent gestellte Fragen auch mit intelligiblen Antworten.

Ein Zweifel drängt sich jedoch auf, ob wir nicht gleichzeitig auch durch diese Formen der Befragung der Natur, durch die paradigmatischen Ansätze und durch die axiomatischen Prinzipien bei der Intellektualisierung der Natur uns deren Wirklichkeit verschleiern, während wir sie eigentlich doch zu verstehen bemüht sind. Von der Antwort auf eine solche Frage wird sicher auch die Entscheidung abhängen, ob die Naturwissenschaften eigentlich etwas »Richtiges« von der Wirklichkeit der Natur in Erfahrung bringen und in welchem Sinne das so im Rahmen der Anwendung wissenschaftlicher

Methodiken von der Natur Erfahrene und hernach Gewußte eine Ansichseinsgültigkeit haben kann.

In den letzten Jahrzehnten haben die Wissenschaftler immer eklatanter erfahren müssen, daß das von ihnen erworbene Wissen über die erforschte Naturwirklichkeit sehr stark und essentiell geprägt ist von den Methoden und Begrifflichkeiten, die sie anwenden. Es erscheint geradezu so, als präge der von den Wissenschaften gewählte Zugang zum Erkenntnisobjekt ganz wesentlich dessen Eigenschaften und Erscheinungsformen. Daß dieser Verdacht nicht unbegründet ist, läßt sich sinnbildlich sehr schön in einem Gleichnis ausdrücken, das von dem Astrophysiker Sir Arthur Eddington in seinem Buch »The Philosophy of Sciences« (1929) verwendet worden ist. Eddington meint dort, der Naturwissenschaftler, beurteilt nach der Art seines Vorgehens beim bezweckten Gewinn von Erkenntnissen, sei in vieler Hinsicht einem Fischkundler zu vergleichen, der die Formen des Lebens im Meer erforschen will und dazu sein Netz in den Meereswogen auswirft, um danach die darin gefangene Beute zu sichten. Nach einer erklecklichen, also statistisch signifikanten Zahl von Fischzügen und nach gewissenhafter Sichtung seiner Fänge glaubt dieser Fischkundler dann die Feststellung treffen zu können, das Leben im Meer bestünde ausschließlich aus Fischen, die größer sind als fünf Zentimeter und Kiemen haben.

Er hält nun diese Kennfakten für Grunddaten der Lebensrealität im Meer und nimmt als garantiert an, daß diese Daten sich bei jedem weiteren Fang, den er in der Zukunft noch machen könnte, immer nur wie ein ehern gültiges Grundgesetz bestätigen lassen würden. Er übersieht dabei jedoch ersichtlich die Tatsache, daß seine so gewonnenen Kenndaten der Realität, zumindest teilweise jedenfalls, von der Art des beim Fang verwendeten Netzes bestimmt sind. Was die von ihm ermittelte Mindestgröße der Fische im Meer anbelangt, so ist klar, daß dieser Fischkundler gar keine Fische mit Größen kleiner als 5 Zentimeter fangen kann, wenn die Maschenweite seines Netzes genau diese Dimension besitzt. Der Fischkundler kann sich nun auf den Standpunkt stellen, daß es nur dasjenige an Lebendigem im Meer wirklich gibt, was er mit seinem Netz fangen kann. Das wäre jedoch eine in gewissem Sinne mutwillige, willkürliche Definition von Realität, die lediglich von den Möglichkeiten der Erkenntnis bzw. der Erkenntnisinstrumentarien her geprägt wäre.

Hinter dieser Haltung fände man den Standpunkt wieder, daß nur das wirklich ist, was sich von uns oder dem um Erkenntnis bemühten Bewußtsein der Naturwissenschaftler erfassen läßt – mit der Konsequenz, daß die Wirklichkeit der Natur sich im Zuge der Veränderung und Verbesserung von Erfassungstechniken, sprich: mit der »Verkleinerung der Maschenweite unserer wissenschaftlichen Fangnetze«, verändern und erweitern ließe. An dieser Stelle erwacht ein wenig von dem kritischen Argwohn, daß die wissenschaftlich erkannte Wirklichkeit stark geprägt sein müßte vom Charakter des epistemischen Zuganges, das heißt von dem um Erkenntnisgewinn bemühten Instrumentarium unseres Verstandes. Man muß versuchen, sich so gut wie eben möglich darüber klarzuwerden, wie und wodurch diese Prägung des Wirklichkeitsbildes nun eigentlich »werkzeugseitig« festgelegt ist. Die Frage nach der Natur der Zeitlichkeit in der Naturwirklichkeit ließe sich vielleicht auf diesem Wege schon sehr einfach beantworten. Die Antwort könnte lauten: Die Zeit taucht überhaupt nicht als Eigenschaft der Natur auf, sondern ist nur eine Eigenschaft unseres arbeitenden Bewußtseins.

Wie Hans Peter Dürr in seinem Buch »Das Netz des Physikers« hervorhebt, handelt die Naturwissenschaft in dem, was sie erkennt und beschreibt, nicht von der eigentlichen Wirklichkeit an sich, nicht einmal von der, die uns in einer ursprünglichsten Form von Welterfahrung als erlebte Wirklichkeit vor Augen tritt. Sie handelt vielmehr von einer methodisch erzwungenen Projektion dieser erlebbaren Wirklichkeit, einer stark verarmten Form der Wirklichkeit, die allerdings angesichts der strengen Vorschrift, nach der sie als Projektion entworfen wird, auch für jedermann verpflichtend ist. Unmittelbar erlebte, von unserem Gemüt aufgenommene Erfahrung der Natur ist viel umfassender und substanzreicher, als sich in eine wissenschaftlich angestrebte Projektion dieser Erfahrung wissenschaftlich bannen ließe. Bei der Schaffung des Erkenntnisgegenstandes in den Wissenschaften kommt es automatisch zu einem Zerfall der naiven Totalität von Ich und Welt, und dies allein bedeutet schon eine Einbuße von erfahrungsmäßig Gegebenem. Das unbefragte Beisammensein von Innen und Außen bricht dabei auseinander.

Unsere Welterfahrung setzt aber bereits in dieser naiven Totalität an, in der wir uns nur als integrierten Bestandteil der Gesamtwirklichkeit erleben, bevor wir noch angefangen haben, uns als erkennendes Subjekt von einem Erkenntnisobjekt zu trennen. In unserer auf Rationalität abzielenden Erkenntnis findet demnach eine Qualitätsveränderung und Qualitätsverengung der Wirklichkeit durch Projektion auf einen in der Transzendentalität angelegten Erscheinungsraum statt. Es wird somit nur ein vordefinierter Ausschnitt der Realität gesehen, der aber eigentlich auch keinen echten Teil der Wirklichkeit darstellt, weil letztere sich nicht aus ihren ausschnitthaften Teilen zusammensetzen läßt. Jeder solche Ausschnitt verfehlt die Realität. Selbst die besten Photographien einer wertvollen Porzellanvase, mögen sie auch in der größten Vielfalt alle Aspekte derselben unter allen möglichen Lichtvarianten dokumentieren, machen dennoch nicht die Vase selbst aus.

Was haben diese photographischen Abbildungen dann aber mit der Vase überhaupt gemein? Offenbar nur das eine; daß nämlich unter Befolgung einer bestimmten Vorgehensweise in Verbindung mit der Vase als intendiertem Realitätsobjekt, wie etwa ihrer Beleuchtung durch eine geeignete Lichtquelle und dem anschließenden Photographieren, stets etwas allen Abbildungen Strukturäquivalentes herauskommt. Die hierbei geleisteten Realitätsprojektionen bleiben untereinander strukturkonform und homolog. Jedoch muß man klar sehen, daß sich die Wirklichkeit aus solchen Projektionen niemals selbst wieder zusammensetzen läßt, nicht einmal aus allen ihren überhaupt denkbaren, transzendentalen Projektionen. So wird man auch aus einer unendlich großen Vielfalt von Photographien der Vase niemals ihr Gewicht oder ihre mineralogisch-chemische Zusammensetzung erschließen können, die jedoch fraglos Wirklichkeitsphänomene der Vase selbst darstellen. Bei jeder Projektion der Realität geht also immer etwas aus dem vollen Umfang der Phänomenalität verloren.

Was ist das nun für eine Art der Wirklichkeitsprojektion, welche uns die Natur als zeitlich sich verändernde Realität erscheinen läßt? An dieser Stelle können wir eine wenig der Analyse Immanuel Kants in seiner »Kritik der reinen Vernunft« nachgehen, in der er zu klären versucht, wie es denn überhaupt zum Gegebensein des realen Gegenstandes in der Anschauung durch unseren Verstand kommen kann. Zunächst einmal läßt sich, Kant folgend, herausstellen, daß unser Gemüt, also unser Bewußtsein, von solchen Gegenständen der außerbewußten Realität affiziert werden können muß. Dazu muß es eine vorbereitete Sinnlichkeit geben, in der die grundsätzliche Art angelegt ist, wie Gegenstände überhaupt das Bewußtsein ansprechen können. Gegenstände müssen also unser ästhetisch vorgebildetes Raster, wie die Fische das ausgeworfene Fischernetz, mit Information füllen können. Bei ungünstiger, also inkompatibler Rasterbildung, bleibt die Information über den Gegenstand aus. Bei zu großer Maschengröße fängt man keine Fische, so wenig wie man Ultraviolettsterne durch den Atmosphärenvordergrund am Erdboden oder die gesamte Erde als Objekt im Lichte der Neutrinostrahlung der Sonne sieht.

Wenn man dagegen für den Verstand Informationen aus der Wirklichkeit einholen will, so muß man offensichtlich geeignete ästhetische Raster ausbilden. Nur der in diesem geeigneten, informationsbildenden Raster dem Verstand anschaulich gewordene Gegenstand kann unter Nutzung bestimmter Begrifflichkeiten hernach gedacht werden. Denken muß sich nämlich auf sinnliche Inhalte und darin erscheinende Anschauung beziehen. Die empirische Erscheinung eines Gegenstandes geht also auf eine äußere, nichtimmanente Wirkung auf unsere Anschauung zurück. Schließlich, im übertragenen

Sinne gesprochen, legen wir uns ja nicht selbst die Fische ins Netz, mit dem wir im Meer der Realitäten fischen. Zu der vor uns entstehenden, empirischen Erscheinung als einer in unser Raster gefallenen Information der außer uns bestehenden Wirklichkeit korrespondiert demnach etwas, das man Materie, schieres Sein oder »Ding an sich« nennen kann.

Diese Materie der Wirklichkeit ist ihrer Natur nach ungeistig, und wir würden sie als solche unserem Verstande nicht einverleiben können. Der Vollzug der Individuation des Bewußtseins als eines Subjektes vor der objektivierten Außenwelt, also als Bildung des Selbstbewußtseins oder des Descartesschen Cogito, geht zwangsläufig einher mit der Sinnlichkeitsbildung und der dann erst in der Sinnlichkeit möglichen Vereinnahmung des Objektivierten in unsere Anschauung. In der Anschauung des Erscheinenden ergibt sich jedoch dann die Möglichkeit der Elementarisierbarkeit, Vereinzelbarkeit und Abgrenzbarkeit von Gegenständlichem vor einer ursprünglich in sich verfließenden und zusammenhängenden Wirklichkeit. Das schafft uns die Orientierung in der Wirklichkeit, die wir in ihrer dicht und grenzenlos verflochtenen Mannigfaltigkeit nicht denken könnten. Nur die Ästhetik unseres Verstandes, also die vorgebildete Form, in der Wirklichkeit uns erscheint, läßt eine Ordnung und damit eine Orientierung entstehen.

Die Form dieser Ordnung kann nun nicht selbst wieder als die Wirkung einer äußeren Wirklichkeit angesehen werden. Zumindest wird sie nicht auf einem direkten Wege in uns erwirkt. Eher muß angenommen werden, daß sie in unserem Bewußtsein schon irgendwie bereitliegen muß, nur wird sie als solche wahrscheinlich wohl nach einem »trial-and-error«-Verfahren dort erst in der Auseinandersetzung mit der Wirklichkeit etabliert und liegt nicht etwa, wie Kant meinte, schon vor jeder Erfahrung der Wirklichkeit als eine Aprioriästhetik vor. Wenn der Fischer über Jahre nichts aus dem Meer fängt, so wird schließlich auch er auf die Idee kommen, andere Netze zu verwenden. So auch unser Verstand; wenn er aus der Wirklichkeit in den von ihm benutzten Anschauungsformen und Sinnlichkeitsrastern nichts einfängt, so wird er diese Formen und Raster so lange ändern, bis ein Fang gelingt.

Nach Kants Definition darf in der reinen Anschauungsform nichts angetroffen werden, was zur konkreten Erscheinung des Gegenständlichen gehört. Reine Anschauung – als reine Form der Sinnlichkeit – ist im Verstande vorgebildet, wie etwa der Ästhetizismus der räumlichen Ausdehnung, der Substantialität, der Ursächlichkeit, der Teilbarkeit. Die Härte dagegen, die Undurchdringlichkeit, die Farbe, die geometrische Gestalt, die Schönheit eines Gegenstandes gehören sicher als inhärente Rasterqualitäten zu einer konkret gegebenen Empfindung. Sie sind Erfüllungen unseres ästhetischen Rasters und nicht reine Form des letzteren. Wenn man dieses transzendentale

Rüstzeug unseres Verstandes, diese reine Sinnlichkeit also, auf sie selbst hin und das, was sie eigentlich ist, reduziert, so muß man alle Begrifflichkeit des Verstandes und alle Inhaltlichkeit der konkreten Erscheinung daraus entfernen. Dann verbleiben als reine Formen des ästhetischen Zuganges zur Wirklichkeit die Raster: Raum und Zeit, Ursache und Wirkung.

Gegenstände lassen sich schließlich vor der Wirklichkeit nur entwerfen, wenn sie als außer uns befindlich und im Raume untergebracht erfaßt werden. Dadurch werden relationale Ordnungen unter den in der Wirklichkeit auftauchenden Gegenständen ermöglicht; so läßt sich von Gestalt und Größe der Gegenstände, von Konstellationen und relativen Entfernungen sowie von deren Veränderungen reden, wenn nur die Sinnlichkeitsformen Raum und Zeit dazu eingesetzt werden. Dabei ist der Raum diejenige Sinnlichkeitsform, in der sich die Dinge als außer uns befindlich erfassen und denken lassen. Die unter diesem Ästhetizismus sich vollziehenden inneren Bestimmungen unseres Bewußtseins durch die vorgestellte Gegenstandswelt werden in Verhältnissen der Zeit wahrgenommen. Als etwas Äußerliches kann die Zeit dagegen nicht angeschaut werden, sie ist vielmehr der Ästhetizismus, mit dem uns und unserem Bewußtsein die Affektionen durch die räumlich vorgestellte Außenwelt anschaulich werden. Raum ist die Sinnlichkeitsform, in der das Objekt gegeben ist, und Zeit die Sinnlichkeitsform, in der das Subjekt diese Gegebenheit erlebt.

Raum und Zeit sind keine empirischen Begriffe, die wir aus der Erfahrung unserer konkreten Umweltgegenstände ableiten könnten. Wohl aber mag der Prozeß der Bildung eines Subjekts vor einer objektivierten Außenwelt, den ja jeder Mensch bei Bewußtwerdung seiner Person im Zuge der Entwicklung eines Selbstbewußtseins durchläuft, die ästhetischen Anschauungsformen von Raum und Zeit als Handwerkzeuge suggerieren. Kant sagt dazu, daß man sich ja eben nicht vorstellen kann, es sei überhaupt kein Raum vorhanden, wiewohl man sich gut vorstellen kann, daß keine Gegenstände in diesem Raum anzutreffen sind. Also läßt sich schließen, daß der Raum die eigentliche Form der Vorstellung an sich selbst ist. Es wird dabei auch klar, daß man sich im Grunde nur einen allumfassenden Raum vorstellen kann und nicht mehrere, voneinander getrennt gehaltene Räume. Auch wenn man vorstellungsmäßig Teilräume in dem einen Raum unserer Anschauung unterbringen kann, so erfüllen diese letzteren dann wie imaginierte Gegenstände unser Sinnlichkeitsraster, indem sie allesamt untergebracht sind in dem einzigen allumfassenden, nichts Außenweltliches auslassenden Raum unserer Sinnlichkeit.

Interessant in diesem Zusammenhang ist auch, daß geometrische Beziehungen sich niemals aus der Empfindung oder der Empirie der Gegenstände ableiten lassen, denn hier könnte ihnen nur jeweils eine kontingente, singuläre Gleichgültigkeit zukommen. Die apriorische Gültigkeit z. B. des pythagoreischen Lehrsatzes oder des Satzes von Thales kann nicht am Erfahrungswert irgendwelcher Dingerscheinungen, sondern nur aus der Analyse der apriorischen Qualitäten der transzendentalen Raumästhetik erfahren werden, niemals jedoch aus der konkreten Gegebenheit irgendwelcher als Dreieck erscheinender und von Kreisen umschreibbarer Gegenstände. Wie muß dann aber die Vorstellung vom Raum in sich selbst beschaffen sein, damit geometrische Grunderkenntnisse über seine inhärenten Eigenschaften möglich sind? Die transzendentale Raumästhetik ist sowenig wie die Zeitästhetik eine leere Form der Anschauung; sie ist nicht einfach ein nichtssagender unbefragbarer Kasten, in den sich etwas hineintun läßt, sondern sie ist eine Anschauung mit einer Vielfalt von Qualitätsbestandteilen, sie ist eine operationale und aus sich selbst heraus wirksame Anschauung, die auf ihre einzelnen relationalen Formelemente, wie ihre geometrischen oder metrischen Proportionen, hin befragt werden kann. In einem solchen Anschauungsraum lassen sich Streckenlängen, Flächenmaße und Volumina verstehen, die miteinander relational verknüpft werden können, ohne daß auch nur irgendwelche konkreten Gegenstände dazu erscheinen müßten.

Geometrische Sätze sind apodiktisch, das heißt, sie werden im Bewußtsein ihrer unverbrüchlichen und absoluten Gültigkeit, Richtigkeit und Notwendigkeit ausgesprochen. In welchem Sinne aber kann dies akzeptiert werden? Haben wir nicht, was die Raumbeschreibung anbelangt, immer mehr über die Jahre wissenschaftlichen und mathematischen Forschens hinweg dazugelernt? Wenn früher unverbrüchliche Sätze unserer Raumerfassung hießen: Der Raum ist dreidimensional! Seine Metrik ist euklidisch! Es gilt das Parallelenaxiom und der pythagoreische Zusammenhang zwischen den Seitenlängen eines rechtwinkligen Dreiecks. All das mag man in den heutigen Zeiten der vieldimensionalen Mannigfaltigkeiten und der allgemein gekrümmten Riemannschen Räume für in Frage gestellt halten. Die heutigen Feldtheoretiker sind der Meinung, daß sie zur Vereinheitlichung der Naturkräfte mindestens fünfdimensionale (Kaluza-Klein-Theorie) oder gar elfdimensionale (String-Theorie) Räume benötigen. Nach Einsteins allgemein-relativistischer Gravitationstheorie sollten euklidische Metriken allenfalls im Vakuum gegeben sein, während energie- und impulserfüllte Räume im allgemeinen gekrümmte, nichteuklidische Metriken prägen. Woher kommt dieser Umbruch? Sind wir dabei, unser eigenes transzendentales Ästhetikkorsett, also die Formen unserer apriorischen Sinnlichkeit, das Netz unseres Einfangs von Gegenständlichkeiten, zu revidieren?

Ist denn die Euklidizität tatsächlich so ein notwendiges Element unserer Raumästhetik gewesen? Oder ist sie vielmehr nur ein Element der einfachsten denkbaren Raumanschauung, die man zur sinnlichen Wahrnehmung einer Gegenstandswelt überhaupt verwenden kann? Was ist mit höherdimensionalen nichteuklidischen Räumen? Woher kommen die metrischen und geometrischen Gesetze für solche Räume? Wieso lassen sich ihre Eigenschaften eindeutig beschreiben, wenn wir dennoch keinen unserer Umweltgegenstände in ihnen erfahren? Da auch sie also nicht von den erscheinenden Gegenständen abgelesen werden können, müssen demnach auch alle Aussagen über sie als rein analytische Urteile aus der reinen transzendentalen Sinnlichkeit hervorgehen und somit Bestandteile derselben sein, wie die Gesetze des euklidischen Raumes ebenfalls. Die Erscheinung des über unsere Sinneswahrnehmung vermittelten Außerunsseienden geschieht dabei allerdings immer noch auf der Basis einer Raumästhetik allgemeinster Art, die einfach nur die Grundforderung der Ästhetik erfüllt, daß mit ihr dem Erscheinenden Individualität, Substantialität und Ausdehnung zugebilligt werden kann.

Der Gegenstand aus der Außenwelt, der uns in der Anschauung erscheint, muß von anderen erscheinenden Gegenständen zu unterscheiden sein und zu diesen in eine Konstellation treten. Allein er verrät uns durch seine Erscheinungsform jedoch in keiner Weise, ob er uns als Projektion der Wirklichkeit in einem euklidischen oder nichteuklidischen Raum gegeben ist. An seiner primären Erscheinung, also als der Fisch in unserem Netz, bleibt die Frage der Raummetrik unerheblich. Sie stellt sich vielmehr erst, wenn die konkrete Erscheinung von Gegenständlichkeit unter Absehung vom konkret Gegebenen ästhetisch vom Verstande manipuliert, analysiert, elementarisiert und hinterfragt wird. Sie stellt sich zum Beispiel erst, wenn unser Verstand sich zu fragen beginnt, wie das Raummaß eines Körpers beschaffen sein muß, wenn dieser von lauter ebenen Flächen begrenzt wird, die sich in geraden Kanten unter rechten Winkeln schneiden, also dann, wenn unser Verstand für das in der Raumanschauung Erscheinende Zahlen und Zahlenverhältnisse vergeben will. Ansonsten bleibt für die Form unserer Anschauung nur wichtig, daß die Wirklichkeit darin in Gestalt von erfahrbaren Gegenständen erscheinen kann, die alle unabhängig, abgrenzbar, nebeneinander und außereinander existieren können sollen. Dies ist keine Forderung der Realität, vielmehr eine Forderung an die Form, wie uns Realität gegeben werden soll. Diese Gegebenheit gilt von der Wirklichkeit aber auch nur, insofern die vor unserem Bewußtsein auftretenden Dinge als Gegenstände unserer sinnlichen Anschauung auftreten. Raum und Zeit an sich sind keine Formen der Wirklichkeit selbst, zumindest könnten wir dies niemals mit Bestimmtheit aussagen, sondern sie sind allein die Form unserer Anschauung der Dinge.

Sehen wir uns unter diesen Aspekten nun noch einmal die Zeit als Form der transzendentalen Ästhetik etwas genauer an. Auch die Zeit ist aus der konkreten Erfahrung der Welt her nicht ableitbar. So wie Gegenstände uns erscheinen und uns durch ihr Erscheinen affizieren, bieten sie uns kein Verständnis für Zeit als transzendentales Netz der Erkenntnis an. Die Zeit ist in ihrer inneren Konsistenzanlage in sich apodiktisch gewiß und kann diesbezüglich keiner Kontrolle durch Gegenstandserscheinungen unterworfen werden. In diesem Sinne kann man feststellen, daß das Zugleichsein oder das Nacheinander von Ereignissen selbst an der Wirklichkeit nicht wahrgenommen würde, wenn die Vorstellung von der Zeit und ihren Formqualitäten nicht schon in uns unabhängig von jedem uns in der Anschauung Erscheinenden zugrunde läge.

Man kann ja nach einem Kantschen Gedankenexperiment alle konkreten Gegenstandserscheinungen aus der Zeit herausnehmen, und es verbliebe dennoch die Apriorigegebenheit des Zeitstromes, nämlich als die Form des Subjektseins selbst. Nur in diesem Zeitstrom aber ist die Erscheinung der Wirklichkeit vor unserem Bewußtsein angelegt. Die Zeit ist kein aus sich heraus analytisch erweiterbarer Begriff, sondern eine Evidenzform der reinen Anschauung. Wir erleben sie unmittelbar als unser Subjektsein. So erfahren wir die Additivität von Zeitintervallen mit apodiktischer Gewißheit, ohne daß uns irgendeine Uhr darüber belehren müßte. Uns ist die Trivialität bewußt, daß addierte Zeitdauern eine Zeitspanne größer als jede der Einzeldauern ergeben. Woher erfahren wir schließlich, daß verschiedene Zeiten nicht zugleich sein können? Nicht durch den Blick auf das Ziffernblatt einer Uhr, auf der ein Zeiger wandert. Wir erfahren es, weil die Form des In-uns-Seins genau dies zur Evidenz bringt. Weil das Vorher vor unserem Bewußtsein eine völlig andere Qualität als das Nachher hat. Veränderung und Bewegung sind als Begriffsbildungen des Verstandes nur möglich, wenn die Zeit als Anschauungsform des In-uns-Seins und wenn der Raum als Anschauungsform des Außenseins bei der Erscheinung von Gegenständlichem schon zugrunde liegt. Nur in der Sinnlichkeitsform »Zeit« können Modi des Seins eines Gegenstandes, wie das »An-einem-Orte-Sein« und das »Nicht-an-einem-Orte-Sein« als zusammenhängende Wesensmomente eines Dinges mit einer Ausschließlichkeit von Sein und Nichtsein erkannt werden. Zeit besteht demnach nicht als Wirklichkeitsqualität neben den Dingen der Wirklichkeit, auch ist sie nicht eine den letzteren anhaftende akzidentielle Bestimmungsgröße, sondern sie ist die Anschauungsform an sich, die das Erscheinen von Wirklichkeit in Gestalt von Gegenständen vor unserem Bewußtsein überhaupt erst erlaubt.

Zeit läßt sich demnach als eine Aprioriform der Anschauung von Dingen außer uns und von deren Vergänglichkeiten identifizieren. Die Additivität von Zeitintervallen, die Grenzenlosigkeit des Zeitstromes, die Gleichzeitigkeiten und Nichtgleichzeitigkeiten werden nicht an den Dingen gefunden, sondern werden als Weisen des In-uns-Habens von Außenweltlichem erlebt. Die Zeit stellt dabei die Form unseres inneren Sinnes der Weltwahrnehmung, also des Anschauens unseres inneren Zustandes überhaupt dar.

Lage, Gestalt und relative Konstelliertheit der Dinge im Raum haben keine arteigene Zugehörigkeit zu Zeitmomenten, sondern lediglich die Erscheinung solcher Dinggestalten und Dinglagen in unserem Bewußtsein hat einen unmittelbaren Bezug zum Erleben unseres inneren Zustandes, der sich jedoch eben als ein zeitlicher manifestiert. Man könnte damit zu der kurzgefaßten Weisheit kommen, die da lautet: Der Raum ist die Form der Anschauung des objekthaften Außen, so wie die Zeit die Form der Anschauung des subjekthaften Innen ist! Vorstellungen von der Dinglichkeit der Welt in jeglicher Art gehören, weil sie unser Gemüt affizieren, mit zu den Bestimmungsstücken unseres Bewußtseinszustandes und werden folglich, weil diese Zustände nur unter dem apriorischen Ästhetizismus der Zeit angeschaut werden können, in einen zeitlichen Kontext und in zeitliche Verhältnisse aufgenommen. Der Wirklichkeit an sich liegt die Zeit dagegen nicht inne, nur den Erscheinungen der verdinglichten Wirklichkeit kommt als Erscheinungen vor unserer sinnlichen Bewußtseinsschau Zeitlichkeit zu. Sie ist die Form des Erscheinens von Gegenständen vor unserem Bewußtsein. Die Zeit hat somit nur subjektive Realität als die Form, wie wir uns als Subjekt vor einer objektiven Außenwelt erleben.

Wir können uns als ein umwelterlebendes Bewußtsein zur weiteren Aufklärung dieses für viele überraschenden Umstandes noch ein wenig tiefergehend fragen, wie es eigentlich dazu kommen mag, daß wir in unserer Umwelt Geschehnisabläufe wahrzunehmen glauben. Dazu bedürfte es eigentlich einer Form der Kinematographie der auf uns zudrängenden Wirklichkeit. Jede Kinematographie bezieht aber ihre Wirkung immer aus dem Nachhalten von Erscheinungsphasen der Wirklichkeit in der Präsenz der Jetztphase. Wenn wir jedes Bild, das soeben durch den Kinoprojektor auf die Leinwand geflimmert ist, sofort vergessen würden und wenn wir nur immer das jeweils vor der Projektionslinse befindliche Bild wahrnehmen würden, so ergäbe sich für unser rezipierendes Bewußtsein keinerlei Idee von einem Geschehensablauf oder einer Veränderung unter dem Identifizierbaren. Es gäbe für uns nur statische Wirklichkeiten, und wir könnten nicht einmal erkennen, daß diese alle voneinander verschieden sind. Das Problem der Transzendenz hin zu Außerbewußtem besteht demnach in der Herstellung von Techniken zur Erfassung von Nichtgeistigem, nicht unserem Bewußtsein Immanentem. Wenn dies durch eine Art Kinematographie geschehen können soll, so muß uns die Erscheinung der Wirklichkeit eine Gelegenheit dazu bieten, eine Entitätenbildung an ihr vorzunehmen. Wir müssen Ganzheiten vor dem fließenden Erscheinungsfeld der Wirklichkeit erfinden können, die sich über Momente unseres Seins und Gewesenseins als solche durchhalten. Aber ohne ein Gedächtnis unseres Bewußtseins, also ohne eine gleichzeitige Präsenz der Gewesenheit unseres Bewußtseins, wäre keine Identifikation von solchen erscheinenden Entitäten möglich. Die Erfahrung der Zeitlichkeit hat also sicherlich damit zu tun, daß unser Bewußtsein gleichzeitig mit seinem Sein auch sein Gewesensein vollzieht. Wie ist das möglich?

Geschehnisse sind eine semantische Deutungsform des Erscheinenden durch unser Bewußtsein. Sie entstehen für uns als Erscheinungsformen einer elementarisierten Wirklichkeit nach einer Zerlegung des Realitätsganzen in abgegrenzte Realitätselemente. Wenn ein Geschehnis sich vor unserem »geistigen Auge« vollzieht, so sehen wir es doch zumeist in seinem Ganzheitsgefüge und nicht als stroboskopische, zusammenhanglose Abfolge von kinematographischen Einzelspots. Wir sehen es in einen geschlossenen Bogen eingespannt, von seinen memorierbaren Vergangenheitsphasen zu seinen bereits in der Vergangenheit und Gegenwart vorweggenommenen Zukunftsphasen hinlaufend. Indem wir etwas geschehen sehen, sehen wir immer schon mehr, als bereits geschehen ist. Wir sehen über den Zeitpunkt hinaus, bis zu dem sich etwas ereignet hat. Ein Geschehen sehen heißt, Vorherwissen von einem Zukunftsvollzug besitzen.

Wie kann uns zum Beispiel ein Steinwurf als eine Realisierung von aufeinanderfolgenden Einzelphasen eines Bewegungsablaufes eines Objektes unserer Umwelt zur Erscheinung gebracht werden? Im Grund genommen dadurch, daß wir den Stein als eine Entität vor der erscheinenden Wirklichkeit konzipieren, dem eine genuine Gestalt und Ortslage zukommt. Der Stein ist also nicht gleichzeitig rund und eckig, groß und klein, hier und dort, er ist einwertig in seinen Eigenschaften. Die Bewegung des so konzipierten Steines wird sodann vor dem nicht zu ihm gehörigen Erscheinungshintergrund in eine Folge von Orts-Zeit-Relationen aufgelöst, gegenüber denen der Stein als Entität völlig gleichgültig ist, nicht aber das Geschehen mit und um diesen Stein. Wenn wir als Menschen eine Wahrnehmungschwelle von mehreren Sekunden hätten, so könnten wir die von uns gewollte und praktizierte Kinematographie dieser Bewegung des Steines durch die Luft überhaupt nicht sinnvoll durchführen, weil wir mangels Auflösungsschärfe in der Raumzeit keine Objektbildung an der uns in diesem Fall erscheinenden Wirklichkeit vollziehen könnten. Wir würden sozusagen nur den Stein in allen seinen Bewegungslagen gleichzeitig repräsentiert sehen, damit aber hätten wir es mit dem spontanen Auftreten eines Ellipsenbogens und nicht mit der Bewegung eines Objektes längs eines solchen Bogens zu tun. Integrale Bewegungsabschlüsse würden allein erfahrbar werden, die Elementarisierung der Wirklichkeitserscheinung in einzelne Objektpositionen jedoch würde sich unter solchen Voraussetzungen als unzweckmäßiges Konzept der transzendentalen Ästhetik erweisen. Die kinematographischen Einzelphasen der Bewegungsabläufe sind in Wahrheit gar keine echten Teilrealisierungen eines Geschehens, denn die Art und Weise, wie in jedem Einzelmoment eines solchen Ablaufes Energie oder Wirkung realisiert wird, ist ja nicht blind für die Zukunft, sie ist vielmehr mit einem »Wissen« um das, was noch kommen und sich vollziehen muß, ausgestattet, man kann auch sagen, vorbelastet. Der Stein an der Stelle »a« zur Zeit »t_a« ist keine Teilrealisierung einer solchen Bewegung, sondern nur der Ellipsenbogen, der den Stein von »A« nach »B« über einen Ort »a« führen soll, ist eine Realisierung der Gesamtbewegung.

Nun tun sich die Physiker heutzutage mit einer solchen Objekt- oder Entitätenbildung – wie im Falle des Steines geschehen – immer schwerer. Bei dem Bemühen, die Wirklichkeit der erscheinenden, physikalischen Natur als eine aus Teilen zusammensetzbare und in diesen Teilen verharrende, quantisierbare Realität zu verstehen, scheinen sie heutzutage, zumindest im Bereich quantentheoretischer Phänomene, mit einem solchen Konzept aufgeschmissen zu sein. Hier erweist sich nämlich, daß eine Beschreibung der Phänomene nur dann angemessen gelingt, wenn man dem der Quantentheorie unterworfenen Objekt zubilligt, daß es an mehreren Stellen gleichzeitig sein kann, allerdings meist mit unterschiedlicher lokaler Nachweiswahrscheinlichkeit.

Wenn wir einen hoch aufgeböschten Wellenkamm über die Meeresoberfläche auf die Küste zugleiten sehen, so mögen wir spontan der Meinung sein, daß sich eine derartige Umwelterscheinung mit Sinn als ein entitäres Objekt ansprechen läßt. Wenn sich der Wellenkamm dann aber in Ufernähe allmählich restlos in viele dispergente Einzelwellenerscheinungen auflöst, so wird die Objektbegrifflichkeit in Anwendung auf den ursprünglich entitätenhaft abgegrenzten Wellenkamm nunmehr unsinnig. Was ist hier noch als das Ursprungsobjekt zu identifizieren, was sind seine Teile? Auch von Teilen des Ursprungsobjektes reden zu wollen, macht keinen pragmatischen Sinn mehr, denn diese Teile sind als solche überhaupt nicht mehr gegeneinander und gegen das Ganze abgegrenzt. Man muß angesichts dieses Beispiels erkennen, daß der Objektbegriff überhaupt nicht mit Sinn auf eine Wasserwelle anwendbar ist und daß ein Zeitgeschehen in Verbindung mit einem solchen, fälschlicherweise als Objekt konzipierten Gegenstandphänomen demnach auch sinnvollerweise nicht als Bewegung einer Welle auf der Wasseroberfläche zu beschreiben ist, sondern schon eher als ein sich wandelnder Eigenzustand der Wasseroberfläche selbst.

Dennoch ist die Physik über lange Zeiten hinweg von der Zwangsvorstellung der Objekthaftigkeit unserer physikalischen Umwelt wie von einer visuellen Obsession beherrscht gewesen. Nach der aus dieser Tradition herkommenden mechanistisch-atomistischen Denkdoktrin wird die physikalische Wirklichkeit als ein Bewegungsgeschehnis an einer großen Zahl von entitären, unzerlegbaren und strukturlosen Partikeln angesehen. Die Bewegungen dieser Partikel werden dabei in ihrer Art und Veränderung durch Kräfte veranlaßt, die wiederum Ausdruck der Konstellationen dieser Partikel in der Raumzeit sind. Dabei ist es unerheblich, schon heute zu wissen, welches die kleinsten unteilbaren Teilchen wohl wirklich sind: Ob dies schließlich die Atome, die Atomkerne, die Nukleonen, die Quarks oder die Preonen sein werden, ändert nichts an der Tatsache, daß hier jeweils Partikel als Träger des physikalischen Geschehens konzipiert sein sollen, die selbst keine Träger von Geschichte und Veränderung sind, sondern eherne Qualitäten wie Masse, Ladung, Spin und Magnetmoment als ihre »digitale Genmatrix« an sich repräsentieren, also Partikel sind, die als in der Zeit unverändert und mit sich selbst identisch bleibend gedacht werden können. Es sind demnach in sich abgeschlossene, wirkungsfreie Singularitäten, und die Wirkung im physikalischen Naturgeschehen, die die Physik in ihren Gesetzen, Differentialgleichungen, Extremalprinzipien zu beschreiben versucht, manifestiert sich nur an der Konstellationsveränderung dieser Singularitäten.

Nach den Erkenntnissen der moderneren Physik, der Quantenphysik insbesondere, läßt sich jedoch das Konzept eines solchen Partikels als eines raumzeitlich singularisierten Horts eherner Eigenschaften nicht mehr mit Sinn erfüllen. Es gibt keine theoretische Basis für die Vorstellung von einem über alle Zeiten hinweg identischen, ortszeitlich streng lokalisierten Teilchen. Es gibt keinen festen Kanon von Teilcheneigenschaften, die das Teilchen durch sein ortszeitliches Auftauchen an einer bestimmten Stelle der Raumzeit dort und nur dort repräsentiert. Vielmehr gibt es einen Einteilchen- oder Mehrteilchen-Zustand des physikalischen Gesamtsystems, der durch eine Wirkungsfunktion oder eine probabilistische Wellenfunktion beschrieben wird.

Eine solche Ein-Teilchen-Wellenfunktion hat als Referenzobjekt nicht dieses eine Teilchen, lokalisiert in der Raumzeit und mit einem festen Kanon von Eigenschaften ausgestattet, zum Gegenstand. Sie beschreibt vielmehr einen raumzeitlichen Globalzustand eines physikalischen Systems mit einem einzigen Teilchen, in dem sich mit geeigneten Meßapparaten Messungen durchführen lassen, bei denen die eigenschaftliche Präsenz dieses Teilchens nachgewiesen werden kann. Hierbei ergibt sich jedoch die Besonderheit, daß die Wellenfunktion als Beschreibung des Globalzustandes des Ein-Teilchen-

Systems nicht die Werte der Teilcheneigenschaften selbst für alle Zeiten festschreibt, sondern lediglich eine Ansage macht, was ein raumzeitlich operierender Eigenschaftsdetektor jeweils an Werten messen würde. Dabei gibt es die merkwürdige quantentheoretische Erfahrung, daß es sogenannte zueinander »kanonisch konjugierte« Teilcheneigenschaften gibt, die ein Teilchen offensichtlich nicht beide gleichzeitig realisieren kann. So ist es zum Beispiel niemals gleichzeitig an »einem« Ort und hat dort »einen« Impuls. Vielmehr ist es entweder an einem Ort, oder es hat einen Impuls. Beide Eigenschaften werden offensichtlich aber nicht gleichzeitig von dem »Teilchen« realisiert.

Das hat zur Folge, daß man auch nicht mehr mit Sinn von der Bewegung eines Teilchens als einer mit sich selbst identisch bleibenden Identität durch die Raumzeit sprechen kann. Bei einem Teilchen, daß von einem Detektor zur Zeit t_1 am Ort r_1 und danach zu einer Zeit t_2 am Ort r_2 nachgewiesen worden ist, läßt sich deshalb trotzdem nicht behaupten, daß es sich vom Ort r_1 zum Ort r_2 bewegt hätte. Der Sinn dessen, was gemeinhin als eine Teilchenbahn im Raum genannt wird, ist damit völlig fragwürdig geworden. Obwohl ein quantenmechanisch beschriebenes Teilchen mit Festeigenschaften wie Masse und Ladung durch wiederholt durchgeführte Messungen verschiedener Art raumzeitlich lokalisierte Werte gewisser weiterer Grundeigenschaften wie Impuls, Energie, Spinrichtung nachweisen kann, läßt es sich dennoch nicht als eine monadisch geschlossene, im Raum und in der Zeit vorhandene Seinsentität begrifflich fassen.[1]

In quantenmechanischer Sicht läßt sich also nicht von einer in der Zeit und im Raum durchgängig objektivierbaren oder objektivierten Partikelwelt reden. Raumzeitlich lokalisierte Teilchen mit einer abgeschlossenen Eigenschaftsmatrix treten in dieser Welt überhaupt nicht auf, vielmehr sollte von einer zeitlich und räumlich sich ändernden globalen Wirklichkeitswelle die Rede sein, die eine Vorschrift in sich trägt, wie sich die in Teilchen objektivierbare Welt in jedem Raumzeitmoment neu ereignen kann. Damit gibt es in diesem Bereich dann eigentlich kein Geschehen im Kontinuum der Raumzeit mehr, das sich an den entitären Eigenschaftsträgern, nämlich den Teilchen, vollzieht, sondern es gibt nur das globale Ereignis des Jetzt, das darin besteht, objektivierte Teilcheneigenschaften im System lokal hervortreten zu lassen. In jedem neuen Moment ist eine solche Welt ereignismäßig neu konstelliert und erfüllt das nach der Wellenfunktion Erwartbare. Der Welt wohnt somit eine gewisse Erwartung inne, durch die der Rahmen ihrer zeitlichen Entwicklung geprägt wird, aber die zeitliche Kontinuität des Geschehens beruht nicht mehr darauf, daß in dieser Welt objektivierte Teilchen existieren, die sich in ihrer Eigenschaftlichkeit im Geschehenden durchhalten.

4. Kapitel
Die Zeit des Ich

Wenn wir als Menschen, mit Bewußtsein begabt, kein Gedächtnis hätten, gäbe es dann wohl eine Zeiterfahrung für uns? Und wie sähe diese dann aus? Ohne Gedächtnis würden wir ja dann zu einem Seienden, also zu einer lebenserfüllten Wesenheit, die keine Identität mit sich selbst herstellen kann, weil nichts an uns perpetuiert oder tradiert und mit dem jeweils Neuen kontrastiert oder fusioniert werden kann. Ohne Gedächtnis wäre kein Selbstbewußtsein zu begründen, weil nichts im Bewußtsein eine Wiedererkenntnis des Gewesenen aus dem Gewordenen ermöglichen kann. Beides, Vergangenheit und Gegenwart, wären nichtverwandte und völlig beziehungslose Zeitmomente unseres Seins. Daher gäbe es uns als personales Ichbewußtsein unter solchen Umständen gar nicht; nicht in einem Gewesenheitsmodus und deswegen auch nicht in einem Werdensmodus, der sich ja aus der Möglichkeit der Wandlung von Vorherigem zu etwas diesem Verwandtem, aber wesensmäßig nicht Anderem hin erst ergibt.

Für die Philosophen Heidegger und Sartre ist das Ich ein Fürsichsein, dem es in seinem Sein stets auch zugleich um sein Nichtsein und eben dabei gerade um sich selbst geht. Das heißt einfach soviel, als daß ich mich jetzt und immerzu als ein Jemand verstehe, der etwas Bestimmtes in der Zukunft sein kann und ebenso etwas Bestimmtes in der Vergangenheit gewesen ist. Das »Vorher« und das »Nachher« des Ichbewußtseins können nur auf der Basis dieser für das Ich ganz spezifischen Seinsweise etwas anderes als ein nichtverwandtes Nebeneinander von bewußtgehaltenen personalen Augenblicken oder eben mehr als nur eine kinematographische Aufstückelung in Zeitmomente des Ich sein. Das Vorher muß eben unbedingt das »Vorher des Nachher« sein können. Beide müssen etwas Intrinsisches miteinander zu tun haben.

Samuel Beckett befragt sich selbst dazu in seinem Spätwerk »Immer noch nicht mehr«: Wie kann ich gehen, ohne die Füße zu sehen, die mich dabei tragen sollen? Geschieht doch hierbei eine Vorwegnahme aus der von mir erfahrenen Vergangenheit! Ich baue nämlich darauf, daß ich es ja kann. Ich kann ja gehen, und ich weiß, daß ich dies schon immer, zumindest seit geraumer Zeit zu tun vermocht habe. Der veränderte Ort wird dabei nur zum Zeichen dafür, daß man geht und daß man sich selbst als wechselndes Orts-Zeit-Geschehen erlebt. Zeit wird dabei identisch mit dem bewirkten Fluß des Ortes und dem darin eingebetteten Fluß der Identität des Subjektes beim Ortswechsel. Aber die Mitte des Bewußtseins, also sein Ansich, bleibt dabei dennoch immer verschlossen und unerreichbar. Wie gehört dann also das Ich zu der Innenwelt des Bewußtseins, wenn letztere sich nur aus einer Vergangenheit von Gemütsaffektionen rekrutieren würde? Ist das Ich also immer schon vergangen, oder ist es dem Vergangenen nur als sein Jetzt aufgesetzt? Nach Beckett macht die Zeit als jenes doppelköpfige Ungeheuer des Ichbewußtseins gerade die spezifische Form der Selbstwahrnehmung aus. Das Selbst entsteht durch die Janusköpfigkeit des Bewußtseins mit je einem Blick in das Vergangene und einem in das Kommende ohne ein Zentrum in der Gegenwart.

Trotz prinzipieller Wertfreiheit und Kontingenz von Orts- und Zeitpunkten dennoch zu wissen, wohin man gehen will und wann man es tut: Wie soll das gehen? Was ist das qualitativ Andere am späteren Moment im Vergleich zum früheren? Wer setzt hier für uns die Prioritäten? Was ist der Ort, den man verlassen hat, schließlich noch nach einer Rückkehr zu ihm? Ist es überhaupt noch der gleiche Ort, und wenn schon, dann aber doch eher als seine Vergangenheit? Oder ist der Ort an seiner Vergangenheit restlos aufgelöst worden, wenn er nicht mehr als ein vergangener, sondern als ein in der Gegenwart wiedergewonnener Ort gelten soll? Er ist ja nunmehr ein anderer, als er früher für mich war. Gibt es überhaupt einen Qualitätsunterschied zwischen dem früheren und dem späteren Moment? Wenn das Ich dies nicht einfach als Evidenz erlebte, ließe sich dann überhaupt das Später vom Früher unterscheiden? Wie geschieht denn hier eine Selbstfindung vor einem Bewußtsein, das noch keine Identität gebildet hat, sondern nur Anonymität in sich verwaltet? Geburt, Leben und Tod stellen unsere Einbettung in eine Form der Existenz in der Zeitlichkeit dar. Sie sind je ein Aufklingen der Verzeitlichung von Befindlichkeiten des Menschen. Zeit vergeht für uns, ohne daß dabei der konkrete Zeitpunkt jemals wichtig wäre. In »Warten auf Godot« läßt Beckett sagen: »Eines Tages wurden wir geboren. Eines Tages sterben wir. An dem selben Tage! Im selben Augenblick! Genügt das Ihnen nicht? Der Tag erglänzt für einen Augenblick, und dann von neuem die Nacht.«

Das Ichbewußtsein folgt sozusagen der aktuellen Erfahrung oder Affektion unseres Gemütes auf dem Fuße. So erscheint das Subjekt dann wie das Kielwasser eines Schiffes im Bewußtseinsstrom, und als solches Subjekt erkennt sich das Bewußtsein immer nur von hinten, also aus seiner Vergangenheit her. Das Subjekt ist demnach, was das Bewußtsein gewesen ist. Wo immer man geht, man erkennt sich nur von hinten! Hier geschieht eine retardierte Selbstidentifikation. Die Hinterlassenschaften unserer direkten Bewußtseinsaffektionen prägen die Evidenz unseres Ich, das versuchen will und offensichtlich sisyphusartig versuchen muß, sich als Identität mit seinem Gewesensein zu verstehen. Diesen Umstand findet man bei dem Philosophen Jean-Paul Sartre hervorgehoben, der sagt, daß es dem Ich in seinem Sein immer gerade je um das geht, was dieses selbst gerade nicht oder eben nicht mehr ist. Das Zeitvertreiben wird somit erkennbar zu einer zwangsläufigen Geißel der Individuation. Das heißt soviel wie: Wer ein Jemand sein will, der muß Zeit vertreiben. Wir können nur zum Subjekt werden, indem wir unser Gewesensein als unser Sein selbst annehmen und es dabei aber sogleich auch schon wieder überwinden, denn wir sind ja eigentlich schon nicht mehr, was wir waren, und sind noch nicht, was wir erst sein wollen. Gerade aber dieser indoktrinierte Modus des Nichtmehrseins prägt uns den Stempel der Zeitlichkeit auf.

Bei dem vorher aufgegriffenen Fragen nach dem, was da eigentlich geschieht beim willentlichen Gehen, wird entscheidend wichtig, ob nun die Zukunft uns irgendwohin zieht oder ob wir nur einfach, indem wir woandershin gehen, die Entelechie unserer Vergangenheit vollziehen, also etwas wahrmachen, was als Ziel schon in uns beschlossen ist. Liegt in dem, was sich bereits vollzogen hat, eine Zweckbestimmung? Bestimmt uns unsere Vergangenheit zu unserem weiteren Tun, und entsteht somit ein schierer und umwandelbarer Vollendungsdrang aus unserer gewachsenen Personalität? Ich ist immer nur Ichbewegung! Wir vollenden jeweils sozusagen nur, was sich bereits in uns im Ansatz ergeben hat! Werden wir demnach immer nur einfach zu etwas, das wir eigentlich schon sind? Wenn dem ganz und gar so wäre, so hätten wir im eigentlichsten Sinne keine Zukunft und drehten der Welt bei all unseren Wandlungen in der Zeit nur immer einen neuen Teil unseres Gesichtes zu, das als ein Ganzes jedoch schon immer konzipiert war und eigentlich nie verändert worden ist. Bei dieser Aussicht dürften wir vielleicht allenfalls vermuten, daß wenigstens die Zielvorgaben aus dem uns Überkommenen die aktuelle entelechetische Prägung nach dem Charakterzug des auf uns Zukommenden sich immer wieder revidieren und wir somit dadurch geändert werden.

Zukunft und Vergangenheit sind beides Ekstasen des Ich, Formen des Außersichseins oder des Mangels an Seinkönnen. Auch nach des Philosophen Heidegger Analyse ist Zeitlichkeit nur als die Seinsform des Ich zu verstehen, das sich stets zu sorgen hat um etwas, das es nicht ist, weil ihm sein Sein nicht gleichgültig ist, sondern es immer dieses Sein erweitern und evozieren will. Das Ich nimmt für sich immer eine Aufteilung in zwei duale Bewußtseinsstadien vor, die sozusagen zwei Aspekte des gleichen Seins sind und die eine fast selbstidentische Schnittmenge bilden. Nun muß interessanterweise das Ich aber gerade wegen dieser dualen Repräsentation in beiden Stadien vollidentisch aufgehen können. Wenn es jedoch in beiden Zeitmomenten des Bewußtseins heimisch sein können soll, so muß es selbst ganz und gar unzeitlich sein. Anders gesagt: Das Kielwasser im Bewußtseinsstrom ist nicht gleich dem Schiff, von dem es erzeugt wird; aber das Schiff wiederum besitzt kein Ichbewußtsein, es ist nur die reine Massivität der Gemütsaffektionen, der Wille zur Identifikation des Selbst.

Wie läßt sich nun ein solch duales Ich zustande bringen? Offensichtlich kommt es doch stets zu einer Irreversibilität in der Aufeinanderfolge des Vorher und des Nachher im Ichbewußtsein mit einer klaren Betonung von Qualitätsunterschieden. Vorher und Nachher können jedoch nicht als von einander unabhängige Seinsmomente gedacht werden, sonst käme es ja zu einer Aufstückelung in lauter zusammenhanglose Augenblicke ohne jeden Qualitätsunterschied zwischen ihnen. Es muß also schon eine innere, bewußtseinsimmanente Vereinigung des Getrennten stattfinden. Das Ich erlebt sich demnach auch nicht als ein Übergriff über eine Aufeinanderfolge von stroboskopischen Anblitzungen des Bewußtseinsstromes, es ist vielmehr die Vergangenheit so gut wie die Zukunft desselben. Das Gewesene und das Kommende sind nur deswegen füreinander substantielle Bewußtseinsmomente, weil sie beide in sich nicht abgeschlossen sind. Jedes verweist vielmehr auf das andere und läßt das andere durch sich selbst überhaupt erst möglich werden. Als Gewesensein ist das Ich eben nur aus seinem Gewordensein her zu begreifen. Jeder seiner dualen Aspekte ist für sich selbst unvollständig ohne seine Verweisung auf den je anderen Aspekt.

Die Frage bleibt aber dann, wie es zugehen mag, daß das Ich als ein »zeitloses Sein«, das weder sein eigenes Vorher noch sein eigenes Nachher allein sein kann – und es andererseits doch aber auch sein muß –, zeitlich verschiedenwertige Bewußtseinsmomente in eine Sukzession stellen kann. Eine solche Sukzession als Kontinuum eines Zeitverlaufes verstehen zu wollen, ist jedoch mindestens ebenso problematisch, denn in einem solchen Kontinuum fehlte ja jegliche Form der Geschiedenheit von Vorher und Nachher. Die Vergangenheit durchdringt irgendwie die Gegenwart des Ichbewußtseins, sie wird gewissermaßen als die Präsenz des Nichtseins erlebt. Wodurch aber soll es eine entaktualisierte, passivierte Vergangenheit vermögen, in der Gegenwart zur Wirkung zu kommen? Wie schafft es die Ursache, die Wirkung hervorzubringen, wenn sie doch das Vorher der Wirkung ist? Sie ist offensichtlich nicht schon als Vergangenheit abgeschlossen, sondern sie ist in der Wirkung noch präsent. Ursache und Wirkung sind duale Aspekte des Gleichen; es gibt keine Ursache ohne Wirkung und umgekehrt. Das eine löst sich am anderen nicht auf.

Die Vergangenheit muß in gewisser Weise die Gegenwart prädeterminieren, indem sie einen Erwartungswert für letztere vorgibt. Es ist somit die Struktur der Selbstheit, die diesen Befindlichkeitsmodus eines ekstatischen Seins ermöglicht. Das Subjekt ist in einem Außersichsein angelegt, ohne das es nicht existierte. So kann ich ganz persönlich von mir, so wie jeder andere von sich, sagen, daß meine Vergangenheit mir, in dem was ich bin, angehört, obwohl sie ja ganz klar meine Gewesenheit beinhaltet. Dieser Typus des Subjektseins muß also so gedacht werden, daß ihm Vergangenheit als die Form seiner Uneigentlichkeit oder als die Form seiner Ekstase zukommt. So ist das Ich seine Vergangenheit, und es ist sie zugleich aber auch nicht, weil es sie ja war. Zum vollen Seinsvollzug des Ich gehört es jedoch, die Vergangenheit als Seinsprägung anzunehmen und auszuleben, weil sie gerade die eigentliche Faktizität des Ich ausmacht.

Mit der Geburt unseres bewußten Lebens beginnen wir diese Form der Existenz als eine Widerrufung unseres rein biologisch-fleischlichen Ansichseins verbunden mit dem Heraustritt in ein Außerunssein. Durch die Widerrufung unserer Vergangenheit kommt unser Ich zu seiner Gegenwart. Wir waren etwas – aber wir sind dies nicht mehr! Aber wir sind andererseits nur deswegen etwas, weil wir etwas waren. Ohne unser Gewesensein wären wir nichts. Trotz dieser Verneinung unserer Vergangenheit ist unsere Zukunft dagegen das, was wir zu sein haben, ohne daß wir es schon jetzt sein könnten. Unsere Gegenwart erfüllt sich also als ein Mangel einerseits an Seinwollen und andererseits an Seinkönnen. Waren wir ein Bösewicht in früherer Zeit und sind mittlerweile zum Tugendhort geworden, so konnten wir dies letztere nur werden, weil wir der Bösewicht einst waren. Ohne ein entsprechendes Gewesensein können wir demnach nichts werden, und ohne ein Werden hätten wir gar kein Sein, denn unser Sein als ein »Ich« ist nur das Gewordensein.

Die Erinnerung an das, was wir waren, schafft eine Vorprägung für unser Jetzt, und gerade durch diese Vorprägung besteht diese unsere Vergangenheit als solche fort, wirkt in das Jetzt hinein und ist nie abgeschlossen. Durch die Erinnerungen ist, neurophysiologisch gesprochen, eine Spur in unseren Gehirnzellen und in dem gesamten zerebralenzephalen Zellenverband angelegt, ein synaptisches, chemoelektrisches Kommunikationsmuster ist ausgeprägt, und elektrofunktionale Algorithmen zur Informationsverarbeitung sind aufgebaut, von dem die Gegenwart unseres Bewußtseins sicherlich getragen wird. Aber letztere ist eben nicht im entferntesten damit identisch. Wir sind nicht das Erinnerte. Denn wir sind bei weitem nicht identisch mit dem Erinnerten, geschweige denn mit dem neurophysiologischen Engram unserer Erinnerungen, also unserer enkodierten Erfahrung.

Unsere Vergangenheit tritt als die unsere auf und ist nicht Vergangenheit schlechthin. Sie ist damit deutlich zu unserem Sein relativiert, das wir gegenwärtig sind, und nicht ein schlichtes Faktum, das man irgendwo im Geschichtsbuch archiviert fände. Es ist vielmehr ganz eigentlich die Vergangenheit allein unserer Gegenwart. Sartre analysiert diesen Umstand an einem Beispiel, indem er nach dem Sinn des Satzes: »Paul war 1920 ein Schüler des Polytechnikums« fragt. Was soll dieser Satz sagen? Von welchem Paul soll hier die Rede sein? Von dem, der 1920 lebte, oder von dem heutigen, der kein Schüler des Polytechnikums mehr ist? Solange dieser Paul ein Schüler war, hätte man sagen müssen: »Er ist es! Er ist dieser Schüler!« – Heute aber kann man nur sagen: »Er ist ein früherer Schüler des Polytechnikums.« Das heißt, er ist Paul, und zwar mit einem speziellen Gewesenheitsstigma versehen, ohne das er nicht Paul sein könnte, also nicht das sein könnte, was er ist.

Die Frage kann dann aufgeworfen werden, ob man die Vergangenheit eines Menschen schlicht seiner Beschaffenheit in der Gegenwart gleichsetzen kann, also sagen kann, daß ein Mensch in der Gegenwart das ist, wozu ihn seine Vergangenheit geprägt hat etwa in Analogie zum streng mechanischen Determinismus in der Materie, wo es ja das Einwirken der Vergangenheit der Materie auf ihren gegenwärtigen Zustand allenthalben gibt. Zwei Nägel, die äußerlich absolut gleich aussehen mögen, verhalten sich eventuell beim Einschlagen in ein Brett ganz und gar unterschiedlich: Der eine krümmt sich und sträubt sich, in das Brett einzudringen, der andere dagegen dringt gehorsam und geradwegig in das Brett ein. Wie sich dann vielleicht aufklären läßt, bestand die Vergangenheit des ersten Nagels darin, schon einmal krumm gewesen zu sein und danach neu gerichtet worden zu sein, bevor er dem zweiten Nagel, der frisch aus der Herstellung gekommen sein mag, wieder äußerlich vergleichbar wurde. Wenn ein fallender Stein auf eine Wasseroberfläche auftrifft, so löst er dort eine sich in weitenden Kreisen erscheinende Welle aus, die noch lange, nachdem der Stein als Ursache des Vorganges auf den Grund des Gewässers abgesunken ist, wahrgenommen werden kann. Die Ursache einer Erscheinung muß demnach nicht andauern, damit die Wirkung andauern kann. Auch hieran sieht man klar die Tatsache manifestiert, daß der physikalische Momentanzustand eines Systems seine eigene Vergangenheit in sich enthält, weil zum Beispiel die gegenwärtige Dynamik einer Wasseroberfläche eine Form der Vergangenheitsbewältigung des Systems darstellt und ohne diese Vergangenheitsprägung nicht denkbar wäre. Während es der Wasseroberfläche jedoch gleichgültig sein muß, in welchem Zustand sie gerade die Gegenwart durchmacht und wer der Auslöser eines solchen Zustands war, ist der Gegenwartszustand des Ich eher ein Sein des Nichtseinkönnens, nämlich getragen von der andauernd vergeblichen Bemühung, mit dem Vergangenen identisch zu sein. Das Ich stellt also den angehaltenen Versuch einer Identitätsbildung zwischen Ich-Ursache und Ich-Wirkung dar.

Alle physikalischen Systembeschreibungen drücken im ursächlich-mechanischen Sinne zwar ein Vergangenheitsbedürfnis durch ein Verlangen nach Anfangswerten aus, aber sie drücken gleichermaßen auch eine Zukunftsinhärenz aus. Zur Beschreibung des Gegenwartsmomentes eines Systems benötigt man immer auch Bestimmungsstücke, die über die Gegenwart des Systems immer schon hinausweisen, wie etwa Geschwindigkeiten, Impulse, Drehimpulse und ähnliches. Handelt es sich hierbei also um präsente Zukunft oder um mechanischen Vollzug von Vergangenheit? Die Gegenwart eines Vielteilchensystems beschreibt man, so gesehen, ja nicht allein durch die Orte der verschiedenen Teilchen, sondern eben auch durch die mit den Teilchenorten verbundenen Teilchengeschwindigkeiten. Dabei herrscht also das erstaunliche Verständnis vor, daß nicht nur die Teilchenorte, sondern auch die Veränderungen der Teilchenorte »sind«, also zum dinghaften Sein gehören. Was soll aber heißen: »Eine Veränderung ist!«? Schließlich »ist« doch nur der Ort und nicht seine Veränderung, also sein Vergehen! Oder müßten wir den Ist-Zustand hier erst neu begreifen lernen? Die Tendenz einer Ortsveränderung eines Teilches schließt neben dem Ort des Teilchens sicherlich auch die Vergangenheit dieses Ortes ein.

Eine zugeordnete Vergangenheit im eigentlichen Sinne haben aber eben nur solche Wesen, zu deren Beschaffenheit es gehört, daß sie ihr Sein gerade aus ihrer Vergangenheit gewinnen, also etwa ein menschliches Ich. Wem also ist nun aber die Vergangenheit eines Teilchenortes wesentlich? Dem Teilchen, so wie es die Physik als ungeschichtliche, anonyme Entität beschreibt, muß der eine Ort so lieb wie der andere sein. Ihm ist seine Ortsvergangenheit demnach gleichgültig. Sein Selbstverständnis, das schlicht dasjenige der physikalischen Begriffsbildung ist, hängt davon in keiner Weise ab. Ein Elektron bleibt ein Elektron, ganz egal, woher es kommt und wohin es geht! Welchem Wesen geht es also hier um die Ortsvergangenheit dieses Teilchens, wenn schon nicht dem Teilchen selbst?

Die Fortsetzbarkeit eines Moments in den ihm zugeordneten nächsten hinein verrät eindeutig den Bestandteil an Zukunft in der Gegenwart. Jede Gegenwart weist immer über sich hinaus, und zwar sowohl in ihre Zukunft als auch in ihre Vergangenheit. Sie ist also auch immer zugleich ihr Nichtsein. Derartiges erlebt der Physiker jederzeit in Form der Integrierbarkeit von Bewegungsgleichungen, wodurch nachgewiesen ist, daß jeder Zustand, von dem aus die Gleichungen losintegriert werden können, auch schon Zukunft und Vergangenheit seiner selbst ist. Auf einem anderen Erfahrungsfeld zeigt die Fortsetzbarkeit jeder anklingenden, uns bekannten Melodie, daß diese Melodie überhaupt keine andere Gegenwart außer ihrer Zukunft und ihrer Vergangenheit besitzt. Sie ist für uns nur ihr Werden vor dem Bewußtsein ihres Nachklangs. Der Musikkenner hört den zweiten Satz einer Symphonie in der Bewußtheit des vergangenen ersten Satzes und des kommenden dritten. Er hört also ein Werden und nicht ein Sein!

Wie aber ist das in Wahrheit nun mit dem Sein des Werdens? Nach Heraklitischer Sicht ist überhaupt nur das Werden, das Sein ist dagegen nur ein Trug: Ein Pfeil, der sich vom Orte A zum Orte B bewegt, ist weder ein Pfeil am Orte A noch einer am Orte B. Er ist allenfalls ein Pfeil am Orte A, der zum Orte B hingelangen will, oder ein Pfeil am Orte B, zu dessen Vergangenheit der Ort A gehört, von wo er gekommen ist. Das Werden selbst ist jedoch niemals ein schlichtes Gegebensein, es ist vielmehr ein implizites Sein, wie Sartre sagt, das sein eigenes Nichts begründet. Die Zeitlichkeit des Ich entsteht als ein Zusammensein mit dem Vergangenen, eben als ein Zusammensein von Ich-Ursache und Ich-Wirkung.

Man kommt also zu dem Schluß, daß die Geschichtlichkeit der Erlebniseigenwerte unser Zeitgefühl im bewußten Erleben begründet. Wie aber hängen Bewußtsein und Zeitsinn ontologisch, also ihrem Sein nach, zusammen? Gehirnphysiologen fragen sich hier zunächst einmal, wie das Erleben eigentlich zustande kommt. Wie kann es geschehen, daß unser Erleben unser Tun und Lassen bestimmt? Gibt es eine Institution in unserem Gehirn, die für die Planung unserer Zukunft verantwortlich ist? Eine zerebral lokalisierbare Instanz sozusagen? In einem berühmten Vortrag von 1872 sagte der Vater der experimentellen Physiologie, Emil du Bois-Reymond, bereits vor mehr als 120 Jahren in Berlin, daß das Bewußtsein sich niemals aus seinen materiellen Bedingungen herleiten lassen wird. Dem läßt sich heute nach über hundert Jahren nur bestätigend an die Seite stellen, daß das Phänomen Bewußtsein von seiner materiellen Basis her auch heute noch das absolut Unbegreifliche ist und wahrscheinlich auch weiterhin bleiben wird, denn es gibt nicht einmal Hinweise auf eine zukünftige Lösung des Rätsels. Und dennoch müssen wir uns fragen, was dieses Bewußtsein eigentlich ausmacht, wenn wir in der Frage nach der Zeitlichkeit unserer Existenz weiterkommen wollen.

Fragt man sich der Didaktik wegen vielleicht einmal zunächst nach Synonyma für das, was mit Bewußtsein gemeint ist, so fallen einem vielleicht Begriffe wie Erleben, Ahnung, Empfinden, Intelligenz, Verstehen, Wachsinn, Erleuchtung, Aufmerksamkeit, Wahrnehmung, Halluzination ein. Als Erkennungszeichen für ein aktives Bewußtsein wird man das balancierte Wechselspiel von Reizperzeption und korrelierter Impulsausgabe nennen, wird man die Autokinetik oder Autopoesis hervorheben, also die Fähigkeit des Bewußtseins, selbstbewegend und kreativ zu sein, oder man wird vielleicht auf ein diskriminatives Verhalten gegenüber äußeren Affektionen hinweisen, also die Fähigkeit, eine Wertung und Berücksichtigung unter den hereinkommenden Informationen vorzunehmen. Bei letzterem ist ein konzertiertes Verhalten des Subjektes aufgrund einer gegebenen Komplexität von gehirnphysiologischen Enkodierungen durchaus noch wissenschaftlich verständlich – und vielleicht erklärbar als ein dem Computer verwandtes Phänomen: Man gibt eine Menge Informationen in Form von Programmierbefehlen ein und erhält sodann eine auf diese Eingaben abgestimmte Ausgabe als Reaktion. Nicht verständlich ist aber das eigentliche Bewußtseinserlebnis, das bei dem Zustandekommen dieser konzertierten Reaktion, nämlich als automatische Begleitung derselben, aufkommt. Wie also macht das Gehirn aus seinem elektrophysiologischen Enzephalogramm ein Ganzheitserlebnis des Bewußtseins? Wie kommt dieses Bewußtsein als ein Epiphänomen aller Zustandsfunktionen der zerebralen Ganglien zustande? Das Bewußtsein ist ja eben nicht einfach einer digitalen Zahlenmatrix gleichzusetzen, sondern es ist irgend etwas daraus hervorgehendes synthetisch Neues, in dem allerdings die gehirnphysiologischen Quantenwerte ihren nichtlinearen, inkompatiblen Niederschlag finden.

Das bedeutet dann, daß wir wohl das neurobiologische Uhrwerk in unserem Gehirn, also das Leben auf dem zerebralen Verschiebebahnhof neuroelektrischer Enkodierungen ganz im Rahmen der modernen Wissenschaftsterminologie verstehen können. Aber wir verstehen eben überhaupt nicht das damit gekoppelte, aber seinsmäßig nicht verwandte Phänomen des Bewußtseinserlebnisses. Bewußte Zustände geben uns ein unmittelbares Wissen von sich selbst. Es sind also Zustände, die sich uns als Gegenstand der Befragung anbieten. Unbewußte Zustände dagegen sind solche, die sich zwar prinzipiell erschließen lassen, die aber erst erschlossen und aus der Erinnerung zugänglich gemacht werden müssen, um danach befragt werden zu können. Ich bin mir einer Sache bewußt, wenn ich die in dieser Sache maßgeblichen Faktoren reflektieren kann, sie sozusagen im Kalkül habe, so daß ich sie bei meinem Tun und Denken berücksichtigen kann, wie mir dies angemessen erscheint. Jedes Sprachverstehen oder Sachverhaltsverständnis entsteht aus einem Kontextverständnis, das sozusagen die Konditioniertheit des Bewußtseins darstellt. Wie aber ist ein solches Kontextverständnis gehirnphysiologisch angelegt? Wie läßt es sich mobilisieren und aktivieren? Wie wird der semantische

Gehalt eines jeden zu mir gesprochenen Satzes in meinem Gehirn biologisch realisiert? Welche Enkodierungsformen besitzt unser Gehirn für solche Vermittlungen? Bei allem läßt sich nur immer wieder hervorheben, daß unser Bewußtsein nicht einfach eine reine Stätte materiell biophysikalischer Selbstgestaltung sein kann! Es hat vielmehr mit dem Erleben dieser Selbstgestaltung zu tun.

Aber die Frage erhebt sich dann wohl, ob wir als Ich in unserem Erleben existieren oder eher dieses Erleben in uns, also als Teil in dem, was wir als das Phänomen des personalen Ich bezeichnen? Anders gefragt: Tritt das Erleben als ein Teil des Ich auf, oder ist unser Ich nur mit einem Teil des Erlebens verbunden? Das Bewußtsein stellt zwar die Bühne des Erlebens dar, doch sosehr ersteres auch auf eine materielle Basis aufgesetzt ist, die Erlebnisinhalte selbst sind nicht seinsidentisch mit den elektroenzephalen Enkodierungen des Gehirns. Empfinden von Tönen, Melodien oder Sprachduktus, von Lüsten, Schmerzen, Ängsten oder Melancholien – was ist das eigentlich? Läuft hier das Bewußtsein den neuroelektrischen Gehirnstrommustern nach und schafft sich dabei autopoetisch seinen eigenen Affektionszustand? Wenn sich in unserem Bewußtsein so etwas wie ein Wille manifestiert, wie geht so etwas dann vor sich, und was ist dieser Wille dann eigentlich? Wie stellt sich dieser Wille phänomenmäßig und neurophysiologisch dar? Wer »will« hier was und warum? Hat dieser Wille notwendig einen personalen Charakter, indem er als der Wille des Ich auftritt, oder ist er schlicht ein anonymes Wollen und vielmehr nichts anderes als ein Parallelphänomen einer Verhaltensplanung des Bewußtseins? Wenn ich auf meinem Wohnzimmerstuhl sitze und will plötzlich aufstehen, um den Raum zu verlassen, so ist doch der dabei entfachte Wille vom Inhalt her nicht so sehr »mein« Wille – ich will jetzt aus dem Raum gehen –, sondern er ist einfach nur die Form, wie sich ein Verhaltensentschluß im Bewußtsein bildet und meldet. Ich kann aber diesen Verhaltensentschluß letztlich nur zu meinem Entschluß machen, indem ich mich mit dem Inhalt meines gewesenen Bewußtseins als einheitliche Person vereinige, denn nur dann kann ja der Entschluß herkommen aus einer Gegebenheit, die auch schon mein Ich war. Hier wird also im Bewußtsein die essentiell so wichtige Verbindung von Werden und Gewesensein hergestellt, die für das Ich konstitutiv ist.

Schmerz oder Freude sind natürlich immer – empfundener Schmerz und empfundene Freude. Dennoch bedürfen beide, um empfunden zu werden, nicht des aktuellen Auslösers auf der neurobiologischen Seite. Auch erinnerte Schmerzen und Freuden, insbesondere wenn sie seelischer Natur sind, können oft so empfunden werden, als besäßen sie eine neurophysiologische Basis, obwohl diese ja in keinem Falle auf äußerlich sensuellen Anstoß zurückgehen kann. Können also suggestive Empfindungen mit einer autogenen gehirnphysiologischen Basis ausgestattet werden? So führt zum Beispiel empfundene Angst zu Herzklopfen und kalten Schweißausbrüchen. Schauder und Schrecken weiten die Pupillen, kräuseln die Haut und lassen das Blut aus der Körperperipherie zurückweichen. Andererseits lassen Herzklopfen und Schweißausbrüche im Gegenzug oft ein Angstgefühl auftreten. Das sieht doch wie eine eineindeutige Abbildung des einen auf das andere aus und zeigt so etwas wie einen psychophysischen Parallelismus auf. Was sich auf der neurophysiologischen Ebene abspielt, schimmert oder leuchtet im Bewußtsein in Form von Empfindungen auf. Wie setzt aber hier das Erleben an? Wie kann die Simultaneität der verschiedenen elektrophysiologischen Geschehnisse in dem System unserer unzähligen zerebralen Ganglien ein in sich geeintes, einwertiges, geschlossenes Erleben induzieren?

Das menschliche Gehirn ist ein unfaßbar komplexes System aus axionisch verdrahteten Ganglien oder Nervenzellen. So umfaßt es etwa 10^{10} bis 10^{12} (zehn Milliarden bis eine Billion) solcher Nervenzellen, die eng und intensiv miteinander vernetzt sind. Jede dieser Nervenzellen erhält bei einem voll ausgebildeten Gehirn von jeweils tausend bis zehntausend anderen Nachbarzellen über synaptische Kontakte Informationen zugespielt, wobei für den Momentanzustand nur noch festzulegen ist, welche dieser synaptischen Verbindungen im gegebenen Augenblick aktiv oder passiv sind. Daraus errechnet sich leicht, daß das Gehirn praktisch in jedem Zeitmoment von unendlich vielen Funktionszuständen charakterisiert wird. Das garantiert zwar mit Sicherheit die Individualität eines jeden menschlichen Gehirns, von denen es vielleicht derzeit einige Milliarden geben mag, aber es läßt eben überhaupt nicht verstehen, wie aus dieser Unendlichkeitsmatrize von Zustandsfunktionen ein einheitliches Empfindungserlebnis aufsteigen kann.

Das neurophysiologische Gesamtsystem unseres Gehirns muß mehr als die Summe seiner Aufbauteile sein. Indem diese Teile nämlich als elektrophysiologischer Superpositionszustand zusammenkommen, tritt eine Transsubstantiation des Ganzen zu einer neuen Seinsqualität ein. Neuronensysteme, Synapsen, Axione, Vernetzungen, Neurotransmitter, Gehirnstrommuster beteiligen sich allesamt durch ihre Realzustände an der Basisbildung für das Aufleuchten von Bewußtsein. Wieso erlebt jemand aber auf dieser zerebralen Basis etwas? Irgendwo muß doch da disjunktes nervliches Geschehen in ein einheitliches Erleben münden. Das Sehen der Farbe Rot ist von der Qualität des zugeordneten sensuellen Erregungsmusters her nicht von derjenigen zu unterscheiden, die einer sensuellen Wärme- oder Geruchsperzeption zugeordnet wird. Was macht dann aber speziell das Rot-Erlebnis aus? Dieses

Erleben tritt als ein unabsehbares Emergenzphänomen über einer bestimmten materiellen Basis auf und liefert etwas unextrapolierbar Neues.

Jede Empfindung als solche ist nämlich selbst uninterpretierbar und von unmittelbarer Wertigkeit. Die Autopoesis des Bewußtseins kann dieser Empfindung zum Beispiel nicht über einen Willkürakt neue Farben verleihen. Sie tritt vielmehr im Bewußtsein als ein An-sich-Sein mit Unmittelbarkeit auf. Dennoch aber erweist sich die aus einem solchen Empfindungszustand des Bewußtseins hervorgehende Gestimmtheit als autosuggestiv beeinflußbar. So ist beispielsweise jede Lustempfindung mit absoluter Unmittelbarkeit gegeben, wiewohl die Semantik einer solchen Lustempfindung weitgehend ein Produkt der Reflexion, der Imagination und der Hermeneutik darstellt.

Das Bewußtsein in Form einer Willensmanifestation stellt sicherlich das ausschlaggebende Ingredienz für die Erfahrung meiner selbst als Subjekts eines Tuns dar. Es führt dagegen nicht zur Erfahrung meiner selbst als Objekts eines Getanwerdens. Meine Handlung wird nur so zu einer von mir vollzogenen, wobei sich meine Handlungsaktivität aus einer Art von Gesamtschau meines Erlebniskontextes ergibt. Ohne Innenperspektive von Erlebniszuständen gibt es keinen Willen und keine Motive zu handeln oder umzudenken, ohne sie gibt es keine Ziele und keine Bewirkungen, die die Aufhebung oder Bestärkung solcher Zustände betreiben können. Hierin manifestiert sich wieder der Seinsmodus des Ichbewußtseins als eines Seins, das seine eigene Veränderung und Auflösung bewirken will. Ohne die Innenperspektive meines Gehirnzustandes gibt es weder meinen Willen noch konsequenterweise irgendeine Verantwortbarkeit durch mich. Wenn sich also durch meinen Willen in Anschauung meines Erlebniszustandes im Bewußtsein etwas verändert, dann sollte sich materiell elektrophysiologisch auch etwas in meinem Gehirn verändern. Aber worin besteht schließlich das Seinsidentische zwischen beiden Ebenen? Wie kommt es zu dem Kovarianzphänomen zwischen Erlebniszustand und zerebraler Elektrophysiologie? Wie verändert sich beides gemeinsam, ohne daß eine Seinsidentität von beidem gegeben ist?

Aus dem Erregungsmuster eines elektrophysiologisch übersetzten Außenwelteinflußes geht das emergente Außenwelterlebnis nicht einfach als dessen integrale Form hervor. Nur allein aus der elektrophysiologischen Botschaft im Gehirn ließe sich kein Erlebnis schaffen. Man sieht hier ein Phänomen der Kovarianz als gegeben an, nämlich einer Abhängigkeit und Determination durch die Elektrophysiologie, wobei die Verteilung der Rollen von Ursache und Wirkung oft unklar oder austauschbar ist. Zwar gibt es eine kausal lückenlose Geschlossenheit im neurobiologischen Uhrwerk, in dem wir als Subjekt überhaupt nicht vorkommen und auf das wir als Ich keinerlei Einfluß haben. Ist also das Subjektbewußtsein im Grunde dann diesem neurobiologischen Kausalnexus nur aufgesetzt, womöglich als eine autopoetische, unverantwortliche Fehlinterpretation? Ist Erleben vielleicht kausal ohne jeden Belang? Wie geht in ihm eine Bewirkung überhaupt vor sich, oder ist Erleben eigentlich vollkommen außerkausal und unzeitlich? Bringt ein Erleben als Ursache ein Folgeerleben zustande? Tritt also ein Erlebnis überhaupt als Ursache auf, oder ist nicht vielmehr eine Evidenz in sich, ohne Zeit und ohne Vorher und Nachher?

Empfindungen sind ein Evidenzerlebnis ohne Teile. Sie lassen sich nicht auf ihre akzidentiellen Bestimmungsteile oder auf Komponenten hin untersuchen. Ein Erlebnis hat keine Teile, aus denen es sich synthetisieren ließe. Es besteht nur als ein Ganzes. Seine Teile existieren nicht, es sei denn, sie wären dann schon ganz andere eigenständige Erlebnisse. Warum tut der Schmerz nur »weh«? Warum tut die Freude nur »wohl«? Ist nicht auch in der Freude ein wenig Schmerz, also ein Teil von dem, was auch im Schmerz auftaucht, gleichsam wie in einem Gericht, das süß-sauer angemacht ist, ja auch sowohl saure wie süße Komponenten zu identifizieren sind und auch tatsächlich unter den Zutaten eines solchen Gerichtes als reine Qualitäten nachzuweisen sind? Man muß hierauf nach reiflicher Überlegung eindeutig mit »Nein!« antworten. Aber wieso? Jede Empfindung ist wohl so etwas wie eine semantisierte Einheit in unserem Bewußtsein. In ihr formuliert sich für uns eine reinwertige Absolutheit. Doch woher kommt es bei dieser so angelegten Bewußtseinssemantik, daß Erleben keine Teile hat? Eine Antwort wird hierauf sehr schwer zu geben sein, aber wir können vielleicht sagen, daß dies damit zusammenhängen mag, daß wir als Bewußtsein ein rückgekoppeltes Modell unserer selbst sind. Unser Erleben ist eine Selbstrepräsentation, und es kann damit nur eine monistische Größe sein, weil wir ja eben als Ich keine Teile haben.

Wenn wir schon nicht beantworten können, was Erleben ist und wie es über der Neurophysiologie des Gehirns als monistisch-integraler Bewußtseinzustand zustande kommt, so können wir uns vielleicht eher die Frage stellen, wie eine Antwort auf die Frage, was das Erleben ist, denn überhaupt aussehen könnte. Was würde uns denn hier als eine Antwort dienen? Was können wir als eine Antwort akzeptieren?

Vollzieht sich das Erleben in der Zeit, so, wie sich offensichtlich der Gang der elektroenzephalen Erregungsmuster in der Zeit vollzieht? Braucht zum Beispiel ein Gedanke oder ein logischer Schluß, wenn er von unserem Verstand zustande gebracht werden soll, Zeit für seine Entstehung? Man könnte geneigt sein zu sagen: Ja! Denn nicht umsonst sagt man doch: Kommt Zeit, kommt Rat! Das soll doch heißen, daß man warten können muß, damit sich eine Einsicht oder ein richtiger Schluß ergeben kann. Aber wieviel Zeit benötigt nun der logische Prozeß? Es mag wohl sein, daß es dauert, bis man den richtigen Gedanken in einer richtigen semantischen Formulierung hat, dann aber ist sein Gedachtwerden unzeitlich.

Wieviel Zeit ist notwendig, um einen logischen Kontext in unserem Verstand aufzubauen oder eine Kette logischer Folgerungen zu entwickeln? Wenn der Gedanke ja quantisierbar, also in Elementarteile zerlegbar wäre, so müßte die für sein Gedachtwerden notwendige Zeit sich schlicht als Summe der Elementarzeiten angeben lassen, die das Denken eines einzigen elementaren Gedankenteiles erfordert. Nun können wir aber, wie auch schon bei den Empfindungen, feststellen, daß ein Gedanke eine monistische Größe ist und keine Aufspaltung in voneinander unabhängige Teile zuläßt, auch wenn man ihn bei dem Versuch einer Vermittlung an Dritte aus didaktisch-pädagogischen Gründen portioniert in einer Folge von aneinander anschließenden Schlußfolgerungen weitergibt. Aber jedes Glied der Folge ist im Grunde auch schon der ganze Gedanke, der in jedem seiner Glieder sozusagen immer wieder gedacht wird. Er ist wie eine Vase, um die man herumgehen muß, wenn man ihre Bemalung ganz erfassen will.

In dem Sinne hat eine logische Gedankenfolge auch nichts mit Zeit zu tun, weil ich mich etwa dabei von Glied zu Glied hangeln müßte. Selbst wenn diese Gedankenfolge sich nicht ohne Zeitaufwand entwickeln, perfektionieren und optimieren läßt, so ist doch der schließlich erstellte logische Kontext völlig zeitlos. In welch kurzer oder langer Zeit sich dieser Kontext Dritten vermitteln läßt, hängt sicher vom Vermittler und erst recht vielleicht auch von den Dritten ab, bleibt aber gegenüber dem Inhalt des Kontextes völlig irrelevant. Es gibt hier also überhaupt keine Korrelation von Inhalt eines logischen Kontextes oder eines Gefühles auf der einen Seite und der Zeit auf der anderen Seite.

Verhält es sich nun mit der physikalischen Prozeßzeit nicht eigentlich auch ganz ähnlich? Natürlich haben wir das Gefühl, daß ein jeder Bewegungsablauf Zeit benötigt. Aber bedenken wir es recht, so ist der Bewegungsablauf selbst keiner seiner Vollzugsteile, er ist vielmehr ein monistisch gedachtes Ganzes, nämlich das Konzept eines an verschiedenen, konjugierten Orten mit sich selbst identischen Objektes. Im Rahmen dieses Ganzen ist nur die strenge Konsekution der Ereignisteile begriffen und festgeschrieben, nicht aber der Vollzug einer solchen Konsekution in der Zeit, zum Beispiel verstanden als ablaufsparallele Ereigniskette auf dem Ziffernblatt einer Uhr. Aktuelle Raum- und Zeitmarken bleiben jedoch dem integralen Konzept des Bewegungsablaufes sowie dem physikalisch prozessualen Kontext gegenüber völlig äußerlich.

Der Weg eines Objektes von A nach B führt über festgelegte Zwischenpunkte und läßt sich nur unter Zeitaufwand von diesem Objekt vollziehen.

Dennoch hat dieser Weg selbst nichts mit der aktuellen Zeit zu tun. Er ist vielmehr eigentlich nichts anderes als ein zeitloses Konzept unseres Verstandes. Das Objekt kann diesen Weg schnell oder langsam zurücklegen, das Bild des Weges bleibt dabei dennoch stets das gleiche. Der Weg als Ablaufskonzept zeichnet keine Historie vor einer anderen aus. Je nachdem wie man ihn sieht, kann man zwar auf ihm zueinander avancierte oder retardierte Punkte aufzeigen, aber eine historische Zeit kommt wegen der Identität des wegbeschreitenden Objektes hier nicht ins Spiel.

Das Ich kann aufgrund seiner Seinsform etwas werden, was es noch nicht ist, ohne dabei seine Identität zu verlieren. Es hält sich also in seiner Veränderung durch, denn es ist geradezu sein Nichtsein. Auch Objekte, die die Physik beschreibt und die sich in unserer Vorstellung längs dynamischer Trajektorien bewegen, halten sich nach unserer apodiktisch semantischen Einstufung in ihrer Identität durch, weil die Konzeptbildung in unserem Bewußtsein dies so will. Durch diese gewollte Identitätsbildung oder Entitätenbildung aber erfährt das Ich sie vor seinem eigenen Nichtsein als Objekte in der Zeit.

Auch liegt es vielleicht an der optischen Perspektive zur Welt, die wir als menschliche Beobachter benutzen, also an unserem weiten Gesichtsfeld, das uns mit unserem Augensinn eine Welt in der Raumweite erschließen läßt. In einer solchen Welt spielt sich Veränderung ab, weil wir zu unserer eigenen besseren Orientierung voneinander abgegrenzte, mit sich namensidentische und wesensidentische Gegenstände in diese Erscheinungswelt mit heuristischem Vorteil einführen können, die dann als solche Konstrukte Konstellationsveränderungen und Formveränderungen durchmachen. Würden wir dagegen bei unserer Weltanschauung mit einer ganz anderen Perspektive entsprechend einem extrem verkleinerten, minimalen Gesichtswinkel operieren müssen, so würde diese Perspektive die Entitätenbildung gar nicht zulassen oder sie wenigstens nicht als Orientierungshilfe suggerieren, weil wir ja unter diesem Blickwinkel nichts voneinander Unterscheidbares zu sehen bekämen.

Ohne Entitätenbildung aber gäbe es keine Veränderung, auch dann nicht, wenn sich der uniforme Bit-Wert an Information, der in unserem Gesichtsfeld gegeben ist, ändern würde. Denn wir könnten derartiges Veränderungsgeschehen nicht von einem autopoetischen Affektionswechsel unseres kreativen Bewußtseins unterscheiden, wie er ja unser Ich mitkonstituiert. Nur bei Einführung eines intentionalen Gegenstandes als Entität würden wir Grund haben, die Veränderung wahrzunehmen. Ohne Gegenstände aber würden wir niemals unser Ich in der Zeit erfahren. Alles wäre nur wie eine Selbstanschauung. Wandel und Veränderung in der Welt wären nichts anderes als autopoetisch vollbrachte Aspektwechsel in der Selbstanschauung. Alles wäre, wie schon zuvor einmal hervorgehoben, gleichsam wie das Beschauen der Bemalungen auf einer Vase, die wir vor unseren Augen nach Willkür drehen und wenden können. Dreht etwa, in gleichem Sinne weitergedacht, jemand die Erscheinungswelt vor unseren Augen und zwingt uns damit, einen Zeitfluß am Erleben des Bildes der Welt wahrzunehmen?

Können wir ausschließen, daß die gesamte Außenwelt wie eine fertige räumlich ausgebildete Konturenkulisse angelegt ist, die zu ihrem wesentlichsten Teil immer im Dunkel ewiger Nacht liegt und nur an einer einzigen kleinen Stelle optisch in Erscheinung tritt, nämlich dort, wo das Licht eines Lichtstrahles, gelenkt von unserem Bewußtsein oder von irgend jemand anderem, gerade hintrifft? Wenn nun der Lichtstrahl allmählich vor unseren Augen über die Kulissenlandschaft hinwegwandert, so träten dabei zwar immer neue Dinge für uns in Erscheinung, jedoch wäre im Erscheinungsbild jede Kontinuität unter den Gegenständen aufgehoben. Willkürlich träten Dinge oder Konturen aus dem Dunkel hervor, und dafür würden andere ins Dunkel zurücktreten, ohne daß sich aber feststellen ließe, daß die ersteren die Wirkung der letzteren oder die letzteren die Ursache der ersteren sind.

Wodurch ist unser tatsächliches Welterleben von dem Erlebnis dieses bühnenhaften Lichtspiels über der stagnierenden Ewigkeit der Realität zu unterscheiden? Wir würden uns bemühen, wie wir das gewohnt sind, Kontinuitäten zu erkennen, in sich verwandt bleibende Formelemente, die sich als Dinge konzipieren ließen, um die herum sich eine Umweltveränderung abspielt. In einem Lichtspiel jedoch schließt nichts an das Vorherige mit irgendeiner Konsequenz an. Es werden nur Spots hervorgehoben, die einander abwechseln. Hier schöbe sich zwar etwas in sich Vollendetes, Ungeschehendes an unserem Blick vorüber, aber die Idee einer Veränderung wäre schiere Illusion.[1]

5. Kapitel
Woher kommt der Zeitpfeil?

Haben wir nicht alle immer wieder den wohl auch berechtigten Eindruck, daß die Zeit grundsätzlich nur vorwärts läuft und daß im strikten Einklang damit jedes natürliche Geschehen immer nur in der Zeit »voran-«, niemals aber »zurück«schreitet? Der Vorwärtslauf der Zeit hat dabei nicht nur die von Willkür geprägte Zwanghaftigkeit an sich, die durch die Uhrenmachertradition festgelegt worden ist; so nämlich, daß der Zeiger auf dem Zifferblatt der Uhr rechts herum läuft. Würde man ihn links herum laufenlassen, so wäre dem Vorwärtslauf der Zeit damit dennoch kein Abbruch getan. Es wäre damit lediglich eine andere Konvention der Zeitmarkenbestimmung geschaffen. Ansonsten aber läuft auch bei einer rückwärts laufenden Uhr die Zeit trotzdem immer vorwärts, also so, daß die zugeordnete nachfolgende Zeitmarke die spätere darstellt.

Kein einziges Geschehen auf der Welt entwickelt sich doch in die Vergangenheit zurück, und das soll präzise gesagt heißen, in *seine* Vergangenheit zurück! Denn eine absolute Vergangenheit hätte in diesem Zusammenhang überhaupt keinen Aussagewert, abgesehen davon, daß ihr Begriffsinhalt überhaupt schwer festzulegen sein dürfte. Was soll schon »Vergangenheit an sich« heißen? Es gibt nur immer eine Vergangenheit des jeweiligen, in sich kontinuierlichen Vorganges. Woran mag das liegen? Findet hier eine Auszeichnung der Zeitrichtung durch den natürlichen Lauf der Dinge statt? Oder muß dies einfach trivialerweise so sein? Ist es nicht geradezu eine Tautologie, das Früher und Später eines Geschehens als dessen Vergangenheit und Zukunft zu bezeichnen?

So wie die Zeit unwillkürlich voranschreitet, von früheren zu späteren Zeitpunkten, so soll auch ein natürlicher Ereignisablauf im Rahmen einer in unserem Blick physikalisch zusammenhängenden Ereigniskette dazu konform angelegt sein. Das bedeutet schlicht, daß das Ereignis im früheren Zeitpunkt als Ursache eines Ereignisses im späteren Zeitpunkt verstanden wird. Das aber scheint nur unter der Voraussetzung funktionieren zu können, daß einem Ereignis auf eine absolute Weise anzusehen ist, ob es von der Art einer Ursache oder von der Art einer Wirkung ist. Gibt es aber ein derartiges Absolutkriterium, mit dem sich eine solche Entscheidung überhaupt fällen ließe? Wie uns vielleicht eher erscheinen will, kann man doch von so etwas wie einer »absoluten Ursache« oder einer »absoluten Wirkung« gar nicht reden! Es widerspräche dem naturgegeben dualistischen Aspekt der Kausalitätskategorie, in dem ja gerade die heuristische Forderung steckt, daß keine Wirkung ohne Ursache auftritt. Kann man sich vorstellen, daß ein Ereignis nur als Ursache oder nur als Wirkung auftreten kann, so daß man sagen könnte: Etwas ist nur Ursache oder nur Wirkung? Etwas, das nur Ursache ist, sollte demnach von Natur aus niemals als Wirkung hervorgebracht werden können. Es kann sich somit nur um ein Initialereignis oder um eine absolute Novität handeln. Zumindest in der Kontinuität der kosmischen Geschehnisse kann es ein solches Initialereignis aber nicht geben, und auch das Auftreten einer Novität ist physikalisch nicht vorgesehen.

Der Philosoph Martin Heidegger geht in seinem Buch »Der Satz vom Grunde« dieser Grundlage unserer transzendentalen Anschauung der Welt bis in die Tiefe analytisch nach und findet dabei verschiedene Ausprägungen dieses Satzes (»nihil fit sine ratione«; »omnis fit propter rationem sufficientem«; »omnis habet causa efficiens«), die aber alle immer wieder das gleiche unbeweisbare, also stets nur unterstellte Faktum ausdrücken sollen: daß nämlich jedes Geschehen in der Welt seine vollgültige, es ganz und gar erklärende Veranlassung hat. Daß dies nichts als eine von unserem Verstand gewollte Unterstellung ist, hat schon der Empirist David Hume klar hervorgehoben, indem er feststellte, daß dasjenige, was wir tatsächlich aus unserer Außenwelt erfahren, nicht ein »unum propter utrum«, sondern nur ein »unum post utrum« besagt, daß nämlich jeweils ein Ereignis *nach* einem anderen, nicht aber, daß es *wegen* eines anderen Ereignisses stattfindet. Eine unserer wesentlichsten Anschauungsformen für die Erfassung der Gegenstandswelt nimmt die Deutung des Werdens außerhalb unseres Bewußtseins deswegen unter der unwillkürlichen Prämisse eines allumfassenden Kausalitätswaltens vor. Für diese Anschauung gibt es also auf der einen Seite keine Ursache ohne Wirkung, auf der anderen Seite tritt aber auch keine Ursache auf, ohne vorher bewirkt worden zu sein, ohne also die sie bewirkende Ursache sich selbst zeitlich vorausgehen zu haben. Nach einer »prima causa«, also nach einer nicht bewirkten Erstursache zu fragen, verbietet sich demnach aus transzendental-methodischen Gründen von vornherein. Eine Erstursache müßte denn schon von ihrer begrifflichen Konzeption her als unzeitlich gedacht werden. Sie hätte mit der generell gegebenen Kontinuität des natürlichen Geschehens nichts gemeinsam.

Nun ergibt sich aber die Frage, ob man, ohne gegen höhere Prinzipien der Vernunft, der Anschauung oder der Natur zu verstoßen, einfach auch Ursache und Wirkung vertauschen könnte. Wenn dem so wäre, würde das Ereignis des späteren Zeitpunktes ebensogut auch als Ursache des Ereignisses am früheren Zeitpunkt dienen können, und es ließe sich der Zeitpfeil als ein Ursache-Wirkungs-Pfeil einfach umkehren. Kann man sich also vorstellen, daß die Wirkung einer Ursache im Rahmen eines invertierten Prozesses selbst wieder als Ursache auftreten und die ursprüngliche Ursache somit als Wirkung hervorrufen kann? Jeder zyklische Prozeß, wie etwa das Schwingen eines Pendels oder das Kreisen eines Planeten um die Sonne, läuft kontinuierlich über eine Kette von Zwischenereignissen schließlich wieder in sein Anfangsereignis zurück und startet damit den Prozeß aufs neue. Das Anfangsereignis kann man also so wie jeden anderen erreichten Raum-Zeit-Punkt als Initialursache für den zyklischen Prozeß ansehen. Dieses Anfangsereignis bewirkt als Ursache ein Folgeereignis, das sich als Wirkung, aber auch wieder wie eine Ursache für weitere Folgeereignisse nehmen läßt, in deren Reihe schließlich auch das Anfangsereignis selbst wieder auftritt. Dieses wäre also, wenn man so will, von seiner Wirkung bewirkt. Es träte somit als Wirkung auf, obwohl es doch nach ursprünglicher Sicht die Ursache darstellt.

Dieses Phänomen tritt bei all denjenigen Prozessen auf, bei denen im Grunde überhaupt keine »Wirkung« im echten Sinne, das heißt im physikalischen Sinne des Wortes, im Prozeßverlauf hervorgebracht wird. Immer wenn der frühere Ereignispunkt und jeder spätere »wirkungsgleich« sind, so ist es zwischen diesen Ereignissen zu keiner Wirkungsentfaltung gekommen, und in einem solchen Falle läßt sich sinnvollerweise auch nicht davon sprechen, daß eines dieser Ereignisse das andere bewirkt, weil ja überhaupt keine Wirkung hervorgebracht wird. So wird zum Beispiel bei allen Punktmassenbewegungen, bei denen ein Drehimpuls bezüglich eines bestimmten Ortspunktes ausgezeichnet ist, dessen Wert in der Zeit erhalten bleibt, keine Wirkung bei der Bewegung realisiert, weil der Wert des Drehimpulses hier als Wirkungskonstante auftritt und somit jedem Vollzugsort dieser Bewegung die gleiche Wirkung zugeordnet ist.

Ein Pendel, ein Planet der Sonne oder ein kreisendes Bohrsches Elektron des Wasserstoffatoms erhalten, zumindest im idealen Falle, den Wert des ihnen zukommenden Drehimpulses. Bei ihrer Bewegung wird also keine Wirkung realisiert. Es wird strenggenommen *nichts* bewirkt! Und so läßt sich hier weder von einer Ursache noch von einer Wirkung und ebensowenig von einem früheren oder einem späteren Ereignispunkt sprechen. Solche Formen von Bewegungen sind demnach gar nicht als Geschehnisprozesse einzustufen, sie sind vielmehr die Beschreibung eines Zustandes. Es handelt sich hierbei eigentlich eher um »Wirkungszustände«, die im Falle makroskopischer Körper als Zustandskontinuum, im Falle gebundener, quantenmechanischer Körper als diskretes Zustandsspektrum ausgebildet sind.

Wenn dagegen, wie bei einem nichtidealen, also realen Pendel, das bestimmten reibungsbedingten Verlusten in seinen Aufhängelagern und in der Umgebungsatmosphäre bei der Schwingung unterworfen ist, in der Tat der Drehimpuls nicht erhalten bleibt, so wird bei der Pendelschwingung auch eine echte Wirkung vollbracht, und ein früherer Ereignispunkt der ablaufenden Schwingung ist nunmehr durch einen größeren Drehimpulswert als jeder nachfolgende Ereignispunkt ausgezeichnet. Dadurch bildet sich in der Tat eine geschichtliche Entwicklung bei der Pendelschwingung heraus. Hier findet eine Wechselwirkung des idealen Systems mit der nichtidealen Umwelt statt, die zur Realisierung einer Wirkung führt. In solchen Fällen läßt sich dann schon eher wieder von früheren Ursachen und späteren Wirkungen sprechen. Einer solchen Wechselwirkung unterliegt auch jeder Planet des Sonnensystems durch die immer gegebene gravitative Beeinflussung durch die anderen Nachbarplanetenkörper und durch fremdinduzierte Gezeitenwechselwirkungen in den eigenen Meeren und Atmosphären.

Auch ein Bohrsches Elektron in der Atomhülle des Wasserstoffatoms erfährt eine solche Wechselwirkung, wenn es von einem anregenden Photon getroffen wird und dadurch in einen energiereicheren Zustand mit höherem Wirkungswert verbracht wird. Bei solchen Wechselwirkungen wird Wirkung an einem physikalischen System vollbracht, und es läßt sich ein Vorher und ein Nachher durch das Indiz der Wirkungsveränderung auseinanderhalten. Bei reversiblen Wechselwirkungsprozessen ist dabei das Vorzeichen der Wirkungsänderung allerdings nicht eindeutig, also positiv oder negativ definit, das heißt, es kann zuweilen positiv und zuweilen negativ sein. Dagegen ergibt sich bei einem irreversiblen, normal-entropischen Prozeß eine monotone Wirkungsänderung in der Zeit. Nur hier scheint auch überhaupt eine Handhabe gegeben zu sein, anhand einer solchen Monotonie der Wirkungsentwicklung ein eindeutiges Früher und Später festzulegen und so die Zeitrichtung als eine Richtung der Wirkungsvermehrung festzuschreiben.

Für viele Forscher und Denker in diesem Gebiet will es so scheinen, als gäbe es mehrere Möglichkeiten, eine Richtung der Zeit festzulegen.

Gedacht wird dabei meist an einen psychologischen Zeitpfeil, an einen thermodynamischen Zeitpfeil und an einen historischen Zeitpfeil. Die drängende Frage muß aber sein, ob diese Pfeile wirklich originär unterschiedliche Wurzeln haben oder ob sie nicht vielleicht letztlich doch auf ein gemeinsames

Phänomen zurückgehen und worin dann gegebenfalls diese Pfeile ihre Gemeinsamkeit haben könnten.

Der psychologische Zeitpfeil ergibt sich aus der Zeitlichkeit des Subjektes, welches seine Vergangenheit und seine Zukunft als ekstatisches Sein unterhält, wie dies im vorigen Kapitel erörtert worden ist. Dieser Zeitpfeil hängt eng mit der Struktur des Bewußtseins und der Form der Selbstanschauung des Ich als Subjekt zusammen. Das Ich ist sich selbst immer schon vorweg und versteht sich aus dem, was es war. Insofern wird der Inhalt des Selbstmodells des Ich jeweils die Vergangenheit des Ich sein. Inhalt und Affektion des Bewußtseins als dessen Vergangenheit wird gleichsam zur Ursache des bewußten Willens, der als eine nachfolgende Wirkung auftritt. Unser Gedächtnis versorgt uns mit einer zum Teil sehr detailreichen Aufzeichnung des Gewesenen, es gibt uns jedoch keine Kenntnis von dem, was Inhalt der Zukunft sein wird.

Der historische Zeitpfeil ergibt sich andererseits als eine Erscheinung der Vermehrung von Ordnung und Information in unserer Welt im Laufe fortschreitender Zeit. Alle evolutionären Prozesse in der Kosmologie des Universums, der Kosmogonie von Sonne und Planeten, sowie der Biologie orientieren einen Zeitpfeil in Richtung auf die Schaffung von mehr Ordnung, mehr Organisation und Information. Sie wandeln im Zuge der Zeit einen einfacheren Systemzustand in einen immer komplexeren um. So glauben wir, daß das heutige Weltall strukturhafter ist als das frühere und daß die Enkodierungen im Zustand des heutigen Sonnensystems weit zahlreicher sind als die in der protosolaren Kollapswolke, aus der ersteres sich entwickelt hat. Auch erkennen wir, daß die Zahl der Informationen in der Genmatrix des heutigen Menschen weit größer ist als die in der Genmatrix des primitiven Lebens. Hier zeigt sich doch, daß ein bestimmtes, der jeweiligen Evolution unterstelltes, materielles Substrat im Fortschreiten der Zeit prozessiert, umgewandelt und reicher ausgeformt worden ist. Hierfür gibt es Evidenzen sowohl in den neurophysiologischen Prozessen, die unserem Gedächtnis materiell zugrunde liegen, als auch im Wachsen, der Entwicklung und Differentiation lebender Organismen, sowie in den generellen Erscheinungsformen der gesamten anorganischen und biologischen Evolution.

Immer wird hier im biologischen Bereich durch mehr oder minder zufällige Variation des Vorhandenen und natürliche Selektion des Entstehenden eine stetig anwachsende Vielfalt von immer höher organisierten Lebensformen erzeugt. Aber auch im anorganischphysikalischen Bereich kann dieser immer wiederkehrende Typus einer Entwicklungslinie aufgefunden werden. So überzieht sich die Erdkruste im Laufe ihres Alters von 4.5 Milliarden

Jahren mit immer mehr Traumen, Konturen, Verwerfungen und bringt darin ihre immer komplexer werdende, evolutionäre Gestalt hervor. Die bekraterten Oberflächen der Monde im Sonnensystem, des Mars und des Merkur legen im Zuge ständiger Strukturkomplizierung ein Geschichtsbuch des Geschehens im Sonnensystem an. Schließlich weisen auch die Strukturbildungswege im weitesten Universum über Sternentwicklungen, Sternsystementwicklung, Galaxien- und Galaxienhaufenentwicklungen genau diese Linien einer einsinnigen evolutionären Wandlung auf das Komplexere hin auf. Meist geht mit dieser evolutionären Wandlung des Substrates auch eine Leistungssteigerung durch fortschreitende Differenzierung einher, was als ein eindeutiges Qualitätsmerkmal am Substrat identifiziert werden kann und als ein Index sowohl für den jeweils erreichten Evolutionsgrad als auch gleichzeitig für das Entwicklungsalter dienen kann.

Dennoch läuft alle Evolution nun aber auf dem Vehikel der physikalischen Gesetze ab, und diese sprechen zumindest im Rahmen des zweiten Hauptsatzes der Thermodynamik davon, daß bei jedem in der Wirklichkeit ablaufenden Prozeß Information vernichtet und zusätzliche Unordnung geschaffen wird. Dieser hierdurch definierte »thermodynamische« Zeitpfeil ist also in Richtung auf Mehrung der Unordnung orientiert. Mit ihm wird in eine Richtung der Informationszerstörung gewiesen. Wie läßt sich dies miteinander, insbesondere mit dem historischen Zeitpfeil, in Einklang bringen? Es scheint doch, als ob sich leicht zeigen lassen müßte, daß beide Zeitpfeile, der historische und der thermodynamische, aus elementaren Gründen nicht miteinander versöhnbar sein können. Nach einer längeren Überlegung, die jetzt im Folgenden einmal angestellt werden soll, wird sich jedoch zeigen lassen, daß, bedingt durch die generellen thermodynamischen Randbedingungen in unserem Kosmos, beide Zeitpfeile doch miteinander in Einklang kommen können.

Unser gesamter Kosmos sowie seine Teilsysteme – unsere Milchstraße, unser Sonnensystem, unsere Erde –, sie sind ja allesamt Systeme, die permanent weitab vom thermodynamischen Gleichgewicht unterhalten werden. In ihnen wird zwar nach guter, unverbrüchlicher thermodynamischer Tradition ständig Unordnung oder Entropie erzeugt, kurz gesagt, es wird unorganisierte Wärmeenergie dissipiert, weil bei keinem strukturbildenden Prozeß ein Wirkungsgrad von 100 Prozent vorliegt. Aber diese entropiehaltige Wärmeenergie kann dem jeweiligen Teilsystem entweichen, so daß dennoch insgesamt die Information in einem Gesamtsystem zunehmen kann, indem dieses und jedes andere Teilsystem seine Unordnung, sozusagen in Form eines

Entsorgungsaktes, nach außen abgibt und dafür Information von außen aufnimmt oder sie autopoetisch produziert. Daß so etwas selbst hinauf bis zu den höchsten Strukturhierarchien im Universum möglich ist, das liegt, wie wir noch klären werden, an den kosmischen Randbedingungen. Im Falle eines expandierenden Kosmos, der aus dem Urknall kommt, läge es so zum Beispiel an seiner Expansion.

Aber schauen wir hier zunächst noch einmal auf den psychologischen und historischen Zeitpfeil zurück. Diese beiden scheinen schon ersichtlicher etwas miteinander zu tun zu haben. Der psychologische Zeitsinn ist immer auf ein Überwinden des Gewesenseins des Ich aus. Das kann man so verstehen, daß aus dem gesammelten Fundus von Erfahrungen und Affektionen des Subjektseins, die sich in einer bestimmten Befindlichkeit, neurologischen Operationalität und Organisationsform des analysierend und synthetisierend arbeitenden Gehirns niederschlagen, ein Willensimpetus zu weiterer Strukturbildung oder Programmbildung im Bereich des Instinktes, der habituellen Allürik, des moralischen Wertens und Gefühlsempfindens sowie der Denkmethodik hervorgeht. Das scheint doch ganz verwandt der orthogenetischen Mehrwertbildung im Bereich der biologischen Evolution zu sein.

So kann der historische Zeitpfeil vielleicht in erster Linie an der Geschichte der Menschheit orientiert werden. Er kann dabei gleichermaßen oder mit unterschiedlichen Gewichten die Geistesgeschichte, die Kulturgeschichte oder die Völkergeschichte der Menschheitsentwicklung auf unserem Erdplaneten als Orientierungsträger berücksichtigen. Ein historischer Zeitpfeil ist dabei immer in die epochale Richtung der Vermehrung von Wissen, Information, Erfahrung, technisch-geistigem Können oder von Strukturen der soziologisch-ökonomischen Organisation orientiert. In Richtung also auf fortschreitende Mehrwertbildung. Wir gehen dabei wie selbstverständlich davon aus, daß es im Vorwärtslauf der Zeit zu immer mehr Informationsbildung kommt, zum Beispiel indem immer mehr Informationsträger von der lebenden Menschheit geschaffen und konserviert werden. Die Information akkumuliert sich also, während sie sich doch nach dem Theorem des zweiten Hauptsatzes der Thermodynamik immer nur verringern können sollte. Wir glauben physikalisch einfach verstehen zu können, wie ein aufgeräumtes System, also eines, in dem eine gewisse Ordnung wie nach einem bestimmten Plan angelegt ist, im Zuge der Zeit unordentlich werden kann, wenn es bei seinen internen Entwicklungsprozessen nur sich selbst überlassen bleibt, ohne Austausch mit anderen Umwelten und ohne die stete Sorgewaltung, daß der Plan auch eingehalten wird. Das scheint der natürliche Verlauf der Dinge doch so vorzugeben. Ein unordentliches System räumt sich doch nicht von selbst auf! Wie soll dann verstanden werden können, daß dennoch im

Rahmen eines natürlichen Waltens, und als solches stufen wir ja jede Form von Evolution ein, Ordnung gegen den thermodynamischen Entropiegang geschaffen werden kann? Mehr Ordnung, indem etwa innovative Schübe in der Dynamik des Systems, karmatische Mutationen in der genetischen Matrix oder ökonomischere, hedonistischere Lebensstrukturen hervortreten, mit denen sich ein System zu neuen Verhaltensformen und Adaptionsmöglichkeiten hinführt.

Wenn die Welt um uns herum nur ständig aus einem entropiearmen, informationsbeladenen und, thermodynamisch gesehen, damit unwahrscheinlichen Zustand in einen wahrscheinlicheren, dem thermodynamisch möglichen Gleichgewicht näheren Nachbarzustand zustreben würde, so würde ja ständig systemimmanente Information verbraucht, um die Weltrealität wahrscheinlicher werden zu lassen. Dann aber müßte man doch argwöhnen, daß die stummen und sprechenden Zeugen der Vergangenheit und alle frühkulturellen Hinterlassenschaften nicht wirklich Dokumente von Frühzuständen mit geringerer Entropie sind, als die sie doch von den Historikern verstanden werden, sondern sie müßten Derivate eines Informationsvernichtungsprozesses sein. Ihr Zustandekommen ist überhaupt nur möglich geworden, weil dabei inhärente Information des Systems verbraucht werden konnte. Anders ist es bei dem Kuchen, der nach einer Backanleitung des Kochbuches entsteht. Hier erfordert das Zustandekommen des Kuchens nicht den Verschleiß der Information, die zu seiner Herstellung verwendet worden ist. Wie aber ist es mit historischen Funden? Ist bei ihrer Entstehung vorhandene Information aufgelöst worden, oder darf davon ausgegangen werden, daß im Gegenteil bei ihrer Entstehung Information für die Nachwelt gebildet worden ist?

Um als Historiker, Prähistoriker oder Archäologe die Hinterlassenschaften früherer Menschheitsepochen mit Recht als Zeichen der Vergangenheit werten und auswerten zu können, muß angenommen werden können, daß der Prozeß der menschlichen Geschichte in Richtung auf Zeichenbildung und nicht wie in der Physik normal-entropischer Vorgänge in Richtung auf Informationsverschleiß angelegt ist. Auf der einen Seite muß ja unbedingt klar sein: Die Menschheit bildet unbestreitbar immer mehr Information im Laufe der Zeiten aus, indem sie Bücher schreibt, Gedichte verfaßt, Bilder malt, Forschung betreibt, Musiken komponiert und immer neue Bibliotheken damit füllt. Wenn wir also auf diesem Wege deutbare, informationshaltige Zeichen aus der Menschheitsvergangenheit gegeben bekommen, so hat der natürliche menschliche Evolutionsprozeß ganz offensichtlich *neg*-entropischen Charakter. Er ist gerade nicht informationsverschleißend. Auf der anderen Seite sollte man sich aber auch fragen, ob alle Spuren, die im Zuge menschlichen historischen Waltens hinterlassen werden, immer lesbare, neuwertige Information in sich tragen. Wenn ich nur ständig in willkürdiktierten Schwüren mit einem Stock gekrümmte Linien in den Sand vor mir graviere, so schaffe ich zwar ständig neue Strukturen, was mir einen gewissen Energieaufwand abfordert und zum Teil unter Verwischung vorheriger Spuren geschieht, was jedoch ein Tun darstellt, durch das keine wirkliche Information geschaffen würde, es sei denn, hinter solchem Tun verbärge sich eine planvolle Absicht.

Für das Bewußtsein eines einzelnen Individuums stellen alle seine Erlebnisse und Erfahrungen neuwertige Information dar, die dem Individuum ein Mehrwertbewußtsein verschaffen. Der einzelne versteht seine Handlungen und Bestrebungen immer aus der Form der gerade und vorgerade gehabten Erlebnisse her begründet. Er wird also mit allen neuen Erfahrungen ein informationshaltigeres Individuum. In archäologischen Funden schlägt sich dagegen nicht eine Individualerinnerung, sondern eine kollektive Erinnerung eines ganzen Volksstammes oder Volkskreises nieder. So verstehen sich die Menschen als Gruppe, als Nation oder als Gesamtmenschheit durch die assoziierten Geschicke der Vorfahren in ihrer Handlungsfreiheit und ihrem Entfaltungsspielraum geprägt und dabei wohl teilweise auch in ihrem Selbstverständnis bestimmt. Der einzelne Mensch unterwirft sich jedoch niemals restlos diesen Zeichen der Vergangenheit, sondern empfindet sich immer völlig frei in seinem Willen, über sich selbst hinwegzukommen.

Die Erinnerung und das im Bewußtsein festgehaltene Gewesensein des einzelnen läßt sich von der Substanz und vom Phänomen her kaum so einfach auf das Kollektiv übertragen. Eine vom Ansatz her gewollte Gleichstellung von Einzelperson und Kollektiv hinsichtlich der jeweils relevanten Erinnerung, so suggestiv dieser auch sein mag, ist wahrscheinlich durchaus fragwürdig. Zu verschieden sind hier doch in beiden Fällen die Modi des Informationsniederschlages und der Wirkpotenz von Erinnerung. Zwischen kollektiver Geschichte auf der einen Seite, die in Fakten, Bauten, Monumenten, Büchern und Chroniken niedergelegt ist, und persönlichen Erinnerungen auf der anderen Seite bestehen doch phänomenmäßig sehr ernst zu nehmende Qualitätsunterschiede, die wir hier nicht im einzelnen zu analysieren brauchen. Es genügt herauszustellen, daß die persönliche Erinnerung eine für das Individuum basisbildende Größe von existentieller Dimension ist. Zu solcher Erinnerung findet ein Ichbezug statt, der eine Reaktion in Form einer Ichhandlung und einer durch das Ich vorgenommenen Wertung zeitigt. Die Fakten der persönlichen Erinnerung liefern nicht einfach archivierbare Kenntnisse ab, sie bilden vielmehr die Basis des Selbstverständnisses einer Person. Dagegen besitzt das historische Faktum einen ganz anderen Rang. Es stellt zunächst einmal ein vergegenständlichtes, durch die Transzendentalität unserer Sicht uns befremdetes Objekt der Außenwelt dar, ein nach unserer Intentionalität aufgefundenes Zeitzeugnis, ein uns nicht weiter verpflichtendes, fossiles Ding-an-sich, dessen Konturen zwar aus unserer Anschaulichkeit stammen, das aber ansonsten für uns keinen Erlebniswert, keine Affektionsbewertung und keine handlungsfordernde Dynamik beigeordnet bekommt.

Ein solches »historisches Ding-in-sich« wird deswegen von uns zunächst im Bereich des Wissens archiviert. Das Ich kann allenfalls davon gewisse Teile hernach zu einer relevanten existentiellen Größe machen, indem es sich als Gattungswesen zu fühlen beginnt und sich ein gewisses historisches Faktengut für sein Lebensverständnis aneignet. So etwas mag sich aus der Erinnerung an gemeinsame Erfahrungen einer ganzen Generation, der wir angehören, ergeben können. Es mag aus dem Bewußtsein aufsteigen, daß historische Zwänge, zukunftsträchtige Ereignisse oder Schickungen höherer Mächte das Schicksal sowie das Fühlen und Werten einer ganzen Nation bestimmen können und damit nicht zuletzt auch die Formen unserer Selbsterfahrung als Individuum. Die Menschheitsgeschichte stellt also keinen Informationsträger per se dar. In ihr liegt keine Information an sich, es sei denn die, die die Individuen im Kollektiv daraus beziehen. Dieser letztere Informationsgewinn verlangt aber dann die Betroffenheit einer ganzen Generation oder Nation am vorgefundenen Faktengut, und er verlangt überdies die Identifikation des Ich mit der historischen Faktizität.

Woher soll heute zum Beispiel ein zeitgenössisches Interesse an griechischer Plastik kommen, fragt sich der Bonner Archäologe und Kunsthistoriker Himmelmann in seiner kunstanalytischen Erörterung »Utopische Vergangenheit«, so daß eine Identifikation unseres Ich mit den Zeugen der Vorzeit motiviert sein könnte. Und er übernimmt schließlich seine Antwort auf eine solche Frage von Friedrich Schiller, der dies so ausdrückte: »Der Mensch bringt in seinen Werken etwas über ihn Hinausweisendes hervor. Er schafft zukunftsweisende Zeichen in seinem Tun.« In der Plastik schafft der Mensch mehr, als er selbst ist. Er schafft damit eine Orientierung auf die Zukunft und zugleich damit auch eine Hoffnung, daß er mehr sein wird, als er bereits ist. Hier wird also die Zeichensetzung zum Antrieb für eine Mehrwertbildung der Spezies »Mensch«, zu einem Auftrag geradezu für einen Qualitätsausbau der Spezies.

Die Stimmigkeit und Richtigkeit unserer zeitlichen Einschätzungen von vergangenen, zeitlich weit entlegenen und unserer direkten Fürsorge immer schon entzogenen Ereignissen ist aus solchen und ähnlichen Gründen immer wieder neu hinterfragt worden. Können wir denn hoffen, daß wir das in der grauen Vorzeit Geschehene jemals überhaupt in angemessener Weise zeitlich absolut und interzeitlich relativ zu anderem Geschehen einordnen? Wie soll man dem vergangenen Ereignis der Historie oder der Prähistorie einen absoluten Zeitwert zuschreiben und wie einem historischen Ereignisablauf eine absolute Dauer beimessen? Es ergibt sich doch hier die Frage, welches Verhältnis wir von heute her und aus unserem derzeitigen Zeiterleben zu zeitlichen Abläufen der weit zurückliegenden Vergangenheit eigentlich entwickeln können. Wie unverbrüchlich kann unsere Einordnung von Geschehensabläufen und Ereigniskonsekutionen, von denen uns in der historischen Geschichtsschreibung berichtet wird, bestenfalls sein?

Diese Frage hat seinerzeit interessanterweise auch Isaac Newton stark beschäftigt, der gemeinhin zwar als einer der berühmtesten Naturwissenschaftler des 16. und 17. Jahrhunderts, allenthalben vielleicht auch noch als Philosoph und Politiker, nicht aber als Historiker bekannt ist. Newton hat das griechische Altertum und die uns aus der üblichen Geschichtsschreibung her bekannte frühgriechische Geschichte als »das dunkle Zeitalter Griechenlands« bezeichnet. In einer ersten Schrift zu diesem Thema, die den Originaltitel »A short chronicle from the first memory of things in Europe to the conquest of Persia by Alexander the Great« trug und die 1725 in Paris erschienen war, glaubte Newton beweisen zu können, daß die griechischen Geschichtsschreiber, denen auch die heutige Geschichtsforschung noch weitgehend in ihrer Darstellung folgt, die Zeiträume der Genealogien der ältesten griechischen und vorgriechischen Kulturen weit überbewerteten und damit fälschlicherweise zu weit in die vorchristliche Vergangenheit fortrückten. So unterstellt er speziell den Chronisten Manetho, Berosus, Eratosthenes und Apollodor, daß sie das Lebensalter ihrer eigenen Kulturperioden absichtlich verlängert hätten erscheinen lassen wollen, um diese so zu größerer geschichtlicher Bedeutung anzuheben. Die mystische Ära der griechischen Frühgeschichte müßte nach Newton um mindestens drei Jahrhunderte verkürzt werden. Seine auf astronomische Ereigniskorrelationen, wie etwa Korrelationen mit Sonnen- und Mondfinsternissen der damaligen Zeit, gestützten Zeitrecherchen ergaben für ihn eindeutig, daß zum Beispiel der Trojanische Krieg und der Zug der Argonauten und Herakliden von den genannten griechischen Chronisten um mindestens 300 Jahre zu früh in der vorchristlichen Vergangenheit angesetzt wurden. Sie wurden nämlich von ihnen ins 12. vorchristliche Jahrhundert datiert, während nach Newtons Berechnung etwa der Fall Trojas auf ein Jahresdatum von 904 v. Chr. festgelegt werden sollte.

Newtons erste, sensationelle Kritik im Jahre 1725 an der herkömmlichen und tradierten Altersbestimmung frühgeschichtlicher Ereignisse ist von den Chronisten seiner Zeit nicht ohne stürmische Konterreaktionen hingenommen worden. Dies hatte Newton jedoch nicht weiter entmutigt, es war von ihm genauso erwartet worden. Der gegen ihn vorgebrachten Kritik wegen sah er sich jedoch schließlich genötigt, seiner ersten Veröffentlichung noch eine zweite folgen zu lassen. Er verfaßte ein weiteres umfangreiches, nichtsdestoweniger ebenso umstritten gebliebenes Werk mit dem Titel »The chronology of the ancient kingdoms: amended«, das dann jedoch erst postum im Jahre 1728 als sein letztes Werk zur Veröffentlichung kam. Auch in diesem Werk hat Newton die zeitlichen Übertreibungen in den Darstellungen der antiken Geschichtsschreiber schonungslos bloßgestellt und hat, gestützt auf gute, naturwissenschaftliche Argumente, die daraus bekannte Altertumsgeschichte viel näher an uns herandatiert. Dabei wurden von ihm die Chronologien Ägyptens, Assyriens und Babyloniens um bis zu zwei Jahrtausende zu unserer Zeit hin vorverlegt, und die Ereignisse um Troja und seinen Untergang wurden uns um gut drei Jahrhunderte nähergerückt.

Wenn Newtons neues Datierungssystem von seinen Zeitgenossen und von seinen Epigonen auch stets mit geteilter Reaktion aufgenommen worden ist – so hatte sich etwa der französische Aufklärer Voltaire 1733 oder der Frühgeschichtsforscher Mitford im Jahre 1835 für Newtons Geschichtsdatierung stark eingesetzt, während andere Zeitgenossen Newtons Ansatz verschwiegen, verwarfen oder bekämpften –, so hat dennoch seine Grundidee kolossal fruchtbar und belebend auf die heutige Geschichtsschreibung weitergewirkt. Es ist gleichwohl gerade durch Newtons Anstoß bis zum heutigen Tage unklar geblieben, ob es eine verläßliche Anbindung der Historie an unsere heutigen Zeitmaße und Zeitkarten überhaupt geben kann, und, so denn solches möglich wäre, wie diese Anbindung dann geschaffen werden könnte.

Wie die absolute zeitliche Einordnung der Ereignisse und die zeitliche Verfolgung der Ereignisströme in der Geschichte zu geschehen haben mag, soll zunächst dahingestellt bleiben. Weiterverfolgen wollen wir hier zuerst die vorher schon herausgehobene Tatsache, daß sich im Rahmen jedes Geschichtsablaufes im Weitergang der Zeiten und im Anwachsen der Datierungszeit stets eine Strukturbildung und Mehrwertbildung in jedem Kultursystem vollzieht. Wie kann es aber angesichts der thermodynamisch erzwungenen Entropiegenese, die die Naturwissenschaft behauptet, zu einer solchen Mehrwertbildung des Systems durch fortschreitende Differentiation im Voranschreiten der Zeit kommen, wenn doch der normale physikalische Gang der Dinge auf eine Strukturauflösung und Symmetrisierung des jeweiligen Systems hinausläuft?

Um hier leichter zu einer Klärung der anliegenden Fragen kommen zu können, wollen wir uns im weiteren erst einmal mit der physikalischen

Definition von Ordnung und Unordnung bzw. von Information und Entropie beschäftigen. Schauen wir deshalb zunächst auf die Bedeutung des Begriffes Entropie: Im allgemeinen weiß man, daß die Entropie in der Physik als eine Größe zur Bezeichnung des Grades an Unordnung in einem thermodynamischen physikalischen System benutzt wird. Woran man im Einzelfall jedoch diesen Grad der Unordnung erkennen oder gar messen soll, ist gemeinhin nicht sehr klar verstanden. Ehrlicherweise sei gesagt, daß dies in manchen konkreten Fällen selbst für die geschultesten Physiker nicht leicht faßbar und erst recht nicht leicht quantisierbar ist, weil teils auch überhaupt nur schwerlich definierbar. Wir müssen deshalb versuchen, uns ein wenig vom Rande des Begriffes her allmählich einem Verständnis des hier Gemeinten anzunähern.

Wie schon vorher geäußert, geht Zunahme an Entropie, also an Unordnung, in einem physikalischen System in meist nachweislicher Form mit einer Abnahme an Information über den Zustand dieses Systems einher. Wirft man zum Beispiel ein Stück Würfelzucker in den Kaffee, der sich in einer Tasse befindet, so ist zunächst der Aufenthaltsort jedes Zuckermoleküls dieses Würfelstückes hochspezifiziert im Gesamtvolumen der Tasse, indem er nämlich auf das Teilvolumen des Würfelstückes eingeschränkt ist. Läuft dann aber der eigentliche Lösungsvorgang an, so nimmt die spezielle Kenntnis über den Aufenthalt der Zuckermoleküle im Gesamtvolumen der von Kaffee erfüllten Tasse ständig ab, weil der Aufenthaltsort der Zuckermoleküle hernach nicht mehr auf das ursprüngliche Teilvolumen des Würfels eingeschränkt werden kann. Je weiter der Lösungsvorgang also voranschreitet, desto mehr wird das Volumen, in dem man mit Sicherheit jedes einzelne dieser gelösten Zuckermoleküle antreffen kann, mit dem Gesamtvolumen der Tasse identisch. Das kommt aber dann einem kompletten Informationsverlust gleich, denn nur zu wissen, daß die vorhandenen Zuckermoleküle irgendwo in der Tasse verteilt sein müssen, ist inhaltsmäßig nicht mehr Wissen als das Wissen um ihre Anzahl. Alles spezifischere Wissen über sie ist damit im Zuge des Lösungsprozesses verlorengegangen. Die anfangs vorhandene spezielle Aufenthaltsinformation geht also im Laufe der Zeit und so auch im Laufe des natürlichen Lösungsvorganges restlos verloren. Während der zu Beginn gegebene Ordnungszustand, definiert durch Zuckerwürfel und Kaffee, aufgehoben in getrennten Teilbereichen des zur Verfügung stehenden Gesamtraumes des Systems, inzwischen in einen Zustand vollkommener Unordnung mit einem gleich wahrscheinlichen Aufenthalt von Zucker und Kaffee in allen Raumteilen übergegangen ist, ist also Information verlorengegangen. Gleichzeitig ist dabei Entropie erzeugt worden.[1]

Das Studium der Auflösung eines Zuckerwürfels diente dazu, die Größe der Entropie und der Information an einem Einzelsystem faßbar zu machen. Größere Bedeutung kommt der Entropie allerdings im Rahmen der Beschreibung des Verhaltens einer statistisch relevanten Vielzahl von physikalisch miteinander wechselwirkenden Teilsystemen zu, da sich in solchen makrophysikalischen Systemen durch die gegebene Großzahl von Subsystemen eine Evolutionsfähigkeit ergibt, die sich stets in einer Irreversibilität des in einem solchen System ablaufenden Makroprozesses äußert. Trotz gegebener Reversibilität in den dem Makroprozeß unterliegenden Mikroprozessen ergibt sich für ein solches System ein einsinniges, unumkehrbares Verhalten in der Zeit. Dafür gibt es zahllose Beispiele, von denen nur eines hier zur Verdeutlichung angeführt werden soll: das Ausgasen einer Parfümflasche, die sich in einem geschlossenen Raum befindet.

Eine verschlossene Parfümflasche befinde sich in einem abgeschlossenen Raumvolumen V. Der Informationsgehalt dieses Systems besteht sozusagen in der Bit-Zahl, mit der Raum- und Impulskoordinaten der Parfümmoleküle bezeichnet werden könnten bzw. mit der die darüber vorhandene Kenntnis erfaßt werden könnte. Ohne große Untersuchungen an dem vorliegenden System vornehmen zu müssen, kann bestimmt werden, welcher Impulsverteilung die Moleküle aufgrund der vorliegenden Temperatur genügen und in welchem Unterraum $v < V$, nämlich dem Volumen der Flasche, sich die Moleküle befinden. Der Informationsgehalt bezüglich des Aufenthaltsortes jedes Parfümmoleküls beträgt $I = (V-v)/V$ und betrüge demnach genau 1, wenn der Ort des Moleküls genau bekannt wäre bzw. wenn der zulässige Unterraum $v \Rightarrow 0$ wäre. Er betrüge dagegen $I = 0$, wenn der Ort nur bekannt wäre in dem sehr eingeschränkten Sinne, daß der Aufenthalt jedes Moleküls nur einfach irgendwo im Gesamtvolumen ($V = v$!) des Systems Gewißheit wäre.

Die Ordnung in diesem System besteht also darin, daß von allen Parfümmolekülen anfangs ihr Aufenthalt in einem Unterraum v des Gesamtraumes V ausgesagt werden kann. Wird nun der Verschluß der Flasche geöffnet, so werden sich die Parfümmoleküle aufgrund der ihnen eigenen Brownschen Molekularbewegung über den ihnen nunmehr zugänglichen größeren Raum V ausbreiten, und zwar mit Diffusionsgeschwindigkeit, wenn zum Beispiel der Außenraum von irgendeinem inerten Hintergrundgas, wie zum Beispiel »Luft«, erfüllt ist, oder mit thermischen Geschwindigkeiten, wenn dieser Raum materiefrei ist. Dabei geht anfängliche Ordnung O(t) des Systems in Unordnung U(t) über. Der Informationsgehalt geht zurück, was die Aufenthaltsorte der N Parfümmoleküle anbelangt, und die Entropie wächst entsprechend.

Vorgänge wie dieses Ausgasen aus einer Parfümflasche verlaufen immer in Richtung auf Schaffung einer größeren Gleichverteilung der Moleküle über den zur Verfügung stehenden Gesamtraum hin, niemals in Gegenrichtung, wobei die zugrundeliegenden Vorgänge, nämlich das freie Fliegen der Moleküle durch den Raum und das gelegentliche Zusammenstoßen mit anderen Partikeln, völlig in sich umkehrbare Prozesse sind. Das heißt, daß die dem Gesamtgeschehen unterliegenden Teilprozesse sich im ersten Hinblick als völlig reversibel und zeitindifferent zu erweisen scheinen, obwohl der durch sie getragene Makroprozeß irreversibel und zeitorientiert verläuft. Diese Sachlage wird von uns im Folgenden noch genauer zu überprüfen sein. Dabei wird sich zeigen, daß zwar der einzelne Stoßablauf als aus dem Gesamtensemble isolierter, herausgegriffener Elementarprozeß zeitlich umkehrbar ist, daß jedoch in dem Arrangement der Stoßpartner für ein einzelnes Teilchen eine zeitliche Geschichte liegt, die die Umkehrbarkeit der gesamten Stoßgeschichte des Teilchens völlig in Frage stellt, ja sogar unmöglich macht.

Die Tatsache der Unumkehrbarkeit dieses Ausgasvorganges hängt mit der Wahrscheinlichkeit der jeweils benötigten Ausgangsbedingungen zusammen, durch deren Realisierung ein vorkommender bzw. »nicht vorkommender« Makroprozeß angestoßen werden kann oder könnte. Damit der bekannte natürliche Prozeß des Ausgasens nach vertrauter Art abläuft, bedarf es lediglich als Anfangsbedingung der Unterbringung der Moleküle im Unterraum v, gleichgültig wo und mit welchem Impuls dort. Die Impuls- und Impulsrichtungsverteilung ist dabei völlig unerheblich. Auch der zu diesem natürlichen Prozeß des Ausgasens umgekehrte Prozeß, nämlich derjenige des Zurückdiffundierens der Moleküle in die Flasche, ist im Prinzip physikalisch wohl auch möglich und verstieße zumindest nicht gegen physikalische Erhaltungsgesetze. Um einen solchen Prozeß jedoch ablaufen lassen zu können, bedarf es der Realisierung derart unwahrscheinlicher Anfangsbedingungen bezüglich Orts- und Impulsverteilung der Moleküle, daß dieser Vorgang in Wirklichkeit offensichtlich aus dem Grunde der Unwahrscheinlichkeit der Realisierung seiner notwendigen Anfangsbedingungen nicht vorkommen kann.

Jedem Ort der Moleküle im Außenraum müßte man mit einer schon allein von der Unschärferelation völlig verbotenen Genauigkeit einen Impuls zuordnen, damit solchermaßen garantiert werden könnte, daß trotz der vielen Zwischenereignisse, wie den Stößen an den Gefäßwänden und den Stößen mit anderen Molekülen, jedes Molekül sich im Vorwärtslauf der Zeit einer dynamischen Bahn unterwirft, die schließlich in der Flasche endet.

Mit der Unwahrscheinlichkeit solcher Anfangsbedingungen in der Natur wird es wohl auch zusammenhängen, daß reale, natürliche Prozesse immer nur in Richtung auf höhere Unordnung, auf größere Entropie und kleineren Informationsgehalt hinarbeiten. Diese Zwangsläufigkeit in der natürlichen

Entwicklung eines physikalischen Makrosystems hängt auch mit der für den jeweils erreichten Zustand sich ergebenden Zahl von Realisierungsmöglichkeiten aus Mikrozuständen zusammen. Diese Zahl stellt die Menge der verschiedenen Mikrozustände dar, die mit dem gleichen gegebenen Makrozustand kompatibel sind. Unter dem letzteren wird hierbei ein nur durch die erfahrbaren physikalischen Eigenschaften festgelegter Zustand des Systems verstanden, wie Dichte, Temperatur und Druck, wogegen sich bei rein gedanklicher Zulassung der Individualität der Subsysteme, wenn auch ohne physikalisch pragmatische Relevanz, eine Vielzahl von Mikrozuständen, zugehörig zum gleichen Makrozustand, vorstellen läßt, die selbst aber keine gesonderte Observabilität besitzen. Es zeigt sich nun, daß der Prozeßablauf in einem System aus statistisch großen Zahlen von Untersystemen dadurch ausgezeichnet ist, daß mit ihm neue Makrozustände in kommender Zeit realisiert werden, denen, bedingt durch eine größere Zahl kompatibler Mikrozustände, eine vergrößerte Realisierungswahrscheinlichkeit zukommt. Da man jedoch von den Mikrozuständen auf keine physikalische Weise Kenntnis erlangen kann, so wächst der Grad an Unsicherheit dem Zustand des Gesamtsystems gegenüber bei der Vermehrung möglicher Mikrozustände stets an, das heißt, der Informationsgehalt des Systems nimmt ab. Mit der Zunahme der Realisierungswahrscheinlichkeit des Makrozustandes geht eine Zunahme des Grades an Unordnung in dem betreffenden Makrosystem einher.

Das läßt sich unmittelbar an der Definition der Realisierungswahrscheinlichkeit erkennen. Diese tritt nämlich auf als Quotient, gebildet aus der Zahl sämtlicher unter allen Subsystemen möglichen Permutationen und dem Produkt aus den Zahlen aller Permutationen der innerhalb eines quantisierten Energiezustandes vorhandenen Subsysteme. Dieser Quotient $W(t)$ nimmt einen um so kleineren Wert an, je größer der Wert des im Nenner gebildeten Permutationsproduktes ist. Dies ergibt sich, wenn in möglichst wenigen Quantenzuständen möglichst viele Subsysteme vorhanden sind oder im Extremfall, wenn alle zu einem Makrosystem gehörigen Subsysteme in ein und demselben Energiezustand sind. Dann nimmt die Realisierungswahrscheinlichkeit ein Minimum, ersichtlich aber der Ordnungsgrad in diesem Makrosystem ein Maximum an.

Wie kann man nun die Entwicklung im Kosmos verstehen, wenn gleichzeitig die Gültigkeit des Entropiesatzes bestehen soll? Wird da nicht aus dem anfänglichen Materie- und Energiechaos des Urknalls, in dem nach und nach mehr hierarchische Strukturen gravitativ organisierter Materie entstehen, eine wachsende Ordnung aus einer zunächst doch wohl gegebenen totalen Unordnung geschaffen? Wie läßt sich dies dann mit dem Gebot der globalen

Entropievermehrung bei natürlichen Abläufen und, damit verbunden, mit der Informationsverminderung und der Vergrößerung der Realisierungswahrscheinlichkeit dieses kosmischen Makrosystems vereinbaren? Wohin kann die Entropie, die bei der Ordnungsbildung in den Untersystemen automatisch doch wohl erzeugt wird, denn abgeführt werden, wenn nicht wieder in den Kosmos selbst? Die Beantwortung dieser Frage soll in einem kommenden Kapitel noch näher erörtert werden.

Sie legt unter anderem für manche Astrophysiker die Einführung einer kosmischen Zeit nahe, die etwa nach Ernst Mach über die kosmische Gesamtinformation festgelegt wird. Als ein Maß für Zeit und Zeitablauf generell und überall würde damit so etwas wie die Entropie des Kosmos fungieren. Nach dem Machschen Prinzip einer Verkopplung von Massenträgheit auf der einen Seite und Zeit auf der anderen Seite mit den Zuständen des Kosmos würde dies nach einer kausalen Einwirkung der kosmischen Entropie auf alle taktgebenden Prozesse, also auch auf den Gang jeder Uhr, verlangen!

Die große Frage wird sein müssen, ob ein solches Kosmisierungsprogramm der Zeitabläufe im Universum überhaupt durchführbar ist. Hängen alle Ereignisse im Weltall wirklich an einem gemeinsamen Zeitstrang? Woher kommt die Kohärenzbildung unter allen Ereignisketten? Woher sollte diese universelle Synchronizitätsbildung kommen? Oder ergibt sich dies alles vielmehr doch nur als eine unserer größten Illusionen?

Das Eintreten von Sonnen- oder Mondfinsternissen läßt sich bis auf Bruchteile von Minuten vorherberechnen, die Wetterentwicklung oder die Vulkantätigkeiten lassen dagegen nur sehr dürftige Vorhersagen zu. Viele Phänomene aus dem Bereich chaotischer Dynamiken scheinen sich einer zeitlichen Vorhersage, zumindest über längere Zeiträume sogar völlig zu entziehen. Wird das universelle Synchronizitätskonzept hierin nicht ad absurdum geführt? Wird die einsträngige, kohärenzbildnerische Kausalitätssuche im Gesamtgeschehen der Natur hieran nicht als eine Verfehlung unseres Verstandes bei der Bemühung um ein Naturverständnis entlarvt? Die leitende Heuristik in den Forschungsinitiativen aller naturwissenschaftlichen Disziplinen geht ja doch immer aus von dem Glauben an die große, einheitliche Naturgesetzlichkeit und an die Idee, daß alles Naturgeschehen in einer universalen Zeit abläuft. Wenn sich dagegen als Ergebnis solcher unter derartigen Prämissen betriebenen Forschungen zeigt, daß in vielen Bereichen Vorgänge erkannt werden müssen, die von emergenten, zufälligen oder chaotischen Prinzipien beherrscht werden, so muß dies Zweifel wachrufen, ob es eine generelle Zugehörigkeit aller Prozesse zu einem universalen Zeitdiktat wirklich gibt. Läßt sich die Welt in ihrer Ereignisvielfalt als singulärer Prozeß unter dem Diktat eines einheitlichen Zeitstranges verstehen? Sind die

Ereignisse dieser Welt wie »puppets on the string« zu verstehen, und ergeben sie sich nach dem Gedankenmodell, daß es einen unendlich ausgedehnten, horizontal gespannten »Zeit«-Faden gibt, der über den Zug der an ihn gebundenen vertikalen Fäden auf eine ihrem Inhalt nach festgelegte Ereignismatrix einwirken kann? Fährt nun unter dem horizontalen »Zeit«-Faden ein kleiner Anschlagkeil entlang und hebt an der Stelle, an der er den »Zeit«-Faden jeweils berührt, diesen ein wenig an, so wird dadurch ein Zug auf einen der vertikal laufenden Fäden aufgeprägt, der seinerseits so auf die Ereignismatrix einwirkt, daß damit eine ganz bestimmte, weltweite, universale Ereigniskonstellation hervorgerufen wird. Funktioniert unsere Welt etwa wirklich nach einem solchen Modell?

6. Kapitel
Kommt unsere Zukunft aus dem Informationsverlust?

Hat Wetter eine Zukunft? Beständig bewegen sich die Lüfte und tragen immer aufs neue Wärme, Kälte oder Feuchtigkeit heran. Die atmosphärische Luft über dem Erdball erwärmt sich lokal, baut dabei Druckunterschiede zur Nachbarschaft auf, bewegt sich zu anderen Orten und kühlt dort wieder ab. Die aufheizungsbedingten Hochdruckfronten treiben eine solche Bewegung an. Hat dieses Geschehen nun eine echte Zukunft, und was treibt das Wetter in diese Zukunft hinein? Vielleicht erweist sich dieses Wettergeschehen trotz aller an ihm sichtbaren Chaotik, wenn man es nur über genügend lange Zeiträume studiert, ja doch als ein geschlossener Zyklus? Aber was treibt das Wetter dann durch diesen Zyklus und sorgt für eine Vollendung im Geschehen?

Wenn in einem komplexen thermodynamischen System – ganz gleich ob in einer Dampfmaschine, einem Kraftwerk oder im Großwettersystem – bestimmte physikalisch dingfest zu machende Gegebenheiten vorliegen, so meint der Physiker oder der Meteorologe vorhersagen zu können, daß es dann zu einem Wirkgeschehen kommt. Beim Wetter etwa werden Luftmassen, Wärmemengen oder Feuchtigkeitsmengen transportiert, indem Bewegungen in einem solchen System ausgelöst und damit verbundene Wirkungen hervorgerufen werden. Während die meisten dieser Bewegungen und Veränderungen von reversibler Natur sein werden – nach Kälte folgt Wärme, nach Trockenheit Regen, nach Wind die Windstille –, scheinen einige der Wirkungen des Wetters mitunter aber auch irreversiblen Charakter aufzuweisen. So können katastrophenartige Niederschläge irreversible Erosionsveränderungen in der Landschaft hinterlassen, und Taifune oder Springfluten können ganze Kulturen auslöschen oder wenigstens irreparable Zerstörungen anrichten. Die Frage aber erhebt sich dann, welche physikalischen Bestimmungsgrößen solche irreversiblen Ereignisse hervorrufen. Welche Größen legen fest, daß in einem System etwas bewirkt werden kann – und bewirkt werden muß – und wieviel davon von irreversibler Natur ist?

Der Physiker unterscheidet bei der Betrachtung eines physikalischen Systems und bei der Beurteilung seines Verhaltens im Laufe der Zeit nach den Regeln der Thermodynamik zwischen der sogenannten »guten« oder freien Energie auf der einen Seite und der ineffizienten, »schlechten« Energie auf der anderen Seite. Nur die erstere Form der Energie, nämlich die freie Energie, kann thermodynamisch als eine Energieart angesehen werden, durch deren Einsatz oder Konversion tatsächlich etwas am physikalischen System bewirkt oder am makroskopischen Zustand verändert werden kann. Nur sie kann überhaupt einen makroskopischen Geschehnisprozeß in Gang bringen.[1]

Bewegt sich ein thermodynamisches System in seinem Zustand in eine bestimmte Richtung des thermodynamischen Variablenraumes und leistet dabei Widerstand gegen Druckkräfte, die bestrebt sind, den Vorgang aufzuhalten, so kann dieses System Nutzarbeit verrichten und damit eine Wirkung hervorbringen. Gerade die Änderung der »freien Energie« legt nun aber genau fest, wieviel Nutzarbeit ein System maximal bei einer Zustandsänderung leisten kann. Hinzu kommt noch, daß sich das nutzbare Wirkpotential nicht nach dem Absolutwert dieser freien Energie in einem System bewerten läßt, sondern nach dem gegebenen örtlichen Gefälle oder dem Gradienten, der freien Energie, also sozusagen nach einem Maß für das gegebene Energieungleichgewicht. Im Gleichgewichtszustand bewirkt selbst die freie Energie nichts.

Besteht zum Beispiel ein System aus zwei einander berührenden materiellen Blöcken der Massen M_1 und M_2, die sich auf unterschiedlicher Temperatur befinden, so versucht diese gegebene Anfangskonstellation wegen des thermodynamischen Ungleichgewichts einen Temperaturausgleich über Wärmeleitung und damit eine Annäherung an den Gleichgewichtszustand zu bewirken. Im Verlaufe einer bestimmten Zeitperiode erfolgt dann die Abgabe einer bestimmten Wärmemenge vom heißeren Block M_1, gekoppelt mit einer entsprechenden Aufnahme der quantitativ gleichen Wärmemenge durch den kälteren Block M_2.

Ist nun die in der betrachteten Zeitperiode auf M_2 übergeströmte Wärmemenge klein gegenüber den insgesamt zu dieser Zeit vorhandenen Wärmemengen beider Körper, ist sie also klein sowohl im Vergleich zu der Wärmemenge des Blockes M_1 als auch zu der Wärmemenge des Blockes M_2, so verändern sich die Temperaturen beider Materieblöcke während dieser Periode praktisch nicht, aber die Gesamtentropie, also der Unordnungsindikator des Gesamtsystems, ändert sich während dieser Zeit ($\Delta S = \Delta Q \; (1/T_2 - 1/T_1)$). Ersichtlich ist diese Änderung bei den gegebenen Temperaturverhältnissen positiv und besagt also, daß in Verbindung mit dem Wärmeübergang auf den kälteren Block die Gesamtentropie des

Systems mit der Zeit angewachsen ist. Dieses Anwachsen der Gesamtentropie erfolgt dabei zwangsweise und unabänderlich im Fortschreiten der Zeit zu größeren Werten hin. Dabei hat interessanterweise der heißere Materieblock allerdings seine Entropie verringert und sich unter Ausnutzung des gegebenen Ungleichgewichtes zu höherem Ordnungsgrad auf Kosten der Ordnung des kälteren Blockes entwickelt, er hat demnach als Teilsystem des Ganzen Information aufgenommen. Sieht man also auf die Teilsysteme, so fällt die Entropie mit der Zeit in dem einen System und steigt in dem anderen. Wollte man hiernach »Entropieuhren« für die Teilsysteme einführen, so liefen diese in dem einen System rückwärts und im anderen vorwärts. Hier gibt es also keinen einheitlichen Zeitsinn.

Dennoch hat aber das Gesamtsystem seinen Ordnungsgrad insgesamt erniedrigt, weil die Entropie keine Erhaltungsgröße ist. Der Entropiezuwachs des einen Teilsystems ist demnach nicht gleich dem Entropieschwund des anderen. Während Wärmemenge auf den kälteren Block überfließt, während sich also, in der Richtung des thermodynamischen Zeitpfeils gesehen, ein natürlicher Prozeß an einem physikalischen Nichtgleichgewichtssystem vollzieht, fließt gleichzeitig Information auf den heißeren Block über. Der Wärmefluß ist demnach umgekehrt zum Informationsstrom orientiert. Wenn wir hier nur auf den heißeren Block schauen wollten und ihn wie ein isoliertes physikalisches System beschreiben würden, dann käme dieses System uns so vor, als würde es sich freiwillig und spontan im Laufe der Zeit zu höheren Ordnungsformen entwickeln.

Ob der Vorgang der Ausdehnung eines Gases in einem durch einen bewegten Kolben abgeschlossenen zylindrischen Hohlraum einen reversiblen oder irreversiblen makrophysikalischen Prozeß darstellt, hängt seltsamerweise von der Geschwindigkeit ab, mit der der Kolben bei der Volumenvergrößerung bewegt wird. Dehnt man das Hohlraumvolumen aus, indem man den Kolben mit großer Geschwindigkeit (möglichst mit Überschallgeschwindigkeit, also einer Geschwindigkeit größer als die mittlere thermische Geschwindigkeit der Gasteilchen) bewegt, so handelt es sich bei einer solchen Gasexpansion um einen irreversiblen Makroprozeß, bei dem Entropie im System erzeugt wird und der demnach ganz klar einen Zeitpfeil auszeichnet. Führt man dagegen die Expansion des Gases in dem Hohlraum dergestalt durch, daß man den Kolben sehr langsam (eben unterschallschnell) bewegt, so wird es sich bei diesem Prozeß um einen reversiblen Makroprozeß handeln, bei dem kein besonderer Zeitpfeil für Vorwärtsläufigkeit oder Rückwärtsläufigkeit der Prozesse ausgezeichnet wird. Und das, obwohl es sich bei letzterem Vorgang, zumindest nach erstem Augenschein, um einen qualitativ zum ersteren Fall absolut äquivalenten Vorgang handelt. Denn: Gas dehnt sich in beiden Fällen auf größeres Volumen aus. Die dabei eintretende Zustandsveränderung ist jedoch nur im letzteren Fall rückgängig zu machen.

Im ersten Fall, bei sehr schneller Expansion, spielt sich jedoch tatsächlich das ab, was wir als zeitliche Entwicklung einer Historizität der Stoßpartnerumgebung jedes einzelnen herausgegriffenen Aufpunktteilchens im Gas bezeichnen könnten, nämlich die Tatsache, daß gewisse Stoßschicksale von Teilchen sich selektiv und rückwirkend auf die Stoßpartnerverteilung in der Umgebung dieser gestoßenen Teilchen auswirken. Geht etwa im ersteren Fall aus einem Stoßgeschehen zwischen zwei mittelschnellen Teilchen als Ergebnis ein schnelles Teilchen und ein langsames Teilchen hervor, so kommt es zu einer zeitlichen Veränderung der Stoßpartnerverteilung in der Umgebung des schnellen Teilchens, die ganz anders ist als die in der Umgebung des langsamen Teilchens.

Das schnelle Teilchen kann nämlich den restlichen Gasteilchen in Richtung des davoneilenden Kolbens vorauslaufen und sieht schon bald, außer seinesgleichen, keine anderen Stoßpartner mehr, es ist also alsbald nur noch von schnellen Teilchen umgeben, mit denen es Stöße durchführen kann. Dagegen entfernen sich die schnellen Partnerteilchen immer mehr von dem langsamen Teilchen, und dieses sieht bald nur noch langsame Stoßpartner um sich herum. Es kommt zu einer Geschwindigkeitsdisproportionierung im Gasvolumen mit zunehmend langsamen Teilchen auf einer Seite, die von einer feststehenden Wand abgeschlossen wird, und zunehmend schnellen Teilchen auf der anderen Seite, die von dem schnell nach außen sich bewegenden Kolbenboden begrenzt wird. Das molekulare Chaos, das gewöhnlich in stationären Gasvolumina immer vorherrscht, wird hiermit plötzlich aufgehoben: nämlich der Umstand gleicher Aprioriwahrscheinlichkeit für die Existenz von Partnerteilchen mit bestimmten Partnergeschwindigkeiten in der Umgebung jedes willkürlich herausgegriffenen Referenzteilchens, unabhängig von dessen Teilchengeschwindigkeit. Vom Erfülltsein gerade dieser letzten Forderung nach Gegebenheit von »molekularem Chaos« leitet sich aber eine der wesentlichsten Aussagen der Thermodynamik her, das berühmte »H«-Theorem von Boltzmann, das der Irreversibilität thermodynamischer Prozesse auf der mikroskopisch-atomaren Ebene nachspüren will.

Für den Physiker Ludwig Boltzmann war klar, daß die Entropie eines Gases eine Funktion der Desorganisation oder eben der Unordnung unter den Geschwindigkeiten und Orten der einzelnen Gasteilchen sein mußte. Die bei steigender Temperatur wachsende Zufälligkeit der Teilchenbewegungen gab auch Grund zu der Annahme, daß die Entropie direkt vom Wärmeinhalt eines Gases abhängen sollte. Wie aber diese Entropie eines Gases sich zeitlich ändern sollte, wenn ein System von sich aus einen natürlichen makroskopischen Veränderungsprozeß durchmacht, das ließ sich aus diesen vordergründigen Erkenntnissen alleine noch nicht erschließen. Es ließ sich erst anhand des sogenannten »H«-Theorems klarer absehen. Das Boltzmannsche »H«-Theorem geht von einem ideal abgeschlossenen, außenweltisolierten physikalischen System aus – bestehend aus statistisch vielen Gasteilchen, die von Wänden am Verlassen eines endlichen Raumvolumens gehindert werden. Es nimmt zudem an, daß die in diesem Volumen befindlichen Gasteilchen trotz ihrer gelegentlichen Stöße gegen die Wände in keinerlei Wechselwirkung mit der Außenwelt eintreten. Weder darf diesen Teilchen über die Vermittlung der Wand eine Information über den Zustand der Natur außerhalb der Wände zufließen, noch dürfen die Teilchen selbst bei solchen Wandstößen eine Information über den Zustand im Inneren des Gasvolumens nach außen weitergeben.

Es wird also angenommen, daß die Gasteilchen mit den Wänden und mit ihresgleichen lediglich »nichthistorisierende« – im physikalischen Sprachgebrauch rein elastische – Stöße durchführen, wobei sie zwar Richtungen und Beträge ihrer Geschwindigkeiten an den gegebenen Stoßorten verändern können, dabei jedoch prinzipiell keine irreversible Evolution durchmachen. Einem bestimmten Teilchen kann man es nicht ansehen, wie oft zuvor und mit wem es gerade zusammengestoßen ist. Dies gilt nur für ideal elastische Stöße, während Gasteilchen mit anregbaren inneren Energiefreiheitsgraden, die aus thermischen Energiereserven aktiviert werden können, inelastische Stöße durchführen. Wenn zum Beispiel die Energie der relativen Bewegung zweier stoßender Gasteilchen beim Stoß irreversibel in innere Energie der Gasteilchen konvertiert würde, so hätten die Stöße unter den Gasteilchen eine historisierende Wirkung auf das Gas. Wären solche Teilchen Hohlkugeln, in denen sich je ein Beobachter befände, und würde sich bei jedem Zusammenstoß einer solchen Hohlkugel mit anderen ein Dröhnen der Kugelschale und des Innenraumes als Lautstärke vernehmlich akkumulieren, so könnte uns der eingeschlossene Beobachter die Lautstärke des Dröhnens mitteilen und damit die Stoßgeschichte dieser Kugel kundtun. Am jeweiligen Zustand des Gases könnte man dann geradezu die Zeit ablesen, er diente sozusagen als eine Uhr. Auch die Wandstöße sind im Grunde immer inelastischer Natur. Handelt es sich doch dabei immer um einen Zusammenstoß eines auf die Wand auftreffenden Gasatoms mit vielen in der Wandoberfläche befindlichen und untereinander durch interatomare Kräfte wechselwirkenden Atomen aus der Region des Auftreffers.

Um sich die Situation bei Wandauftreffern der Gasatome zu verdeutlichen, kann man sich eine statistisch große Menge von Gummibällen, eingeschlossen von einer Wasserwand, vorstellen, etwa hergestellt durch einen teilweise mit

Wasser gefüllten, im Schwerefeld rotierenden Eimer, bei dem das Wasser sich in Form einer parabolischen Wasseroberfläche an die Außenwände anschmiegt. Die Bälle haben nun im Inneren des Parabols freies Spiel, das heißt, sie fliegen frei umher, sofern sie nicht zusammenstoßen. Wenn einer der Bälle bei seinem Flug auf die Wasseroberfläche am Rand des Volumens auftrifft, so erfährt er dort eine kollektive Gegenreaktion der vielen Wassermoleküle der Wasseroberfläche. Der Ball verdrängt zunächst Wasser an der Auftreffstelle und baut einen lokalen Druckanstieg in der Wasseroberfläche auf, wobei er selbst sich zu einer abgeflachten Kugel verformt, abgebremst und schließlich unter Rückverwandlung der Deformationsenergie in kinetische Energie wieder von der Wasseroberfläche abkatapultiert wird. Beim Durchlaufen dieser Prozeßkette tauscht der Ball Information mit der Wasseroberfläche aus, indem er dort Wasserwellen anregt und Kompressionsenergie abgibt und indem er andererseits auch von der Welligkeit der Oberfläche inelastisch beeinflußt wird, dabei kinetische Energie zugeführt oder abgenommen bekommt, je nach der momentanen Beschaffenheit der Wasseroberfläche an der Auftreffstelle.

In ihrer Konsequenz ist die Annahme der elastischen Stoßwechselwirkungen im Rahmen des Boltzmannschen »H«-Theorems reichlich undurchschaubar. Sie dient aber insbesondere dazu, eine ganz wesentliche Voraussetzung des Theorems zu erfüllen, die als Mikroreversibilität des Stoßablaufes zu bezeichnen ist. Hierdurch wird die dem System innewohnende Stoßphysik so festgelegt, daß jeder zeitinvertierte Stoßablauf ebenso wahrscheinlich sein soll wie der ihm dynamisch assoziierte »Vorwärtsstoß« selbst. Das erzwingt von vornherein, nur elastische Stöße ins Kalkül aufzunehmen, also solche, bei denen es nicht zu einer »Gedächtnisbildung« in den gestoßenen Teilchen kommen kann.

Diese Forderung der Invarianz des Stoßablaufes unter Zeitumkehr, das heißt, die Erwartung, daß die Natur den zeitlich umgekehrten Stoß genauso gerne und häufig realisiert wie den normalen, »zukunftsläufigen« Stoß, wird von allen inelastischen Stoßprozessen beispielsweise nicht erfüllt – jenen Stoßprozessen etwa, bei denen ein Teil der Energie der Relativbewegung der Stoßpartner irreversibel in innere Anregung der Moleküle überführt wird, was ja immer einer Erhöhung der inneren Entropie und einer Erniedrigung der äußeren Entropie des Gases im Stoß gleichkommt. Bei inelastischen Teilchenwechselwirkungen läßt sich also ein Teil der Entropie der Teilchenbewegung in inneren Energiefreiheitsgraden der Teilchen selbst verstecken. Wenn man diese Form der versteckten Entropie nicht im Kalkül berücksichtigen würde, könnte man bei genauer Betrachtung des Verhaltens des Systems den Eindruck gewinnen, Entropie ginge dem System über unsichtbare Kanäle verloren bzw. Information flösse ihm latent zu. Ohne Berücksichtigung solcher Inelastizitäten müßte der Physiker sodann die Feststellung treffen, daß es sich bei einem solchen System niemals um ein »abgeschlossenes« System handeln kann.

Neben der Einschränkung auf rein elastische Stöße soll traditionsgemäß im Rahmen des »H«-Theorems weiterhin angenommen werden, daß die Teilchen während der Zwischenzeiten zwischen je zwei aufeinanderfolgenden Stößen keinen weiteren Krafteinflüssen unterworfen sind, insbesondere keinen, die durch koordiniertes Zusammenwirken der anderen Teilchen bedingt wären. Bei solchen Stößen werden nur Zweierstöße (Binärstöße) eines Teilchens mit einem anderen oder eines Teilchens mit der Wand in Betracht gezogen. Tertiär- und Quartärstöße, also instantane Änderungen der Dynamik mehrerer Teilchen zugleich und am gleichen Ort, und erst recht höhere Stoßhierarchien werden in dieser Betrachtung außer acht gelassen.

Für die Argumentation im Rahmen des Theorems muß weiterhin angenommen werden, daß die Annahme eines »molekularen Chaos« in dem betrachteten Gasvolumen zulässig ist. Wie schon angedeutet wurde, besagt sie, daß Positionen und Geschwindigkeiten der einzelnen Gasteilchen unkorreliert sind, daß also die Wahrscheinlichkeit, ein Teilchen einer bestimmten Geschwindigkeit an einem bestimmten Ort anzutreffen, nicht davon beeinträchtigt ist, ob sich dort in unmittelbarer Nähe schon ein anderes Teilchen mit irgendeiner anderen Geschwindigkeit befindet. Das Teilchen ist mithin durch die Geschwindigkeit, die es nun einmal hat, nicht vorbelastet gegenüber bestimmten Stoßpartnern und auch nicht gegenüber seinem Erscheinen an bestimmten Raumstellen. Wann und unter welchen Umständen eine solche Annahme berechtigt ist, läßt sich für den generellen Fall überhaupt nicht und auch im Einzelfall nur äußerst schwer klären. »Molekulares Chaos« hieße – falls diese Annahme wirklich erfüllt wäre –, daß die Umgebung eines Teilchens gewissermaßen nicht mitgeteilt bekommt, ob dieses Teilchen gerade einen Stoß erlitten hat oder schon seit längerem nicht mehr und ob es derzeit eine große oder kleine Geschwindigkeit hat. Seine potentiellen Stoßpartner sollen dadurch in keiner Weise vorbelastet oder präselektiert sein.

Könnten nun von einem physikalischen System eines in ein Volumen eingeschlossenen Gases sämtliche der oben genannten Voraussetzungen erfüllt werden, so läßt sich für ein solches Gasteilchenensemble mit großem Gewinn für den Einblick in sein natürliches Verhalten eine thermodynamisch relevante Funktion berechnen. Eben diese wird als die Boltzmannsche »H«-Funktion bezeichnet, und mit ihr verbunden ergibt sich die Aussage, daß diese Funktion bei idealen Prozessen immer mit der Zeit abnehmen muß.[2] Dieses Theorem besagt einen im Vorwärtslauf der Zeit zwangsläufigen Schwund an systemimmanenter Information. Der natürliche Geschehnisablauf unter den wechselseitig sich stoßenden Gasmolekülen kann als ein von einem ständigen Informationsverlust begleiteter Makroprozeß verstanden werden; es verändert sich im Großen gesehen etwas am System, das einem Informationsverlust gleichkommt, was durch die einsinnige Veränderung der Funktion H (t) ausgedrückt wird.

Das eigentliche Problem dieser bemerkenswerten Vorhersage besteht darin, sich begreiflich zu machen, wie auf der Basis einer doch apriori angenommenen durchgängigen Mikroreversibilität aller Teilprozesse ein stark ausgeprägter, monodirektionaler Zug im zeitlichen Gang des Makroprozesses zustande kommen kann, der keine Reversibilität mehr erkennen läßt. Wodurch soll sich hier die Auszeichnung eines Zeitpfeiles ergeben? Was soll hier den Unterschied ausmachen zu einem System von statistisch vielen Pendeln, die separat alle einzeln reversible Schwingungen durchführen und dann über elastische Federn miteinander verkoppelt werden? Ein solches System wiese doch wohl trotz der Verkopplung ein reversibles Gesamtverhalten auf. Oder sollte es sich anders verhalten?

Für eine Antwort mag es nützlich sein, sich zunächst noch einmal daran zu erinnern, daß die Möglichkeit einer solchen Vorhersage durch das »H«-Theorem nur bei Annahme einer vollkommenen Geschichtslosigkeit aller Stöße unter den Gasteilchen und aller Zusammenstöße mit der Wand gelten konnte. Dies stellt eine für dieses Theorem ganz wesentliche, aber praktisch niemals wirklich erfüllte Voraussetzung dar. Auch die Annahme einer vollkommenen Abgeschlossenheit des Systems gegenüber der Außenwelt ist praktisch niemals oder höchst marginal erfüllt. Je nach dem Grad der Inelastizität der Wand ist sie allenfalls für kürzere Zeiten näherungsweise zu erfüllen. Die Zusammenstöße der Gasteilchen mit der Wand verlaufen im Grunde immer schwach inelastisch. Es sind im einzelnen immer Stöße eines Gasteilchens mit einem Verband von endlich vielen Atomen der Wand, die etwa bei metallischen Wänden durch metallische Gitterbindungskräfte miteinander verbunden sind. Wenn das Gasmolekül auf ein Wandatom trifft, so kommt es dort zu einer Impuls- und Energieänderung des Gasmoleküls. Die dabei auf die Wand übertragene Energie wird sodann teils in eine lokale Erwärmung der Wand und teils in die Anregung von Wandphononen, also von elastischen Deformationswellen auf der Wand, verwandelt. Schon nach kurzer Dauer dieses Stoßbombardements wird die Wand, demnach nicht mehr jungfräulich wie zu Anfang des Geschehens beschaffen sein; sie wird wärmer werden und außerdem ein phononisches Rauschen, also ein leichtes Vibrieren, entwickeln, das den nachfolgenden Generationen von auf die Wand stoßenden Teilchen wiederum mitgeteilt wird. Die Wand macht ihre eigene thermodynamische Geschichte durch, die schließlich nach einer gewissen Zeitverzögerung auch von den Gasteilchen zur Kenntnis genommen wird. Es wird demnach Information zwischen Gasteilchen und Wand ausgetauscht.

Nur wenn die Zeitperiode des Energieaustausches des Gases mit der Wand gegenüber der Relaxationsperiode des Gases im Gasvolumen, der Zeit also für eine interne Abstimmung der Energieverteilung unter den Gasmolekülen, sehr lang ist, läßt sich die Aussage des »H«-Theorems überhaupt näherungsweise aufrechterhalten. Das heißt, nur dann, wenn binnen einer Zeit, in der ein wesentlicher Teil des thermischen Energieinhaltes durch Wandstöße der Wand zugeführt wird, das Gas selbst mehrfach Zeit dazu hat, sich über interne Teilchen-Teilchen-Stöße thermodynamisch zu rearrangieren, läßt sich annehmen, daß die Gasteilchen im Volumen in erster Näherung keine Kenntnis von der thermodynamischen Geschichte der Wand nehmen, zumindest für eine geraume Zeit lang nicht. Anders gesagt: Die von der Wand ins Gasvolumen zurückkehrenden Gasteilchen dürfen für das gesamte Stoßgeschehen im Volumen selbst nicht wesentlich sein. Nur wenn also die Gasteilchen idealerweise keine Kenntnis von der Wand und dem durch sie kommunizierten Außenwelteinfluß nehmen, erst dann ist im Inneren des Gasvolumens das erfüllt, was zur Ableitung des »H«-Theorems entscheidend nötig war, nämlich die Annahme der räumlichen Homogenität im Gasvolumen.

Bei aller Fragwürdigkeit des mit dem »H«-Theorem geführten Beweises angesichts dieser vielen offenen Punkte in den Grundannahmen könnte man dennoch einmal zum Spaß ein Gedankenexperiment durchführen und unterstellen, man hätte ein physikalisches System vorliegen, welches alle für dieses Theorem unverzichtbaren Annahmen erfüllen würde. Dann begegnete man mit Gewißheit einem Paradox: nämlich daß hier ein ganz klar ausgeprägter Zeitsinn im Makrogeschehen dieses Kunst-Systems aufscheint, obwohl dieses Geschehen sich doch aus lauter reversiblen Mikroprozessen konstituiert.

Aus diesem speziellen Paradoxon ergibt sich für uns nur ein rein verstandesimmanentes Problem, ganz losgelöst von der speziellen Darstellung eines Naturgeschehens, wie das »H«-Theorem sie leisten möchte. Es sieht dann nämlich fast so aus, als würden wir uns beim Ausdenken von Geschehnisverläufen in der Zeit grundsätzlich selbst eine Falle stellen: Indem wir etwas synthetisch aus rein reversiblen Prozessen wie aus den tragenden Geschehnisbestandteilen des Gesamtgeschehens aufbauen, gewinnen wir schließlich einen irreversiblen Gesamtprozeß. Irgendwo müßten wir einen entscheidenden Denkfehler oder einen Begriffsmißbrauch begangen haben. Dieser Denkfehler besteht höchstwahrscheinlich in der Annahme der Gegebenheit von molekularem Chaos, nämlich der gewollten Gegebenheit, daß die Teilchenumgebung eines jeden Teilchens in einem Gas nicht von den Eigenschaften dieses Teilchens selbst mitgeprägt ist.[3]

Man sollte sich klar darüber sein, daß die Gültigkeit von molekularem Chaos unter den Gasteilchen eines Systems in Wirklichkeit nur die ganz besondere Ausnahme sein kann. Molekulares Chaos kann strenggenommen nämlich nur für kurze Zeit vorherrschen, und zwar nur in Zuständen nahe dem thermodynamischen Gleichgewicht.[4]

Nur in einem ganz besonderen Zustand kann überhaupt molekulares Chaos gelten, während in allen anderen Zuständen die Annahme von molekularem Chaos unmittelbar zu Widersprüchen führen würde. Das System muß bei seiner eigenen zeitlichen Entwicklung den Zustand des molekularen Chaos, selbst wenn er anfangs gegeben war, demnach systematisch wieder auflösen. Ein streng isoliertes System, also eine Box mit Gasfüllung und vollelastischen Wänden, weist keine wahre Asymmetrie in der Zeit auf. Die Änderungen in der Entropie des Systems sind lediglich Fluktuationen um den Zustand maximaler Entropie. Nur während der Phasen temporärer Maxima oder Minima in der zeitlichen Negentropieentwicklung herrscht allenfalls strenges molekulares Chaos. Ansonsten jedoch nicht! In diesen anderen Phasen ist also auch kein eindeutiges Vorzeichen für die zeitliche Änderung der »H«-Funktion festzulegen, sie kann sich momentan vergrößern oder verkleinern in ihrem Wert, und wir enden nach dieser langen Betrachtung des Boltzmannschen »H«-Theorems schließlich doch bei der Feststellung, daß eben diesem statistischen Stoßgeschehen unter vielen Gasteilchen eines ideal geschlossenen Systems, was die dadurch bewirkte Entwicklung seines makrophysikalischen Zustandes anbelangt, kein eindeutiger thermodynamischer Zeitpfeil aufgeprägt ist. Ein solches System führt nur reversible Schwankungen durch. Das »H«-Theorem wird also im Grunde für falsche, nicht stichhaltige Beweise von Irreversibilität bemüht.

Was sollte es auch heißen, daß das System eine eindeutige zeitliche Entwicklung durchmacht? Im Grunde wollen wir doch eigentlich gar nicht die Feststellung treffen, daß essentiell Zeit vergeht, während das System in einer irgendwie zwanghaften Weise seinen Zustand ändert. Wir wollen damit lediglich ausdrücken, daß sich vor unseren Augen im System ein bestimmter Ereignisstrom vollzieht mit einem klaren Verweisungscharakter von einem Ereignisstand in die Ereignisnachbarschaft oder die zwangsweise zugeordnete Nachfolge auf diesen Ereignisstand. Grundsätzlich aber läßt sich immer festhalten, daß im Rahmen physikalischer Naturbeschreibung der jeweils frühere Systemzustand gegenüber dem späteren keinen in absoluten Maßen festgelegten Zeitvorsprung besitzt, weil die Zeit selbst niemals als Eigenschaftsbestandteil am Systemzustand auftaucht. Ein leeres Universum hat kein Früher und kein Später! So ist es also mit der Tatsache des Sichereignens in der Welt verbunden, daß uns angesichts des Verhaltens von Teilsystemen aus dieser Gesamtwelt ein absoluter Zeitverlauf suggeriert wird.

Angewandt auf solche abgeschlossenen Teilsysteme in der Welt, scheint das Theorem von Boltzmann eine Art Eindeutigkeitsaussage über die Zeitrichtung anhand einer Ereigniskette machen zu wollen, an deren Kettengliedern sich eine einsinnige, monotone Eigenschaftsveränderung erkennen läßt. Es wird allgemein als Ausdruck dafür verstanden, daß Makrosysteme in ihrem Gesamtgeschehen zeitlich irreversibel angelegt sind, obwohl sie eigentlich aus den Geschehnisteilen statistisch vieler einzelner Schicksalsträger zusammengesetzt erscheinen und somit nichts als die strenge Reversibilität dieser Einzelschicksale reflektieren sollten.

Doch dieses Theorem vermag in keinem Fall eine Aussage darüber zu machen, binnen welcher Zeitperioden sich welche Vergrößerungen der Entropiefunktion S tatsächlich innerhalb eines Systems ergeben. Also hat das Theorem eigentlich überhaupt nichts mit der Zeit und dem Zeitablauf nach dem Takt einer Normuhr zu tun, sondern nur mit einer Abfolge von Systemzuständen, deren Realisierungen sich jedoch beliebig auf den Fortgang der Zeigerstellung einer Uhr abbilden lassen können.

Schon der französische Physiker Henri Poincaré hat im Grunde klarmachen können, daß es mit der Strenge der Aussage des Boltzmannschen »H«-Theorems nicht so weit her sein kann, indem er zeigte, daß jedes abgeschlossene physikalische System auf zyklisch sich schließenden Entwicklungsbahnen, sogenannten Ergoden, angelegt ist, wonach im Grunde sichergestellt wird, daß jedes solche System nach einer gewissen Zeit in jeden seiner vorherigen Zustände zurückkehren muß.

Nach diesem Poincaréschen Zustandstheorem existiert für jeden Zustand eines thermodynamischen Systems eine genau berechenbare Rückkehrzeit, innerhalb derer das sich sowohl makroskopisch wie mikroskopisch fortwährend abwandelnde System spätestens wieder genau in diesen Ausgangszustand zurückgekehrt ist, ohne freilich danach in diesem Zustand zu verbleiben. Natürlich sind diese Rückkehrzeiten für thermodynamisch unwahrscheinliche Zustände mit hohen Negentropiewerten sehr groß, dennoch deutet sich hier aber an, daß auch bei thermodynamischen Systemen eine gewisse echte Reversibilität der makrophysikalischen Entwicklung gegeben ist, allenfalls läßt sich angesichts der hohen Unwahrscheinlichkeit eines negentropievermehrenden Prozeßablaufes in solchen Fällen von einer »behinderten Reversibilität« sprechen. Man kann sich jedoch leicht klarmachen, daß man bei dieser Behauptung durchaus nicht von einer physikalischen Utopie redet. Paul C. W. Davies hat dies in seinem Buch »The Physics of time asymmetries« eindrucksvoll herausgearbeitet.[5]

Bei idealen Gasen sind kollektive Wechselwirkungen zwischen größeren Zahlen von Gasatomen vernachlässigbar wegen der Kurzreichweitigkeit der interatomaren Wechselwirkungskräfte. Ganz anders ist dies etwa in einem Plasma, in dem als mikroskopische Geschehnispartikel elektrisch unterschiedlich geladene Ladungsträger auftreten, die über elektrische Felder anziehend oder abstoßend aufeinander einwirken, oder auch in einem Gas, das man auf sehr großen Raumskalen betrachtet, wie zum Beispiel bei der Betrachtung kosmischer Gasverteilungen, so daß hier zwischen einzelnen Gasansammlungen in verschiedenen Raumbereichen die internen Gravitationswirkungen der Gasverteilung selbst zur Wirkung kommen.

So ergeben sich bei Plasmen beispielsweise ganze Spektren von Poincaréschen Rückkehrzeiten, die auf ein recht kompliziert angelegtes kollektives Reaktionsverhalten auf lokale Störungen hinweisen. Je nachdem wie die Gleichgewichtsstörung in einem Plasma in ihrer Raum- und Zeitstruktur angelegt ist, resultieren zwar recht unterschiedliche, verglichen mit einem neutralen Gas jedoch extrem kurze Rückkehrperioden. Dieser Unterschied im Kollektivitätsgrad der Konterreaktion auf Störungen liegt daran, daß in einem Plasma unabgeschirmte Kräfte, die nur mit dem Quadrat der Wechselwirkungsdistanz abnehmen, von jedem Teilchen auf weitere Bereiche seiner Nachbarschaft einwirken. Aufgrund der unterschiedlichen elektrischen Polaritäten der einzelnen Ladungsträger kommt es in einem Plasma allerdings zu einer kollektiven Abschirmungstendenz über plasmatypische Distanzen hinweg. Dies führt dazu, daß die interatomaren Kopplungen in einem Plasma sehr viel stärker als in einem Neutralgas ausgeprägt sind, wenn nur die interatomaren Abstände zwischen den einzelnen Ladungsträgern kleiner als die Abschirmungsdistanz sind. Innerhalb dieser Distanz sind Plasmateilchen kräftemäßig stark beeinträchtigt durch die Präsenz anderer Teilchen in ihrer Nachbarschaft, außerhalb deutlich schwächer. Das hat zur Folge, daß ein Plasma ganz unterschiedlich auf kleinskalige bzw. großskalige Störungen reagiert. Insgesamt läßt sich jedoch sagen, daß wir in einem Plasma einen wesentlich besseren Reversibilitätsgrad als in einem neutralen Gas antreffen. Wenn wir angesichts des Poincaréschen Theorems beim Gas von »behinderter« Reversibilität gesprochen haben, so können wir beim Plasma einen wesentlich geringeren Behinderungsgrad feststellen.

Was die Abhängigkeit von der Raumskala der Störung und den skalentypischen Kollektivitätsgrad der Reaktion eines Gases auf Gleichgewichtsstörungen anbelangt, so lassen sich auch bei neutralen Gasen weit jenseits der üblichen Labordimensionen, vielmehr in kosmischen Dimensionen sehr interessante Betrachtungen anstellen, die auf skalentypische Entropieprozesse in der kosmischen Materieverteilung hinweisen. Die gravitativen Bindungen zwischen den Materiebestandteilen im Weltall drücken eine langreichweitige Wechselwirkung unter den kosmischen Gasteilchen aus, durch die eine Annahme wie die des molekularen Chaos durch das Boltzmannsche »H«-Theorem praktisch unstatthaft wird. Denn hier wird ja evident, wie der Umstand, daß irgendwo ein, zwei oder drei Teilchen miteinander zusammenstoßen, auf die anderen Teilchen in der weiteren Nachbarschaft zurückwirkt: weil nämlich die Versammlung von mehreren Teilchen an einem Ort ja eine Massierung, also Intensivierung des Gravitationsfeldes zur Folge hat, das von diesem Orte ausgeht. Also merken alle anderen Teilchen im Kosmos stets etwas davon, wenn sich irgendwo Teilchen zusammenballen, auch wenn dies nur für kürzeste Zeit der Fall ist.

Für jedes kosmische Gas bestimmter Dichte und Temperatur läßt sich mit Hilfe der von dem englischen Astronomen Jeans abgeleiteten »Jeanslänge« eine Raumskala bestimmen, über der sich naturgemäß für ein solches Gas Selbstgravitationskräfte ergeben, die größer sind als die entgegenstrebenden kinetischen Kräfte unter den Gaspartikeln. Innerhalb von solchen »Jeansblasen« im Kosmos verhalten sich die eingeschlossenen Gasteilchen demnach nicht mehr als freie Einzelindividuen, sondern als ein Kollektiv. Das zeigt deutlich, daß das übliche »H«-Theorem auf ein Gasvolumen von der Größe mehrerer Jeansblasen nicht anwendbar ist, daß sich vielmehr in einem solchen Volumen lokale Entropieverschiebungen durch gravitative Strukturenbildung im Gas ergeben werden, bei denen dieses Gas ganz anderen Gesetzen als denen der Boltzmannschen Theorie genügen muß.

Wenn die kosmologische Expansion des Universums, die Flucht aller Galaxien um uns herum, nur einfach darin bestünde, die kosmischen Materieteilchen wie die Sprenkel auf einer aufgeblasenen Ballonhaut auf immer größere Abstände zu führen, so würde sich interessanterweise dabei überhaupt keine kosmische Entropieveränderung ergeben, wie schnell der Kosmos auch immer expandieren würde. Die Entropie im Weltall wäre demnach kein Spiegel des kosmischen Zeitvergehens.[6] Das ändert sich nur, wenn es während der kosmischen Evolution durch gravitative Fragmentation zu einer materiellen Strukturbildung kommt. Und zwar deswegen, weil bei solchen durch die Selbstgravitation des Gases angetriebenen lokalen Verdichtungen kein adiabatisches Materieverhalten erwartet werden kann und entropieverschleppende Wärmeflüsse aus dem lokalen Verdichtungsgebilde heraus aufkommen, die sich ins weitere Weltall verströmen. Bei der Kontraktion sich strukturierender Materiemengen wird die aus der Gravitationsbindungsenergie gewonnene Wärmeenergie in elektromagnetische Wärmestrahlung verwandelt und aus dem Verdichtungsgebilde heraus in den restlichen Kosmos ausgestrahlt. Dies entspricht der Erhöhung des kosmischen Unordnungsgrades durch Erhöhung der Teilchenzahl im Kosmos. Zu der Zahl der kosmischen Gasteilchen tritt nun noch eine wachsende Zahl von elektromagnetischen Photonen hinzu, mit der die kosmische Entropie ansteigt. Mit der Erzeugung von Wärmestrahlung können somit vorhandene Energien des Universums an ruhemasselose Photonen angebunden werden. Elektromagnetische Photonen manifestieren jedoch die höchstentropische Form von Energie überhaupt, weil man die gleiche Energiemenge auf die höchste Zahl von Energieträgern aufteilen kann und dann durch sie die unordentlichste Form der Energierepräsentanz wahrnimmt.

Wenn man sich andererseits den Kosmos nur von elektromagnetischer Strahlung erfüllt oder wenigstens davon energetisch dominiert vorstellen müßte, so würde entropiemäßig gesehen wiederum ein anderes Bild entstehen. Elektromagnetische Strahlung erfährt nämlich bei der Expansion des Kosmos eine sogenannte kosmologische Rötung, das heißt, sie wird mit wachsender Größe des Universums energieärmer und langwelliger.[7]

Wir hatten oben schon festgestellt, daß sich auch die Gesamtentropie eines homogen materieerfüllten und homolog expandierenden Kosmos bei der Expansion nicht ändert, so daß sich schließen läßt, daß sich weder die Entropie des kosmischen Strahlungsfeldes noch die des kosmischen Materiefeldes bei der Expansion ändern, wenn Strahlung und Materie nicht miteinander koppeln, sondern sich praktisch völlig unabhängig voneinander entwickeln. In einem solchen Falle verliefe das kosmische Geschehen also ohne jede Entropieänderung, und zwar sowohl bei expandierendem als auch bei kontrahierendem Universum. Es gäbe keinen ausgeprägten Zeitpfeil über dem kosmischen Geschehen.

Nun wissen wir allerdings, daß die Geschehnisse im Kosmos komplizierter ablaufen. So kommt es im Kosmos zu einer physikalischen Kopplung von elektromagnetischen Strahlungsfeldern und Materie, es kommt zu starken Abweichungen von der homologen Expansion und damit zur Strukturbildung. Insbesondere mit letzterer ergibt sich, wie wir vorher gesehen hatten, eine systematische Entropieerhöhung, weil bei jeder Materieverdichtung das Äquivalent zu den dabei auftretenden, gravitativen Bindungsenergien in Form von elektromagnetischen Wärmephotonen erzeugt wird, die als solche den Unordnungsgrad im Universum vergrößern und damit die kosmische Entropie als ganze erhöhen.

Auch kommt es aufgrund der in der Tat existenten Kopplung zwischen Strahlung und Materie bei der Expansion des Kosmos evidentermaßen zu einer Energieübertragung zwischen den kosmischen Photonen und den kosmischen Materieteilchen, weil beide bei der Expansion sich unterschiedlich abkühlen. Die Strahlung kühlt sich umgekehrt proportional zur Größe des Universums ab, die Materie aber umgekehrt proportional zum Quadrat dieser Größe. Das bedeutet natürlich, daß die Materie sehr schnell aus einem Temperaturgleichgewicht mit der sie umgebenden Strahlung herausdriftet, indem sie sich bei der kosmischen Expansion tendenziell stärker abkühlt. Das heißere Strahlungsfeld wird dann beginnen, Wärmeenergie auf das Materiefeld zu übertragen, und wie bei jedem Wärmestrom zwischen zwei unterschiedlich heißen Teilsystemen bedeutet dies eine Entropieerhöhung für das Gesamtsystem des Kosmos, die niemals rückgängig gemacht wird – auch dann nicht, wenn der Kosmos dereinst einmal wieder kontrahieren sollte. Wenn dann schließlich einmal im Zuge dieser Kontraktion die Temperatur der Materie größer als die des Strahlungsfeldes werden würde, so würde zwar in dieser Phase Wärmeenergie von der Materie auf das Strahlungsfeld überfließen, jedoch wäre auch dies mit weiterer Entropieerhöhung im Kosmos verbunden. Hier zeigen sich also erst die eigentlichen Irreversibilitäten im kosmischen Geschehen. Es scheint, als käme ein kosmischer Zeitpfeil aus diesem kosmischen Entropiegeschehen her.

Weiterhin ist zu bedenken, daß elektromagnetische Strahlung nicht nur aus der verdichteten Materie als Kompensation für Gravitationsbindungsenergie kommt, sondern auch aus der im Inneren der Sterne ablaufenden atomaren Elementenfusion. Der dabei sich ergebende Entropievergrößerungsfaktor pro fusioniertem Wasserstoffatom ist zwar maßgeblich vom jeweiligen Sterntyp und seiner stellaren Oberflächentemperatur abhängig, läßt sich aber als kosmischer Durchschnittswert dennoch einigermaßen gut erfassen. Wenn man sich einmal auf den Standpunkt stellt, daß die meisten Fusionsprozesse im gesamten Weltall im Inneren von sonnenähnlichen Sternen ablaufen, so können wir unsere Sonne als bequemen Standardfall für die Entropieerzeugung durch stellare Fusion nehmen.

Geht man von der bekannten Strahlungsleistung der Sonne aus, die diese über die längste Dauer ihres Lebens beibehält, so läßt sich ausrechnen, daß zur Aufrechterhaltung dieser Strahlung im Inneren der Sonne je Sekunde etwa $3\ 10^{11}$ Kilogramm Wasserstoff zu Helium fusioniert werden müssen. Das entspricht einer Zahl von 10^{38} Wasserstoffatomen pro Sekunde, die bei der Fusion zunächst das Äquivalent der Kernbindungsenergie in Form von höchstenergetischen Gammaphotonen in Erscheinung treten lassen. Auf dem Wege aus dem Sonneninneren durch die darübergelagerte Sonnenmaterie bis zum Sonnenrand unterliegen diese Gammaphotonen jedoch zahlreichen elektromagnetischen Wechselwirkungen mit den elektrischen Streuzentren innerhalb des solaren Materieballes, also im wesentlichen mit den dort befindlichen Elektronen und Protonen, wobei die in ihnen steckende Fusionsenergie auf immer mehr Freiheitsgrade, also auf immer mehr schwächerenergetische Photonen verteilt wird. Bei dieser Energiekaskadierung wächst also die Entropie der Fusionsenergie ständig, weil sie auf immer mehr Teilchen verteilt wird, bis sie schließlich über den Sonnenrand in Form optischer Photonen ins Weltall abgestrahlt wird. Während also bei der Fusion aus 4 Wasserstoffatomen ein Heliumatom entsteht, was eine Teilchenverminderung und damit eine Entropieerniedrigung bedeutet, entstehen aber letztlich bei der Fusionsenergiekaskadierung rund 40 Millionen optische Photonen, was natürlich einer enormen Entropievergrößerung entspricht.

Sterne arbeiten demnach nicht nur als lokale Wärmemaschinen des Kosmos, sondern auch gleichzeitig als enorme Entropiegeneratoren. Letzteres jedoch nur dann, wenn das kosmische Strahlungsfeld kalt ist, anders gesagt, wenn seine Strahlungstemperatur klein gegenüber der Temperatur der Sternoberflächen ist, also klein gegenüber Temperaturwerten zwischen 3500 und 10000 Grad Kelvin. Andernfalls absorbiert die Oberfläche eines Sterns ja etwa ebensoviel Photonen aus dem Weltall, wie sie in dieses Weltall abgibt. In einem solchen Zustand des Universums würde die stellare Fusion dann praktisch keinen Entropieanstieg im Kosmos mehr bedingen, denn es würden ständig von jedem Stern gleichviel Photonen erzeugt wie vernichtet. In einem solchen Kosmos herrschte ein Strahlungsgleichgewicht zwischen kosmischer Hintergrundstrahlung und seinen kosmischen Strahlungsquellen. In ihm wäre der Nachthimmel sternenhell, und es ergäbe sich kein »Olbersches Paradoxon« wie in unserer realen kosmischen Welt, in der der Nachthimmel ja dunkel ist.

Die Frage wäre jedoch, ob sich eine solche Situation überhaupt jemals im Kosmos einstellen kann. Nun: Wenn das Weltall statisch, homogen, unendlich ausgedehnt und unendlich alt wäre, dann träte dieser Zustand in der Tat als der bleibende Gleichgewichtszustand auf. Niemals jedoch träte er in einem entsprechend schnell expandierenden Kosmos auf, in dem sich ja die Strahlungstemperatur des kosmischen Hintergrundstrahlungsfeldes ständig erniedrigen würde und in dem die sich räumlich immer mehr verdünnenden stellaren Strahlungsquellen dieser Strahlungsabkühlung sehr schnell keine Kompensation mehr entgegenzusetzen hätten. In einem solchen Weltall erhöht sich demnach bei der Expansion ständig die kosmische Gesamtentropie. Hier läuft also aufgrund dieser Irreversibilität während der Expansion eine einsinnige Entropieuhr ab, die auch nicht ihren Vorwärtslauf einstellen und in einen Rückwärtslauf überführen würde, wenn der Kosmos dereinst einmal in eine Kontraktionsphase übergehen würde.

Wenn der Kosmos sich in dieser Phase wieder zusammenzöge, würde zwar die Temperatur des kosmischen Strahlungsfeldes wieder allmählich zunehmen, dabei alleine träte aber keine Entropieveränderung auf. Wenn also die Sterne in dieser Phase nach wie vor Fusionsenergie entropieren würden, stiege die Gesamtentropie im Kosmos auch während dieser Phase weiter an, bis schließlich ein Temperaturgleichgewicht zwischen Sternoberflächen und kosmischem Strahlungsfeld resultieren würde. Damit wäre ein kosmisches Entropiemaximum erreicht, an dem sich bis zum absoluten kosmischen Kollaps nichts mehr ändern würde. Wenn dagegen die Sterne ihre Energieproduktion durch Fusion schon vor Erreichen dieses Gleichgewichtszustandes einstellen würden, so würden die stellaren Entropiegeneratoren danach stillstehen und das Entropiemaximum wäre schon früher, jedoch bei einem kleineren Absolutwert erreicht worden.

Die weitere kosmische Entwicklung könnte von diesem erreichten temporären Entropiemaximum nur dann wieder zu kleineren Entropiewerten zurücklaufen, wenn die ausgebrannten Sternruinen schließlich in Form von Schwarzen Löchern zurückbleiben und dann anfangen würden, mehr kosmische Photonen in ihre Schwarzschildsphären hineinzuschlucken, als sie in Form ihrer Wechselwirkung mit dem fluktuierenden Umgebungsvakuum nach der Theorie von Hawking emittieren sollten. Die hypothetischen Grundlagen dieser Eventualität stehen jedoch zumindest derzeit noch auf recht schwachen Beinen. So weiß man weder mit Gewißheit, ob das Endstadium ausgebrannter Sternruinen wirklich ein »Schwarzes Loch« im strengen Sinne sein wird, noch ist deshalb die Wirksamkeit der Hawkingschen Quantenemission von solchen Objekten als etabliertes Wissen anzusehen.

Mit der kosmischen Materie verhält es sich also so: In einem expandierenden und eventuell später kollabierenden Universum, erfüllt von selbstgravitierender Materie, gibt es in Verbindung mit dem Anwachsen von Dichtefluktuationen und der Ausbildung von leuchtenden, materiellen Strukturen im Weltall eine klare Tendenz zu einem irreversiblen kosmischen Entropiewachstum. In der kosmischen Materieverteilung herrschen, anders als bei Laborgasen, langreichweitige gravitative Wechselwirkungskräfte vor, die ein völlig neues Phänomen der Gleichgewichtsbildung heraufbeschwören. Während ein Boltzmannsches Gas unter der Wirkung von kurzreichweitigen Stoßwechselwirkungen in einem geschlossenen System bestrebt ist, als Gleichgewichtszustand den Zustand uniformer Dichte und Temperatur auszubilden, tendieren kosmische Gase aufgrund der Wirkung sich akkumulierender langreichweitiger Gravitationswechselwirkungen zu einem strukturierten Zustand.

In beiden Fällen ergibt sich jedoch eine Zunahme der Gesamtentropie der Systeme. Kosmische Gase relaxieren nicht in einen uniformen Zustand, sondern sie tendieren dazu, in viele einzelne Teilstrukturen zu fragmentieren. Die homogene Materieverteilung ist zumindest für ein statisches Universum kein möglicher Gleichgewichtszustand. Sie ist es in einem expandierenden Universum auch dann nicht, wenn die kosmische Expansionsrate nicht – wie in exotischen Fällen inflationärer Expansion möglich – so groß ist, daß die Ränder einer kollapsfähigen Jeansblase im Kosmos sich mit Lichtgeschwindigkeit voneinander fortbewegen. Im allgemeinen wird demnach ein temporär möglicher Gleichgewichtszustand im Universum immer einem strukturierten Zustand entsprechen. Dabei ist interessanterweise jeder erreichte Zustand immer nur als ein Pseudogleichgewicht anzusehen, mit dem ein temporäres kosmisches Entropiemaximum erreicht wird, wenn der Kollaps der einzelnen selbstgravitierenden Strukturfragmente temporär durch die Wirkung interner thermischer Drucke aufgehalten wird. Im Prinzip ist der weitergehende Weg zum kompletten Kollaps jedoch immer möglich, und damit zeichnet sich auch ein Weg zu weiterer Entropieerhöhung durch Strukturintensivierung vor.

Wiewohl auf der einen Seite Strukturierungen das Anwachsen einer systemimmanenten Information darstellen, so ist doch auf der anderen Seite die Bildung dieser Strukturen mit der Erzeugung von interner Wärmeenergie und externer Strahlung verbunden, von denen wir zeigen konnten, daß sie insgesamt zu einer Entropieerhöhung führen. Nach den Formulierungen der Allgemeinen Relativitätstheorie gibt es bei der gravitativen Strukturbildung jedoch keinen stabilen Endzustand. Das liegt einfach daran, daß der interne, zeitweilig kollapsstabilisierende thermische Druck der verdichteten Materie als eine spezielle Form der Energie über die Masse-Energie-Äquivalenz im Zuge des weitergehenden Kollapses zu einer weiteren Quelle von Gravitation wird und somit schließlich den totalen Kollaps unaufhaltsam werden läßt.

Bei der Annäherung an dieses Endstadium des Kollapses läßt sich eine stete Erhöhung der inneren Entropie der Verdichtung vorhersagen, die von einem Beobachter innerhalb dieser Verdichtung bezeugt werden könnte. Gleichzeitig nimmt auch die externe Entropie durch Emission von Wärmestrahlung aus der Verdichtung zu, die von einem externen Beobachter außerhalb der Verdichtung bezeugt werden könnte. Wenn jedoch schließlich die materielle Verdichtung gänzlich in ihre Schwarzschildsphäre versinkt, so können diese beiden Zeitzeugen nicht mehr miteinander kommunizieren, weil von diesem Moment an aus der Verdichtung kein Signal mehr nach außen dringen kann. In dem Moment dringt natürlich auch keine weitere Wärmestrahlung mehr nach außen, und der äußere kosmische Beobachter hört auf, eine Entropieerhöhung zu registrieren, während für den inneren Beobachter der Kollaps unaufhörlich voranschreitet und die interne Entropie weiterhin ansteigen läßt. Die Frage aber bleibt, ob es Sinn machen könnte, die interne und die externe Entropie in einen gemeinsamen Topf zu werfen, wenn beide Entropieformen physikalisch nichts miteinander zu tun haben können. Was bedeutet dann die Summe beider Entropien im Hinblick auf die kosmische Gesamtentropie? Ist der Kosmos nicht in diesem Moment in mehrere Teile zerfallen, und macht es dann überhaupt noch einen Sinn, von dem einheitlichen System eines geschlossenen Kosmos zu reden und zu phantasieren?

In dieser Epoche wird auch die kosmische Evolutionsgeschichte uneindeutig. Innerhalb der einzelnen Schwarzschildsphären wächst die Entropie, außerhalb wächst sie nicht mehr. Ja, sie beginnt sogar wieder mit der Zeit abzunehmen, weil Teile der äußeren Materieverteilung und Strahlungsverteilung von den »Schwarzen Löchern« irreversibel aufgesogen werden und weil damit dem äußeren System Entropie verlorengeht. Kann man also die Schwarzen Löcher mit dem Rest des Kosmos nicht zu einem gemeinsamen System zusammenbringen, so sieht es danach aus, als zerfiele der Kosmos in zweierlei verschiedene physikalische Bereiche: solche Bereiche innerhalb der Schwarzschildverdichtungen, in denen die Entropie mit der Zeit systematisch zunimmt, und solche außerhalb derselben, in denen die Entropie gar abnimmt.

Wie will man unter solchen Umständen dann die Geschichte des Kosmos in ihrer Ganzheit benennen? Der Entropiepfeil ist zerbrochen, und seine zwei Teile weisen in gegenläufige Richtungen. Läuft die Zeit demnach in gewissen Bereichen vorwärts und in anderen rückwärts?

7. Kapitel
Zeit in einem gespiegelten Universum

Wie oft hat jeder von uns schon wahrnehmen können, daß einfache Vorgänge oder Vorgangsabläufe nach ihrer Erscheinung von ihren Spiegelbildern nicht zu unterscheiden sind. Realerscheinung und spiegelbildliche Erscheinung sind zum Verwechseln ähnlich und substantiell identisch in dem, was ihren Realitätscharakter und ihren Zeigewert ausmacht. Wie soll man das verstehen können, wenn doch das eine Realität – und das andere eben nur ein Spiegelbild dieser Realität, also eine nach einer festen Vorschrift zustande gebrachte Abbildung realer Vorgänge ist? Wenn wir einen Mann neben uns sehen, der vor sich, an einer Schnur gehalten, ein Gewicht im Uhrzeigersinn um die Hand kreisen läßt, so wundern wir uns nicht darüber. So etwas kommt eben in der Wirklichkeit vor, und es geschieht unter der Wirkung ausgeglichener Kräfte, nämlich der Zentrifugalkräfte des Gewichtes und der Spannungskräfte in der Schnur. Können wir denselben Mann nun aber nicht direkt neben uns erkennen – zum Beispiel weil zwischen ihm und uns eine Wand ist –, sondern nur indirekt über einen großen Spiegel, in dem sein Spiegelbild erscheint, so sehen wir einen Mann, der ein Gewicht an einer Schnur in einem zum Uhrzeiger gegenläufigen Sinne kreisen läßt. Wenn wir nur dieses Spiegelbild zu sehen bekommen, sind wir auch damit einverstanden, denn wir nehmen über das Spiegelbild eine Erscheinung und einen Vorgang wahr, der uns aus der realen Welt ebenso vertraut ist wie der ungespiegelte Vorgang. Wir könnten also die Spiegelbilderscheinung ohne weiteres für eine uns erscheinende Wirklichkeit selbst nehmen.

Was passiert in dem gespiegelten Vorgang? Läuft in der Spiegelung die Zeit rückwärts, und sind wir beim Zusehen so sehr irritiert, daß wir den Schwindel nicht bemerken können? Ein Gegenstand, der rechtsherum kreist, wird im Spiegelbild zu einem, der linksherum kreist. Während der wahre Gegenstand also im Laufe fortschreitender Zeit von Zeitmoment zu Zeitmoment jeweils Positionen auf einem Kreis einnimmt, die weiter rechts vom vorher eingenommenen Ort liegen, so nimmt im Gegenteil beim gespiegelten Vorgang dieser Gegenstand bei fortschreitender Zeit immer neue Positionen ein, die weiter links von der vorherigen Position auf dem Kreis liegen. Beim wahren Gegenstand liegen aber jeweils links diejenigen Positionen, die der momentanen Position vorhergegangen sind. Es scheinen somit Positionen aus der Vergangenheit des kreisenden Gewichtes zu sein, in die dieses zurückläuft. Gerade in diese Vergangenheit läuft der gespiegelte Gegenstand anscheinend hinein. Läuft also der spiegelbildliche Vorgang in die Vergangenheit einer Ereignissequenz? Führt das Spiegelbild eines Vorganges zu einer Zeitumkehr? Damit müßte der Spiegelungsprozeß aber einen ganz vehementen Bruch mit der Wirklichkeit herbeiführen, den wir doch eigentlich sofort entlarven können sollten! Daß wir trotz dieses groben Eingriffes in die essentielle Natur des realen Vorganges im Phänomen der Spiegelung dennoch kein Evidenzkriterium geliefert bekommen, welches gestatten würde, die Wirklichkeit vom Trug zu unterscheiden, bleibt demnach überaus rätselhaft.

Alle Naturwissenschaftler stehen auf dem Standpunkt, daß die von ihnen entdeckten und formulierten Naturgesetze, zumindest die fundamentalsten unter ihnen, mit denen sie die physikalische Umwelt und schließlich auch das ganze Universum beschreiben, an allen Orten und zu allen Zeiten gleichermaßen gelten. Warum wollen sie dies in der Natur so eingerichtet sehen? Als erfahrene Menschen auf dieser Erde sollten wir doch daran gewöhnt sein, daß Regeln, die vielleicht irgendwo in der Welt für eine gewisse Gesellschaftsgruppe gelten, deswegen durchaus nicht überall in der Welt, also weder für alle Gesellschaften schlechthin noch über alle Zeiten der Geschichte hinweg, gelten werden. Warum soll dies mit den Regeln, die wir für das Naturverhalten aufstellen, so ganz anders sein?

Die sogenannten Naturgesetze müssen demnach als Formulierung von Geschehniszusammenhängen auftreten, in denen weder die Zeit noch der Ort des Geschehens explizit auftreten. Von welcher Art sind solche Gesetze überhaupt? Verlangen sie doch eine Zeit- und Ortsunabhängigkeit des Naturverhaltens, denn nur dann wäre eine Forminvarianz der solches Naturverhalten beschreibenden Naturgesetze gegenüber allgemeinen Transformationen in den Ortskoordinaten und in der Zeitkoordinate auch sinnvollerweise zu erwarten. Jeder Naturbeschreiber kann dieselben Gesetze unverändert und unabgewandelt benutzen, ob er nun in der Antike oder heute, ob er in Hinterindien oder in Westeuropa, ob er im Tal oder auf dem Berg einen Steinwurf verfolgt. Mit einem solchen axiomatischen Glauben wollen die Naturwissenschaftler, überzeugt von der Sinnhaftigkeit der Natur, festlegen, daß den Formen oder Formulierungen der Naturgesetze, die sie zur Beschreibung der Welt aufstellen, nicht anzumerken ist, an welchem Ort und zu welcher Zeit sie von wem formuliert worden sind. Wie etwas in der Natur geschieht, ist nicht davon abhängig, wo und wann es geschieht. Auch nicht davon, von wem dies Geschehen konstatiert wird. Es wird vielmehr als Geschehen an sich ohne geschichtliche Wechselbeziehung zu nehmen sein.

Ein solcher Ansatz im Naturverständnis verlangt dann aber auch zu unterstellen, daß den Absolutwerten der Orts- und Zeitkoordinaten keinerlei genuin intrinsische Bedeutung zukommt, was soviel besagt wie: Von den Orts- oder Zeitkoordinaten selbst geht keine eigentliche Gesetzlichkeit aus und also auch keine geschehnisprägende oder ereignisherbeiführende Wirkungskraft. Die für unsere Orientierung so wichtig genommenen Topoi in der kosmischen Raumzeit, also die Orts- und Zeitmarken von Weltereignissen, besitzen deswegen selbst keinerlei Kausalitätsrang, denn sie verursachen oder bewirken eben selbst nichts, und sie besitzen auch nicht die Qualität einer Veranlassung von Geschehen. Sie sind vielmehr dem Naturwalten gegenüber rein äußerlich und extern und dienen nur dazu, daß man sich mit ihrer Hilfe über diskrete Weltzustände und Weltereignisse verläßlich unterhalten kann. So erlauben sie es, ein eigentlich gegebenes Kontinuum von Wirklandschaften zu unterteilen und zu kolorieren in diskrete, isolierte Wirkmomente, wiewohl die geschehende Zukunft ihren konkreten Anstoß nicht daraus erfährt, daß sich irgendein Geschehen aus der Vergangenheit an einer ganz bestimmten Weltstelle in Raum und Zeit zugetragen hat.

Die Zeitrichtung aller in der Natur auftretenden Geschehnisphänomene ist nun allerdings ganz tief in diesem Kausalitätsdenken, also in der speziellen Form der Sichtung der Phänomene durch unser Bewußtsein, als Prämisse verankert. So wollen wir ja zu unserem Verständnis der Naturphänomene kommen, indem wir zum einen dem Geschehenden immer unterstellen, daß hierbei Wirkungen stets von einer Ursache hervorgebracht oder ausgelöst werden, zum anderen aber wollen wir auch stets über zugeordnete Zeitmarken so verfügen, daß die Ursachen den entsprechenden Wirkungen stets zeitlich voranzugehen haben. Eine vernünftige Zeitmarkierung von Ereignismomenten muß immer mindestens diese Forderung erfüllen können.

Die sogenannten Tachyonen, hypothetische überlichtgeschwindigkeitsschnelle Teilchen, können wir aus diesem Grunde als Welterklärungselemente nicht recht akzeptieren, weil sie, von gewissen Beobachtersystemen aus gesehen, Ursache und Wirkung, assoziiert mit tachyonischen Prozeßabläufen, in zeitlich umgekehrter Reihenfolge auftreten lassen würden. Wird von einem bestimmten Beobachter aus ein Prozeß verfolgt, bei dem ein Tachyon von einem Sender A zu einem Empfänger B geschickt wird, so schreibt er dem Sender A die Rolle der Ursache für den Empfang eines Tachyons beim Empfänger B zu. Von einem anderen Beobachter jedoch, der sich mit einem geeigneten Bruchteil der Lichtgeschwindigkeit gegenüber dem ersten bewegt, erscheint dieser Vorgang prekärerweise aber so, als läge der Moment des Tachyonempfangs bei B vor dem Moment der Tachyonenemission von A. Würde er nun an der normalen linearkausalen Ereigniskonsekution – Ursache vor Wirkung – festhalten wollen, so würde er den Empfang bei B als Ursache für die Emission bei A interpretieren müssen. Er würde also einen physikalischen Prozeßablauf erleben, der sich qualitativ völlig anders als für den ruhenden Beobachter darstellt. Es wäre geradezu so, als nähme jemand etwas schon in Empfang, noch bevor ein anderer es ihm gibt. Solche Teilchen würden also aufgrund ihrer Eigenschaften unsere Welt in komplette Unordnung bringen und das Fundament unserer Weltwahrnehmung aus den Angeln heben, weil es dann in der Tat vom Beobachtersystem abhängig würde, was, trotz Vorliegen des gleichen Vorganges, hier die Ursache und was die Wirkung ist. Dies würde aber dann eine echte Standortabhängigkeit der dem Geschehen unterliegenden Gesetzlichkeit bedeuten. Was dem Beobachter in dem einen System als Ursache erscheint, würde dem Beobachter in einem anderen System als Wirkung erscheinen müssen. Die Gesetze für solche Welten wären dann nicht standortinvariant. Den herkömmlichen Praktiken der Naturwissenschaften wäre damit das Fundament entzogen.

Zwar besitzen nach unserer Feststellung Zeit- und Raummarken auf der einen Seite für sich selbst keinen Kausalitätswert, andererseits aber bringt es die Kausalitätssicht der Naturabläufe in unserer Perspektivierung der Natur durch unseren Verstand zwangsläufig mit sich, daß ein absolutwertiges zeitliches Früher von einem absolutwertigen zeitlichen Später unterscheidbar wird, auch wenn die Absolutwerte der Zeiten selbst dabei keine Rolle spielen. Wir können hierbei offensichtlich von zwei Formen der Zeitlichkeit in physikalischen Ereignisabläufen sprechen. Zum einen läßt sich hier eine topologische Zeitlichkeit aufzeigen, in der nur die absolute Rangfolge der Zeittopoi geregelt ist, und zum anderen eine metrische Zeitlichkeit, die das genaue Maß der Zeitdauer zwischen diesen Zeittopoi nach Maßgabe irgendwelcher Uhranzeigen benennen will. Nach bestimmten physikalischen Regeln läßt sich nun sofort ableiten, daß den metrischen Orts- und Zeitangaben zu bestimmten Weltereignisdistanzen kein Absolutwert zukommt, vielmehr weisen gerade die Phänomene der Kontraktion von Raumstrecken und der Dilatation von Zeitintervallen mit aller Deutlichkeit auf die Relativität dieser Angaben hin. Die metrischen Distanzen in Ort und Zeit, die zwischen physikalischen Ereignissen liegen, besitzen demnach keinen objektiven, sondern nur einen subjektiven Rang, sie sind vom System des Beobachters abhängig.

Die topologischen Ordnungen in der physikalischen Ereigniswelt sollten dagegen einen objektiven Realitätsrang besitzen. Das soll besagen, daß diese topologische Ordnung unter den Zeitmomenten eines Bewegungsablaufes somit nicht festlegt, wieviel Zeit zwischen einem Zustand A und einem Zustand B dieses Bewegungsablaufes verstreicht und zu welchen Zeitpunkten genau diese Zustände realisiert werden. Sie besagt vielmehr nur, daß es eine absolutwertige zeitliche Rangfolge unter den Zuständen dieses Bewegungsablaufes gibt, zum Beispiel derart, daß der Zustand A zu einem früheren Zeitpunkt als der Zustand B im Rahmen dieses Ablaufes realisiert wird. Der Zustand A ist ein zum Zustand B prädeterminierender. Nach allgemeiner Auffassung aller Physiker kommt nur dieser so festgelegten topologischen Reihenfolge der den Bewegungszuständen zugeordneten Zeitmomente ein Absolutheitscharakter zu, der von jedem Beobachter so und nur so bestätigt werden muß, nicht aber den metrischen Distanzen zwischen den Zeitmomenten. Daß die Geburt eines jeden Menschen seinem Tode zeitlich vorausgeht, ist demnach eine zeitlich topologische Aussage, der alle Beobachter im Universum zustimmen müssen. Daß der Tod eines solchen Menschen jedoch 70 Jahre nach seiner Geburt eingetreten ist, ist im Gegensatz dazu eine zeitlich metrische Aussage, deren Gültigkeit sicher vom Beobachter und seiner Uhr sowie seiner Bewegung im Weltraum abhängt. Die Physik interessiert sich nun augenscheinlich nur für die topologischen Ordnungen unter den Ereignissen dieser Welt und legt fest, daß kausal verbundene Ereignisse in dem Sinne zeitlich topologisch aufeinander folgen, wie die Ursache stets vor der Wirkung zu sein hat oder die Geburt eines biologischen Wesens vor seinem Tod.

So beschäftigt sich die Physik beispielsweise mit der kompliziert gewundenen Spur eines elektrisch geladenen Teilchens in gekreuzten elektrischen und magnetischen Feldern. Oder sie analysiert etwa die Gestalt der Spur, die ein Teilchen beim Durchgang durch eine Blasenkammer hinterläßt, oder die Gestalt der Bahn, die ein Planet im Gravitationsfeld der Sonne durchläuft, oder die Form der Kurve, die eine Kugel beim Rollen über eine gekrümmte Oberfläche im Schwerefeld der Erde zurücklegt. Die subjektive Beobachtung der eigentlichen Bewegung – verbunden mit der sukzessiven Realisierung bestimmter Bahnpunkte zu gewissen metrischen Zeiten, mit der ja auch die Wahrnehmung des Verstreichens einer subjektiven Zeit für den einzelnen Beobachter vor seinem Bewußtsein verbunden ist –, steht dabei in allen Fällen ganz im Hintergrund des Interesses. Die physikalische Analyse schaut dagegen nur auf die Form, die geometrischen Charakteristika und die topologischen Eigenschaften der realisierten Bahn oder Spur, die von A nach B führen mag, nicht aber auf die Zeitmomente selbst, an denen die Ereignispunkte, bzw. Systemzustände A oder B, realisiert werden. Die Bahn eines

Planeten um die Sonne läßt interessanterweise in dieser Hinsicht sowohl eine metrische als auch eine topologische Beurteilung zu. So ist die Aussage, daß der Planet eine Kreisbahn um die Sonne durchführt, von metrischer Natur; die Aussage aber, daß die Bahn des Planeten die Sonne umschließt, ist dagegen von topologischer Natur. Ein Beobachter, der sich selbst mit großer Geschwindigkeit relativ zum Sonnensystem bewegt, wird die metrische Aussage über die Planetenbahn nicht, die topologische Aussage darüber jedoch sehr wohl bestätigen können. Da sich alle Längen des Sonnensystems in seiner Bewegungsrichtung verkleinern, nicht jedoch die Längen senkrecht dazu, wird er die Planetenbewegung nicht mehr als Kreisbahn, sondern als Ellipsenbahn erkennen, er wird aber nach wie vor die Sonne von dieser elliptischen Bahn umschlossen sehen. Hieran wird der Unterschied von metrischer und topologischer Ordnung unter den Weltereignissen ersichtlich, wobei für den Physiker nur die letztere Ordnung wegen ihres Objektivitätscharakters von Interesse ist. Bei kausal verbundenen Ereignissen A und B besagt diese Ordnung dann aber mit unwiderruflicher Apodiktik, daß der Zustand A vor dem Zustand B realisiert wird, wenn A als die Ursache von B angesehen ist.

Sind demnach vielleicht zumindest viele der Symmetrieforderungen unseres Verstandes an die Natur nichts anderes als Kausalitätsforderungen an diese Natur in der Form, daß gleiche Ursachen immer gleiche Wirkungen nach sich ziehen müssen, ganz gleich welchen Standpunkt wir in unserer Naturbeschreibung auch immer einnehmen wollen? Es muß nur dafür gesorgt werden, daß zwischen zwei kausal assoziierten, also durch einen physikalischen Vorgang verbundenen Weltereignissen A und B von feststehender und klar umrissener Qualität standortunabhängig – und das heißt unabhängig vom Beobachtersystem –, die gleiche Wirkungsmenge realisiert wird. Die Wirkungsentfaltung soll, kurz gesagt, in einer natürlich geschehenden Welt nicht vom Beobachterstandpunkt abhängen dürfen.

Ein solcher heuristischer Grundansatz für die Kausalnatur des Geschehens und für die damit einhergehenden Symmetrien in den naturbeschreibenden Gesetzen ist jedoch von konsequenzenreicher, epistemologischer Tragweite. Er prägt geradezu die damit zu bewerkstelligende Erklärungsleistung der beschreibenden Naturwissenschaften in gehöriger Weise und präjudiziert das gewonnene Naturbild ganz erheblich. Die damit logisch notwendig werdenden Kovarianz- oder Forminvarianzforderungen bei Standortwechseln im Ort und in der Zeit verlangen über diesen Operationalismus der Naturwahrnehmung, für diese Natur entsprechende Symmetrien als »naturgegeben« anzunehmen. So sollen die zur Beschreibung des physikalischen Weltverhaltens formulierten Gesetze also keine Änderung erfahren, wenn wir den Ausgangspunkt unserer Weltbeschreibung in Ort und Zeit willkürlich oder dem Beobachter zuliebe verändern – wiewohl sich dabei durchaus die thermodynamischen Rahmenbedingungen, unter denen wir dann bei Anwendung gleicher Gesetze das materielle Verhalten zu beschreiben haben, total geändert haben mögen. Dennoch kommen den speziellen Orts- und Zeitmarken immer noch keine eigenen, naturphysikalisch relevanten Qualitäten zu. Gesetze bleiben ihnen gegenüber stets indifferent, auch wenn die Anfangsbedingungen, wie etwa der verursachende Status A des Systems, jeweils andere in Zeit und Ort sind.

Einer solchen Symmetrieforderung gemäß müßten also bereits unmittelbar nach dem Urknall, wenn er denn je stattgefunden haben sollte, alle Gesetze der Natur die gleiche Form gehabt haben, in der sie auch heute noch überall im Weltall das Geschehen beschreiben, auch wenn die thermodynamischen Rahmenbedingungen heute völlig anders geworden sind. Die Welt war früher supersymmetrisch und immens heiß; heute ist sie im höchsten Maße unsymmetrisch und kalt! Das bedeutete dann aber interessanterweise, daß man dem heutigen Weltverhalten, schon aus ganz prinzipiellen Gründen, nicht entnehmen könnte, wie alt die Welt derzeit ist, in der sich solches Verhalten abspielt! Der Zeitpunkt des Urknalls oder vielmehr der Absolutwert der seitdem vergangenen Zeit käme folglich an der Form der Naturgesetze nicht zum Vorschein. An der Art also, wie ein Apfel zu Boden fällt, wie der Mond die Erde umkreist, wie das Pendel schwingt oder wie das Elektron den Atomkern umläuft, ließe sich eben unter solchen aprioristischen Vorgaben das Alter der Welt selbst niemals erkennen – zumindest dann nicht, wenn die obige Symmetrieforderung im Kosmos durchweg erfüllt wird. In einem nachfolgenden Kapitel werden wir noch einmal auf diesen bedeutungsvollen Punkt zurückkommen müssen und werden dann die Eventualität erörtern, daß die uns vorgegebene kosmische Natur solchen Gesetzessymmetrien vielleicht doch nicht voll entsprechen könnte. Hier läßt sich aber schon voraussehen, daß eine derartige Situation dann folgenreiche Implikationen für das Verständnis von Zeit in einem solchen »symmetriebrechenden« Universum haben müßte.

Zunächst aber wollen wir hier erst einmal den Charakter der Zeit in einem Universum erörtern, welches sich in seinen maßgeblichen Gesetzen symmetrisch gegenüber räumlichen und zeitlichen Translationen, Spiegelungen sowie Drehungen in der Raum-Zeit verhält. Solche Symmetrieeigenschaften der Gesetze bezüglich bestimmter Operationen an den physikalischen Variablen, wie eben zum Beispiel den Raumzeitvariablen, lassen sich interessanterweise immer aus bestimmten physikalischen Erhaltungsgrößen in der Naturbeschreibung herleiten. Letztere sind systemimmanente Größen wie Gesamtenergie, Gesamtimpuls, Gesamtdrehimpuls oder Baryonenzahl, die während des im System ablaufenden Geschehens ihren Wert nicht ändern und die meist als ein Produkt kanonisch einander zugeordneter Wirkungsvariabler auftreten. Letztere sind Größen, deren Produkt die Dimension einer Wirkung ergibt. Das heißt aber soviel, daß jede zusätzlich geforderte Variablensymmetrie in den Naturgesetzen zwangsläufig aus einer genau dieser Symmetrie kanonisch zugeordneten Erhaltungsgröße folgt.

So ergibt sich zum Beispiel in einem abgeschlossenen physikalischen System automatisch aus der Ortstranslationssymmetrie der Bewegungsgesetze die Impulserhaltung und, umgekehrt, aus der Zeittranslationssymmetrie die Energieerhaltung und aus der räumlichen Drehsymmetrie die Drehimpulserhaltung. Weiterhin ergeben sich bei speziell-relativistischen Symmetrien gegenüber allgemeinen Drehungen um eine Achse im 4-dimensionalen Raumzeitkontinuum entsprechende Erhaltungssätze für transformationsinvariante Vierervektorgrößen wie z. B. den Vierer-Ortsvektor und den Vierer-Impuls. Die Entdeckung dieser grundlegenden Zusammenhänge im Jahre 1918 geht auf die Mathematikerin Emmi Noether zurück, die zu jener Zeit an der Universität Göttingen wirkte. Man nennt diese Entdeckung ihr zu Ehren auch das »Noether-Theorem«.

Die Gültigkeit dieses bedeutsamen Theorems hängt unmittelbar mit dem für alle Naturprozesse maßgebenden Prinzip der Wirkungsminimierung zusammen, dem sogenannten Wirkungsprinzip, wonach der wahre, durch Gesetze geregelte Prozeßablauf in jedem abgeschlossenen physikalischen System, durch den dieses innerhalb einer gewissen Zeitspanne aus einem vorangehenden Zustand »A« in einen nachfolgenden Zustand »B« überführt wird, letztlich einfach dadurch festgelegt wird, daß es genau mit ihm, und nur mit ihm, zu einer Minimierung der im System realisierten Wirkung bei dieser Zustandsänderung kommt. Zwischen dem Zustand »A« und dem Zustand »B«, die beide nacheinander vom System durchlaufen werden, soll das System also ein Minimum an Wirkung realisieren. Es wird sich hierbei zeigen, daß letztlich zwar alle anderen Wirkungswege, auf denen das System im Prinzip auch den Übergang vom Zustand A nach B durchführen könnte, bei dem betrachteten Prozeßgeschehen auch mit im Spiel sind, daß aber derjenige Weg mit der minimierten Wirkungsentfaltung am effektivsten bei der Prozeßprägung durchschlägt, wie etwa Richard Feynman nachgewiesen hat. Aus diesem Grunde ergibt sich also eine Symmetrie der Naturgesetze zum Beispiel bezüglich Spiegelungen, Translationen oder Drehungen im Variablenraum gerade dann, wenn durch solche Operationen am beschriebenen System keine *zusätzliche* Wirkung generiert wird.

Zum Beispiel wird bei einer Drehung um eine räumliche Achse gerade dann keine zusätzliche Wirkung des Systems generiert, wenn die bezüglich einer solchen Achse definierte kanonische Wirkungsvariable als Systemgröße, nämlich die zu dieser Achse parallele Komponente des Gesamtdrehimpulses des Systems, dabei erhalten bleibt. Somit ist automatisch gewährleistet, daß der Zustand des gedrehten mit dem des ungedrehten Systems bezüglich gerade dieser Größe, und also bezüglich der internen Wirkung, identisch ist.

Andererseits bedeutet die Symmetrie der Naturgesetze gegenüber Zeitverschiebungen für ein abgeschlossenes System, daß die kanonisch zugeordnete Wirkungsvariable, nämlich die Energie – denn Wirkung ist gleich Energie mal Zeit –, als eine Erhaltungsgröße fungieren muß. Es bedeutet somit auch, daß für den Ausgang eines Experimentes mit dem Übergang vom Zustand A zum Zustand B der Zeitpunkt der Experimentdurchführung bzw. der Zustandsüberführung ohne Bedeutung ist. Wenn wir Wasser aus einem Tal in einen hochgelegenen Bergsee pumpen, dann richten wir dort oben ein Energiereservoir ein, welches wir nach Wunsch später nutzen können, um über einen Turbinengenerator aus dem wieder nach unten geleiteten Wasser elektrische Energie zu gewinnen. Im allgemeinen ist mit diesem Energiespeicherungssystem kein bleibender und systematisierbarer Gewinn zu erzielen, denn, wann immer wir diesen Speicher nutzen, wir gewinnen immer nur gerade soviel Energie aus dem fallenden Wasser, wie wir zuvor aufwenden mußten, um das Wasser aus dem Tale auf den Berg zu pumpen. Das hängt nun strikt mit der Tatsache zusammen, daß in einem abgeschlossenen physikalischen System die Erhaltung der Gesamtenergie gilt. Die potentielle Energie des Wassers im Bergsee ist größer als diejenige desselben Wassers im Tale, und zwar genau um die Menge an Energie größer, die nötig ist, um das Wasser aus dem Tal in den Bergsee zu befördern. Nun hängt die potentielle Energie mit dem Gravitationsfeld der Erde zusammen, und sie ist nur deswegen nicht von der Zeit, sondern nur vom Ort abhängig, weil die Erdgravitation keine Funktion der Zeit ist. Wäre sie dagegen eine Funktion der Zeit, weil zum Beispiel die Erdmasse oder die Gravitationskonstante zeitabhängig wären, so würde im System Erde der Energieerhaltungssatz nicht gelten. Dann aber wäre auch der Verlauf des oben beschriebenen Kreisprozesses zeitabhängig und nicht invariant gegenüber einer Zeittranslation.

Wenn dagegen in unserem System der Energieerhaltungssatz gilt, dann ist aber als Konsequenz die absolute Zeit selbst am Ausgang des Experimentes, also an der Realisierung des Endzustandes B, nicht beteiligt. Die Zeit kann also demnach auch nicht dadurch beobachtet werden, daß man den Endzustand eines Systems bestimmt, der sich von einem vorgewählten Anfangszustand A her entwickelt. Ein physikalisches Experiment kann demnach nie als »Uhr« dienen, denn in den Anfangsbedingungen eines Systemzustandes kommt zwar der jeweils gewählte, zugehörige Anfangszeitpunkt vor, nicht aber in dem prozeßsteuernden Naturgesetz selbst. Führe ich also ein Experiment jeweils vom gleichen Anfangszustand startend durch, so kommt die Zeit im Experimentablauf überhaupt nicht mehr vor. Es ist egal, wann ich das Experiment durchführe. Würde dagegen der Zeitpunkt des Urknalls implizit in den Naturgesetzen enthalten sein, so wäre die absolute Zeit beobachtbar und die Naturgesetze wären nicht symmetrisch gegenüber Zeitverschiebungen. Dann jedoch würde auch der Energieerhaltungssatz für unser Universum nicht gelten. Dennoch läßt sich das Alter des Universums auch bei zeitsymmetrischen Gesetzen für genau diesen Kosmos als eben diejenige Dauer festlegen, binnen derer die standortinvariante Physik in diesem Kosmos den Übergang vom Anfangszustand »A« während des Urknallereignisses in den heutigen Zustand »B« bei minimal realisierter kosmischer Wirkung durch ihre Gesetze bewirkt hat.

Eine spezielle Frage im Zusammenhang mit Symmetrieforderungen betrifft die Natur der Spiegelsymmetrien in den Naturgesetzen, die Frage nämlich nach den Implikationen, die es haben muß, wenn Raum- oder Zeitkoordinatenspiegelungen in der Form eines dadurch beschriebenen Spiegelbildes des wahren Naturpozesses immer wieder – oder wenigstens manchmal – oder nie einen real möglichen Naturpozeß herbeiführen.[1]

Schaut man hier zum Beispiel auf das Problem der Zeitmessung durch eine Uhr, so stellt sich auch hier die Frage, ob die »Uhr im Spiegel« immer auch eine in der Natur mögliche, der Normaluhr gleichwertige Uhr darstellt oder ob die Natur durch ihre Gesetze die »ungespiegelte Uhr« in irgendeiner Weise vor ihrem Spiegelbild ausgezeichnet hat. Dieses Problem ist durchaus nicht von trivialer Art. Es zeigt sich nämlich, daß es bei diesem Problem darauf ankommt, auf welchem physikalischen Prinzip die jeweils von uns benutzte Uhr aufgebaut ist. Die generelle Frage, ob die Natur Spiegelbilder von Uhren akzeptiert, kann zunächst einmal so entschieden werden, daß man sich zu einem bestimmten Zeitpunkt das exakte Spiegelbild einer Uhr in Form eines mechanischen Nachbaus dieses Spiegelbildes realisiert und dann abwartet, ob diese mechanisch-materiell reale Spiegeluhr auch zu allen späteren Zeiten das Spiegelbild der Ursprungsuhr bleibt. Bei klassischen Pendeluhren ist dies ganz klar der Fall. Realisiert man sich etwa ein gespiegeltes Pendel – was ja ganz einfach gelingt –, und läßt dieses schwingen, so wird es für alle Zeiten die gespiegelten Schwingungen des Originalpendels vollführen.

Bei Uhren jedoch, die auf einem paritätsverletzenden oder helizitätsauszeichnenden Prinzip beruhen, mit denen also die Forderung nach einer festen Axial-Linear-Vektor-Kombination und damit die Auszeichnung eines speziellen Schraubensinnes naturgemäß verbunden ist, wäre dies nicht der Fall.

Würde man zum Beispiel eine Uhr auf dem Prozeß des über die sogenannte »schwache Wechselwirkung« ablaufenden radioaktiven β-Zerfalls aufzubauen versuchen, so hätte man eine Uhr, die von ihrer Natur her vor ihrem Spiegelbild ausgezeichnet wäre. Dieser sogenannte β-Zerfall verläuft über den Prozeß der »schwachen Wechselwirkung«, bei der stets Neutrinos oder Antineutrinos als Wechselwirkungspartner mit im Spiel sind, und stellt eine der vielen Möglichkeiten dar, über die instabile Atomkerne in stabilere Kerne zerfallen können. Die bei solchen Zerfällen auftretenden Neutrinos bzw. Antineutrinos sind »helizitäre« Teilchen mit einer festgelegten Kombination eines Linearvektors und eines Axialvektors.

Diese spezielle Form des Zerfallprozesses verletzt also nach obigen Erläuterungen die Spiegelsymmetrieforderung, denn sie zeichnet sozusagen einen Schraubensinn aus, wie die beiden Physiker Tsung Dao Lee und Chen Ning Yang 1956 erstmalig vermuteten. Das hängt damit zusammen, daß der β-Zerfall durch die Involvierung von Neutrinos eine Helizität, und damit eine spezielle Schraube mit einem speziellen Schraubensinn auszeichnet, die jedoch bei einer Flächenspiegelung in eine Schraube des Gegensinnes abgeändert würde. Daß dies in der Tat so ist, wurde von dem Physiker C.S. Wu und seinen Mitarbeitern 1956 am Beispiel des Zerfalls von radioaktiven Kobalt-60-Kernen in Nickel-60-Kerne im Nachgang zu der Vermutung von Lee und Yang experimentell eindeutig nachgewiesen. Hierbei läßt sich feststellen, daß eines der Zerfallsprodukte des Kobaltkernes, nämlich die leicht nachweisbaren Elektronen, vorzugsweise in einer Richtung emittiert werden, die mit dem Drehimpuls der Kobaltkerne korreliert ist, womit jedoch sofort eine von außen leicht erkennbare Helizitätsauszeichnung verbunden ist. Ein ausgerichtetes Magnetfeld läßt sich bekanntlich durch eine stromdurchflossene Spule erzeugen. So schafft man etwa ein nach unten gerichtetes Magnetfeld dadurch, daß man die Elektronen in einer horizontal angeordneten Drahtschleife gegenläufig zum Uhrzeigersinn umlaufen läßt. In einem solchen Magnetfeld richten sich kalte Kobalt-60-Kerne, weil sie ein magnetisches Moment ähnlich einem magnetischen Dipol besitzen, so aus, daß ihr mit ihrem magnetischen Moment fest gekoppelter Drehimpuls ebenfalls nach unten zeigt. Wenn nun derart ausgerichtete Kerne einem β-Zerfall unterliegen, so entstehen dabei Zerfallselektronen, die in der Gegenrichtung zum Kobaltkerndrehimpuls von den Kernen emittiert werden, also nach oben. Wie sieht nun dieser Vorgang in einem Flächenspiegel aus? Zunächst wird bei dieser Art der Spiegelung der Umlaufssinn der Elektronen in der Stromschleife geändert. Er erfolgt nunmehr im Spiegelbild im Uhrzeigersinn! Damit sollte sich das Spiegelmagnetfeld, als Magnetfeld einer im Uhrzeigersinn beflossenen Stromspule, jetzt nach oben ausgerichtet haben, und desgleichen die durch dieses Spiegelfeld ausgerichteten Kerndrehimpulse der Kobaltkerne. Bei einer solchen Flächenspiegelung würde jedoch die vormalige Emissionsrichtung der Zerfallelektronen sich nicht ändern; sie würde also ebenfalls im Spiegelbild nach oben zeigen. Der gespiegelte Vorgang sähe demnach so aus: Kobalt-60-Kerne, deren Drehimpulse durch ein Magnetfeld nach oben ausgerichtet sind, emittieren ihre Zerfallselektronen nach oben! Dergleichen wird man aber niemals in der realen Natur ablaufen sehen. Also begeht dieser Zerfallsprozeß von Kobaltkernen einen eklatanten Verstoß gegen die Flächenspiegelungssymmetrie. Betrachtet man so etwa eine statistisch große Zahl von zuvor magnetisch ausgerichteten, spinpolarisierten Kobaltkernen aus einer Richtung, aus der gesehen der Drehsinn der ausgerichteten Kerne im Uhrzeigersinn erfolgt, so kommen einem bei dieser Betrachtung mehr Elektronen von zerfallenden Kobaltkernen entgegen als bei einer entsprechenden Betrachtung aus der Gegenrichtung.

Im räumlichen Punkt-Spiegelbild dieses Kobaltsystems würde nun nach unserer vorherigen Erörterung zwar der Drehimpuls beibehalten, jedoch die Vorzugsrichtung der Elektronenemission umgekehrt. Radioaktive Kobaltkerne, die bei gleicher Drehrichtung ihre Zerfallselektronen vorzugsweise in dieser entgegengesetzten Richtung emittieren, gibt es aber in der Natur nicht. Auch bei dieser Form der Spiegelung läge in der Natur eine Symmetrieverletzung vor. Bei der räumlichen Achsen- oder Flächenspiegelung ist es ähnlich. Die Einzelspiegelungen verlaufen zwar anders, aber das Ergebnis, nämlich eine Symmetrieverletzung ist das gleiche. Bei dieser Spiegelung mag sich bei entsprechender Anordnung der Drehimpulse umkehren, während jedoch der Impuls der emittierten Elektronen erhalten wird. Die Helizität oder die Parität des Systems als das skalare Produkt beider Größen bliebe also voll erhalten. Wenn nun die Natur aber diese Form des Spiegelbildes einfach nicht realisiert, so besagt das, daß diese Natur die Paritätssymmetrie verletzt. Es liegt in der Natur eine Paritätsverletzung vor, wie die Physiker sagen. Das Spiegelbild ist auf einer »illegalen« Physik aufgebaut und kann als Trugbild der Natur daher leicht entlarvt werden.

Für viele Physiker war der manifeste Umstand dieser Symmetriebrüchigkeit der Natur äußerst irritierend und besorgniserregend, und er verursachte in der Zeit nach Wus Experiment 1956 folglich viel Nachdenken. Als eine gewisse Beruhigung in dieser Situation schien sich in den Jahren nach 1957 dann zunächst die Vermutung auszuwirken, daß die Natur zwar keine Paritätsspiegelbilder, dagegen aber eine erweiterte Art von Spiegelbildern akzeptiert, nämlich sogenannte »charge + parity-conjugated mirror images«, also Spiegelbilder, die durch eine kombinierte Art von Spiegelungen zustande kommen.[2]

Nach diesen Erörterungen zur Natur von raumgespiegelten und ladungsgespiegelten Vorgängen, müssen wir uns nun aber eingehender mit der Natur von Zeitspiegelungen befassen. Was ist bei sogenannten Zeitspiegelungsoperationen, anstelle der Raumspiegelungen, anders? Was passiert mit der physikalischen Beschreibung der Naturprozesse unter der Operation einer Zeitumkehrung? Wenn also gegenüber einem Zeitnullpunkt der Zeitwert »t« eines Ereigniseintrittes in den Zeitwert »-t« umgewandelt wird? Entsteht bei einer solchen Zeitspiegelung aus der physikalischen Beschreibung her wieder eine real mögliche Welt oder vielmehr ein Trugbild der Welt? Entsteht ein solches zwangsläufig in jedem Fall einer Ereignisspiegelung oder nur gelegentlich?

Im allgemeinen hieße dies zu fragen, ob jeder natürliche Vorgang als ein Übergangsprozeß von vergangenen in zukünftige Zustände eines Systems auch umgekehrt in der Natur ablaufen könnte, so nämlich, daß der im Originalvorgang zukünftige Zustand als Vergangenheitsstatus für einen zeitgespiegelten Vorgang dienen kann, indem dieser dann als seinen zukünftigen Zustand wieder den Vergangenheitszustand des ungespiegelten Vorganges hervorgehen lassen kann, von dem andererseits der Originalvorgang seinen Ausgang nimmt.

Hier herrscht meist der Eindruck vor, daß diese Form der Zeitumkehr von Vorgängen bei physikalischen Einzelprozessen immer möglich ist, Prozessen also, denen kein komplexes Zusammenwirken von verschiedensten, vernetzten und nichtlinearen Ursachen zugrunde liegt. Als Vorgänge solcher Art könnte man etwa die Planetenbewegungen, Bewegungen von elektrischen Teilchen in elektromagnetischen Feldern oder Binärstoßabläufe, also Abläufe beim Stoß zweier singulärer, isolierter Partner ansehen. Daß dem jedoch sogar auf dieser niedrigsten Stufe physikalischer Elementarprozesse durchaus nicht so ist, zeigt sich zum Beispiel daran, daß uns die zeitgespiegelten Planetenbewegungen niemals in die Frühzeit des primitiven Sonnensystems zurückführen können, von der die Geschichte des Sonnensystems und der Planeten ja aber gewiß ihren Ausgang genommen haben muß.

Auch läßt sich die Kreisbewegung eines elektrisch geladenen Teilchens um das Magnetfeld, auch Gyrationsbewegung genannt, nicht ohne weiteres zeitgespiegelt als ein ebenfalls natürlich möglicher Vorgang verstehen. Nach Zeitspiegelung dieser Bewegung zu einem bestimmten Zeitpunkt der Gyrationsbewegung würde das wahre Teilchen nicht in seine vormalige Gyrationsbahn zurücklaufen, es würde vielmehr in Wirklichkeit einen ganz neuen Kreisorbit mit verlagertem Gyrationszentrum durchlaufen. Auch bei einem einfachen Binärstoß zweier Teilchen sind die Abläufe strenggenommen nicht umkehrbar, wenn man eine Historizität der Stoßpartner beim Stoß zulassen muß, wozu oftmals Anlaß besteht. Eine solche Historizität ist physikalisch immer durch eine wenn auch noch so geringe Inelastizität im Stoßablauf bedingt, durch den Umstand also, daß ein Teil der vor dem Stoß repräsentierten Relativenergie in die Energie innerer Freiheitsgrade überführt wird und demzufolge in der kinetischen Energie nach dem Stoß nicht wiedererscheint. Ein solcher Stoßablauf ist in sich selbst nicht rückgängig zu machen. Man stelle sich nur, um diesen Umstand eklatant zu machen, den Stoß zweier mit Sand gefüllter Sandsäcke oder insbesondere auch den Stoß mit einem Kollektiv von anderen Teilchen, etwa in Form eines Stoßes mit einer Wand vor.

Trotz einer also bereits auf dieser Primitivstufe der physikalischen Prozeßabläufe nicht mehr gegebenen Umkehrbarkeit der Zeit – das heißt, zeitgespiegelt entsteht auch hier kein in der Natur möglicher Prozeß mehr – hat man jedoch nicht den Eindruck, daß durch solche Elementarprozesse deshalb schon eine Zeitrichtung oder ein Zeitpfeil ausgezeichnet wäre. Denn ein einzelner solcher Stoßprozeß ist zwar wegen seiner Inelastizitätshistorie nicht praktisch, aber dennoch faktisch rückgängig zu machen. Das soll heißen, daß es zwar unwahrscheinlich, aber dennoch ohne Verstoß gegen Erhaltungssätze der Physik ermöglichbar ist, auch hier einen Rückwärtslauf geschehen zu lassen. Der Grad der Unwahrscheinlichkeit macht also hier den Unterschied zwischen Vorwärts- und Rückwärtslauf der Zeit aus! Diese ist aber immer ganz entscheidend von der weiteren physikalischen Umgebung abhängig, in der sich der Einzelprozeß vollziehen soll. Zur Bestimmung einer Prozeßwahrscheinlichkeit und damit zur Festlegung des natürlichen Vorzugsgrades, den der Vorwärtslauf der Zeit vor dem Rückwärtslauf eingeräumt bekommen muß, ist demnach das Gesamtmilieu des wirkungsvermittelnden physikalischen Systems entscheidend. Die Zwanghaftigkeit einer Zeitrichtung wird demnach eher durch eine Irreversibilität im Evolutionsgang des Gesamtsystemzustandes als durch diejenige eines Einzelprozesses oder eines elementaren Teilprozesses markiert. Im Entwicklungsgang des Gesamtsystemzustandes manifestiert sich nämlich ein ungemein höherer Grad von »Vorwärtspriorität«.

Wenn Kräfte, die auf einen Körper bei seiner Bewegung einwirken, nur vom Ort abhängen, an dem sich der Körper gerade befindet, so läßt sich sofort zeigen, daß das für diesen Fall geltende Bewegungsgesetz invariant gegen Zeitspiegelungen ist. Dies ist zum Beispiel bei der Bewegung eines Planeten im Schwerefeld der Sonne der Fall. Die resultierende Planetenbewegung kann auch als zeitgespiegelte Bewegung in der Natur realisiert werden. Es wäre denkbar, daß alle Planeten des Sonnensystems gerade andersherum die

Sonne umlaufen, ohne daß uns daran etwas Ungesetzliches auffallen würde. Wenn jedoch der Planet nicht nur vom Schwerefeld der Sonne, sondern auch noch vom Schwerefeld anderer Planeten, die sich selbst im Laufe der Zeit bewegen, beeinflußt wird, so ist die effektiv wirksame Kraft dann nicht mehr allein eine Funktion des Ortes, sondern auch eine implizite Funktion der Zeit, nämlich der Zeit, zu der andere Planeten bestimmte Orte auf ihren Bahnen realisieren. Dann aber wird ersichtlich, daß unter solchen Umständen eine Bewegung resultieren muß, die nicht symmetrisch bei Zeitspiegelung ist, weil das sie beschreibende Bewegungsgesetz sich nicht forminvariant gegenüber einer solchen Zeitspiegelung verhält und weil die sogenannten Konstanten der Bewegung, wie der Drehimpuls und die Gesamtenergie, zeitabhängig werden. Da alle Planetenbewegungen jedoch in der Tat auch von den Schwerefeldern der anderen bewegten Planeten mitbestimmt werden, sind sie alle strenggenommen nicht wahrlich invertierbar, sie sind also zeitsymmetriebrechend.

Ebensowenig scheint die Bewegung eines elektrisch geladenen Teilchens im Magnetfeld zeitlich umkehrbar zu sein. So erfolgt die Bewegung eines positiv geladenen Teilchens in Richtung des Magnetfeldes gesehen im Gegensinn zum Uhrzeiger. Zeitgespiegelt würde diese Bewegung dann im Uhrzeigersinn verlaufen und wäre in der Natur verboten, denn kein positiv geladenes Teilchen würde sich jemals so bewegen. Dieses Beispiel gibt jedoch Anlaß, über die notwendige und sinngemäße Ausdehnung der Zeitspiegelungsoperation auf die Gesamtgegebenheiten eines physikalischen Systems statt auf einen willkürlich herausisolierten Einzelpozeß nachzudenken. Reicht es denn hierbei überhaupt aus, bei dem gerade genannten Beispiel einer Bewegung einer elektrischen Ladung im Magnetfeld nur diese Bewegung zeitlich zu spiegeln? Auf den ersten Blick will es zwar erscheinen, als wäre das Magnetfeld eine äußere, zeitlich konstante und räumlich festliegende Gegebenheit, an der keine Zeitspiegelung vorgenommen werden kann, ohne daß sich etwas ändert. Besinnt man sich aber darauf, daß ein solches Magnetfeld nicht einfach naturgegeben da ist, sondern daß es erzeugt und unterhalten werden muß, so erscheint dies in anderem Lichte. Ein in einem bestimmten Raumbereich homogenes und zeitlich konstantes Magnetfeld kann so etwa von einer Spule erzeugt werden, die in einem bestimmten Sinne vom elektrischen Strom durchflossen wird. Dieser Strom repräsentiert nichts anderes als sich im Gegensinne zum Strom bewegende Elektronen im Spulendraht. Wenn nun bei der Zeitspiegelung auch die Bewegung dieser stromtragenden Elektronen umzukehren ist, so wird die Spule nunmehr vom Strom im Gegensinne durchflossen und erzeugt folglich nunmehr auch ein genau umgekehrtes Magnetfeld. In diesem umgekehrten Feld stellt aber die zeitgespiegelte Bewegung von Ladungsträgern nunmehr wieder eine in der Natur tatsächlich vorkommende Bewegung dar. Liegt also doch kein Bruch mit der Zeitspiegelungssymmetrie vor, wenn man die Zeitspiegelungsoperation nur angemessen und unvollständig genug durchführt?

Die Antwort auf diese Frage ist reichlich kompliziert und hängt letztlich ganz davon ab, wie weit man die Zeitspiegelungsoperation auf das Ganze eines abgeschlossenen physikalischen Systems anwenden will oder muß. Was soll hier heißen: einen Prozeß in einem solchen System spiegeln? Was gehört mit zu dem Prozeß und was nicht? Kann man etwas Diskretes und Abgegrenztes überhaupt aus dem Geschehen im Systemganzen herausisolieren und sich fragen, welche spezielle Symmetrie diesem isolierten Prozeß zukommt? Muß man nicht eigentlich das gesamte Systemgeschehen spiegeln? Was gehört denn hier noch mit zum System und was nicht, das gespiegelt werden müßte? Im obigen Fall konnten wir einsehen, daß man die stromdurchflossene Spule und das im dazugehörigen Magnetfeld kreisende Teilchen zeitlich spiegeln kann und dabei offensichtlich wieder zu einem in der Natur realisierbaren Naturphänomen gelangt. Nun muß man sich aber fragen, wie denn dieser zeitinvertierte Strom in der Spiegelwelt durch den Spulendraht hindurchgetrieben werden soll. Im Originalprozeß wird der Strom der Elektronen von der elektrischen Spannung einer Batterie getrieben, und er fließt dabei grundsätzlich in die Richtung der elektrisch positiv geladenen Seite der Batterie, dorthin, wo ein Elektronendefizit besteht. Durch die Zeitspiegelung wird aber nun am Zustand dieser Batterie gar nichts geändert, dennoch verlangt nunmehr das Spiegelbild, daß die Elektronen sich jetzt umgekehrt bewegen sollen, also in Richtung auf die negativ geladene Seite der Batterie zu, die einen Elektronenüberschuß aufweist. Dahin bewegen sich wirkliche Elektronen aber niemals, womit klar gesagt ist, daß in der Tat das so zeitinvertierte System eben doch ein – unphysikalisches System – darstellt.

Solche Zeitumkehrsymmetrien lassen sich natürlich an zahllosen anderen Bewegungsbeispielen ebenfalls studieren, die überall in der Physik alltäglich sind. Hierzu gehören etwa so interessante Bewegungen wie diejenige eines Massenkörpers in einer reibenden Flüssigkeit oder in einem reibenden Gas oder diejenige einer schnell bewegten elektrischen Ladung. Im ersten Falle wird eine solche Bewegung üblicherweise durch eine Reibungskraft bestimmt, welche selbst proportional zu der jeweiligen, momentan realisierten Geschwindigkeit des bewegten Körpers relativ zu dem umgebenden Medium, also der Flüssigkeit oder dem umgebenden Gas, ist. Wenn keine anderen Kräfte außer dieser Reibungskraft auf den Körper einwirken, so wird seine Bewegung ein Vorgang sein, bei dem sich die zur Zeit t vorliegende, momentane Geschwindigkeit in der Richtung dieser Geschwindigkeit verlangsamt und bei dem es folglich zu einer monotonen Abbremsung des bewegten Körpers in Bewegungsrichtung kommt. Führt man nun an einem solchen Bewegungsvorgang eine Zeitspiegelung durch, so erkennt man zum einen, daß das ihm zugrundeliegende Bewegungsgesetz nicht invariant gegenüber einer solchen Spiegelungsoperation ist, und zum anderen aber auch, nämlich als Folge davon, daß nunmehr eine Bewegung herauskommt, welche eine Beschleunigung des Körpers mit wachsender Zeit anstelle einer Abbremsung beschreibt. Eine solche Beschleunigung sollte im Rahmen dieses zeitgespiegelten Szenarios zustande kommen durch die konzertierte Einwirkung des Umgebungsmediums in Form einer Art »Anti-Reibung«. Damit ist aber klar, daß das Umgebungsmedium in einem sochen Falle, wenn ihn die Natur schon realisieren wollte, nicht ein rein passives, homogenes Medium sein dürfte. Es müßte vielmehr ein organisiertes Medium weit jenseits des thermodynamischen Gleichgewichtes sein mit einem gezielten Informationsfluß – und das hieße technisch gesehen in diesem Falle: mit einem gezielten Impulsfluß – auf den bewegten Körper zu, der diesen Körper genau nach Maßgabe seiner instantan erreichten Geschwindigkeit zu beschleunigen vermag, eine konzertierte Aktion im Hinblick auf einen instantan erreichten Zustand.

Zunächst erscheint es evident, daß ein solcher Vorgang, bei dem ein ruhendes Hintergrundmedium die immer schneller werdende Bewegung eines darin eingebetteten Körpers bedingen können soll, natürlich in der Natur grundsätzlich nicht vorkommt. Niemals veranlaßt schließlich das ruhende Meer die immer schneller werdende Bewegung eines darin schwimmenden Bootes. Wenn man nun aber hier wiederum an das prekäre Problem denkt, das schon beim vorher genannten Bewegungsvorgang einer Ladung im Magnetfeld auftrat, nämlich an das Problem, wie denn die Angemessenheit der Anwendung der Spiegelungsoperation auf das physikalisch relevante Gesamtsystem auszusehen hat, dann könnte man zumindest auch hier anderen Sinnes werden. Gehen wir doch einmal aus von einem von festen Wänden abgeschlossenen Behälter, in dem sich eine Flüssigkeit befindet, auf deren Oberfläche sich ein antriebslos schwimmender Körper mit einer bestimmten Geschwindigkeit zu einer bestimmten Zeit bewegt. Die in dieser Flüssigkeit normalerweise, und das heißt natürlicherweise, wirkende Reibung bedingt eine ständige Verlangsamung des sich bewegenden Körpers. Diese Verlangsamung stellt eine Umsetzung von niederentropischer informationshafter Energie, nämlich der kinetischen Energie des bewegten Körpers, in hochentropische thermische Energie oder Wellenenergie der umgebenden Flüssigkeit dar. Diese letzte Energie wird lokal am Orte des Körpers in der Flüssigkeit generiert und schafft dort jeweils ein lokales Ungleichgewicht, welches seinerseits zu organisierten Wärmeströmen und Flüssigkeitswellen führt, die sich von der Stelle dieses Ungleichgewichtes in die entfernteren Flüssigkeitsbereiche ausbreiten. Schließlich gelangen Wärmeströme und Flüssigkeitswellen an die Behälterwand und können dort durch die Pufferwirkung derselben absorbiert werden.

Wenn man nun dieses gesamte Szenario zeitlich spiegeln wollte, so müßte man nicht nur die Bewegung des Körpers in der Flüssigkeit umkehren, sondern man müßte zudem dieses gesamte System von konzertierten Wärmeströmen und kohärenten Flüssigkeitswellen zeitlich invertieren. Von den Wänden des Behälters würden entsprechend invertierte Wärmeströme und Wellen emittiert werden, die aber in ihrer Phase örtlich und zeitlich dann so aufeinander abgestimmt sind, daß sie sich zu einem Kohärenzphänomen überlagern und schließlich, wenn sie am Orte des schwimmenden Körpers ankommen, dort eine beschleunigte Bewegung veranlassen können. Ein rückwärts laufender Film von einem antriebslos in der Flüssigkeit bewegten Körper würde uns tatsächlich einen solchen Vorgang zeigen, und man kann sich fragen, ob dieser denn nicht auch tatsächlich in der Natur vorkommen können sollte. Sicherlich würden die Behälterwände nicht spontan in der hier erforderlichen Weise phasenkohärente Wärme-, Druck- und Flüssigkeitswellen emittieren, man müßte sie schon dazu veranlassen. Aber im Rahmen des natürlichen Vorganges bewegt sich schließlich ein Boot, oder ein Körper, auch nicht spontan durch die Umgebungsflüssigkeit, sondern muß dazu durch Betätigung von Rudern oder Betrieb eines Motors zunächst veranlaßt werden.

Die Form der Veranlassung ist es nun aber, die hier die Unnatürlichkeit eines solchen Vorganges in Erscheinung treten läßt. Bei dem realen Vorgang ist die momentane Bewegung des Körpers die Ursache für die Auslösung von Wellen, welche ihrerseits als Rückwirkung eine Verlangsamung der Bewegung zur Folge haben. Hier liegt die Ursache eindeutig vor der Wirkung: die Bewegung kommt vor der Verlangsamung! Anders ist es aber bei dem zeitinvertierten Vorgang, den wir uns eben nach dem Ursache-Wirkungsbild anzusehen versuchten. Hier laufen von den Behälterwänden konzentrierte Wellen als Ursache für eine Beschleunigung des bewegten Körpers aus. Die Beschleunigung des Körpers ist also die Wirkung, und sie tritt offensichtlich erst nach der Ursache ein, nämlich nach dem Auslauf der Wellen von der Behälterwand, weil die Wellen ja sicherlich Zeit benötigen, bis sie am Körper ankommen und dort das Entsprechende bewirken können.

Nun verlangt aber das umgekehrte Bewegungsgesetz, daß diese dann als Wirkung eintretende Beschleunigung des Körpers nicht einfach eine beliebige Größe hat, sondern daß ihre Größe gerade exakt proportional zu der vom

Körper erst in diesem Moment erreichten Geschwindigkeit ist. Als die Wand die Wellen losschickte, die den Körper beschleunigen sollten, stand diese Geschwindigkeit des Körpers aber überhaupt noch nicht fest. Die Wand müßte demnach ein Vorherwissen über die Bewegung des Körpers besitzen, um im voraus die Ursache schon richtig auf die Zukunft der Körperbewegung abzustimmen. Wenn es nur darauf ankäme, durch konzertierte Wellenemission von der Wand irgendeine Beschleunigung am Körper zu bewirken, so würde ein solcher Vorgang durchaus auf der Basis des natürlich Möglichen ablaufen können und müßte durchaus nicht im Widerspruch zur Natur stehen. Durch gezieltes Zusammenwirken von interferierenden, kohärenten Wasserwellen wäre so sicherlich zu erreichen, daß sich jeweils vor dem sich bewegenden Körper ein Wellental auftut, in dessen abschüssiger Flanke der Körper beschleunigt wird. Wenn es aber darauf ankommt, wie im Falle der zeitinvertierten Reibung, eine ganz auf die momentane Körpergeschwindigkeit abgestimmte Beschleunigung zu veranlassen, so verlangt dies im Rahmen der Abstimmung der Verursachung auf die Wirkung ein Vorherwissen des Systems um seine zukünftigen Zustände.

Das aber heißt, daß die Ursache in einem solchen Fall nicht mehr blind für die Zukunft sein kann, sie ist nicht allein ableitbar aus der Vergangenheit des Systems, sondern ist entelechetisch und nimmt die Zukunft sozusagen vorweg. Gerade in diesem Punkte verbirgt sich nun aber die Unnatürlichkeit des zeitinvertierten Vorganges. Wir wollen dies aber der Wichtigkeit dieses Umstandes wegen noch an einem anderen Beispiel erörtern, und zwar am Beispiel sich beschleunigt bewegender elektrischer Ladungen.

Beschleunigte elektrische Ladungen erzeugen sowohl elektrische als auch magnetische Felder, die zeitabhängig sind. In ihrer Bewegung sind solche Ladungen nun gekoppelt an ihr eigenes elektromagnetisches Feld, das sie durch ihre Bewegung induzieren. Mit der Beschleunigung der Ladung ergibt sich eine daran gekoppelte elektromagnetische Strahlung, deren Änderung, bedingt durch die zeitliche Änderung der Beschleunigung, mit einer zeitlichen Impulsänderung, also einer Bremsung der bewegten Ladung verbunden ist.[3]

Wenn man nun eine Zeitspiegelung durchführt, so zeigt sich, daß die Bewegung der Ladung nicht invariant gegenüber einer solchen Spiegelung ist. Nach Zeitspiegelung entsteht nunmehr ein Gesetz, das eine Bewegung beschreibt, bei der das elektrisch geladene Teilchen nach Maßgabe seiner momentanen Beschleunigungsänderung nunmehr nicht gebremst, sondern beschleunigt wird. Auch hier kann man wieder fragen, ob ein Bewegungsvorgang, der nach einem solchen Gesetz verläuft, in der Natur vorkommen kann. Dazu muß man sich zunächst das gesamte Wechselwirkungsszenario im Rahmen eines geschlossenen physikalischen Systems vorstellen. Die im Rahmen des ursprünglichen Vorgangs beschriebene gebremste und negativ beschleunigte Bewegung des geladenen Teilchens verursacht elektromagnetische Wellenfelder, die sich, vom jeweiligen Ort des Teilchens ausgehend, in die Umgebung hinein ausbreiten und schließlich vielleicht auf die elektrisch gut leitfähigen metallischen Außenwände des Gesamtsystems treffen und absorbiert werden, indem sie dort koordinierte Bewegungen von Elektronen in den Wänden auslösen, die sich über Stöße mit anderen Metallgitterionen und Elektronen schließlich in hochentropische Wärme umwandeln, während das elektrische Teilchen inzwischen seine kinetische Energie vermindert.

Wenn man nun dieses gesamte Geschehen in der Zeit spiegelt, so müßte dabei ein Geschehen in Erscheinung treten, bei dem von allen Orten der metallischen Systemwand genau dosierte und phasenabgestimmte elektromagnetische Strahlungen durch koordiniertes Zusammenwirken der Wandelektronen emittiert werden, die sich am jeweiligen Orte des sich bewegenden Teilchens so überlagern, daß sie eine einheitliche Beschleunigungswirkung an diesem Teilchen in der Richtung seiner Bewegung hervorbringen. Wie bei den Bewegungen unter dem Einfluß von Reibungskräften mag das an sich noch nicht naturwidrig und unmöglich sein. Durch entsprechende Systemmanipulation kann dies erreichbar sein! Gegen die Natur spricht hier lediglich der Umstand, daß die durch die Welleninterferenz verursachte Feldkonfiguration nach dem zeitinvertierten Grundgesetz gerade eine solche Beschleunigung des Teilchens zustande bringen soll, die exakt proportional zur momentan gegebenen zeitlichen Änderung der Beschleunigung des Teilchen ist. Dies wiederum verlangt aber ein Vorherwissen des physikalischen Systems bei der Verursachung einer Wirkung, denn es muß ja bereits zu einem Zeitpunkt die koordinierten Wellen von den Systemwänden als eine Ursache emittieren, zu dem noch gar nicht feststeht, welche Änderung der Beschleunigung das Teilchen gerade dann erfahren wird, wenn die Wellen an seinem Ort interferierend einmünden. Die aufgrund der Ursache eintretende Wirkung kann also unmöglich auf einen zeitlich früheren Zustand des Systems abgestimmt sein. Hier wäre nämlich eine Ursache gefordert, die von ihrer Wirkung nicht unabhängig, die vielmehr entelechetisch ist. Weder Vergangenheit und Zukunft noch Ursache und Wirkung wären in einem solchen physikalischen System voneinander trennbar. Dies aber widerspricht zumindest der herkömmlichen Naturbeschreibung im Rahmen der Kausalkategorie.

In einer noch detailreicheren Analyse dieses hier zugrundeliegenden Vorganges der Wechselwirkung einer beschleunigt bewegten Ladung mit ihrem selbsterzeugten elektromagnetischen Strahlungsfeld durch den Physiker Paul

A.M. Dirac im Jahre 1938 stellt sich dies Zusammenspiel zwischen Ursachen und Wirkung noch viel verworrener dar. Hiernach erzeugt ein beschleunigt bewegtes geladenes Teilchen in seiner Fernzone ein elektromagnetisches Strahlungsfeld, mit dem ein Impulsfluß verbunden ist, der von dem Teilchen ausgeht und als Rückwirkung das Teilchen dezelerieren würde, wenn dieser Bremsung nicht andere, äußere Kräfte entgegenwirken würden. Nur im Falle einer rein oszillatorischen Bewegung der Ladung, bei dem die Ladung nach einer festen Zeitperiode immer wieder in den gleichen Bewegungszustand zurückkehrt, läßt sich diese Bremsungswirkung gemittelt über die Oszillationsperiode einfach angeben durch die mittlere Änderung der Teilchenbeschleunigung über dieser Periode. Wenn dieses Ergebnis nun aber als Maß für die tatsächlich eintretende Dämpfung der Oszillation verwendet wird, so muß dabei unterstellt werden, daß das Teilchen in der Tat trotz der errechneten Dämpfung von äußeren Kraftursachen eine ungedämpfte Oszillation durchführt. Hier müssen also bei der Ableitung dieser theoretischen Ergebnisse offensichtlich sich zuwiderlaufende Annahmen verwendet werden. Nur unter der Einwirkung einer weiteren, noch nicht näher begründeten Kraft kann das in der theoretischen Ableitung erhaltene Ergebnis über die Bewegungsdämpfung richtig werden. Welches aber könnte oder müßte geradezu diese Kraft denn nun sein? Nach Diracs Überlegung muß es die Rückwirkung des durch die bewegte Ladung aufgebauten elektromagnetischen Feldes auf die Ladung selbst sein! Diese Kraft läßt sich nun mit den Mitteln der relativistischen Elektrodynamik zumindest formal ausrechnen und läßt sich sogar für ein geladenes Teilchen bei Geschwindigkeiten klein gegen die Lichtgeschwindigkeit in einer relativ einfachen Form auswerten. Hierbei ergibt sich nun das überaus verwunderliche Phänomen einer avancierten Beschleunigung. Ohne Einwirken äußerer, unabhängiger Kräfte sollte ein Elektron danach durch Wechselwirkung mit seinem eigenen Strahlungsfeld sich selbst ständig weiter beschleunigen, zumindest bis seine Geschwindigkeit in die Gegend der Lichtgeschwindigkeit kommt. Dies scheint sich nun aber wahrlich wie ein reiner »Münchhausen-Effekt« darzustellen. Alle Elektronen sollten sich zum Beispiel daraufhin selbst von kleinsten Geschwindigkeiten bis auf Lichtgeschwindigkeit beschleunigen, wenn es bei dieser Diracschen Konsequenz bleiben muß.

Hier bleibt offensichtlich nur ein Ausweg: Man muß nämlich annehmen, daß äußere, unabhängige Kräfte auf das geladene Teilchen in einer bestimmten Form einwirken, derart, daß durch deren Form der Einwirkung auf die Bewegung die Selbstbeschleunigung des geladenen Teilchens gerade kompensiert und unterbunden wird. Es zeigt sich jedoch, daß eine solche Kompensation nur dann möglich ist, wenn ein geeignet zeitgewichteter Teil der

Wirkung der auf das Teilchen in der Zukunft einwirkenden Kräfte sich bereits in der Gegenwart, sozusagen als Wirkungsvorschuß auf die Zukunft, am Teilchen manifestiert. Wenn man zum Beispiel zum Zeitpunkt $t = 0$ instantan und nur für kürzeste Dauer auf ein geladenes Teilchen eine Kraft einwirken lassen wollte, so würde das Teilchen aufgrund des Wirkungsvorschusses auf dieses Ereignis, den es nach Dirac erfährt, bereits in der Zeit vor diesem Ereignis sich in gewissem Maße beschleunigen müssen, so daß es nach dem Einwirken der Kraft zum Zeitpunkt $t = 0$ unbeschleunigt weiterfliegt. Dies stellt natürlich in höchstem Maße in Frage, ob wir das Einwirken einer Kraft auf ein Teilchen überhaupt zeitlich und örtlich beschränken können oder ob nicht immer ein geeigneter zeitgewichteter Anteil der Wirkung dieser Kraft auch zu allen anderen Zeiten und anderen Orten mit ins Spiel des Geschehens hineinkommt. Können wir demnach überhaupt das Geschehen in der Vergangenheit von dem in der Zukunft getrennt sehen, oder ist damit, also im Rahmen einer solchen Beschreibung, wie sie Dirac gibt, nicht die Vergangenheit schon ein Teil der Zukunft geworden und umgekehrt?[4]

Wenden wir uns einem letzten Beispiel zu, an dem der Zusammenhang von Zeitumkehrung oder von Zeitspiegelung deutlich wird. Wenn von einem bestimmten Orte zu einem bestimmten Zeitpunkt ein sphärischer Lichtblitz ausgeht, so läßt sich damit kausal verbunden in der Nachbarschaft dieses Ortes nach einer gewissen mit dem Abstand linear wachsenden Retardierungszeit auch eine Störung durch den vorbeipropagierenden Lichtpuls wahrnehmen. Eine solche Störung tritt jedoch dort nach allgemeiner Erfahrung nicht auch zu einem entsprechend avancierten Zeitpunkt ein, was jedoch dann gegeben sein müßte, wenn sowohl retardierte als auch avancierte elektrodynamische Potentiale in der Natur realisiert würden. Wenn dagegen von der Blitzquelle sowohl avancierte als auch retardierte Lichtwellen ausgingen, so müßte man dagegen bereits in der Vergangenheit, also vor der Zeit der Blitzemission, in der Nachbarschaft der Blitzquelle einen mit diesem Ereignis zusammenhängenden Lichtpuls wahrnehmen.

Dies sei im Prinzip auch in der Tat genau so, behaupten zumindest die beiden amerikanischen Physiker John Wheeler und Richard Feynman in ihren Überlegungen zu diesem Problem. Nach ihrer Meinung existiert neben der retardierten Welle die zu dem Lichtblitz gehörige avancierte Welle tatsächlich ebenso. Allerdings existiert außer ihr noch mehr: nämlich avancierte und retardierte Echowellen, die, mit dem Blitzereignis korreliert, in der Umwelt der Blitzlampe ausgelöst werden, zur Blitzlampe hinkommen und dabei mit den von dort auslaufenden Wellen interferieren. Gerade aber bei diesem Überlagerungsprozeß soll nach Wheeler und Feynman nun die von der Blitzlampe ausgehende avancierte Welle voll ausgelöscht werden, so daß sie nicht zur Wirkung kommt, weil sie sozusagen von dem durch sie ausgelösten Umweltecho »zum Schweigen« gebracht wird.

Dies soll sich folgendermaßen abspielen: Vom Ort der Blitzlampe läuft zunächst eine avancierte Welle in die Vergangenheit der räumlichen Nachbarschaft dieses Ortes hinaus. Diese Welle löst jedoch eine retardierte Welle überall dort in der Nachbarschaft der Lampe aus, wo sie auf irgendwelches Material trifft, welches elektromagnetische Wellen streut oder reflektiert. Diese dort ausgelösten retardierten Echowellen benötigen nun, um wieder bis zur Blitzlampe zurückzudringen, gerade genau die Zeit, um die die avancierte Welle in die Vergangenheit zurückgelaufen war. Sie treffen also zur selben Zeit bei der Lampe ein, zu der der Lichtpuls dort erzeugt wird. Andererseits löst die in diesem Moment von der Lampe ausgehende retardierte Welle an dem reflektierenden Material in der Umgebung wiederum avancierte Wellen aus, die selbst zum Ort der Lampe laufen und dort, aus der Zukunft kommend, genau zu der Zeit eintreffen, wenn der Lichtblitz ausgelöst wird. Diese einlaufende avancierte Echowelle, die in die Vergangenheit läuft, überlagert sich nun nicht der in die Zukunft auslaufenden retardierten Welle, wohl aber der soeben von der Blitzlampe emittierten avancierten Welle. Wenn beide dabei genau einen Phasenunterschied von »π«, also eine Verschiebung um eine halbe Wellenlänge, realisieren würden, so würden sich diese beiden avancierten Wellen restlos auslöschen, und wir brauchten uns vielleicht nicht weiter darüber zu wundern, daß es keinen Vorblitz, sondern nur einen Nachblitz in der Natur gibt.

In der Tat tritt bei Reflexion einer elektromagnetischen Welle an einem idealen Spiegel ein solcher Phasensprung von »π« ein, der bei idealer Reflexion aus allen Richtungen dafür sorgen könnte, daß avancierte Echowellen und avancierte Primärwellen sich vollkommen auslöschen. Um das obige zu verwirklichen, könnte man zum Beispiel eine Blitzlampe in die Mitte einer auf der Innenseite vollkommen spiegelnden Hohlkugel setzen. Unter solchen Umweltumständen würden sich dann jedoch ebenso die retardierten Echowellen und die retardierten Primärwellen auslöschen, und man müßte schließen, daß von einer Blitzlampe in einer solchen spiegelnden Umwelt überhaupt kein Lichtsignal ausgehen kann. In einer nach dem obigen Modell angelegten idealen Spiegelwelt dürfte also demnach auch keinerlei Signaltransport über elektromagnetische Wellen möglich sein. Es wäre eine reine Welt des Schweigens und der Wirkungslosigkeit. Avancierte und retardierte Verhältnisse in einem solchen System führen bei der Überlagerung ihrer Verursachungsströme gerade immer dazu, daß überhaupt keine Wirkung im System manifestiert wird.

Wenn in unserer wahren Welt nun tatsächlich Kommunikation und Signaltransport möglich sind, so muß man vielleicht daraus schließen, daß diese unsere wahre Welt von der idealen Spiegelwelt doch wohl erheblich abweichen muß. Wodurch mag das eigentlich bedingt sein? Wenn wir uns samt unserem Sonnensystem und unserer strahlenden Sonne inmitten einer spiegelnden Hohlkugel befänden, würde sich der Innenraum dieser Hohlkugel über vielfache Reflexionsprozesse des Sonnenlichtes an der verspiegelten Innenwand mit Sonnenstrahlung gleichmäßig anfüllen. Es würde genausoviel Licht aus jeder Richtung auf die Sonne fallen, wie diese in diese Richtung emittiert. Das aber würde erstens bedeuten, daß die Sonne ihre nukleare Fusionsenergie nicht loswerden kann und platzen müßte, und zweitens, daß wir auf der Erde aus allen Richtungen gleich viel Strahlung empfangen würden, ob wir nun zur Sonne hinschauen oder in die Gegenrichtung. Im nächsten Kapitel wollen wir untersuchen, ob nicht gerade die spezifischen Bedingungen in unserem Kosmos dazu führen, daß sich unsere kosmische Realität ganz anders darstellt, als es im Inneren einer spiegelnden Hohlkugel zu erwarten wäre.

8. Kapitel
Der kosmische Zeitsinn

Wenn wir samt unserer Sonne in einer ideal spiegelnden Hohlkugel säßen, könnten wir die Position der Sonne darin überhaupt nicht ausmachen. Ihr Licht würde von allen Seiten gleichmäßig zu uns dringen, und wir sähen dann die Sonne in jeder Richtung. Unser Himmel wäre überall taghell, und wir könnten nicht, wie in unserer realen Welt, am dunklen Nachthimmel die Positionen der leuchtenden Sterne ausmachen. Die entfernten Bereiche unseres Universums reagieren offensichtlich also nicht wie ideale Spiegelflächen, und wir müssen etwas tiefergehend überlegen, wodurch dies denn eigentlich bedingt sein könnte.

Man stelle sich vor, alle Sterne unseres Universums wären in eine Box gepackt, deren Innenwände ideale Spiegelflächen sind. Nach kurzer Zeit würde der Innenraum dieser Box sich einer Strahlungsgleichgewichtssituation angenähert haben. Alle Sterne würden an ihrer Oberfläche ebensoviel Strahlung emittieren wie absorbieren. Sie könnten also ihre Energie, die in ihrem Inneren über nukleare Fusionsprozesse entsteht, überhaupt nicht loswerden. Sie würden folglich heißer und heißer werden, sich ausdehnen und allmählich bei solcher Ausdehnung den Binnendruck so verringern, daß als Folge darauf endlich auch die nukleare Fusionrate in ihrem Inneren sich reduzieren würde. Sterne der uns in unserem Weltall bekannten Form können demnach nur im Nichtgleichgewicht mit dem Rest des Universums existieren, welches gerade ihnen nämlich erlaubt, effektiv und mit hohem Wirkungsgrad in die kosmische Außenwelt abzustrahlen.

In übertragenem Sinne kann man daraus schließen, daß alle Systeme, die in einem analogen Sinne von einer solchen »spiegelnden Hülle« umschlossen sind, keine Chance haben, Entropie abzuführen und interne Information zu akkumulieren. Da jede gravitative Fragmentation aus diffus verteilten kosmischen Gasen, durch die alle Sterne ja letztlich zustande kommen, eine lokale Entropieerniedrigung bedeutet, könnte also eine solche gravitative Strukturierung, wie die des Universums in die Form von Sternen und Sternsystemen, unter solchen Umständen überhaupt nicht stattfinden. Eine solche spiegelnde Umhüllung wirkt wie eine geschlossene Fläche, an der alle von innen her auftreffenden Verursachungsströme in substantiell gleichartige, aber zeitinvertierte Verursachungsströme umgewandelt werden. Diese vollkommene Verwandlung versetzt das so eingeschlossene System in einen Zustand, in dem es keinen ausgeprägten Zeitpfeil mehr gibt, weil es keinen Wirkungsfluß aus dem System heraus oder in dieses hinein gibt. In einem solchen System kann also nichts bewirkt werden in der Zeit, und angesichts dieser Wirkungslosigkeit kann kein Unterschied zwischen Vergangenheit und Zukunft mehr gemacht werden.

Zeitpfeile können in unserem wirklichen Universum also nur deswegen ausgeprägt sein, weil dieses tatsächlich existierende Universum offensichtlich nicht von einem idealen Wirkungsreflektor umgeben ist. Im Gegenteil, das Universum stellt als Ganzes einen Wirkungsabsorber mit unendlicher Absorptionskapazität dar. In diesem realen Universum ist der Nachthimmel immer dunkel, und der kosmische Horizont absorbiert Strahlung ohne Ende. Nur unter diesen Bedingungen können die Sterne des Weltalls überhaupt existieren. Thermodynamisch scheint dies ermöglicht worden zu sein, nicht weil das Weltall unendlich groß ist, sondern weil es zu expandieren scheint, so daß die einhüllenden »Spiegel« dieses Weltalls, wenn man dies einmal im übertragenen Sinne so ansprechen soll, niemals die aufgenommene Wirkung selbst, sondern immer nur eine durch die Expansion bedingte, rotverschobene Wirkung dem eingeschlossenen kosmischen Materiesystem zurückgeben. In einem expandierenden Universum kann also niemals thermodynamisches Gleichgewicht herrschen, und es muß hier immer einen Zeitpfeil geben! Kommt also die physikalische Zeit gerade aus diesem Faktum der Weltexpansion?

Denken wir hier noch einmal an das Problem der avancierten und retardierten Wellen bei dem Lichtblitz zurück. Die Frage war hier gewesen, ob die Natur im Prinzip beide Wellentypen – die, die in die Zukunft und die, die in die Vergangenheit laufen – gleichermaßen realisiert, und wenn ja, wie John Wheeler und Richard Feynman ja glauben, warum wir dann eigentlich nur den Typ der retardierten Welle in unserer Welt auftreten sehen. Wenn das reflektierende oder wellenstreuende Material in der weiteren Umwelt einer Strahlungsquelle einem homolog expandierenden Universum angehört, dann führt evidenterweise die kosmische Rotverschiebung auf Hin- und Rückweg dazu, daß die avancierte Welle, die aus der Reflexion der retardierten Welle an kosmischen Materialien hervorgeht, bei dieser Reflexion nicht alleine einen Phasensprung erleidet, sondern auch eine Frequenzveränderung und wegen der Nichtidealität der Reflexion zudem auch noch eine Amplitudenverringerung, also eine Intensitätsschwächung erfährt. Damit aber muß klarwerden, daß es weder eine volle Auslöschung der avancierten noch der retardierten Wellen, die von der Quelle ausgehen, in einem solchen Kosmos geben kann.

In einem expandierenden Universum kann demnach immer auf elektromagnetischem Wege eine Wirkung realisiert werden. Die avancierten und retardierten Echowellen aus dem Kosmos müssen gegenüber den Primärwellen der Quellen verändert sein, sonst käme es überall zu einer perfekten, elektromagnetischen Wirkungsauslöschung! Der naturverbundene Vorzug der retardierten vor den avancierten Wellen ergibt sich also aus dieser Sicht als ein rein kosmologisches Phänomen.

Wenn ein Stein auf die Wasseroberfläche eines Teiches auftrifft, so sieht man Wasserwellen von der Auftreffstelle kreisförmig nach außen zum Rande des Teiches laufen und die Botschaft dieses Auftreffers dorthin überbringen. Man sieht jedoch niemals das Gegenteil, also Wellen, die vom Teichrand zur Mitte des Teiches laufen und sich dort so überlagern, daß als Wirkung dieser Überlagerung ein Stein aus dem Wasser hochfliegt. Ebenso geht man immer davon aus, daß eine Botschaft dem Empfänger nicht bekannt sein kann, bevor sie abgesendet wurde, ganz gleich ob diese nun durch Lichtwellen oder Wasserwellen transportiert wird. Das liegt einfach schon im Begriffsinhalt dessen begründet, was Botschaft genannt werden soll. Solche mit Botschaften verbundenen oder ihnen als Basis dienende Wellenphänomene werden alle gleichermaßen von einer in der Physik wohlbekannten Wellengleichung beschrieben, welche ja vom Prinzip her sowohl retardierte als auch avancierte Wellen als Lösungen zuläßt.

Nehmen wir an, ein Teich besäße eine unregelmäßige Berandung, an der jedoch die auftreffenden Wasserwellen in idealer Weise reflektiert würden. Die Wellen eines auf die Wasseroberfläche auftreffenden Steins breiten sich erfahrungsgemäß zunächst mit großer Wellenamplitude von der Auftreffstelle fort und treffen schließlich auf die Berandung, wo sie Reflexionswellen auslösen. Nach einigen aufeinanderfolgenden Wellenreflexionen wird die Wasseroberfläche dann wieder eine mehr oder weniger gleichmäßige, leicht gewellte oder gekräuselte Gestalt annehmen. Die vielfältigen Welleninterferenzen wirken sich also wie die Stöße von Gasteilchen in einem abgeschlossenen Gasvolumen aus und überführen hier analog zu der Entropieerhöhung in einem Gas die Wasseroberfläche in einen gleichmäßig gewellten, hochentropischen Zustand. Koordinierte Wellen mit großer Amplitude gehen also im Laufe der Zeit in eine chaotisch scheinende Verteilung von kleinen, aber kohärenten Wellchen über. Damit geht hier zwar eine Entropieerhöhung vor sich, die aber interessanterweise im Prinzip nicht irreversibel ist. Nach dem ergodischen Prinzip müssen sich alle Wellenmuster, die überhaupt unter der Prämisse der Erhaltung der gesamten Wellenenergie möglich sind, im Laufe der Zeit unter solchen Umständen immer wieder einmal einstellen. Wenn also die Gesamtwellenenergie sich nicht vermindert, wie etwa durch nichtideale Reflexionen der Wellen am Teichrand oder durch die Kompressibilität des Wassers, so müßte nach dem Rückkehrtheorem von Poincaré die ursprünglich beim Auftreffen des Steins auf das Wasser erzeugte Primärwelle sich nach einer entsprechend langen Zeit wieder neu ergeben, ohne daß dazu ein zweiter Stein auf das Wasser fallen müßte.

Nach dieser Argumentation sollten also auch avancierte Wellen durchaus nicht nur möglich sein, sondern auch realisiert werden, wenn sie sich vielleicht auch nur unter sehr einschränkenden Randbedingungen tatsächlich ergeben, d. h. sehr selten sind. Manchmal kann sich somit irgendwo ein Prozeß nach der Art einer avancierten Welle ergeben, wobei plötzlich kreisförmig interferierende Wellen auf ein Zentrum zulaufen, die dort eine erneute Welle nach dem vertrauten Typus einer retardierten Primärwelle auslösen.

Die in der realen Natur immer gegebene Nichtidealität der physikalischen Systeme mit ihren immer nichtideal agierenden Wänden bedingt jedoch in Wirklichkeit, daß diese Systeme niemals perfekt abgeschlossen sind und daß die Rückkehrwahrscheinlichkeit kleiner als 1 wird. Der Austausch von Information mit äußeren Systemen verhindert aus diesem Grunde über Energie- und Impulsaustauschprozesse sowie über dissipative Effekte eine perfekte Gedächtnisbildung solcher nichtidealen Systeme. Sie können sich einfach nicht mehr an ihre Vergangenheit vollständig erinnern und können diese deswegen auch nicht mehr voll nachbilden und realisieren. Sie laufen in ihren inneren Prozeßabläufen sozusagen ihrem Gewesensein systematisch davon und können sich nicht mehr mit ihrem Vorher identifizieren. Durch die Austauschprozesse mit äußeren Systemen und durch nichtlinear enkodierte Reflexionen an den Systemwänden wird die Zeitspiegelungsinvarianz gebrochen. Wenn man sie in die Wellengleichung einbezieht, so läßt auch diese nicht mehr avancierte und retardierte Lösungen gleichermaßen zu. Die vorher gegebene Wellenkohärenz wird damit gebrochen durch unkorrelierte Umwelteinflüsse auf die Berandung des Systems. Es treten unkohärente Sekundärwellen auf.

Die schiere Existenz von avancierten und retardierten Wellen im elektromagnetischen, hydrodynamischen oder akustischen Bereich läßt nach dem zuvor Diskutierten einen für den Umschlag von Ursache in Wirkung ganz frappant neuen Umstand erkennen, nämlich denjenigen, daß die Realisierung eines verursachenden Ereignisses an einer bestimmten Orts- und Zeitstelle des kosmischen Raumzeitkontinuums eigentlich keine lokale und instantane Angelegenheit mehr sein kann, daß sie vielmehr ein überlokales und überinstantanes Umsetzungsgeschehen von Potentialität in Aktualität darstellen muß, welches merklich aus nichtlokalen und nichtinstantanen Umweltgegebenheiten mitgeprägt ist. Das soll heißen: Ein System kann seine Verursachungen nicht einfach aus der örtlichen und instantanen Physik heraus realisieren, sondern muß an jeder Ereignisstelle von der Ganzheit all seiner raumzeitlichen, physikalischen Realisierungen Kenntnis nehmen. Ursachen sind somit also weder lokal noch instantan zu sehen, sondern Verursachungsgeschehen und Wirkgeschehen sind global und überzeitlich miteinander verwoben. Das Auftreten von retardierten und avancierten Ereigniswellen in Verbindung mit den assoziierten Echowellen führt dazu, daß die Verursachungsströme, die von einem Ereignis ausgehen, nicht frei, willkürlich und ad hoc gestaltbar sind. Die zum Ereignisort zurückkommenden retardierten und avancierten Echowellen aus der raumzeitlichen Ereignisumwelt modifizieren vielmehr durch Überlagerung die eigentliche primäre Ereigniswelle und prägen damit dasjenige, was durch sie verursacht werden kann. Und zwar prägen sie es aus der Vergangenheit und aus der Zukunft der vierdimensionalen, raumzeitlichen Ereignisumwelt her. Damit aber ist das, was von dem Ereignis als Verursachung ausgeht, nicht selbständig in Ort und Zeit. Es ist nicht festsetzbar ohne sublime Absprache mit der Vergangenheit und Zukunft aller Systemzustände.

Wenn die Ereignisumgebung keine Geschichte in der Zeit durchmachte und wenn sie wie ein perfekter Ursachenspiegel wirkte, so könnte es überhaupt keine von einer Ortszeitstelle ausgehende Verursachung und folglich auch keine Bewirkung geben. Nur wenn die Ereignisumwelt einen fehlerhaften Ereignisspiegel darstellt und wenn sie zudem eine geschichtliche Veränderung in der Zeit erfährt, kann eine Ortszeitstelle im Weltkontinuum überhaupt ereignisfähig werden in dem Sinne, daß von ihr eine Verursachung ausgeht, die dann anderswo etwas bewirken kann. Durch die auf den Ereignisort einlaufenden retardierten Echowellen teilt sich diesem Ort die Vergangenheit der Umgebung mit, während sich durch die hier eintreffenden avancierten Wellen die Zukunft der Umgebung mitteilt. Die lokale Verursachung kommt demnach nur unter Kenntnisnahme sowohl von Zukunft als auch von Vergangenheit des Systems zustande.

Wenn jemand den Taster eines Stromkreises drückt, der über eine Glühlampe geschlossen wird, so leuchtet die Lampe, sozusagen stimuliert oder manipuliert durch diesen Tastendruck, mehr oder weniger hell auf. Wie hell sie in der Tat dabei leuchtet, das – so glauben wir gemeinhin – hängt nur vom aktuell gegebenen elektrischen Widerstand und der Selbstinduktion der Lampe sowie von anderen optischen Lampeneigenschaften ab und wird von dem in Verbindung mit der vorhandenen Spannung in der Lampe realisierten elektrischen Strom bestimmt. So gesehen müßte allein durch diese aktuell gegebenen Dinge festgelegt sein, wieviel Licht nach Tastendruck von der Lampe ausgeht. Dem kann jedoch nach obigen Betrachtungen *nicht* so sein! Denn wenn man sich vor Augen stellt, daß retardierte und avancierte Echowellen auf den Ereignisort der Lampe einlaufen, so ergibt sich daraus, daß die eigentliche Effektivität der Lampe als Lichtquelle erst aus der Überlagerung der Primärwelle mit diesen Echowellen resultiert. Es wird dann klar, daß der potentielle Verursachungsort, an dem die Lampe sich befindet, mehr oder weniger stark aus der Zukunft und Vergangenheit der Lampenumgebung her präkonstelliert wird. An diesem Ort kann nicht einfach irgend etwas willkürlich Gewolltes passieren, sondern es passiert hier eben etwas von der Zukunft und Vergangenheit der kosmischen Umgebung dieser Stelle Vorgeprägtes. Beide Zeitmodi der kosmischen Weltrealität sind am Geschehen an jeder Ortszeitstelle des Universums prägend mitbeteiligt.

Hier wird es nun äußerst interessant, welche Geschichte die Expansion des Kosmos in der Vergangenheit gehabt hat und welche sie noch in der Zukunft haben wird. Die heutige elektromagnetische Wellenausbreitung von einer Lichtquelle im Kosmos aus sollte nämlich von beidem etwas mitbekommen. Gehen wir von expandierenden Welten aus, wie sie von theoretischen Modellen beschrieben werden, die auf der Lösung der Einsteinschen Feldgleichungen für ein homogenes Universum basieren, so zeigt sich in all diesen Modellen, wenn sie nur überhaupt eine Expansion der Welt beschreiben, daß die dabei auftretende Expansionsrate sich je nach Modell auf sehr verschiedene Art mit der Weltzeit ändern kann, wie ich in meinem Buch »Der Urknall kommt zu Fall« im einzelnen diskutiert habe. Konservative Weltmodelle, wie sie von Alexandrej Friedman in den Jahren 1921 und 1922 diskutiert worden sind, beschreiben eine dezelerierte Expansion der Welt, bei der die Expansionsrate mit der Weltzeit abnimmt, wenn sie nicht gar bei überkritischer Gravitationsbildung des kosmischen Materials jenseits eines Kulminationspunktes des Weltdurchmessers sogar negativ wird. Andere Modelle dagegen, die die Geschichte des Weltalls unter Hinzunahme des kosmischen Vakuumdruckes und unter Berücksichtigung der inflationären Wirkung der kosmischen Vakuumenergie beschreiben, kommen zu Weltmodellen mit anfänglich dezelerierter und später akzelerierter, aber nie endender Expansion. Wenn wir nun davon ausgehen, daß die heutige Lichtausbreitung im Kosmos unter Kenntnisnahme sowohl von der Vergangenheit als auch von der Zukunft dieses Weltgeschehens erfolgt, dann sollten sich in den Formen der heutigen Lichtausbreitung tatsächlich implizit Signale aus der Vergangenheit sowie aus der Zukunft dieser kosmischen Expansionsgeschichte antreffen lassen. Wir sollten schon allein daran feststellen können, wie die kosmische Expansion bisher verlaufen ist und wie sie in Zukunft noch verlaufen wird. Es gilt nur noch die gegebenen Zeichen richtig zu deuten. Die streuende und reflektierende Materie im Weltall, an der Echowellen entstehen, ist nicht an festen Positionen lokalisiert, so wie Gegenstände in einem starren Weltraum, vielmehr befindet sie sich in einem dynamischen und gekrümmten kosmischen Raumzeitkontinuum. Durch die Dynamik des Raumes, in den diese Materie eingebettet ist, macht sich deshalb sozusagen vom Sichthorizont her die Expansion oder, im gegenteiligen Fall, die Kontraktion der Welt schon heute für uns bemerkbar.

Was passiert aber nun eigentlich im Rahmen dieser großangelegten Evolutionsgeschichte des Universums? Sehen wir dazu zunächst einmal auf die Entwicklung von Ordnungen und Unordnungen im Universum und fragen uns, was diese in der kosmischen Zeit sich abspielenden Evolutionsprozesse über den Zustand der Welt und über deren globalen Ordnungscharakter aussagen. Man erkennt leicht aus der Tatsache, daß der kosmische Himmel dunkel ist – oder höchstens in Form der kosmischen Hintergrundstrahlung wie ein »schwarzer Körper« mit der Temperatur von 2 735 Kelvin strahlt –, daß im Weltall kein thermodynamisches Gleichgewicht herrschen kann, sondern daß dieser Kosmos seine Entwicklung weitab von einem solchen Gleichgewicht durchläuft. Dieser kosmische Nichtgleichgewichtszustand erlaubt zum Beispiel bis in die heutige Zeit hinein, daß sich aus diffus im Weltall verteilter Materie immer wieder aufs neue gravitativ gebundene Strukturen wie Sterne und Sternsysteme entwickeln, die dann je nach Leuchtobjekt bei Oberflächentemperaturen von 3000 bis weit über 30000 Kelvin Strahlung emittieren und damit den kosmischen Hintergrund in einem enormen Maße überstrahlen.

Lange glaubte man, daß dieses Geschehen im Kosmos aufgrund der Aussage des zweiten Hauptsatzes der Thermodynamik so auf keinen Fall andauern könnte, weil ja die Entropie bzw. die Unordnung im Kosmos insgesamt und die in jedem abgeschlossenen physikalischen Untersystem des Kosmos ebenso ständig zunehmen muß. So etwas stellte man sich in der Konsequenz – analog zum Verhalten von Gasen in abgeschlossenen Volumina – gerade so vor, daß es, abgesehen vielleicht von gewissen Übergangsphasen, zu einer immer gleichmäßigeren Verteilung von Strahlung und Materie im Universum kommen müßte. Wie man inzwischen aber immer deutlicher erkannt hat, muß das im Kosmos durchaus, und sogar trotz der Entwicklung zu immer größerer Unordnung, nicht so sein. Die Astronomen gehen heute eher davon aus, daß sich zumindest unter der »ruhemassehaften« Materie, also derjenigen Materie, die im wesentlichen durch die Protonen und Neutronen des Universums repräsentiert wird, im Gegenteil ein immer größerer

Grad an Ordnung und damit an Information im Laufe der Weltzeit herausbildet. Während die Anfänge der kosmischen Evolution in einem perfekt homogenen Materiekosmos stattfanden, kommt mit dem Voranschreiten der Evolution ein immer höherer Strukturierungsgrad zustande.

Das hat zum Beispiel den amerikanischen Molekulargenetiker und Biochemiker Tom Stonier dazu veranlaßt, eine monoton steigende Linie der kosmischen Information über der Evolution des Kosmos anzunehmen. Nach seiner Ansicht war der Urknall der Zustand des absoluten Weltchaos und des absoluten kosmischen Entropiemaximums. Seither aber vollzieht sich im Laufe der Weltzeit in der Welt nach seiner Ansicht, entgegen allen normalen thermodynamischen Erwartungen, nichts anderes als gerade eben eine wachsende Ordnungsbildung, die einhergeht mit der ständigen Steigerung des globalen Informationsgehaltes des Universums bei wachsender Weltzeit. Dies würde besagen, daß die Weltentropie mit fortschreitender Weltzeit schließlich auf Null abnimmt, während die kosmische Information auf einen Maximalwert ansteigt, der für diese Welt und ihre Evolution einzigartig und charakteristisch ist. Die Weltzeit würde danach monoton genau in der Richtung wachsen, in der die kosmische Entropie abnimmt.

Dies sieht jedoch die moderne Astrophysik heute ganz anders. Für sie ist genau das Gegenteil der Fall. Der Urknall, wenn man ihn nun einmal als den Anfang einer homolog expandierenden Welt konzipieren will, stellt zwangsläufig den Moment des höchsten Informationsgehaltes des Universums während des gesamten Ablaufes seiner Evolution dar, denn in ihm, dem Urknall nämlich, steckt ja sozusagen als Information das vollkommene, entelechetische Programm, wie die Welt sich in ihre Zukünfte hinein entwickeln soll. Der Urknall als physikalisch parametrisierte Initialphase des Kosmos dient als Genmatrix des Universums, als die Keimzelle, aus der sich alles Spätere nach Vorschrift entwickeln soll. Indem die Welt dies aber tut – sich wie nach dem Gesetzesdiktat dieser urknall-genetischen Information in ihre Zukünfte hinein zu entwickeln –, verschleißt sie die in ihr steckende Information, indem sie Punkt für Punkt die kosmogenetischen Informationsbausteine abarbeitet und sozusagen Vorschrift nach Vorschrift in neue Aktualität des Seins umsetzt. Dieses Umsetzen aber geschieht durch Schaffung immer höherer Wirkungsdisproportionierungen, indem makrokosmische Ordnungen zu Lasten der Schaffung immer größerer Mengen an mikroskopischen Unordnungen erzeugt werden. Diesen komplizierten Zusammenhang wollen wir uns nun ein wenig genauer ansehen.

Das Anwachsen von positiven Dichtestörungen in der komischen Materieverteilung geschieht durch fortschreitende Selbsteinschnürung der vorverdichteten kosmischen Materie. Dieser Abschnürungs- oder Kondensationsprozeß wird dabei durch die eigenen, verdichtungsbedingt auftretenden, zentripetalen Schwerkräfte betrieben. Gerade aber durch die gravitativ bedingten Kollapsereignisse an Teilen diffus verteilter kosmischer Materie, mit denen ja einerseits eine kosmische Ordnungsbildung einhergeht, weil Materie aus größerem auf kleineren Raum zusammengebracht wird, bilden sich aber andererseits erst die eigentlich potenten kosmischen Entropiegeneratoren im Weltall aus, die für die generelle Anhebung des kosmischen Unordnungsniveaus verantwortlich sind. Gerade durch die Sternbildung nämlich, obwohl diese Behauptung widersinnig zu sein scheint, beginnt der Kosmos letztlich in der Gesamtbilanz eine enorme Produktion von Unordnung zu vollziehen. Wie läßt sich das verstehen?

Die Anwendung der klassischen Regeln der Thermodynamik auf solche selbstgravitierenden Materiezentren im Kosmos stellt eine reichlich komplizierte Sache dar. Hierbei bringt nämlich die Langreichweitigkeit der Gravitationskraft und die damit verbundene Eigenschaft der Akkumulation immer stärkerer Felder, verbunden mit der Akkumulation von immer mehr Materie, thermodynamisch gesehen vollkommen neue Systemeigenschaften ins Spiel. Während der Gleichgewichtszustand eines Laborgases, in dem keine Eigengravitation wirksam wird, ein homogener, isothermer und isobarer Gaszustand ist, kommen bei einem Gas mit intern ausgeprägter Gravitation, wie eben im Kosmos aufgrund der Riesigkeit der dort vorliegenden Gasmengen gegeben, innere Schwerkraftbindungen mit ins Spiel, die gerade eben den homogenen Gaszustand als einen weit vom eigentlichen Gleichgewicht abliegenden Zustand erkennen lassen. Bei selbstgravitierenden Gasen sind die auftretenden Dichtefluktuationen folglich auch wesentlich größer als diejenigen, die in »kraftfreien« Gasen thermodynamisch aufgrund von statistischen Dichtefluktuationen erwartet werden können. Grundsätzlich läßt sich sagen, daß die Entropie eines Systems aus selbstgravitierenden Gasen überhaupt keine Obergrenze haben kann. Ebensowenig kann der Kosmos in der zeitinvertierten Erscheinungsform des Urknallgeschehens solch eine Maximalentropie annehmen. Das aber läßt allein schon darauf schließen, daß es weder gelingen kann die Entropie noch die Information festzulegen, die in einem Urknallkosmos steckt. Der Zustand des Urknalls ist von diesem Gesichtspunkt, also dem Entropiestandpunkt her, überhaupt nicht greifbar. Infolgedessen sollte es für ein solches System wie den Kosmos auch überhaupt keinen möglichen Gleichgewichtszustand geben, denn im Kosmos kann durch weitergehende Kompaktierung von Teilen der kosmischen Materieverteilung ohne Ende immer mehr Entropie erzeugt werden, ganz unabhängig davon, wieviel Entropie der Urknall bereits in sich trug.

Das vollzieht sich im wesentlichen in den Sternen so, daß die Masse der Sterne zunächst aus den diffus verteilten Massen der kosmischen Wasserstoffatome im Weltall zusammengetragen wird und sich durch die eigene Schwerkraft gravitativ zu einer Sternmasse verbindet. Dabei werden die Freiheitsgrade der vorher verteilten Einzelteilchen eingeschränkt, und alle zusammen als Sternmasse stellen sozusagen nur noch ein einziges Teilchen mit der Masse des Sterns dar. Während sich aber bei der Sternentstehung in diesem Sinne eine Teilchenverminderung im Kosmos vollzieht, wird im Zuge der Sternbildung ständig das Energieäquivalent der hinzugewonnenen Gravitationsbindungsenergie des Sternmassensystems in Form von Photonen in die Außenwelt des Kosmos abgestrahlt. Wenn man so will, ist die Sternbildung nur ein Trick des Kosmos, aus Gravitationsenergie, die wiederum nichts anderes als eine Erscheinungsform kondensierter Energie und Masse ist, immer mehr Teilchen, nämlich Photonen zu machen und damit die Teilchenzahl oder, anders gesagt, die Zahl der Freiheitsgrade des physikalischen Systems »Universum« zu erhöhen.

Man kann sich dies zum Beispiel einmal im Falle der Sonne zahlenmäßig genau ansehen: Wieviel zusätzliche Teilchen muß der Kosmos schaffen, wenn er eine Sonne wie die unsere erzeugen will? Zunächst muß die Sonnenmasse aus den Massen der sie aufbauenden Wasserstoffatome zusammengebracht werden. Dazu werden $N_P = (M_S/m_P) \cong 10^{57}$ Wasserstoffatome benötigt (M_S ist die Sonnenmasse = $2\ 10^{33}$ Gramm; m_P ist die Masse eines Wasserstoffatoms = $1{,}672\ 10^{-24}$ Gramm), die durch gravitative Bindung zu einem einzigen Objekt verbunden werden. Damit verliert der Kosmos also zunächst einmal eine unglaublich große Menge an Einzelteilchen. Nun ist aber die Bindung dieser Einzelteilchen durch die eigene Schwerkraft begleitet von der Erzeugung vieler, vieler Photonen, also Lichtteilchen, die in der ersten Phase der Sternentstehung dafür sorgen müssen, daß das Äquivalent der Gravitationsbindungsenergie der gebundenen Sonnenmaterie in Form von Photonen ins Weltall abgestrahlt wird. Die Frage ist dann, wieviel solcher Photonen die Sonne in ihrer Bildungsphase, noch bevor sie ihr eigentliches Leben als nuklearer Brennofen beginnt, abstrahlen muß, damit sie dadurch gerade das Energieäquivalent der Bindungsenergie der heutigen Sonne abführt. Diese Bindungsenergie läßt sich relativ leicht für die heutige Sonne angeben.[1]

Die Rechnung ergibt, daß für den Aufbau des Sonnenkörpers zwar eine riesige Zahl an Wasserstoffatomen dem Kosmos entzogen wird, daß aber dafür das Dreitausendfache an neuen Teilchen in Form von Photonen erzeugt werden muß, die dem Kosmos wieder zugeführt werden. Die Zahl freier kosmischer Teilchen hat sich also gewaltig vergrößert. Damit aber noch nicht genug! Wenn die Sonne erst einmal in ihrer heutigen Phase angekommen ist, erzeugt sie dann bekanntlich ja in ihrem Inneren über nukleare Fusion von Wasserstoff zu Helium ihre innere Energie. Auch diese Energie, die zunächst in Form von hochenergetischen Gammaphotonen frei wird, wird schließlich in Form von erheblich zahlreicher gewordenen optischen Photonen von der Photosphäre der Sonne bei einer Strahlungstemperatur von 5400 Kelvin in den Weltraum abgestrahlt. Bei dieser Fusion im Sonneninneren liefert jedes solare Wasserstoffatom 4 Millionen Photonen. Insgesamt bedeutet dies dann, daß die Sonne während ihres eigentlichen Lebens als Stern noch einmal etwa das Viermillionenfache der Zahl der solaren Wasserstoffatome an Photonen in den Kosmos zurückliefert. So kann man letztlich zu dem Schluß kommen, daß im Durchschnitt für jedes einzelne kosmische Wasserstoffatom, das im Zuge der kosmischen Strukturbildung in irgendein leuchtendes Gebilde im Kosmos hineingebacken wird, rund 10 Millionen Photonen als Ersatz geliefert werden, wodurch sich jeweils die kosmische Entropie gewaltig erhöht. Dies führt nun ersichtlich während der Phase der Bildung von Sternen und Sternsystemen zu einer immensen kosmischen Entropiesteigerung trotz der gegenläufigen materiellen Strukturbildung, die jedem ja wie ein globaler Ordnungsgewinn erscheinen will. Demnach bildet sich also kosmisch gesehen nicht *mehr* Information, sondern gerade im Gegenteil *mehr* Unordnung im Weltall aus, während sich die Sterne im Kosmos bilden und sich Materie im Kosmos zu größeren Einheiten ordnet.

Wo war diese Unordnung aber am Anfang des Urknallkosmos versteckt, wo doch gerade in den urknallnahen Evolutionsphasen sowohl Materie als auch Strahlung bereits schon einmal in sehr enger räumlicher Kompaktierung und also in starker gravitativer Bindung vorgelegen haben muß? Wenn hier bereits das Energieäquivalent der im Urknall manifestierten Gravitationsbindungsenergie in Form von Photonen vorgelegen hat, wo sind dann diese Photonen heute? In Urknallnähe tritt nämlich etwas Neues, bisher noch nicht Bedachtes hinzu, das in diesem Zusammenhang berücksichtigt werden muß, weil es unsere Entropieüberlegungen unmittelbar betrifft: Bei den extrem hohen Temperaturen in der urknallnahen Phase ergibt sich eine sehr starke Kopplung zwischen Photonen und Ruhemasseträgern wie Protonen und Elektronen, derart fast, daß es sich gar nicht lohnt, überhaupt von der Identität eines Protons oder der eines Photons zu reden, weil beide sich in kürzesten Zeitperioden immer wieder ineinander umwandeln können und müssen. Die in der Natur auftretenden Wechselwirkungskräfte sind in dieser thermodynamisch extremen, physikalisch absolut exotischen Phase praktisch alle einander gleich geworden, und die Teilchen und Photonen können sich bei irgendwelchen Wechselwirkungen nach der Art von Stößen frei ineinander umwandeln. So gesehen sind Photonen und Protonen in dieser frühen Phase überhaupt nichts voneinander Verschiedenes. Eine Entropieerhöhung durch gravitative Entmischung dieses Milieus, wie sie in den späteren Phasen der kosmischen Evolution möglich ist, kann es demnach also zu dieser Zeit der Evolution noch gar nicht geben.

Erst in der heutigen Phase eines stark abgekühlten Universums unterscheiden sich die Naturkräfte voneinander, und die freie Konversion von Photonen in Protonen, Neutronen oder Elektronen ist nicht mehr möglich. Sie ist nur noch dort in gewissem Maße möglich, wo lokal wieder im Zuge materieller Verdichtungen die Temperaturen hochgehen. Elektrisch geladene Partikel wie Elektronen und Protonen können dann aufgrund der hohen thermischen Geschwindigkeiten und Stoßraten, die sie unter solchen Umständen entwickeln, bei ihren Bewegungen Photonen emittieren. Sie wandeln sich selbst dabei nicht in Photonen um, sondern verwandeln nur einen Teil ihrer thermischen Energie über Bremsstrahlung oder Synchrotronstrahlung in solche Photonen. Auf diese Weise können heiße Sterne fortwährend Photonen erzeugen, ohne dabei von der Evolution des restlichen Kosmos beeinflußt zu werden, solange das diffuse kosmische Strahlungsfeld einer niedrigen Temperatur entspricht. Letzteres spiegelt allerdings nun durch seine Intensität und seine Strahlungstemperatur die jeweilige Größe des Universums wider und durch seine Veränderungen in der Weltzeit deren Veränderung.

Es kann unter gewissen kosmologischen Bedingungen zu einem Gleichgewicht zwischen Sternstrahlung und Hintergrundstrahlung kommen. Wenn der heutige Kosmos mit seiner genuin zu ihm gehörenden Hintergrundstrahlung von etwa 3 Kelvin etwa um den Faktor 1000 schrumpfen würde, so würde der kosmische Hintergrund dabei so intensiv, heiß und hell wie die meisten Sternsphären werden. Unter einem solch verdichteten kosmischen Milieu dürften sich dann auch gehäuft Kollisionen von Sternen und Sternsystemen ereignen. Die einzelnen Entropiegeneratoren würden kein unabhängiges Eigenleben mehr im Kosmos führen, sondern sich zu noch größeren und effizienteren Entropiemaschinen umformieren. Im selben Maße aber, wie letztere ihre Entropie in Form von Strahlung erzeugen und ins All abgeben, würden sie in einer solchen Phase dann aber auch Entropie vernichten durch die gleichzeitige Absorption von kosmischen Photonen. In einer solchen Gleichgewichtsphase würde demnach die Rolle der lokalen Entropiegeneratoren beendet sein. Das kosmische Entropiebarometer würde von ihnen nicht weiter beeinflußt, da sie eine ausgeglichene Entropiebilanz hätten.

Etwas anderes muß aber an dieser Stelle noch weiter bedacht werden: die Tatsache nämlich, daß diese lokalen Entropiemaschinen oberhalb einer schließlich erreichten Grenzdichte der Masse plötzlich überhaupt aufhören,

Entropie und Strahlung nach außen zu liefern. Sie umhüllen sich plötzlich mit so etwas wie einem perfekten Wirkungsspiegel, der keine Wirkung und so auch keine Entropie nach außen dringen läßt. Das hängt mit dem Versinken des strahlenden Objektes in seiner eigenen Schwarzschildsphäre zusammen, wodurch sich dieses Objekt von der Außenwelt gänzlich abschnürt. Es wird zum rein passiven Objekt, das zwar aus der Außenwelt alle zugesendeten energietragenden Botschaften aufschluckt, aber keine solchen Botschaften ausgibt. Das hängt mit der Rolle des Druckes beim Kampf gegen die zentrale Gravitation zusammen. Wenn man ein Gas komprimiert, so wird gewöhnlich seine Temperatur und sein Druck gegen die Außenwelt immer größer. Ein solch hochkomprimiertes Gas von kosmischem Ausmaß entwickelt ein zentripetales Gravitationsfeld, gegen das sein Druck schließlich keine Stabilisierung mehr erreichen kann, ganz gleich welcher Größe und Natur dieser auch sein mag. Im Rahmen der Allgemeinen Relativitätstheorie, mit deren Hilfe allein man solch extreme Verhältnisse beschreiben kann, wirkt nämlich der Druck selbst auch als Quelle von Energie und damit wiederum auch als Quelle des zentripetalen Gravitationsfeldes. Das führt zu dem eigenartigen Befund, daß ein Stern um so mehr wiegt, je größer der Druck in seinem Inneren wird, und genau dies passiert bei immer höherer Kompression. Wenn ein Objekt schließlich bis auf seinen Schwarzschildradius zusammengeschrumpft ist, so überwiegt in dieser Phase die kontrahierende Wirkung des Druckes seine sonst übliche expandierende Wirkung. In dieser Phase gibt es dann also kein Entrinnen mehr vor dem weitergehenden Kollaps, ganz gleich wie der Druck seiner Natur nach beschaffen sein mag. Der totale Kollaps vollzieht sich von diesem Moment an für einen mit ins Zentrum fallenden Beobachter nach seiner Uhr gemessen in einer sehr kurzen Zeit.

In dieser Phase des Kollapses können aber die neu entstehenden Träger der frei werdenden Gravitationsbindungsenergie des implodierenden Objektes selbst nicht mehr dem immensen Schwerefeld desselben entweichen. Sie werden vielmehr mit in den weitergehenden Kollaps hineingerissen. In diesem Moment hören jedoch solche Implosionsobjekte gänzlich auf, als Entropiegeneratoren des äußeren Kosmos zu wirken. Es werden zwar immer mehr Teilchen und innere Freiheitsgrade des kollabierenden Systems geschaffen, diese erhöhen jedoch nicht mehr die Entropie des äußeren Kosmos. Man kann sich hier dagegen fragen, was mit der inneren Entropie eines solchen Gebildes wird. Zählt diese mit zur Gesamtentropie des Kosmos, oder wird sie sozusagen dem Kosmos auf ewig entzogen?

Manche Astrophysiker glauben absehen zu können, daß sich die innere Entropie eines Objektes beim ungebremsten Kollaps innerhalb seiner eigenen Schwarzschildsphäre ständig weiter erhöhen muß, weil ja dabei ohne Einhalt mehr und mehr Gravitationsbindungsenergie in innere Freiheitsgrade des Kollapssystems hineingepumpt wird. Immer mehr Photonen bilden sich, die dem System aber nicht mehr entweichen können, sondern einen freien Fall ins Zentrum des Objektes miterleben müssen. Dabei vollzieht sich etwas Ähnliches wie bei der kosmologischen Expansion des gesamten Universums auch. Die kosmische Hintergrundstrahlung, die heute eine Temperatur von nur noch 3 Kelvin besitzt, benimmt sich so, als wäre sie sozusagen in diese Expansionsdynamik des Weltraumes eingefangen. Die einzelnen Photonen dieser Strahlung verhalten sich etwa so wie Wellen, die man auf die Außenhaut eines sich aufblähenden Ballons aufgemalt hat: Sie dehnen sich aus, und ihre Wellenlänge wird größer und größer mit fortschreitender Expansion des Ballons.

Beim Kollaps eines Systems in das Zentrum seiner eigenen Schwarzschildsphäre vollzieht sich für die beteiligten Photonen etwas ganz Ähnliches, nur daß in diesem Falle, da der Ballon sich ja nicht aufbläht, sondern zusammenzieht, sämtliche Wellenlängen der Photonen immer kleiner werden. Während die kosmologische Expansion des Universums die Photonen der kosmischen Hintergrundstrahlung nun rotverschiebt und energieärmer werden läßt, führt der Kollaps für die ihm unterworfenen Photonen in diesem Falle zu einer Blauverschiebung und Energieerhöhung. Beides geht mit der Erhaltung eines Planckschen Gleichgewichtsspektrums der Photonen einher, dessen Strahlungstemperatur sich im ersteren Falle mit der Expansion erniedrigt, dagegen entsprechend im letzteren Fall mit dem Kollaps ständig erhöht. Das sich beim Fortschreiten des Kollapses erhaltende Gleichgewichtsspektrum der eingeschlossenen Strahlung repräsentiert dabei immer momentan einen Maximalwert der Strahlungsentropie, welche der dritten Potenz der Strahlungstemperatur proportional ist. Letztere wiederum ist dem jeweiligen Radius des Kollapsobjektes umgekehrt proportional, woraus zu schließen ist, daß die innere Strahlungsentropie des Kollapsobjektes sich umgekehrt proportional zur dritten Potenz des Objektdurchmessers erhöht und demnach beim Kollaps ins Zentrum über jeden nur denkbaren Wert hinausgeht, wie Stephen Hawking zuerst erörtert hat.

Andererseits merkt man von außen her diese Binnenentropie des Kollapsobjektes oder des »Schwarzen Loches« nicht. Von außen her kann man dem Schwarzen Loch sozusagen seine innere Unordnung nicht ansehen, denn für die Außenwelt besitzt ein solches Objekt nur eine Masse, einen Drehimpuls und vielleicht eine elektrische Ladung. Die Messung der inneren Zustände, seien diese nun geordnet oder ungeordnet, ist dagegen von außen her nicht möglich. Die Frage kann dann also sein, ob die im Schwarzen Loch selbst verborgene Unordnung wirklich mit zur kosmischen Unordnung gehört oder nicht. Ist es vielleicht als latente oder verpuppte Form von kosmischer Entropie anzusehen, die auf bestimmte Weise aus ihrem kosmischen Dornröschenschlaf dereinst gelegentlich irgendwelcher Ereignisse erweckt und zum Vorschein gebracht werden kann? Sozusagen ein Entropiedepot? Das Schwarze Loch wirkt, wie Stephen Hawking es erörtert, nach außen wie ein unbegrenztes Wärmereservoir, dem man unendlich viel Energie zuführen kann, ohne jedoch dabei je seine innere Temperatur zu erhöhen. Es verschluckt unentwegt Information in Form von strukturierter oder unstrukturierter Materie, wie Photonen und Teilchen und eben alle Formen von Energie, die in seinen Schwarzschildhorizont eindringen, und nimmt dabei dennoch immer nur von der Energiemenge oder der Masse des Verschluckten, nie aber von der eingebrachten Information, der Struktur des Eingebrachten oder von irgend etwas anderem Notiz. Ob man also ein Kilogramm Butter oder ein Kilogramm Blei, ob man ein Kilo Beethovennoten, eine ein Kilogramm schwere Bibel oder das Bürgerliche Gesetzbuch in das Schwarze Loch hineinfallen läßt, jedesmal reagiert das Schwarze Loch nach außen hin nur durch entsprechende Erhöhung seiner Eigenmasse um ein Kilogramm. Alle Protonen oder Photonen, die von einem Schwarzen Loch aufgesaugt werden, verringern die manifeste äußere kosmische Entropie, weil dabei dem freien Universum Teilchen und Freiheitsgrade verlorengehen. Nach außen hin wirken also Schwarze Löcher wie kosmische Entropiesenken, aber sie vergrößern beim Verschlucken von Photonen und Protonen ihren eigenen Umfang?[2]

Roger Penrose hat gezeigt, daß ein Schwarzes Loch strenggenommen nicht nur Masse, sondern auch Drehimpuls zugeführt bekommen kann, wenn die von außen geschluckten Objekte nicht auf radialer Bahn in das Schwarze Loch hineingesaugt werden, sondern wenn sie auf einer ellipsoiden Bahn in dessen Schwarzschildsphäre eintauchen und dabei Drehimpuls einbringen. Dieser Drehimpuls wird vom Schwarzen Loch auch akkumuliert und zu seinem Gesamtdrehimpuls aufaddiert. Da mit dem Drehimpuls aber auch Energie verbunden ist, wird durch ihn der Schwarzschildradius des Objektes mitgeprägt. Durch die Einwirkung der Rotation des Schwarzen Loches auf die metrische Struktur des Außenraumes ist es allerdings möglich, seine Rotationsenergie auf die äußere Materie zu übertragen und damit dem Loch selbst Energie und Masse bis zu einem gewissen Grade zu entziehen. Dabei läßt sich also die effektive Masse des Loches verringern und auf eine irreduzible Masse reduzieren. Diese letztere Masse läßt sich auf keine physikalisch mögliche Weise mehr verringern, sie läßt sich vielmehr nur immer erhöhen durch weitere Materiezufuhr. Die Masse des Schwarzen Loches verhält sich in thermodynamischer Analogie gesehen also ganz ähnlich wie die Entropie eines abgeschlossenen physikalischen Systems, welche sich nach Boltzmanns »H«-Theorem nur immer erhöhen kann. Stephen Hawking leitet daraus ab, daß man die Entropie, die ein Schwarzes Loch nach außen hin für den Kosmos darstellt, mit dem Schwarzschildhorizont proportional setzen kann. Das heißt dann aber, daß die Entropie eines Schwarzen Loches einfach proportional zum Quadrat der Masse des Schwarzen Loches ist. Damit wird aber auch klar, daß der Verlust an kosmischer Entropie, verbunden mit dem Verschlucken von freien kosmischen Teilchen durch ein Schwarzes Loch, nicht ausgeglichen wird durch die dabei resultierende Erhöhung der äußeren Entropie des Schwarzen Loches, wenn man bedenkt, welch einen Riesenunterschied es ausmacht, ob das Schwarze Loch Masse in Form von Photonen oder eben in Form von Protonen schluckt. Die Entropiesteigerung des Schwarzen Loches ist jedoch vollkommen gleich, ob dieses nun ein Gigaelektronenvolt in Form von Protonen oder in Form von thermischen Photonen eines 3000-Kelvin-Strahlungsfeldes frißt, während die äußere kosmische Entropie dagegen ganz empfindlich von diesem Unterschied berührt wird. Wenn man demnach die innere Entropie eines Schwarzen Loches nicht mit zur kosmischen Entropiebilanz hinzunimmt, so agieren Schwarze Löcher für den Kosmos als Entropiesenken und machen das global kosmische Entropiegeschehen uneindeutig, sogar lokal gesehen rückläufig.

Hiermit werden wir noch einmal auf die Frage nach der Entwicklung der kosmischen Entropie während der Expansion des Universums geführt.

Wächst denn nun die Entropie ständig während der Weltexpansion, oder tut sie dies nicht? War in der kosmischen Vergangenheit die Entropie kleiner und der kosmische Informationsgehalt größer? Hat es wirklich zu Anfang der Welt, also im Urknall, ein Informationsmaximum gegeben? Wie wir gesehen haben, ist es eigentlich nicht ersichtlich, wie überhaupt noch von einer globalen kosmischen Entropie die Rede sein soll, wenn sich im Universum erst einmal Schwarze Löcher bilden, die im Grunde dann eine Binnenentropie und eine Außenentropie aufweisen. Die Binnenentropie kann aber sozusagen von einem äußeren kosmischen Beobachter nicht bemerkt werden. Sie kann nur von einem dem schwarzen Objekt innewohnenden Beobachter erlebt und bestätigt werden. Dieser aber kann mit dem kosmischen Außenraum grundsätzlich nicht kommunizieren, er ist durch den Schwarzschildhorizont dieses Objektes von der gesamten kosmischen Außenwelt ausgeschlossen. Das innere und äußere Entropiegeschehen kann demnach physikalisch eigentlich niemals sinnvoll in einen gemeinsamen Topf geworfen werden. Der Kosmos ist geschieden in Innenwelten und Außenwelten.

Wie die kosmische Entropie sich bei der kosmologischen Expansion oder Kontraktion des Universums verhält, hängt nun entscheidend davon ab, ob das eingeschlossene kosmische Medium etwas von den äußeren Randbedingungen dieser Weltraumdynamik spürt. Wenn sich sozusagen bei der kosmischen Expansion der kosmische Echohorizont mit überkritischer Geschwindigkeit von jedem Punkt im Universum entfernt, so leistet das in diese Expansionsdynamik eingeschlossene Medium keine Expansionsarbeit und erfährt deswegen auch keine innere Energieänderung. Dies wäre zum Beispiel der Fall, wenn der Kolben, der ein Gas in einem Zylinder einschließt, sich mit Überschallgeschwindigkeit in Richtung auf Vergrößerung des Binnenvolumens hin bewegt. Dann können die eingeschlossenen Gasteilchen keine Stöße mit dem entweichenden Kolbenboden durchführen, bei denen sie Reflektionen erfahren würden, die ihnen und dem gesamten Gassystem die Entweichgeschwindigkeit des Kolbens mitteilen würden. In einem solchen Falle würde die Gasexpansion in den sozusagen kostenlos vom entweichenden Kolben freigemachten Raum eine Entropieerhöhung mit sich bringen. In einer solchen Phase würde die Gasentropie also mit der Expansion steigen. Spürt das Gasmedium jedoch die äußere Randbedingung, so leistet es Arbeit bei der Volumenvergrößerung und muß innere Energie aufwenden. Dabei verringert sich die Temperatur des Gases, im Falle sehr langsamer Kolbenbewegung gerade in dem Maße wie nötig, um den Entropiezuwachs, der mit der Volumenvergrößerung alleine verbunden wäre, exakt zu kompensieren. Es kommt dann in diesem konträren Falle zu überhaupt keiner Entropieänderung bei der Expansion. Dies tritt etwa dann ein, wenn der Kolben des Zylindergefäßes sich sehr langsam, also zumindest deutlich mit Unterschallgeschwindigkeit bewegt.

Was hat nun der Kolben mit dem Kosmos zu tun? Wo ist im expandierenden Universum das Pendant zum Kolbenboden? Auch hier spüren die kosmischen Teilchen die Expansion des Universums, solange sie ausreichend oft miteinander zusammenstoßen und dabei adiabatisch im Druck auf die kosmische Volumenvergrößerung reagieren können. In dem Falle tritt keine Entropieveränderung des kosmischen Teilchengases ein. Wenn jedoch die kosmische Expansionsrate so groß ist, daß sich Längen von der Größenordnung der freien Weglängen zwischen den stoßenden Teilchen des Universums mit größerer Geschwindigkeit ändern, als der Schallgeschwindigkeit der Teilchen entspricht, dann können die Teilchen dieses expandierenden Kosmos nicht mehr ausreichend effektiv miteinander über Stöße kommunizieren, sie reagieren dann nicht adiabatisch, sondern isotherm auf das sich vergrößernde Weltall und vergrößern folglich ihre Entropie mit der Volumenvergrößerung. Bei den Photonen im Kosmos verhält sich alles ganz analog, nur daß hier statt der Schallgeschwindigkeit die Lichtgeschwindigkeit die entsprechende kritische Rolle übernimmt. Insgesamt heißt dies aber dann, daß man im Grunde nicht von vornherein sagen kann, wie sich die Entropie in einem expandierenden Kosmos verhält. Dies läßt sich vielmehr nur angesichts einer ganz bestimmten Form der Weltexpansion, beschrieben durch ein bestimmtes Weltmodell, und nur in Verbindung mit der Beschaffenheit eines dazugehörigen kosmischen Mediums aussagen. Es ist demnach durchaus möglich und denkbar, daß sich die Welt bis zu ihrer heutigen Größe vom Urknall her völlig »isentrop« entwickelt hat, also ohne jegliche Erzeugung irgendwelcher kosmologischen Expansionsentropie. Das wäre dann der Fall, wenn die relevanten Wechselwirkungslängen sich immer, und also insbesondere auch noch heute, mit Unterschallgeschwindigkeit kosmologisch vergrößern würden.

Zudem wird aber die Entropiegeschichte auch noch dadurch besonders undurchschaubar, weil man die Anfangsentropie im Urknall nicht physikalisch fassen kann. Schließlich können bis heute nur endlich hohe Energiedichten und Massendichten physikalisch sinnvoll beschrieben werden, während in den meisten Weltmodellen die Energiedichten in Urknallnähe über jede Grenze hinauswachsen. So läßt zum Beispiel die bekannte Friedmann-Kosmologie, die den Kosmos aus einer Singularität hervorkommen läßt, überhaupt keine sinnvolle Beschreibung der Materiezustände in Urknallnähe zu. Hier würde jeder physikalische Gesetzesrahmen zusammenbrechen, und alles, zumal der Entropiezustand der Weltmaterie, wäre somit in dieser Phase völlig unabsehbar. Weder die Anfangsentropie im Kosmos noch die Entropieentwicklung seither sind demnach auch nur im entferntesten zu ermessen. Schon eher kann man sich darüber unterhalten, was der Kosmos, der vom Urknall herkommt, ganz gleich wie dieser im Detail ausgesehen haben mag, der Nachwelt als Startkapital bereitgestellt hat, wie also die Urknallmitgift in Form von Information und heutiger Entropie prinzipiell ausgesehen haben muß, damit wir heute haben können, was wir nun eben einmal im Universum vorfinden. Ganz wichtig für die Möglichkeit von Geschehen, wie wir es in unserer derzeitigen kosmologischen Epoche ablaufen sehen können, ist hierbei wohl die Bereitstellung von Formen freier Energie, die noch heute genutzt werden können, um irgendwelche Vorgänge im Universum auch in der heutigen Zeit noch zu bewirken. Wenn in der frühen Phase der kosmischen Elemententstehung bei kosmischen Temperaturen zwischen 10 Milliarden Kelvin und einer Milliarde Kelvin der Elementenvorrat des chemischen Periodensystems praktisch bis hinauf zum stabilsten Element, dem Eisen, durchlaufen und geschaffen worden wäre und wenn die kosmische Fusion in dieser Zeit praktisch die gesamte baryonische Materie in ihre stabilste Form, das Eisen, überführt hätte, so wäre hernach die Entstehung von Sternen, Sternsystemen oder lebensunterhaltenden Sonnen niemals mehr möglich gewesen.

Warum liefert uns der Kosmos, aus seiner Vergangenheit herkommend, nun nicht nur Eisen, sondern bemerkenswert große Mengen an Wasserstoff, aus dem dann bei der Fusion im Inneren der Sterne glücklicherweise freie Energie gewonnen werden kann, so daß wir wenigstens heute Licht in unserer Nähe und im Weltall haben und nicht im Dunklen sitzen müssen? Im Gegensatz zu Eisen, das keine freie Nuklearenergie mehr repräsentiert, die man durch Fusion anzapfen könnte, weil jeder Atomkern oberhalb vom Eisen ein Teilchenverband von kleinerer mittlerer Bindungsenergie ist, birgt Wasserstoff solche anzapfbaren Formen von Energie in sich. Durch seine Fusion im Sterninneren lassen sich dann hochenergetische Gammaphotonen und Neutrinos gewinnen, über die die freie Energie des Wasserstoffs sozusagen ins Weltall hinausdringt und die kosmische Entropie kräftig erhöht. Wenn der Urknall uns nur Eisen geliefert hätte, so gäbe es also weder die Sternbildung noch diese mit ihr verbundene Entropieerhöhung.

Es gibt inzwischen vielleicht drei Wege, auf denen man sich alternativ die Existenz von Wasserstoff in unserer heutigen Welt zu erklären versucht. Der erste und wohl auch meistbegangene Weg ist die Big-Bang-Hydrogenese. Ihr zufolge soll der heute vorhandene Wasserstoff als ein mehr oder weniger glücklicher Überrest aus der Elemententstehungszeit des Urknallkosmos stammen. Danach kommt der Kosmos aus Zeiten, in denen die Materietemperaturen im Kosmos jeden Atomkern zerspalten haben, weil die Kernbindungsenergien kleiner waren als die thermischen Energien. Erst als im Zuge der Expansion des Kosmos dann die Temperaturen unter die 10-Milliarden-Kelvin-Grenze absanken, konnten sich stabile Verbände aus mehreren Kernteilchen, wie den Protonen und Neutronen, bilden und als schwerere Atomkerne bestehen bleiben. Dabei läuft sozusagen in der diffusen kosmischen Materieverteilung überall nukleare Fusion ab und liefert höhere Elemente. Der gesamte Kosmos agiert wie eine Atombombe. Diese höheren Elementkerne können jedoch in dieser Phase nur sukzessive aufgebaut werden, indem systematisch aus leichteren schwerere Kerne fusioniert werden. So wird zunächst aus Wasserstoff das nächste schwerere Element, das Deuterium, aufgebaut, danach aus diesem das Tritium und aus diesem dann danach das Helium. Das braucht Zeit! Und in dieser Zeit, im Urknallbild etwa 100 Sekunden nach dem Urknallereignis, dehnt sich der Kosmos noch in sehr ungestümer Weise weiter aus. Dabei kaltet seine Materie sehr schnell und systematisch ab, und die mittlere Energie bei Atomstößen nimmt ständig ab, bis schließlich eine kritische Energieschwelle unterschritten wird, unterhalb derer keine weiteren Fusionsprozesse mehr ablaufen können, weil dann die Abstoßungsenergie zwischen zwei Atomkernen nicht mehr mit Hilfe thermischer Teilchenenergien überwunden werden kann.

In diesem Moment kommt die kosmische Fusion zum Erliegen, und dem späteren Kosmos hinterbleibt als materielle Mitgift dasjenige, was bis zu diesem Moment erbrütet worden ist. Was dies ist, das hängt nun wiederum sehr von der Art und Weise ab, wie sich die kosmische Expansion in dieser Weltepoche wirklich vollzieht. Auf einen kurzen Nenner gebracht läßt sich dies so ausdrücken: Wenn der Kosmos sehr schnell durch diese Phase hindurchläuft, so kommt die sukzessive Elementenfusion nicht sehr weit im Periodensystem nach oben, sie bleibt vielleicht sogar überhaupt beim Wasserstoff schon stehen, wird dort förmlich eingefroren, und der spätere Kosmos bekäme nur leichten und schweren Wasserstoff geliefert. Läuft die kosmische Expansion im Gegenteil sehr langsam durch diese Phase hindurch, so kann die sukzessive Elementenerbrütung sehr weit im Periodensystem nach oben fortschreiten und könnte sehr hohe Anteile von Eisen in der kosmischen Materie für unsere Epoche heute zurücklassen. Daß wir heute in der Tat ein Häufigkeitsverhältnis von 27 Prozent zwischen Helium und Wasserstoff in der kosmischen Materie vorfinden und darüber hinaus in den Tiefen des Raumes praktisch keine höheren Elemente, das muß offensichtlich dem ganz besonderen Umstand zu verdanken sein, daß die kosmische Fusion aufgrund der gegebenen, ganz besonderen kosmischen Expansion praktisch nicht über das Helium hinausgekommen ist.

Damit haben wir aber heute offensichtlich eine evolutionsgeschichtlich bedeutsame, sehr stark informationshaltige Materie im Weltall vorliegen, aus der weiteres Geschehen im Rahmen von Entropieerzeugung hervorkommen kann. Die kosmische Atombombe hat zu Anfang offensichtlich nur eine frühe Teilzündung erfahren. Wenn in der entscheidenden Phase, in der die Fusion abläuft, der Kosmos keine homologe und isotrope, sondern eine örtlich stark unterschiedliche Expansion durchgeführt hätte, mit örtlich schneller und langsamer expandierenden Bereichen hier und dort im Universum, so ließe sich absehen, daß dies dann zu materiell sehr unterschiedlich aufgebauten Weltbereichen geführt haben müßte, mit mehr oder weniger eisenreichen Gebieten, eingebettet in reine Wasserstoffwelten. Daß wir und alles im weiten Bereich um uns herum offensichtlich zu einem sehr wasserstoffreichen Weltgebiet gehören, könnte, aus diesem Blickwinkel betrachtet, demnach eine ganz besondere Auszeichnung oder Laune unserer Weltumgebung sein.

Dies müßte nicht weiter als besonderer Umstand gelten, wenn der Kosmos sowohl das schwache als auch das starke »kosmologische Prinzip« erfüllen würde; wenn er nämlich nicht nur überall in der Weite seiner räumlichen Erstreckungen gleich beschaffen wäre, sondern wenn er zudem auch noch über alle Zeiten hinweg sein Aussehen nicht verändern würde. Letzteres wird bei expandierenden Welten nur dann erfüllbar sein, wenn in ihnen Materieneuerzeugung in einem genauso ausgewogenen Maße abläuft, wie es erforderlich ist, um die ansonsten in einem expandierenden Kosmos zwangsläufig eintretende Dichteabnahme gerade zu kompensieren. Solche ausgewogenen Formen von gleichmäßiger Materieneuerzeugung im Rahmen von »steady-state«-Modellen ist in der Tat ernstlich, vor allem von Fred Hoyle, Hermann Bondi und Thomas Gold, in früherer Zeit viel diskutiert worden. Bei der heute erkennbaren Expansion des Universums reicht schon die Erzeugung eines einzigen Wasserstoffatoms in einem Volumen von der Größe eines Kubikkilometers pro Jahr! Ob es eine solche Neuproduktion von Wasserstoff im expandierenden Kosmos wirklich gibt, das ist in der Tat weder nachweisbar noch widerlegbar. Man müßte schon dazu feststellen können, daß zu den 100 Millionen Wasserstoffatomen in jedem Kubikkilometer kosmischen Raumes pro Jahr ein einziges Atom hinzugekommen ist! Wenn es eine solche unspektakuläre Teilchenproduktion aber tatsächlich gäbe, so bekäme der Kosmos damit ständig niederentropische Materie neu zugeführt, mit der er über gravitative Strukturbildung immer wieder aufs neue kosmische Entropie erzeugen könnte. Die kosmische Entropieerzeugungsrate wäre somit im Rahmen dieses »steady-state«-Szenarios zu allen Zeiten gleich. Das Universum würde zwar ständig seine Entropie erhöhen, wäre aber dennoch zeitlos angelegt, weil die Entropieproduktionsrate eine Konstante ist. Die ständige Nacherzeugung von Materie, ausgewogen nach der Expansionsrate des Kosmos, stellt also ein Prinzip der Erschaffung einer Erscheinungskonstanz trotz gegebener Volumenexpansion dar. Eine solche Materienachbildung oder Materierealisierung, wie sie Hoyle und seine Mitarbeiter fordern wollen, läßt sich heute sogar durchaus mit allgemein feldtheoretischen Gesichtspunkten für ein expandierendes Universum vereinbaren, wenn etwa argumentiert wird, daß expandierende Raumzeitmetriken die Tendenz haben, einzelne Teilchenquantenfelder damit nach einer gewissen expansionskorrelierten Wahrscheinlichkeit in höhere Anregungszustände übergehen zu lassen. Letzteres bedeutet aber quantentheoretisch dann nichts anderes als eine Teilchenentstehung aus dem Vakuumzustand.

Mittlerweile folgt man dieser Theorie einer unlokalisierten Teilchenerzeugung nicht mehr in größerem Umfang. Dafür ist heute eher die Theorie einer lokal induzierten Materieerzeugung en vogue, und mit ihr schafft man es auch, einen für die Teilchendichtebilanz im Universum maßgeblichen Regenerationsprozeß zu formulieren. Die Astrophysiker Fred Hoyle, Sandra

Wickramasinghe und Jayant Narlikar propagieren neuerdings so etwas wie eine kausal induzierte, lokalisierte Materialisierung im Universum an dafür prädestinierten Stellen. Es handelt sich aber hier um eine Erzeugung, die in nichtlinearer Reaktion auf extrem starke Gravitationsfelder angetrieben wird, wie sie beispielsweise in den galaktischen Zentren oder den Zentren von aktiven Galaxien oder Quasaren vorkommen. In solchen supermassiven Zentren, die von außen ständig durch zentripetale Akkretionsströme von normaler Materie, zum Beispiel aus der galaktischen Scheibe, mit Masse und Energie gefüttert werden, kann es offensichtlich in periodisch sich wiederholender Weise bei Erreichen eines kritischen Grenzwertes für das Gravitationsfeld zu einer feldinduzierten Eruption von neuer Masse und freier, niederentropischer Energie kommen. Hierbei soll es zum Auswurf von großen Mengen niederentropischer, baryonischer Materie anstelle von photonischer kommen, die dann wieder zur Bildung neuer Generationen von neuen Galaxien dienen kann. Hier geschieht also sozusagen eine »Frischzellen«-Regeneration der kosmischen Materie, durch die das globale Bild des Kosmos über die Zeiten hinweg erhalten bleiben kann, wenn auch zu allen Zeiten lokale Strukturen von alter und neuer Materie präsent sind, die sich im Raum und in der Zeit miteinander abwechseln.

Der Astronom und Astrophysiker Halton Arp vertritt die Ansicht, daß die zentrale Akkretion von Materie aus der galaktischen Scheibe und die gravitative Verdichtung derselben zu riesigen zentralen Massenzentren, wie sie gerade im Artenspektrum des galaktischen Typenfeldes zu elliptischen Riesengalaxien mit aktiven Zentren führen, schließlich bei Erreichen eines kritischen Wertes in der zentralen Massenansammlung zum jähen und spontanen Auswurf sehr kompakter, junger Materieobjekte führen, die man dann in der Form von stark rotverschoben emittierenden Quasaren, affiliiert zu ihren Muttergalaxien, wiederfinden kann. Gänzlich abweichend von dem Konzept eines singulären, für die Evolution des gesamten Universums maßgebenden, einmaligen Urknalls, tritt hier der Gedanke an ein sich ständig und überall im Weltall wiederholendes, lokal an alte Materieformationen des Kosmos affiliiertes »Mini-Bang«-Geschehen auf. Überall im Weltall vollziehen sich immer wieder Neuschöpfungen, an denen dann die je eigenen und immer gleichen Evolutionsrhythmen ablaufen. Das etabliert die Idee einer lokal induzierten, explosiven Materieneubildung, für die allerdings das gravitativ bedingte Zusammensinken alter, hochenttropischer Materie auf ihre eigenen Schwerkraftzentren im Kosmos eine unabdingbare Voraussetzung ist. Vergehen und Entstehen sind hier eng miteinander verkoppelt.

Mit einem solchen lokalen Evolutionszyklus statt eines globalen ergäben sich überall im Kosmos lokal abgeschlossene, voll zyklisch ausgebildete

Regenerationsprozesse, die auf einer für sie maßgebenden kosmischen Zeit- und Raumskala so etwas wie ein metabolistisches, autopoetisches Untersystem des Kosmos definieren würden. Zunächst bildet sich aus unverbrauchter, niederentropischer Materie, also aus diffus verteiltem Wasserstoff, durch Fragmentation unter Selbstgravitation eine neue, junge Großgalaxie. Sie durchläuft dann sämtliche Abschnitte der üblichen Evolutionssequenz, wie man sie seit Edwin Hubbles Darstellungen kennt, beginnend mit den sehr stark kompaktierten Materieformationen und systematisch übergehend zu immer stärker relaxierten, virialisierten Formationen entlang des vorgegebenen morphologischen Entwicklungsweges, an dessen Ende immer eine elliptische Großgalaxie mit massivem Zentrum auftritt. Diese stellt aber nun nicht mehr, wie dies im Rahmen der Urknallkosmologie der Fall ist, das Ende der Entwicklung dar. Vielmehr trägt diese gealterte Formation nunmehr in ihrem Zentrum den Herd für eine Neuschöpfung von jungen galaktischen Objekten. In ihrem Zentrum wird fortdauernd aus einer zirkumzentralen, schnell rotierenden Akkretionsscheibe weitere Materie von den äußeren Bereichen dieser Galaxie angereichert. Dabei saugt sich das Zentralobjekt immer mehr mit Masse und »Schwerkraft« voll, so lange bis sich ein kritischer Gravitationsfeldzustand ergibt, mit dem verbunden plötzlich wie bei einer Blitzentladung der Ausstoß großer Mengen neuer Materie ausgelöst wird.

Das hierbei primäre Ereignis einer Materieerzeugung in der Nachbarschaft des Galaxiezentrums kann nicht der Kosmogenese aus einem Urknall analog angesehen werden. Denn hier liegt ein nichtlinearer, autokatalytischer Prozeß zugrunde, der qualitativ schon heute, quantitativ vielleicht in naher Zukunft physikalisch rational gedeutet werden kann. Dieses Ereignis ist also von Natur her grundverschieden von der blinden Grundlosigkeit und Willkür des Kreationsaktes in der Urknallexplosion. Zu diesem lokalen Bang kommt es vielmehr, weil sich hier Materie durch fortgesetzten Zustrom von außen in einem engen, zentralen Raumgebiet ansammelt und auf eine physikalisch zumindest in Bälde wohl quantitativ nachvollziehbare Weise ein instabiler Zustand des Vakuums der Umgebung ausbildet, der sich in Gestalt eines spontanen Materieausstoßes sozusagen in einen stabilen Zustand eines »massegeladenen Vakuums« entladen muß – Schöpfung durch Zerfall in ein massegeladenes Vakuum, wie man diesen Vorgang fachterminologisch bezeichnen würde.

Wenn überkritische Konzentrationen von Massen auf engstem Raum konzentriert werden, so wird das umgebende Vakuum sozusagen vom Schwerefeld polarisiert und zur Massenneubildung angeregt. Das Vakuum um eine solche kritische Massenkonzentration herum stellt einen instabilen Systemzustand dar, der sich spontan unter Schaffung eines stabileren Zustandes ändern kann, wobei dann plötzlich freie Massen auftreten. Von Stephen Hawking stammt ein der Form nach ganz verwandtes Konzept einer Materieentstehung in Gestalt eines »Weißen Loches«. Dieses bildet eine Art Gegenstück zum allgemein bekannten »Schwarzen Loch«. Hawkings Weißes Loch ist allerdings recht ineffizient, wenn es Massen von einigen tausend Sonnenmassen umfassen soll, denn es zeigt sich dann, daß es so zwar immer noch zu einer Materieemission des »Schwarz-weißen« Loches ins Vakuum kommt, aber dann eben zu einer bei sehr kleiner Gleichgewichtstemperatur des »Weißen Strahlers«. Erstaunlicherweise ist es hier gerade so, daß, je weniger Masse das »Schwarze Loch« besitzt, es als ein um so heißerer Strahler fungieren kann. Wenn es dagegen viel Masse in sich vereinigt, so sollte es nur sehr ineffizient und praktisch nur Photonen, aber keine Baryonen abstrahlen.

Eine interessantere Idee zur Erklärung von baryonischer Materieerzeugung durch ein supermassives Galaxienzentrum könnte sich vielleicht aus der heute vieldiskutierten Higgsfeldtheorie herleiten lassen. Diese beschreibt ein skalares Quantenfeld, dessen Feldquanten die sogenannten Higgsbosonen sind, Quantenfeldteilchen mit einem verschwindenden Spindrehimpuls, welche ihrerseits durch den Grad ihrer Ankopplung an die fermionischen Feldquanten der anderen Teilchenfelder diesen Teilchen graduell ihre Masse beibringen. Diese Theorie der graduellen Teilchenmassen wird von den Feldtheoretikern bisher nur für die urknallnahe Phase des Big-Bang-Kosmos diskutiert, wenn sehr hohe Temperaturen erwartet werden können. Ähnliche Temperaturen, bei denen dieses Szenario folglich auch ins Spiel kommen muß, bilden sich mit höchster Wahrscheinlichkeit aber auch im Inneren supermassiver galaktischer Schwarzschildzentren aus, so daß die Higgsfeldtheorie eventuell gerade hier zum Zuge kommen könnte.

Wie immer die Abläufe genau zu formulieren sein werden, man wird heute schon sagen können, daß in supermassiven Zentren irgend etwas im Hinblick auf Materieerzeugung einfach ablaufen *muß*. Wenn die Schwerkraftbindung eines massiven Teilchens an das von allen anderen lokal konzentrierten Massen gemeinsam verursachte Gravitationsfeld so stark ist, daß die resultierende Bindungsenergie vergleichbar der Ruhemassenenergie dieses Teilchens selbst wird, so muß es absehbar zu einer spontanen Neuerzeugung von Teilchen kommen können. Hierbei mag es sich zum Beispiel um einen lokal »getriggerten« Mini-Big-Bang, den Jayant Narlikar und Fred Hoyle neuerdings im Rahmen ihrer neuen QSSC-Kosmologie (Quasi-Steady-State-Cosmology) als Variante zur früheren Steady-State-Theorie aus den fünfziger Jahren von Bondi, Gold und Hoyle zu propagieren versuchen. Während dieses Modell die Materienacherzeugung aber unspezifisch und grundlos formuliert, als eine schiere Reaktion auf die expandierende Raumzeitmetrik, ergibt sich nach der neuen QSSC-Theorie die Materieerzeugung in den Zentren der größten Materieverdichtungen als kausaler Akt. Bei ihr kommt dem sogenannten Planck-Teilchen eine primäre Rolle zu, das als primäres Teilchen bei Fluktuationen der Raumzeit im Bereich überstarker Schwerefelder auftreten soll. Dieses Teilchen stellt sozusagen die quantisierte Raumzeit selbst dar. Seine quantenmechanische Ausdehnungsunschärfe, also seine Comptonlänge, ist identisch mit seinem eigenen Schwarzschildradius. Dieses theoretisch konzipierte, aber nie nachgewiesene Teilchen muß, theoretisch berechenbar, eine im Vergleich zu normalen Elementarteilchen immens große Masse besitzen. Gleichzeitig aber ist es extrem instabil und hat eine extrem kurze Lebensdauer. Binnen kürzester Zeit muß es zerfallen in eine Kaskade von weniger massereichen, dafür aber viel länger lebigen Teilchen, worunter sich alle Teilchenvertreter des bekannten Baryonenoktetts, also der Familie der stark wechselwirkenden Teilchen, befinden, mit Neutron und Proton als den bekanntesten und längstlebigen Vertretern.

Dies müßte dazu führen, daß zunächst, nachdem alle kurzlebigen Teilchen sich in längerlebige weiterverwandelt haben, normale Materiebestandteile wie Neutronen, Protonen, Elektronen und Photonen aus dem Zerfall des Planck-Teilchens hervorgehen. Dabei sollte die Teilchenerzeugung so eingerichtet sein, daß sich das im Kosmos beobachtete Häufigkeitsverhältnis zwischen Photonen und Baryonen von 10^{-9} (ein Milliardstel) natürlicherweise einstellt, welches ja für die Big-Bang-Kosmologie eines der härtesten Erklärungsprobleme darstellt.

Im Gegensatz zur Schöpfung des Universums in einem singulären Urknallereignis wird in dieser Kosmologie eine kontinuierlich weitergehende, wenn auch jeweils sporadisch und lokal um kompakte Massenzentren auftretende Materieneubildung angenommen, die so angelegt ist, daß sie das großräumige Bild des Kosmos über alle Zeiten hinweg bestehen läßt. Dieses Szenario paßt sich dem Bild eines global funktionierenden Materie-Recyclings gefügig ein, mit mehr oder weniger lokal und temporär zyklisch sich schließenden Evolutionsprozessen, bei denen das Vergehen der einen Struktur das Wiederentstehen der gleichen Struktur schon mit beinhaltet. Hier scheint sich fast ein biologisches Bild vom Kosmos anzubieten, in dem alternde Galaxien wie reifende Pflanzen anzusehen sind, die vor ihrem Verwelken den Samen dafür liefern, daß hernach wieder Strukturen ihres eigenen Zuschnitts entstehen können – lokal und überlokal eingebunden in Kreise ewiger Wiederkehr des Gleichen.

In diesem Weltmodell wird in Verbindung mit ineinander verflochtenen Prozessen des Werdens und Vergehens eine in sich fortdauernde kosmische

Harmonie prästabiliert, durch die der Zustand des Kosmos auf ewige Dauer angelegt zu sein scheint. Der Kosmos ist danach immer wieder nur das Eine und Gleiche. Er geschieht in sich selbst, daß heißt, er verläßt beim Ablauf seines internen Geschehens dennoch seinen globalen Zustand nicht, sondern vollzieht immer wieder nur seine eigene Berufung, er ist, indem er geschieht! – Eine Umprägung ewiger Ungleichheit, wie dies Viktor Soucek analysiert hat. Ganz im Gegenteil dazu steht der Big-Bang-Kosmos: In allen Urknallmodellen des kosmischen Werdens geschieht ja doch etwas ganz anderes; der Kosmos geht systematisch und monoton aus einer Jugendphase in seine Altersphasen über, er vergreist sozusagen Zug um Zug, ohne auch nur einen einzigen Nebenzweig in seiner Evolution zu entwickeln. Alles ist von vornherein zum Altern bestimmt, auch schon im Urknall selbst. Aus diesem geht zunächst ein homogenes, den Raum expandierendes Weltmedium, gemischt aus Photonen und Baryonen, hervor, das unsere heutige Welt nur dann ausprägen kann, wenn erkennbar wird, wie dieses sich ausdehnende Weltmedium schließlich aus sich heraus die Strukturen des heutigen Universums hervorbringt. Die Erklärung hierzu wird von den Urknallvertretern immer wieder in Analogie zu den Vorkommnissen der spontanen Strukturbildung über den Weg der Phasengrenzschichtausbildung in expandierenden oder abkaltenden Medien angeboten.

In einer abkaltenden Wasserdampfwolke werden sich die diffus verteilten, gasförmigen Wassermoleküle schließlich zur Kondensatbildung entschließen, das heißt, es beginnen sich Tröpfchen aus flüssigem Wasser aus der Dampfphase zu entwickeln. An der Oberfläche dieser sporadisch auftretenden Wassertröpfchen bilden sich Phasengrenzschichten zwischen dem dampfförmigen Wasser außen und dem flüssigen Wasser innen aus, die sich bis zu einer solchen Größe entwickeln, bei der der Dampfdruck des Flüssigwassers an der Tröpfchenoberfläche dem Gasdruck der Wolke gleich wird. Damit kommt das Tröpfchenwachstum zum Stillstand. Die Frage, wo sich Tropfen bilden und warum sie sich gerade dort und nicht woanders bilden, kann nur damit beantwortet werden, daß auf das Wirken des sogenannten »Zufalls« hingewiesen wird. Eine zufällig für die Molekülclusterbildung günstige Ausgangskonstellation muß den Ort der Tröpfchenbildung vor anderen Orten eben auszeichnen. Hier an diesem aktuellen Ort muß entweder ein Kondensationskeim in Form eines elektrisch geladenen Teilchens, in Form eines Staubkorns oder in irgendeiner anderen Form gegeben sein, so daß sehr viele Wasserdampfmoleküle in ihrer bis dahin freien Bewegung auf einen durch die lokale Feldkonstellation bestimmten Kollisionskurs gezwungen werden, sich mit relativ niedriger Geschwindigkeit auf relativ engem Raum treffen und sich durch ihre nichtabgesättigten, molekularen, elektrischen Multipolfelder dabei gerade zu einem vielfach verstrickten Ketten- und Maschensystem verbinden.

Sie geben dabei ihre vorherige, während der Dampfphase bestehende Freiheit auf und gehen eine Bindung miteinander ein. Aber all dies läuft überhaupt nur deswegen ab, weil das dampfförmige Medium, aus dem heraus die Tröpfchen sich bilden sollen, gerade eben *nicht* homogen ist, wie angenommen wird, solange man es als Dampf beschreibt. Es ist vielmehr gezeichnet von Inhomogenitäten, etwa Fremdkörpern oder lokalen Sonderkonstellationen wie Molekelverdichtungen im Ortsraum und im Geschwindigkeitsraum. Die Tröpfchenbildung vollzieht sich auf einer Raumskala, die von den Reichweiten intramolekularer Kräfte in Konkurrenz mit den thermischen Molekelenergien bestimmt wird und die je nach Temperatur des Gasmilieus vielleicht einige 10 bis 100 Atomdurchmesser beträgt. Auf einer solchen Raumskala ist das Dampfmedium aber gewiß nicht als homogen zu betrachten. Wenn man sich Würfel dieser Skalengröße in dem Dampfmedium ausgelegt denken würde, so wäre jeder Würfel anders mit Gas gefüllt, und eine theoretische Beschreibung dieser Befüllung durch das Modell eines homogenen Gases würde sich hier von selbst verbieten. Das Geschehen in einem solchen Skalenwürfel läßt sich also überhaupt nicht durch Anwendung des Konzepts von einem homogenen Gas beschreiben.

Nach dieser Analogiebetrachtung darf man schließen, daß es zu keinerlei kosmischen Strukturen hätte kommen können, wenn die kosmische Materie, entsprechend der Urknallidee, aus einer streng homogenen Massen- und Energieballung hervorgegangen ist. In einem solchen Fall hätte es überhaupt keine gravitativen Fragmentationskeime, als Analoga zu Kondensationskeimen bei der Tröpfchenbildung, geben dürfen, die eine Strukturbildung im Kosmos einleiten konnten. Es muß also irgendwann sehr früh schon im Urknallkosmos ein Zustand der kosmischen Materieverteilung aufgetreten sein, der nicht mehr streng mit dem vereinfachenden theoretischen Modell einer homogenen Massenverteilung beschrieben werden konnte.[3]

Nun kann man zwar vorhersagen, daß Bereiche im Universum mit einer positiven Dichteschwankung wegen ihrer stärkeren gravitativen Eigenbindung eine etwas langsamere kosmische Expansion als andere Bereiche erfahren werden, so daß die gegebenen relativen Dichteunterschiede mit der Expansion des Kosmos anwachsen werden. Wenn man jedoch zur Zeit der Materierekombination mit den zu dieser Zeit möglichen statistischen Dichteschwankungen in der Jeanskugel beginnen wollte, so würde man in keinem einzigen Weltmodell auf diese Weise, und auf der Basis des kosmologischen Wachstums von statistischen Dichtefluktuationen, den heutigen Strukturierungsgrad im Weltall hervorbringen können. Man muß demnach, um denn überhaupt jemals die Strukturbildung vor dem Hintergrund eines im statistischen Sinne homogenen Urknallmediums verstehen zu können, ganz eindeutig schon mit überstatistischen, anomalen Dichteschwankungen zur Rekombinationszeit beginnen können, wenn man in der heutigen Welt eines urknallgezeugten Kosmos uns und alle von uns erkennbaren Strukturen, in Form von Galaxien und Systemen von Galaxien, vorfinden können will. Das heißt aber dann auch, daß es unstatthaft sein müßte, vom Zeitpunkt der Rekombination der kosmischen Materie an die dann weitergehende Entwicklung des Universums wie diejenige eines isotrop expandierenden, homogenen Materiekosmos zu beschreiben. Auch müßte man die entsprechenden Zeichen vorgegebener Inhomogenitäten der kosmischen Hintergrundstrahlung, einem Spiegelbild des Kosmos zu dieser Phase der Rekombination, ansehen können.

Das zeigt zwei schwerwiegende, ungelöste Probleme auf, denen man bei der Hypothese eines Urknallkosmos begegnet: Das erste besteht darin, daß man ein entsprechend stark vorstrukturiertes Universum anstelle eines homogenen in seiner weiteren Expansionsentwicklung zu betrachten hätte. Das zweite besteht darin, daß man sich zudem ausdenken müßte, wie denn die nötigen, extrem überstatistischen Dichtefluktuationen, die zur Rekombinationszeit der kosmischen Materie schon präsent sein müssen, jemals im Rahmen eines homogenen Urknalluniversums zustande gebracht worden sein könnten. Das erste der genannten Probleme hat bisher keine Lösung gefunden, denn man vermag es nach wie vor nicht, die Einsteinschen Feldgleichungen für den Fall eines nichtisotrop expandierenden und nichthomogenen Universums zu integrieren. Im Falle des zweiten Problems könnte man versuchen, die Keime der Dichtefluktuationen in Ereignissen zu finden und dingfest zu machen, die zeitlich lange vor der Rekombinationsphase des Universums liegen. Hierzu gibt es in der Tat einige interessante Denkansätze, von denen hier nur verkürzt gesprochen werden kann.

Auf der Suche nach sehr früh im Kosmos entstehenden und dann mit der kosmischen Expansion weiterwachsenden Dichtefluktuationen muß man sich offensichtlich auf Zeiten deutlich vor der Rekombination von Elektronen und Atomen bei Welttemperaturen von 5000 Kelvin konzentrieren. Dieser Rekombinationszeitpunkt mag nach der Weltzeituhr im Rahmen konventioneller Urknallmodelle etwa tausend Jahre nach dem Weltbeginn liegen. Vor diesem Zeitpunkt war das elektromagnetische Strahlungsfeld über dynamische Wechselwirkungsprozesse fest an die Materie gekoppelt. Das bedeutet, daß in dieser Zeit nicht die Schallgeschwindigkeit, sondern die Lichtgeschwindigkeit maßgebend ist für die Festlegung der kritischen

Fluktuationsskala in der kosmischen Materieverteilung. Kritisch im Sinne von wachsenden oder wuchsfähigen Dichtestrukturen sind unter diesen Umständen erst weit größere Raumbereiche, weil Dichtestörungen auf kleineren Skalen stets durch die Konterreaktion des elektromagnetischen Strahlungsdruckes kompensiert und ausgeglichen werden können. Zur Zeit der Rekombination bei Dichten von 10^{-20} g/cm^{-3} und Temperaturen von etwa 5 000 Kelvin bedeutet dieser Wechsel von Lichtgeschwindigkeit auf Schallgeschwindigkeit einen Faktor $(c/c_s) \cong (300\,000/10) = 30\,000$! Das heißt, daß der kritische Skalenwert für wuchsfähige Dichtefluktuationen vor dem Zeitpunkt der Rekombination um den Faktor 30 000 größer war als nachher. Statistische Fluktuationen über derart großen Raumbereichen sind aber noch unwahrscheinlicher und noch viel minimaler ausgeprägt als über den Bereichen für schallbestimmte Fluktuationsskalen. Das wiederum heißt, daß solche großen Raumbereiche bei entsprechenden Dichteschwankungen wohl instabil wären und daß in ihnen die vorliegende Dichteschwankung auch anwachsen könnte. Es bleibt jedoch gänzlich unerfindlich, wie in derartigen Raumbereichen im Rahmen eines homogenen Urknalluniversums überhaupt Dichteschwankungen auch nur minimalsten Ausmaßes zustande kommen sollen. Die Rolle der kosmischen Inhomogenitätensaat könnten hierbei vielleicht die Neutrinos übernommen haben – insbesondere dann, wenn sie massiv sind –, so wird heute vielfach vermutet.

Neutrinos unterliegen nur einer sehr schwach ausgeprägten Wechselwirkung mit anderer Materie, vermittelt über die Prozesse der sogenannten »schwachen Wechselwirkung«. Dies läßt absehen, daß Neutrinos in einem Urknallkosmos schon sehr viel früher als die viel stärker, nämlich elektromagnetisch mit der Materie wechselwirkenden Photonen von der restlichen kosmischen Materie abgekoppelt haben müssen. Spätestens dann, wenn sich Neutronen und Protonen nicht mehr frei ineinander umwandeln können, treten freie Neutrinos im Weltall auf, die hernach ihr eigenes, isoliertes Schicksal in der Expansion des Kosmos erfahren. Dies Ereignis läßt sich im Urknallkosmos auf eine Weltzeit von etwa 10^{-4} Sekunden nach Weltbeginn festlegen, wenn die kosmischen Materietemperaturen sich bei etwa 10 Milliarden Kelvin und die Dichten sich bei etwa 1 g/cm^3 bewegen. Für diese Zeit errechnet sich die kritische Fluktuationsskala zu rund 300 Millionen Kilometer und ist damit um etwa einen Faktor von »Zehnmillionen« größer als der Durchmesser des gesamten Weltalls zu dieser Zeit und auch als der momentane Reaktionshorizont der kosmischen Materie. In der kosmischen Expansion wuchsfähige Inhomogenitäten könnten sich somit also nur auf Skalen größer als das damalige Universum ausbilden. Wenn also der Urknall in sich ein homogenes Weltall gestiftet hat, so sollte man daraus schließen dürfen, daß sich zumindest zu dieser Zeit noch keine zufälligen Fluktuationen weiterentwickeln konnten.

Dies konnte allenfalls zu einer späteren Weltzeit geschehen, wenn die kritische Fluktuationsskala kleiner als der Weltalldurchmesser geworden ist, so daß die Inhomogenitätsskala sozusagen in den Welthorizont hineinpaßt. Ob und wann dies jedoch überhaupt jemals geschehen kann, das regelt das beschreibende Weltmodell jeweils theorieintern. Wenn etwa sowohl Weltdurchmesser wie Reaktionshorizont in der Anfangsphase ungefähr lichtgeschwindigkeitsschnell wachsen, so ergibt sich überhaupt keine Chance für Fluktuationswachstum, weil die kritische Fluktuationslänge unter solchen Umständen schneller als der Weltdurchmesser mit der Weltzeit wachsen würde. Ein solches Weltall könnte überhaupt keine Strukturen entwickeln. Es steht also sehr schlecht mit dem Verständnis von Strukturbildungstendenzen in einem homogenen Kosmos, zumindest wenn man Strukturbildung auf der Basis von Gravitationsinstabilitäten betreiben will, wie dies bisher zumeist aus Ermangelung besserer Theorieansätze versucht worden ist.

Es gibt eigentlich heute nur noch eine einzige denkbare Möglichkeit, wie man sich Strukturen aus einem homogenen Urknallkosmos hervorkommend vorstellen könnte; nämlich über »quantenchromodynamische« Kondensationen aus den frühesten Materiephasen im Universum. Diese Idee hat mit der modernsten Vorstellung des Aufbaus der Atomkernmaterie über Quarks und Gluonen im Rahmen der Quantenchromodynamik zu tun. Danach sind die Bestandteile der Atomkerne, nämlich die Neutronen und die Protonen, selbst noch einmal wieder als Verbände von Subteilchen, den sogenannten Quarks, aufzufassen. Von diesen Quarks gibt es nach gruppentheoretischen Vorstellungen sechs Arten, die jeweils in drei Farben auftreten können. Unter diesen Quarks sind die »up«-Quarks, die »down«-Quarks und die »strange«-Quarks die drei leichtesten, und aus ihnen ist der wesentlichste Teil der in Erscheinung tretenden Materie aufgebaut. Und zwar glaubt man heute hinter den normalen Atomkernbestandteilen, wie den Protonen und Neutronen, farbneutrale Dreierverbände von solchen farbkrafttragenden Quarks sehen zu müssen. Die drei Bestandteile in einem solchen Dreierverband tragen als Eigenschaft so etwas wie die symbolischen Farben »rot«, »grün« und »blau« an sich und kompensieren sich in ihren Farbeigenschaften im Zusammenwirken nach draußen hin gerade zu einem »weißen« Verband, manifestieren sich also nach außen als farbneutral – und das heißt farbkraftneutral!

Ein solcher Verband wirkt demnach zwar auf seine Mitglieder, nicht aber auf seine Nachbarschaft vermittelst der chromodynamischen Farbkraft ein. Zu einer farbkraftneutralen Konfiguration kommt man also durch geeignete

Dreierverbände im Rahmen von Quarkterzetten. Das Proton baut sich so aus drei geeignet farbigen Quarks bestimmter Eigenschaften auf. In seinem Fall sind es zwei »up«-Quarks und ein »down«-Quark. Das Neutron dagegen stellt einen farbneutralen Verband aus zwei »down«-Quarks und einem »up«-Quark dar. Die Farbkraft zwischen den Bestandteilen dieser Dreierverbände wird über die Quanten dieses Kraftfeldes, die Gluonen, vermittelt und sorgt für die praktisch unauflösbar feste Verbindung dieser drei Partnerteilchen, die wie von einem gemeinsamen Kokon zu einem Proton oder einem Neutron verpackt sind. Eine der erstaunlichsten Eigenschaften dieser Farbkraft besteht nun darin, daß ihre Stärke mit dem Abstand zwischen den Farbkraftzentren, eben den Quarks, zunimmt. Man hat daher auch keine Chance, eines der Quarks jemals aus einem solchen Dreierverband herauszulösen, weil man dazu unendlich viel Energie aufwenden müßte. Auf der anderen Seite ergibt sich das interessante gegenteilige Phänomen, daß Quarks sich um so weniger über ihre Farbkraftfelder anziehen, je näher sie zusammenkommen. In unmittelbarer Nähe zueinander leben sie geradezu in »asymptotischer« Freiheit voreinander und beeinflussen sich farbmäßig überhaupt nicht. Dies macht sich allerdings erst bemerkbar, wenn man zum Beispiel aufgrund von immensen Schwerkraftwirkungen viele solcher Dreierverbände, wie eben Protonen und Neutronen, auf extrem engen Raum zusammendrückt. Dabei können die Quarkmitglieder dieser Verbände so nahe zusammengedrängt werden, daß sie aufgrund der kleinen Entfernungen und der schwindenden Farbkopplung die Bindung an ihre Verbandpartner nicht mehr spüren. Sie erkennen in einer solchen Phase ihren eigenen Verband nicht mehr und haben keine klare Zuordnung zu einem einzigen Proton oder Neutron mehr, sondern verhalten sich wie mehr oder weniger freie Elemente in einem großen Quark-Gluonen-Pool.

Ein derartiges Quark-Gluonen-Medium sollte aber nun die kosmische Materie in der frühesten Evolutionsphase nach dem Urknall dargestellt haben. Dieser kosmische Quark-Gluonen-Dampf sollte sich bei der weitergehenden Expansion des Universums wie die Wasserdampfmoleküle in einer abkaltenden Wasserdampfwolke verhalten. Nur findet die Tropfenbildung hier nicht in Verbindung mit größer und größer werdenden Wassermolekülverbänden statt, sondern mit Quarks der unterschiedlichsten Sorten, die sich in einer solchen Phase zu größer und größer werdenden Quarkverbänden agglomerieren. Während man jedoch bisher glaubte, daß praktisch alle anderen außer den leichtesten Quarks, den »up«-Quarks und den »down«-Quarks, schon zerfallen sein würden, bevor diese Quarkkondensation beginnt, spekuliert man neuerdings auf einen veränderten Milieuumstand in dieser chromothermischen Materiephase des frühen Kosmos. Dann nämlich, wenn es bei der Kondensation nur »up«s und »down«s geben würde, könnten als Tröpfchen aus einer solchen Quark-Gluonen-Wolke lediglich Protonen und Neutronen als die einzig bekannten stabilen Quarkverbände hervorgegangen sein, die hernach dann unsere normale Atomkernmaterie bilden, aber eben nichts sonst; auch keine weiteren Materialisationskeime, nach denen wir ja Ausschau halten wollten.

Inzwischen wird jedoch von einigen Elementarteilchenphysikern vermutet, daß es noch andere stabile Mehrkomponentenverbände von Quarkteilchen geben könnte, die ihre Entstehung dem Prozeß der allgemeinen Quark-Gluonen-Kondensation verdanken. Nach allgemeiner Übereinstimmung kann dies jedoch nur in Verbindung mit dem Einbau weiterer Quarktypen neben den »up«s und »down«s in den Quarkkokon geschehen, wie gerade mit dem nächstleichten »strange«-Quark. Alle schwereren Quarktypen kommen selbstverständlich bei entsprechend hohen Temperaturen im kosmischen Quark-Gluon-Plasma zu entsprechenden Proporzen, nach Maßgabe der Teilchenerzeugung und Teilchenvernichtung im thermodynamischen Gleichgewichtsplasma, anzahlmäßig vor. Wenn bei expandierendem Universum die mittleren Abstände zwischen den Quarks dieses Universums dennoch größer werden, so beginnen plötzlich die Farbkräfte zwischen den Quarks so stark zu werden, daß die thermischen Teilchenenergien dagegen nicht mehr konkurrieren können. In diesem Moment muß das Quark-Gluon-Plasma sich zur Kondensation entschließen und muß farbkraftgebundene Multiquarkverbände bilden. Am wahrscheinlichsten sind hier farbneutrale Multiteilchenverbände aus etwa gleichen Anteilen von »up«-Quarks, »down«-Quarks und »strange«-Quarks, die sich nach einem inneren Schalenmodell unter Wahrung des Paulischen Ausschließungsprinzips aufbauen lassen. Etwa eine millionstel Sekunde nach Weltbeginn muß im Urknallkosmos diese Art der Multiquarkkondensation stattgefunden haben, weil zu dieser Zeit bereits die kosmischen Quarks ihre asymptotische Freiheit von den Farbkräften einbüßten. Man schätzt, daß sich in dieser Phase Multi-Quark-Kokons mit Durchmessern von zwischen 10^{-7} bis 10 Zentimeter gebildet haben könnten, die etwa 10^{33} bis 10^{42} Quarks in Form eines farbneutralen Verbandes vereinigten, wie Edward Witten von der Princeton Universität prophezeit. Solche Verbände hätten wahrscheinlich Massen von 10^{9} bis 10^{16} Gramm. Sie stellten einen Quarkkokon von der Größe einer Billardkugel dar und würden dabei etwa eine Billion Tonnen Masse haben. Solche Objekte aus der frühesten Zeit nach dem Urknall würden sich verständlicherweise heute sehr exotisch verhalten. Aufgrund der in ihnen konzentrierten Masse würden sie im Falle eines zufälligen Kollisionskurses mit unserer Erde diese einfach fast ungebremst durchbohren und lediglich eine Schockwelle im

Erdkörper auslösen. Da sie mit großer Wahrscheinlichkeit auch elektrisch neutral aufgebaut sein würden, könnten sie zum einen auch keine Mammutatome bilden, zum anderen aber auch überhaupt kaum mit elektromagnetischer Strahlung wechselwirken. Man könnte demnach Unmengen von ihnen gravitativ verklumpen, ohne daß dabei elektromagnetische Strahlung oder eben auch Photonenentropie entstünde. Es würde sich bei ihnen um die sogenannte »dunkle« Materie handeln, also um Materie, die zwar Quelle von Gravitationsfeldern ist, jedoch nicht leuchtet, wie ich an anderer Stelle in meinem Buch »Kosmologie in der wissenschaftlichen Kontroverse« untersucht habe.

Genau diese Form von dunkler Materie scheint der Kosmos aber in großem Maße zu enthalten. Auf allen Raumskalen im Kosmos fällt immer wieder auf, daß hier viel mehr Masse Schwerkraft ausübt, als durch ihr Leuchten präsent zu sein scheint. In Scheibengalaxien und elliptischen Galaxien scheint man etwa zehnmal mehr an Materie, als man leuchten sieht, zu benötigen, damit solche Sternsysteme gravitativ gebunden werden können. In Systemen von Galaxien, wenn diese stabil sein sollen, scheint das Massendefizit sogar noch größer zu sein. Und erst recht im gesamten Kosmos. Wenn hier ein harmonisch ausgewogenes Verhältnis von kinetischer und potentieller Energie vorherrschen soll, was man aufgrund vieler gewichtiger, nicht zuletzt anthropischer Gründe immer für gegeben halten will, so läßt dies nur den Schluß zu, daß praktisch 99 Prozent der Massen im Kosmos dunkel sind, also vielleicht gerade von der Art der Mammutkokons aus Quarks bestehen.

Diese Frühkondensate des Kosmos könnten dann vielleicht auch die heiß ersehnten kosmischen Strukturbildner sein. Sie könnten die Bildung der späteren Strukturen des Universums hervorgebracht haben, denn sie schaffen schon sehr früh Masseninhomogenitäten im Universum, denen außerdem erlaubt ist, sich gravitativ ungestört zu Riesenmassenzentren aus Quarkkokons zusammenzulagern, ohne daß sie dabei die Entropie des Kosmos erhöhen würden. Es sind also sozusagen Negentropiebildner, deren Existenz die Entropiegeschichte des Kosmos noch einmal in eine ganz neue Richtung lenken könnten.

Diese Entropiegeschichte des Universums ist also bis heute in vielen ihrer Aspekte ungeklärt, und sie wird durch neue Erkenntnisse über den Aufbau der stabilen Formen der kosmischen Materie und über das Verhalten der Materie in extremen Schwerkraftverhältnissen auch immer wieder neu geschrieben werden müssen. Für ein expandierendes Weltall läßt sich demnach durchaus nicht so einfach ein Schicksal in Gestalt eines schließlichen Wärme- oder Entropietodes vorhersagen. Es kann auch ganz anders kommen! Wie wir erwähnt haben, vergrößern freie Photonen in einem expandierenden Universum seine Entropie, während freie Baryonen die Entropie bei der Expansion konstant halten. Unter der eigenen Schwerkraft kollabierende Baryonensysteme vergrößern die Entropie des Kosmos so lange, bis sie in ihre eigene Schwarzschildsphäre eintauchen. Innerhalb ihrer Schwarzschildsphären führen diese Kollapssysteme eine unaufhaltsame, implosive Verdichtung durch, bei der sich die Zahl der inneren Freiheitsgrade und mit ihnen die innere Entropie eines solchen Systems ständig erhöht.

Die Entropie solcher Gebilde für den Außenkosmos bleibt nach Hawking allerdings konstant auf einem Wert, der dem Quadrat der Masse des Systems proportional ist. Für die Außenwelt vollzieht sich demnach bei diesem finalen Kollaps kein Entropiezuwachs mehr. Zusätzlich vollzieht sich überall im Kosmos eine Degradation der präsenten Energie in Form einer Erzeugung von hochentropischen, niederenergetischer werdenden Photonen. So wird die Energie elektrisch geladener Materie über Bremsstrahlung, Synchrotronstrahlung oder Comptonstreuung schließlich in niederenergetische Photonenenergie verwandelt und führt so durch die Verteilung der Energie auf immer mehr Freiheitsgrade zu immer höherer Entropie. Zum anderen befindet sich alle Materie, ob Photon oder Baryon, die noch nicht von einer Schwarzschildsphäre irgendeines schwarzen Objektes im Kosmos vereinnahmt worden ist, eigentlich erst in einem metastabilen Zustand und muß der Absorption durch irgendeines der bereits vorhandenen schwarzen Objekte unweigerlich entgegensehen.

Dies könnte nun nahelegen, daß sich eine maximale Entropie für das Weltall absehen läßt. Wenn nämlich im Laufe der Zeit die einzelnen Black-Hole-Massen nichts anderes mehr tun können, als bei zufälligen Kollisionspassagen mit anderen Massen zu verschmelzen und sich dabei zu größeren schwarzen Massen zusammenzuschließen, so kann dieser finale Verschmelzungsprozeß maximal zu dem kosmischen Entropiewert führen, also zur Entropie eines einzigen kosmischen »Schwarzen Loches« mit der Gesamtmasse des Universums. Ob die kosmische Geschichte aber jemals dahin führen wird, bleibt dennoch sehr fraglich, weil im Moment immer noch ungeklärt ist, wie sich kollabierende Massen im Inneren ihrer Schwarzschildsphären der Außenwelt gegenüber verhalten und ob sie sich auf ewig dort verschlossen halten lassen. Zudem läßt sich ausrechnen, daß in einem ewig weiterexpandierenden Kosmos die Zahl der schwarzen Massen endlich und konstant wird, daß aber die mittleren Abstände zwischen den Massen sich proportional zum wachsenden Weltdurchmesser vergrößern werden. Damit wird eine Kollision von Schwarzen Löchern schließlich extrem unwahrscheinlich, und auch für die dann noch nicht eingefangenen Photonen ist die Wahrscheinlichkeit eines in der Zukunft bevorstehenden Einfangs von einer schwarzen Masse praktisch »null«! Der oben vermutete maximale Entropiewert wird sich also allenfalls in einem rekollabierenden Kosmos ergeben können, bei dem sich der Weltdurchmesser nach Erreichen eines Maximums wieder verkleinert.

Kommen wir hier noch einmal auf die Ausgangsfrage nach der kosmischen Zeit oder der Weltzeit zurück. Was ist diese Weltzeit? Hat es überhaupt Sinn, ihren Begriff zu konzipieren? Man möchte ja immer gerne sagen können, die Zeit verginge im Kosmos und liefere dadurch alleine ein kosmisches Früher und ein kosmisches Später. Man meint, die kosmische Zeit habe bei ihrem Verlauf eine definite Richtung. Was aber soll das, für den gesamten Kosmos gesagt, nun heißen, wenn es schon kaum gelingt, den Stand der kosmischen Information oder der kosmischen Entropie zu erfassen? An diesem kosmischen Entropiebarometer, wenn es denn überhaupt existieren sollte, könnte man vielleicht eine kosmische Weltzeit ablesen. Was aber ist bei Nichtexistenz eines solchen Globalanzeigers zu tun? In einem abgeschlossenen System, in dem die Entropie ständig zu wachsen hat, mögen Zeit und Zeitrichtung sinnvoll festzulegen sein durch die Richtung, in der die natürlichen Geschehnisse in diesem System die innere Entropie vergrößern. Nun gibt es aber im Kosmos kein solches abgeschlossenes System, nicht einmal der Kosmos als ganzer ist ein solches abgeschlossenes System, weil er in Form Schwarzer Löcher Entropiesenken enthält, die ihr Binnenleben vom Rest des Kosmos ausschließen.

Nun geht es uns ja eigentlich in diesem Kosmos nicht um die Festlegung absoluter Zeitmarken und absoluter, zeittopologischer Beziehungen zwischen einem global kosmischen Vorher und einem global kosmischen Nachher. Es geht vielmehr um die Tatsache, daß sich irgendwo im Kosmos ein Ereignisstrom zu vollziehen scheint, dem eine klare Verweisungstendenz von einem zeittopologisch früheren Ereignis in seine zeittopologisch nachfolgende, ihm assoziierte Ereignisnachbarschaft oder auch in seine Ereignisnachfolge innewohnt. Unerheblich bleibt dabei stets die Frage, an welchem genauen kosmischen Weltzeitmoment sich ein lokal bestimmter Vollzugsabschnitt des kosmischen Geschehens einstellt, und ebenso auch, wieviel absolute Weltzeit zwischen diesem und einem ihm nachfolgenden Geschehnisabschnitt vergeht. Das frühere kosmische Ereignis in einer lokalen Ereigniskette besitzt gegenüber dem späteren keinen absoluten Eigenwert als seinen spezifischen Indikator. Die Zeit, und zumal die Weltzeit, bildet an ihm keinen Eigenschaftsbestandteil.

Das jeweilige Ereignis irgendwo im Kosmos besitzt vielmehr – als Wirkung einer vorangegangenen kosmischen Ursache und als kosmische Ursache einer nachfolgenden Wirkung – in sich eine Verweisungspotenz und ist deshalb niemals in sich als Entität abgeschlossen. Zu ihm gehört das Über-sich-Hinausgreifende, das Ausstrahlen in die topologische Nachbarschaft. Das Ereignis kann nicht mit sich selbst identisch sein, zu ihm gehört vielmehr immer auch ein Außer-sich-Sein. Ein leeres Universum hat kein Früher und kein Später, weil es keine Unterscheidbarkeiten in Raum und Zeit bietet. Es ist also gerade die Tatsache der diskreten Gegebenheiten im Kosmos und des damit verbundenen Sich-Ereignens an solchen Gegebenheiten, die dieser Welt einen Zeitverlauf verleihen könnten.

Aber welches Ereignen soll nun unserem Universum als Ganzem den allgemein verbindlichen Zeitpfeil vorgeben? Von einheitlicher Zeit im Universum sprechen zu wollen, hat nur dann einen Sinn, wenn der Kosmos homogen ist und wenn daher das globale Ereignen mit dem lokalen identisch ist. Es muß ein einheitliches Geschehen im Weltall vorliegen, sonst gibt es überhaupt keinen Sinn dafür, eine Weltzeit einzuführen. Ein Kosmos aber, der in einzelne kausal entkoppelte Strukturierungsereignisse zerfällt, der in sich sowohl alternde und alte, aber auch frisch entstehende und debütierende Strukturen austrägt, kann nicht als ein einheitlicher anhand einer Weltzeitskala gezeitet werden.

9. Kapitel
Die Zeit, die aus der Wirkung kommt

Zeit hat etwas mit Geschehen zu tun, sowohl mit Geschehen in uns, also in unserem Leib- und Geistbewußtsein, als auch mit Geschehen außer uns, also in der Außenwelt der natürlichen Prozeßabläufe. Wie aber vollzieht sich Geschehen in der Zeit und mit der Zeit? Auf welche Weise ist Geschehen mit der Zeit verwoben? Haben beide überhaupt intrinsisch und essentiell etwas miteinander gemeinsam, oder ergibt sich dieses Junktim nur dadurch, daß wir ein Geschehen an sich zu einem Geschehen für uns zu machen versuchen und es dadurch erst mit der Zeit unseres Bewußtseins konfrontieren?

All unsere Erfahrung mit Zeit ist sicherlich eng mit unserer Erfahrung von Geschehen verbunden. Aber was ist dieses Geschehen eigentlich? Worin manifestiert es sich für uns? Wie wird es ausgelöst? Ein Film mag uns ein Geschehen zwischen Menschen, mag uns das Walten der Naturmächte, mag uns die tragischen oder komischen Fügungen aus menschlichen Begebnissen zeigen. Auf ihm selbst als Träger dieser Illusionsübermittlung ist aber das, wodurch die Darstellung dieser Abläufe visuell für unsere Sinneseindrücke manipuliert wird, in fester, geschehnisloser Form in toten, materiellen Gravuren eingeschrieben. Wie kommt also das lebendige Geschehen in diese feststehenden Materiekonturen hinein? Kommt es allein nur dadurch zum Vorschein, daß diese Gravuren vor einer lichtdurchleuchteten Linse vorbeibewegt werden und manipuliertes Licht erzeugen? Oder vollzieht sich hier doch noch etwas ganz anderes?

Versuchen wir dieses Problem erst einmal an dem sogenannten äußeren Geschehen in der physikalischen Welt zu sehen. Was macht hier ein Geschehen aus? Wie wird dieses von der Natur inszeniert oder aus dem noch nicht Geschehenen hervorgebracht? Wie bringt die Natur zum Beispiel ein Geschehen zustande, das mit dem Auslauf einer kreisförmigen Wasserwelle von einer Stelle der zuvor glatten Wasseroberfläche eines Teiches verbunden ist? In physikalischer Sicht gibt es hierfür eine Verursachung, und zwar eine initiale Verursachung und eine aus der damit verbundenen Initialwirkung hervorkommende, fortfließende Verursachung. Wenn man das sich abspielende Wellengeschehen in stroboskopischer Beleuchtung durch eine Folge von Momentaufnahmen darstellen würde, die zeitlich aufeinanderfolgende Phasen des Wellengeschehens zeigen, so könnte man jede einzelne dieser Momentphasen sowohl als Wirkung der vorangegangenen wie auch als Ursache für die nachfolgende Momentphase ansehen. Das heißt aber doch, daß man hier mit dem Heurismus »Ursache-Wirkung« dem Geschehen gar nicht gerecht werden kann. Denn danach dürfte keiner dieser Teilabschnitte des Wellengeschehens Ursache und Wirkung zugleich sein können. Eher schon sollte man aus diesem Befund schließen dürfen, daß ein Teilabschnitt eines Geschehens in Form eines bausteinhaften Wirkungsprofils überhaupt nicht existiert, nur das Geschehen als Ganzes in seinem Ereignisfluß mag real existent sein, es läßt sich aber nicht in eine Kette von real existenten Ursachen und real existenten Wirkungen zerlegen. Jede einmal zustande gekommene Wirkung im Zuge dieses Geschehens kann nie als nunmehr erreichter Baustein der Realität bewahrt werden, denn diese zustande gekommene Wirkung bewirkt ja gerade, daß Neues bewirkt wird und daß deshalb der vorlaufende Baustein seine Konturen auflösen muß.

In der Physik macht es deshalb bei der Betrachtung von Geschehensabläufen in der Zeit viel mehr Sinn, das Geschehen nicht in eine Kette von für sich abgeschlossenen Wirkungsbausteinen aufzulösen, sondern nach einem Prinzip der Wirkungsumsetzung Ausschau zu halten, aus dem die Geschehnisabschnitte sich in ihrer Abfolge herleiten lassen, ohne als Einzelteile zu erscheinen. Man fragt sich dann, wie sich die Wirkung, die mit einzelnen Geschehnissen verbunden ist, Zug um Zug realisiert und kommt darauf, daß man dieses Realisierungsgeschehen eventuell unter einem Extremalprinzip fassen kann, einem Prinzip der Wirkungsminimierung nämlich. Dieses Prinzip schreibt vor, daß das wahre Geschehen in der Natur zwischen willkürlich gesetzten Zielzuständen im Vergleich zu allen anderen davon abweichenden, aber ansonsten auch denkbaren Geschehen am wenigsten Wirkung realisiert. Man kann sich solcher Extremalprinzipien dann konsequent als einer Methode zur Auffindung der richtigen Lösung für physikalische Prozeßabläufe bedienen, die zwischen solchen Zielzuständen vermitteln. Fragen etwa danach, wie sich ein Körper durch ein Schwerekraftfeld oder ein elektrisches Feld bewegt, wie sich ein Lichtstrahl in einem brechenden, dielektrischen Medium orientiert, wie zwei gekoppelte Pendel in einem rotierenden Referenzsystem schwingen oder wie sich Photonen durch die vierdimensionale, gekrümmte Raumzeit bewegen, solche Fragen werden durch Benutzung von Prinzipien der Wirkungsminimierung beantwortbar. Der tatsächliche Prozeßablauf erfüllt nachweislich dann immer die Forderung der Wirkungsminimierung, während alle davon abweichenden Abläufe diese Forderung nicht erfüllen, insofern bei ihnen eben ein entsprechendes Mehr an Wirkung realisiert werden würde. Wie kommt es nun aber, daß die Natur nur das geschehen läßt, was minimale Wirkung im jeweiligen physikalischen System entfacht? Versteckt sich dahinter ein Sparsamkeitsprinzip der Natur, oder womit erklärt sich dieser Umstand?

Wohl das am längsten bekannte Minimalprinzip ist das sogenannte Hamiltonsche Minimalprinzip der klassischen Mechanik, das auch später in der Quantenmechanik und der Relativitätstheorie weitere Früchte getragen hat. Bei diesem Prinzip handelte es sich um die Einsicht, daß Bewegungsvorgänge in der Mechanik unter festgelegten Randbedingungen stets gerade so ablaufen, daß dabei gerade die bei der Bewegung realisierte Wirkung, gegeben etwa als ein Wegintegral aus Energie und Zeit, ein Minimum annimmt. Wenn man einmal den Gedanken als absurd verwirft, daß die Natur speziell diese Bewegung vor allen anderen aus einem inneren Genötigtsein zur Wirkungsersparnis auswählt, so muß man sich dann fragen, was sonst hinter diesem Minimalisierungshang stecken könnte.

Schauen wir dazu einmal auf die Bewegung eines Körpers von einem Orte A nach einem Orte B, so drückt das Wirkungsprinzip die Frage nach der hier wirklich stattfindenden Bewegung durch die Forderung aus, daß die zwischen A und B von dem bewegten Körper entfachte Wirkung minimal zu werden hat. Nehmen wir hier einmal an, daß bei der Bewegung von A nach B keine Kräfte auf den bewegten Körper einwirken, so ist die Energie des bewegten Körpers zu jeder zwischen A und B liegenden Zeit konstant, und die obige Forderung läuft dann einfach darauf hinaus, daß das Zeitinterval ein Minimum annimmt, welches zwischen dem Zeitpunkt, wenn der Körper bei A abfliegt, und demjenigen, wenn er bei B ankommt, verstreicht.

Hier kommt nun plötzlich die Zeit mit ins Spiel, indem sich zeigt, daß Wirkungsminimierung für eine solche Bewegung von A nach B heißt, den dafür notwendigen Zeitverbrauch zu minimieren. Nun weiß man aber, daß sich ein kraftfrei sich bewegender Körper mit konstanter Geschwindigkeit bewegt und daß deswegen seine Bewegung von A nach B die wenigste Zeit verbraucht, wenn der Körper sich auf dem kürzesten Wege von A nach B begibt. Die wahre Bewegung des Körpers definiert also nichts anderes als den kürzesten Weg von A nach B, der in einem euklidischen Raum eine Gerade ist. Das Prinzip der Wirkungsminimierung – oder wie in diesem Falle der Zeitminimierung – sorgt also schlicht dafür, daß der Körper sich längs einer Geraden als der kürzesten Verbindung zwischen A und B bewegt. Jeder andere Weg wäre länger, und ihn zu durchlaufen würde mehr Zeit kosten und mehr Wirkung umsetzen. Die Natur schlägt demnach immer den wirkungsärmsten Weg ein, auch dann, wenn Kräfte auf die bewegten Körper einwirken.[1]

Die Zeit scheint bei diesem Wirkungsprinzip stets intrinsisch involviert zu sein. Dabei erweisen sich Lösungen für reale Bewegungen, die nach diesem Prinzip gefunden werden, eigentlich immer in sich zeitlos und geben einfach Kurven im Raum an, die mit der Zeit gar nichts zu tun haben, sondern nur einen Weg von A nach B definieren, den der Körper durchläuft. Ob dieses Durchlaufen heute oder morgen passiert, ist dabei gleichgültig. Dieser Durchlauf läßt sich ja auch schließlich beliebig oft mit immer dem gleichen Resultat reproduzieren.[2]

Bei Betrachtung eines Geschehens, das mit der Bewegung eines Objektes vom Ort A zum Ort B verbunden ist, zeigt sich also, daß die wahre, also natürlich ablaufende Bewegung die dabei entfachte Wirkung minimiert. Wenn man nun an eine Objektbewegung im Gravitationsfeld der Erde oder der Sonne denkt, so gilt, daß sich die Gesamtenergie des Körpers, bestehend aus kinetischer und potentieller Energie, bei dieser Bewegung nicht ändert. Dies sieht so aus, als wohne dem Körper bei seiner Bewegung nichts als der schiere Wille inne, von A nach B zu gelangen, und als tue er dies, folgsam diesen Willen umsetzend, auf dem direktesten ihm möglichen Wege. Nun muß man aber dabei erkennen, daß es für denselben Körper nicht nur einen, sondern mehrere natürlich mögliche Konkurrenzwege gibt, von A nach B zu gelangen. Welchen dieser Wege der Körper in der Tat realisiert, hängt von den genauen Anfangsbedingungen ab. Die Frage stellt sich dabei, wie der Anfangszustand in A beschaffen ist, der den Körper auf eben gerade einem und nur diesem Wege nach B überführt. Umfaßt der Anfangszustand »A« einfach nur die Festlegung, daß der Körper den Ort A auf irgendeine Weise verläßt? Oder gehört zu diesem Anfangszustand »A«, daß ein Körper den Ort A auf eine Weise verläßt, die ihn auf eine ganz bestimmte Weise später bei B in Erscheinung treten läßt? Letzteres ist klar der Fall, denn der Köper soll ja in einer ganz bestimmten Weise bei B erscheinen. Die Anfangsbedingungen müssen also schon ein gewisses Vorherwissen um den Zielzustand »B« enthalten. Anfangszustand »A« und Zielzustand »B« sind demnach nicht unabhängig voneinander. Es liegt vielmehr eine Konjunktionalität vor. Bedingung »A« ist mit Bedingung »B« funktional verbunden. »A« schließt das Ziel »B« als ein Funktional ein und ist in diesem Sinne nicht unabhängig setzbar. Die Erklärungsleistung der Physik richtet sich also hier nicht auf die Deutung des freien Geschehens in der Natur, sondern auf die Auffindung eines Wirkungsweges im Rahmen eines festen Zustandskontextes, in dem die Zustände »A« und »B« als Zwangsbedingungen eingebunden sind. Die Zeit taucht also nicht im freien Naturgeschehen, sondern nur in solchen künstlich vorgegebenen Zwangskontexten auf.

Bei einem Steinwurf von A nach B sind im Prinzip viele verschiedene Flugbahnen möglich und können auch jeweils realisiert werden, indem man den Stein von A mehr oder weniger steil und mehr oder weniger energisch abwirft. Die dabei aufkommenden unterschiedlichen Flugbahnen werden jeweils mit unterschiedlicher Gesamtenergie realisiert. Wenn man zum Beispiel zwei senkrecht übereinanderliegende Punkte A und B auswählt, so läßt sich leicht zeigen, daß die Zeit für die Bewegung des Körpers von A nach B um so kürzer wird, je höher die eingesetzte Gesamtenergie gewählt wird, sofern sie nur überhaupt ausreicht, den Körper von A zu dem höher gelegenen Punkte B zu befördern. Es zeigt sich jedoch interessanterweise, daß die bei verschiedenen Bewegungen mit verschiedenen Energien realisierten Wirkungen durchaus nicht gleich sind, vielmehr ist die zu höheren Energien gehörige Wirkung größer als die zu kleineren gehörige. Am kleinsten wird die realisierte Wirkung aber gerade dann, wenn man den Körper mit der minimal möglichen Energie von A nach B befördert, obwohl dieser dabei die vergleichsweise größte Zeit benötigt. Dies darf man nun nicht mit der vorher über das Wirkungsprinzip gemachten Aussage verwechseln, daß jeweils der gerade von der Natur realisierte Weg die Wirkungsentfaltung minimiert im Vergleich zu allen Wegabwandlungen. Hier war nämlich unter Wegabwandlungen zu verstehen, konkurrierende Wege, zur gleichen Gesamtenergie gehörig, die von A nach B führen, auf ihre Wirkung hin zu vergleichen, nicht aber Wege unterschiedlicher Gesamtenergie zu vergleichen.

Daß man das Wirkungsprinzip auch ohne explizite Benutzung der Zeitkoordinate anwenden kann, läßt sich durch das sogenannte Fermatsche Prinzip zeigen, mit dessen Hilfe man die tatsächlich realisierte Kurve eines Lichtstrahles durch ein dielektrisch brechendes Medium bestimmen kann. Dieses Prinzip besagt, daß ein Lichtstrahl beim Durchgang durch ein von Ort zu Ort unterschiedlich brechendes Medium seinen Weg von einem Ort A nach einem Ort B nach der »weisen« Zielvorgabe auswählt, den dafür kürzestmöglichen »optischen« Weg zurückzulegen. Dieses Prinzip bestätigt also wiederum nichts anderes als die Tatsache, daß der wahre Verlauf des Lichtstrahls durch das brechende Medium so angelegt ist, daß das Licht genau bei diesem Verlauf die geringste Zeit zwischen A und B benötigt. Bei dieser Aussage tritt nun ein interessanter Umstand zum Vorschein, auf den wir später noch genauer eingehen wollen: Es ist nämlich die Frage, wie man diese Zeit messen muß. Man kann sie sinnvollerweise eigentlich nur auf zwei verschiedene Arten bestimmen. Entweder man stellt synchronisierte Uhren in den Orten A und B auf und läßt den Durchgang des Lichtpulses, als Methode zur Markierung des Lichtweges des Lichtstrahls, auf diesen Uhren registrieren, oder man gibt dem Licht selbst eine Uhr in die »Hand« und bestimmt auf dieser mitgeführten Uhr dann die Eigenzeitdauer. Wie immer man es auch anstellt, die wie auch immer gemessene Zeitdauer würde allemal kürzer sein als die gleicherart gemessene auf jedem anderen Weg von A nach B, den das Licht in der Tat aber nicht einschlägt. Hier ist und bleibt wieder fragenswert, was »A« und was »B« ist. Man antwortet dann, »A« solle der Ausgangszustand für einen Ereignisablauf sein, der über festgelegte Zwischenzustände in den Zustand »B« führt. Wenn es sich aber, wie in diesem konkret angesprochenen Beispiel, um einen Lichtstrahl handelt, der von A nach B läuft, so heißt ja: von A nach B, daß »A« von »B« weiß. Der Zustand »A« wird also so festzulegen sein, daß daraus »B« hervorgehen *muß*. Wie soll aber in einem Zustand ein Vorherwissen um die Zukunft inkarniert sein können? Man muß doch wohl eher annehmen, daß die Konjunktion »A« bis «B«, bei der »A« die Zukunft von »B« vorwegnimmt und »B« die Vergangenheit von »A« nachdefiniert, nur als ein Artefakt der Beobachtung von Naturabläufen gelten kann. Beide Zustände werden durch die in ihnen liegende zeitliche Transzendenz zu einem unzeitlichen Sein erhoben. Beide Zustände sind nicht, was sie sind, sondern weisen über sich hinaus in ihr Anderssein. Nur der analysierende, von allem anderen gleichzeitigen Naturgeschehen absehende Beobachter sieht bei seiner willkürlichen Ausschnittbildung am Realgeschehen den Zustand »A« zu jenem »B« hinführen und glaubt deshalb, daß in »A« die Potenz stecke, »B« hervorzubringen oder zum Sein zu erheben. Setzen wir uns aber in das Eigensystem des Mediums, mit dem »A« in »B« überführt wird – im vorgenannten Falle ins Eigensystem des Lichts –, so erscheint »A« von »B« überhaupt nicht verschieden, denn beide erscheinen nacheinander als der Zustand ein und desselben Lichtes. Es liegt also wohl sehr wesentlich in unserer Vorstellung oder begrifflichen Fassung von dem begründet, was Zustand genannt werden soll, daß uns ein Ablauf erscheint, der mit dem Parameter »Zeit« verfolgt werden kann. Wenn die konjunktional zugeordneten Zustände »A« und »B« keinen echten zeitlichen Eigenrang haben und wenn sie im Grunde auch gar nicht als *zwei* Zustände gelten können, so verschwindet damit auch die Möglichkeit der Abzählbarkeit von Zwischenzuständen auf der Zeitachse, denn wir verbleiben eigentlich immer nur in einem einzigen Modus des Lichtes. Das Licht ist immer nur es selbst, ob in »A« oder in »B«, es erlebt überhaupt nichts und ihm vergeht deshalb keine Zeit.

Eine Erweiterung dieses Fermatschen Prinzips besteht in der Lichtgeodätengleichung, mit deren Hilfe man die Ausbreitung des Lichtes in gravitativ gekrümmten Raumzeiten beschreiben kann. Unter Lichtgeodäten versteht man diejenigen Linienzüge, längs derer sich auf jeweils vorgegebenen gekrümmten Raumflächen die kürzesten Verbindungen zwischen zwei Ortspunkten A und B herstellen lassen. Auf einer Kugeloberfläche, wie sie in erster Näherung auch die Erdoberfläche darstellt, sind solche Geodäten einfach Teile von Großkreisen auf der Kugel, die die beiden Punkte A und B auf der Kugeloberfläche verbinden. Auf komplizierter gekrümmten Flächen sind es entsprechend komplizierter geschwungene Kurvenzüge, die selbst durch die Metrik der gekrümmten Flächen festgelegt sind. Das Problem der Geodäten in gekrümmten Flächen überträgt man nun für die Beschreibung der Lichtausbreitung im Kosmos auf die vierdimensionale, durch das kosmische Gravitationsfeld gekrümmte Raumzeit.

Als Geodäten dieser höherdimensionalen Fläche dienen nun die im Raum gekrümmten Lichtstrahlen. Von jedem Weltpunkt A gehen im Prinzip unendlich viele Lichtstrahlen aus, die als Gesamtheit ein lokales Geodätenbündel definieren. Von diesem lokalen Bündel im Weltpunkt A führt nun aber im allgemeinen nur eine einzige Geodäte zu einem anderen Weltpunkt B hinüber, und es ist gerade diese Geodäte, die auch den Lichtweg von A nach B markiert. Im ungekrümmten euklidischen Raum ist dieser Lichtweg eine Gerade, in gekrümmten Räumen dagegen wird dieser Lichtweg eine Kurve sein. Und dennoch gilt das Wirkungsprinzip auch für diesen gekrümmten Weg, welches verlangt, daß auf diesem Weg von A nach B sowohl der Wirkungsaufwand als auch der Zeitaufwand minimiert werden müssen. Auch wenn der Lichtstrahl für den kosmischen Beobachter einen gekrümmten Verlauf nimmt, so erreicht gerade er, daß auf ihm der Zeitaufwand des Lichtes bei seiner Ausbreitung von A nach B minimal wird. In der gekrümmten Raumzeit des Kosmos sind demnach die kürzesten optischen Wege gekrümmt, also keine Geraden, sondern Kurven. Aber gerade eben auf diesen Kurven bewegt sich das Licht im Kosmos ja nun kraftfrei, und deswegen sind diese Kurven auch die kürzesten Verbindungen zwischen zwei Ortspunkten A und B in der kosmischen Raumzeit, analog zu der kraftfreien Bewegung von massebehafteten Objekten, die auch den kürzesten Weg von A nach B nehmen, welcher unter euklidischen Raumverhältnissen, also bei Abwesenheit von Gravitationsfeldern, eine Gerade im konventionellen Verständnis des Wortes darstellt.

Wie diese »Geraden« im gekrümmten Raum des kosmischen Schwerefeldes, also eben die Lichtkurven, nun jeweils im Detail aussehen, hängt in komplizierter Weise von der Gekrümmtheitstruktur der Raumzeit ab und läßt sich wiederum unter Benutzung eines dem Fermatschen Prinzip analogen Extremalprinzips berechnen.[3] Ähnlich wie beim Fermatschen Prinzip findet man auch in der Raumzeit die Lichtgeodäten bzw. die wahren Lichtwege durch das Prinzip des geringsten Zeitverbrauchs auf einem von seinen Anfangs- und Endpunkten her festgelegten Weg.

Als was verstehen wir nun aber diese Natur des Lichtes, wenn wir das mit ihm ablaufende Geschehen unter der Maxime des kleinsten Zeitverbrauches begreifen wollen? Interessant ist hierbei besonders, daß das Licht nicht nur auf allen Wegen in der Raumzeit seinen Zeitverbrauch minimiert, sondern daß dieser Zeitverbrauch in seinem Eigensystem sogar verschwindet. Was bedeutet es, im Eigensystem keinen Zeitverlauf zu haben? Zunächst einmal scheint schwierig zu verstehen zu sein, was Eigensystem des Lichtes heißen soll. Bei einem bewegten massiven Körper fällt die Antwort leichter. Hier ist sein Eigensystem dasjenige, welches im Körper selbst verankert ist und sich mit demselben mitbewegt. Stellt man sich einen durch die Raumzeit fliegenden Würfel vor, dann würden zum Beispiel die drei zueinander senkrechten Würfelkanten ein kartesisches Dreibein seines Eigensystems bilden, also die drei kartesischen Koordinatenachsen seines körpereigenen Bezugssystems darstellen. Dazu käme in diesem System die Zeit als weitere Koordinate, die auf einer mitgeführten Uhr angezeigt würde. Beim Licht scheint ein analoges Konzept zunächst einmal nicht direkt anwendbar. Hier hilft man sich so, daß man sich den Lichtstrahl, der eigentlich ein elektromagnetisches Wellenphänomen, nämlich eine sehr enge Bündelung kohärenter Lichtwellenvektoren, darstellt, in Photonen als Lichtträger aufgelöst denkt. Jedes einzelne Photon bewegt sich dann längs derselben Bahn, die auch der zugehörige Lichtstrahl im Raum nimmt, und zwar an jedem Orte mit Lichtgeschwindigkeit.

In diesem Konzept fällt es nun etwas leichter, sich ein Eigensystem des Lichtes vorzustellen, indem man sozusagen mit jedem einzelnen Photon ein lokales kartesisches Koordinatensystem und eine Uhr verbunden sieht. Das Photon nimmt diese Photonenuhr überallhin mit, wohin es sich bewegt, und mißt auf ihr die Photoneneigenzeit, so wie etwa im Falle des freifliegenden Würfels dort die Eigenzeit des Würfels gemessen wird. Dabei ergibt sich nun aber das überaus merkwürdige Phänomen, daß auf dieser photoneninternen Uhr überhaupt keine Zeit vergeht, oder wie man es vielleicht auch ausdrükken könnte: Das Photon altert *nicht*! Warum altert es nicht? Warum vergeht hier keine Zeit?

Wir haben gesagt, daß natürliche Prozesse in der Weise, wie sie ablaufen, die damit verbundene Wirkungsentfaltung minimieren, was in vielen Fällen darauf hinausläuft, den Zeitaufwand zu minimieren. Auch bei der Photonenbewegung ist dies der Fall, nur daß die Wirkungsminimierung hier offenbar dazu führt, daß die Wirkungsentfaltung gänzlich verschwindet. Das Photon setzt bei seiner Bewegung überhaupt keine Wirkung frei, es ist bei freier Ausbreitung durch den Raum – wirkungslos. Und mit dieser Wirkungslosigkeit geht offenbar einher, daß im Photon selbst keine Zeit vergeht.

Hieraus darf man vielleicht provisorisch den Schluß ziehen, daß in jedem Bezugssystem, in dem keine Wirkung manifestiert wird, keine Zeit vergeht. In einem System, auf das weder eingewirkt wird, noch das selbst nach außen wirkt, gibt es keine Zeit. Das mag einen an die Situation erinnern, die im Inneren einer vollverspiegelten Hohlkugel herrscht. Wie wir im vorigen Kapitel erörterten, kann von einer Lampe innerhalb dieser Hohlkugel keine Wirkung ausgehen, da die Wände dieser idealen Hohlkugel weder eine Wirkung nach außen dringen lassen noch eine Wirkung von außen auf die Lampe eindringen lassen. Auch in einem solchen System kann es keine Zeit geben, da nichts bewirkt werden kann. Warum wirkt nun aber niemand und nichts auf das im Kosmos freifliegende Photon ein, so daß es keine Veränderung erfährt, sondern immer und überall dasselbe bleibt? Warum widerfährt dem Photon kein Geschehen? Das Photon in A ist, wenn es sich nach B bewegt, von dem Photon in B überhaupt nicht zu unterscheiden, da es über einen freien Flug in der Raumzeit dorthin gelangt ist und keine Arbeit dabei leisten muß. Photonen erfahren das Gravitationsfeld eben nicht als Kraftfeld, sondern als Raum mit bestimmter Geometrie. Normale massebehaftete Objekte bewegen sich nach der Darstellung der Allgemeinen Relativitätstheorie zwar auch auf Freiflugbahnen, aber in ihrer Bewegung wird dennoch Wirkung entfacht, weil die Eigenzeit solcher massebehafteter Objekte *nicht* stillsteht. In Verbindung mit der Energie, die diese Objekte aufgrund ihrer Ruhemasse repräsentieren, und der Eigenzeit, die in ihrem Eigensystem vergeht, realisieren sie bei ihrer Bewegung von A nach B eine Wirkung. Es scheint sich also hieran zu bestätigen: Wo eine Wirkung ist, da ist auch ein Zeitverlauf!

Man kann versuchen, sich dies noch etwas klarer zu machen, wenn man sich zunächst überlegt, was mit einer Wirkung verbunden an einem davon betroffenen System verändert wird. Das Phänomen der Wirkungsentfachung hat immer etwas mit Informationsübermittlung zu tun. Wenn man zum Beispiel über Wellen von einem Sender auf einen Empfänger einwirkt, so ist damit auch ein Informationsaustausch zwischen beiden verbunden. Eine solche Informationsübertragung von A nach B ist ersichtlich aber immer auch mit einer Energieübertragung verbunden. Da nun eine endliche Energiemenge nur in endlicher Zeit übertragen werden kann, ist auch die instantane Rate der Informationsübertragung dadurch begrenzt. Daraus erhellt, daß eine gewisse Menge an übertragener Information mit einer damit verknüpften Wirkung gegeben wird. Nun läßt sich aber die Wirkung grundsätzlich nicht kontinuierlich erbringen oder in beliebig kleine Mengen aufstückeln, sondern sie ist quantisiert in elementare, nicht weiter teilbare Grundeinheiten eines Wirkungsquantums, welches durch die Planck-Konstante »h« gegeben ist. Dieser Zusammenhang führt dann zwangsläufig zu der Erkenntnis, daß die

Menge an übertragener Information in Anzahlen von elementaren Wirkungseinheiten gemessen werden kann, also durch die Zahl der bei der Übertragung involvierten Wirkungsquanten gegeben sein muß.[4]

Schauen wir nun einmal auf komplexere Systeme, die aus vielen Teilchen bestehen, etwa Gasatomen in einem geschlossenen Volumen, die sich in äußeren und inneren, selbsterzeugten Kraftfeldern bewegen. Für die Bewegung jedes einzelnen Teilchens sollte dann das Wirkungsprinzip gelten, in dem Sinne, daß die von ihm realisierte Bewegung zwischen zwei Zeitpunkten oder zwei dabei erreichten Ortspunkten die entsprechende Wirkungsentfaltung minimiert. Wie aber soll sich die Wirkungsminimierung für alle, zum Teil doch über gegenseitige Wechselwirkungen ineinandergreifenden Bewegungen der Teilchen des Systems vollziehen? Wenn hier die Wirkungsminimierung für alle Teilchen gilt, so muß dies auch bedeuten, daß in Verbindung mit allen real ablaufenden Teilchenbewegungen die dabei zwischen zwei Zeitpunkten entfachte Gesamtwirkung im System minimal gehalten wird. In den vorangegangenen Beispielen hatten wir immer zeigen können, daß die Natur einen Geschehensablauf zwischen den Zuständen A und B so gestaltet, daß dabei die Wirkungsentfachung minimal wird. Während sich nun aber das eine Atom eines Vielteilchensystems vom Ort A zum Orte B bewegt, bewegen sich alle anderen Teilchen ebenfalls von Orten A* nach Orten B* und wechselwirken dabei zum Teil über Stöße miteinander. Wenn demnach ein Teilchen auf seinem natürlichen Wege von A nach B einen Stoß mit einem anderen Teilchen erfährt, welches sich gerade auf dem Weg von A* nach B* befindet, so müssen diese verflochtenen Bewegungsabläufe so aufeinander abgestimmt sein, daß durch beide gemeinsam die Gesamtwirkung minimiert wird. Die Natur kann also die Wirkungsminimierung nicht für beide Wege unabhängig durchführen, sondern muß eine simultane Wirkungsminimierung für alle Prozeßabläufe im System realisieren.

Nun weiß man aber auch, daß es bei der Bewegung von Gasatomen in einem begrenzten Volumen zu Stößen dieser Atome mit ihren Partnern oder mit der Wand kommt. Nach dem Boltzmannschen Entropietheorem erhöht sich dabei im Fortgang dieses stoßbestimmten, stochastischen Bewegungsgeschehens mit der Zeit ständig die Unordnung oder die Entropie des Systems, die ja bekanntlich mit der Information des Systems zusammenhängt. Während also die Entropie zunimmt, nimmt gegenläufig die im System steckende Information ab. Zwischen zwei Zeitpunkten erleidet demnach das System insgesamt einen Informationsschwund, der mit der gesamten Wirkungsentfaltung des Systems während der Zeit zwischen den beiden Zeitpunkten direkt verknüpft ist. Letztere soll jedoch nach dem Wirkungsprinzip bei natürlichen Abläufen im System minimal sein, woraus folgt, daß das System gerade bei solchen natürlichen Abläufen auch den minimalsten Informationsschwund pro Zeiteinheit erfährt. Zwar ergibt sich immer ein Informationsschwund bzw. Entropiegewinn im Lauf der Zeit, die realisierten Änderungsraten sind jedoch die kleinstmöglichen. Dies gilt so für natürlich ablaufende, abgeschlossene Systeme, die in keinem Wirkungsaustausch oder Informationsaustausch mit der Außenwelt stehen.

Anders ist das selbstverständlich, wenn zum Beispiel ein Teil der Volumenwand des Systems dem Gas einen Informationsaustausch mit der Außenwelt aufzwingt. Handelt es sich zum Beispiel bei den Gasatomen des Systems um Kohlendioxydmoleküle, so lassen sich diese an einer kalten Wandstelle dort zu Kohlensäureeis ausfrieren. Das heißt also, daß sich nach einiger Zeit dort gehäuft Gasmoleküle befinden werden. Ein solcher von außen provozierter Prozeß des Ausfrierens von immer mehr Gasatomen an einer Stelle des Systems würde sicherlich antientropischen Charakter haben, denn er würde eine neue Ordnung herbeiführen, indem er Information in das System hineinführt. Das heißt dennoch nicht, daß sich nunmehr im Rahmen der Natur ein Geschehen abspielt, bei dem die Gesamtentropie abnimmt. Lediglich die Entropie im wandumschlossenen Gasvolumen erniedrigt sich, weil durch die nichtideale Bewandung dieses Systems Information einfließt. Die Gesamtentropie jedoch, also die Summe aus Innen- und Außenentropie, steigt nichtsdestoweniger immer noch, bedingt durch die notwendige Wärmeabfuhr in den Außenraum, von der Außenseite der kalten Wandstelle weg.

Auch der Mensch ist durch sein Wirken in der Natur auf der einen Seite so etwas wie ein Nichtgleichgewichtsträger, auf der anderen aber auch ein Nichtgleichgewichtsproduzent für seine Umwelt. Von der Gesamtentropie her läßt sich dabei nichts Auffälliges bemerken. Das Auffällige am symbiotischen System »Mensch und Natur« geht lediglich aus der Entropieerhöhungsrate hervor. Wir haben gesagt, daß die Natur, dort wo sie in ihrem Geschehen auf sich selbst gestellt bleibt, ihre Geschehensprozesse so ablaufen läßt, daß dabei die Wirkungsentfaltung minimiert wird. Mit einer absoluten Uhr ließe sich demnach feststellen, daß der natürliche Geschehensablauf in der realen Welt dazu führt, daß pro Zeiteinheit minimal wenig Wirkung realisiert wird. Der Mensch versucht nun, wenn man es auf einen kurzen, aber zutreffenden Nenner bringen will, durch seine Aktivitäten die in seiner Umwelt ablaufenden natürlichen Prozeßabläufe zu stören. Er läßt Wasser nicht frei zu Tal fallen, sondern treibt damit Mühlen und Stromgeneratoren an. Er stellt Windmühlen auf und behindert den freien Wind. Er verbrennt Kohlenstoff oder betreibt Kernkraftwerke und stört damit das Erdklima. Und er löst im schlimmsten Fall sogar Atombombenexplosionen aus und realisiert damit Wirkungen, die auf der Erde niemals ohne ihn realisiert würden.

Durch all diese Eingriffe wird dafür gesorgt, daß in dem System Erde, verbunden mit den Tätigkeiten des Menschen, pauschal bilanziert mehr Wirkung realisiert wird als ohne ihn. Jede Behinderung natürlicher Prozeßabläufe wird immer wieder diesen unabwendbaren Effekt haben, daß im Vergleich zu rein natürlichen Verläufen mehr Wirkung, erstaunlicherweise allerdings unter Umständen sogar bei weniger Entropieentwicklung, produziert wird. Wenn man sieht, daß der Mensch es im Laufe seiner Geschichte über das Altertum bis zur Neuzeit gelernt hat, immer mehr Energie pro Zeit freizusetzen, so erhellt daraus, daß die Menschheitsgeschichte bisher auch eine Geschichte wachsender Wirkungsentfaltung, gepaart mit wachsender Entropieentfaltung, gewesen ist. Sofern man den Menschen als ein Geschöpf der Natur betrachtet und also sein Tun zum Naturwalten hinzurechnet, kann man auch sagen, daß die Natur, indem sie auf der Erde den Menschen hervorgebracht hat, damit zugleich sich selbst zu neuen Formen intensiverer Wirkungsentfaltung verholfen hat. Da die Erde ein Nichtgleichgewichtssystem darstellt, das von der Sonne niederentropische Energie bezieht und dafür hochentropische Energie ins Weltall abgibt, läßt sich vorstellen, daß die Evolution der Menschheit in diesem Nichtgleichgewichtssystem nichts anderes als eine neue, optimierende Adaption dieses Systems darstellt. Wenn nun aber die Wirkrate eines Systems in irgendeiner Weise mit seinem hier angemessenen Zeittakt verkoppelt sein müßte, so sollte man überlegen, ob je nach Reifungsstufe jedes solchen Nichtgleichgewichtssystems diesem nicht ein genuiner Zeittakt zukommen muß.

Nun könnte man durchaus meinen, daß es einen gewissen heuristischen Sinn macht, jedes natürliche Geschehen in solchen Systemen wissenschaftlich so zu beschreiben, daß in dieser Beschreibung des Geschehens die spezifische Wirkrate, nämlich die Wirkungsentfaltung je Masse involvierter Materie und je Zeitintervall, immer gleich groß erscheint. Man erhöbe es sozusagen damit zum Grundprinzip eines jeden Naturwaltens, ob in unstrukturierten oder hochstrukturierten Systemen, nicht nur jeweils möglichst wenig Wirkung zu realisieren und nicht nur die spezifische Wirkrate zu minimieren, *sondern vor allem auch überall und immer diese spezifische Wirkrate auf einem konstanten, immer gleichen Minimalniveau zu halten.* Dafür Sorge tragend, könnte man vielleicht mehr Angemessenheit in der Naturbeschreibung verankern.

Damit müßte man aber bei jedem angestrebten Vergleich von Naturverhalten hier, in dem einen Bereich, und dort, in dem anderen Bereich des Kosmos, einen starken Grund dafür sehen, der Tunlichkeit eines solchen Vergleichs zuliebe zunächst einmal dafür zu sorgen, daß die Naturbeschreibung in jedem dieser Bereiche die dort sich ergebende Wirkungsentfaltung pro Masse und pro Zeiteinheit gleich erscheinen läßt. Damit aber in einer solchen Naturbeschreibung jeweils die spezifische Wirkungsrate gleich wird, verlangt dies automatisch danach, daß die Zeit in einem System, das vergleichsweise mehr spezifische Wirkung realisiert als ein anderes, also in einem stark strukturierten System zum Beispiel, anders als in einem unstrukturierten System gemessen werden muß, in dem wenig spezifische Wirkung realisiert wird. Die natürliche Zeit sollte in jedem System dann nach dieser aprioristisch-epistemologischen Vorgabe immer so gemessen werden, daß die spezifische Wirkungsentfaltung pro systemspezifischer Zeiteinheit eine Konstante ergibt.[5]

Einer derjenigen, denen bis heute der tiefste Einblick in die Natur strukturierter und sich selbst autopoetisch strukturierender Systeme gelungen ist, ist der Nobelpreisträger Ilya Prigogine. Bei der modernen Beschreibung solcher Systeme nehmen, so stellt er fest, statistische Überlegungen gegenüber herkömmlich deterministischen oder linearkausalen einen ständig größeren Umfang ein. Gerade die nichtlineare Physik der Systeme, die sich weit entfernt von einem thermodynamischen Gleichgewichtszustand in der Zeit entwickeln, führt in auffälliger Weise vom streng kausalen Determinismus zum rein probabilistischen, statistischen Kalkül. Irreversibilität erscheint hierbei als ein ganz wesentlicher Zug bei der Strukturbildung und der Selbstorganisation von solchen Nichtgleichgewichtssystemen beim Austausch von Energie und Information mit ihrer Umwelt. Hierbei geht eine innere Entropieentwicklung mit einem Entropieaustausch mit der Umwelt einher, wobei es, wie wir schon gesagt hatten, durchaus sein kann, daß die innere Entropie sich in der Tat *erniedrigt* und nicht erhöht. Ein sich optimaler adaptierendes System vermag so auf verminderter Entropieerzeugungsrate mit seiner Umwelt zu kooperieren.

Die irreversiblen Prozeßabläufe in einem solchen offenen System, das im Entropie- und Informationsaustausch mit seiner Umwelt steht, lassen sich nach Prigogines Untersuchungen an den sogenannten Ljapunow-Funktionen des Systems aufzeigen. Letztere sind Funktionen, die auf eine mathematisch günstige Weise das Abweichen des Systems von einem reversiblen, lineardeterministischen Verhaltensgang beschreiben. Bei einem geschlossenen physikochemischen System zeigen diese zum Beispiel klar die Einsinnigkeit der Systementwicklung auf den Attraktorpol im Zustandsraum hin. Auch der oft bemühte zweite Hauptsatz der Thermodynamik sagt hier aber nichts über Art und Weise bzw. über die Rate der internen Entropieentwicklung in einem solchen geschlossenen System aus, er sagt lediglich aus, daß die

Entropieänderung mit der Zeit definit positiv sein muß. Die Ljapunov-Funktionen können jedoch hier helfen, eine gehaltreichere Aussage zu machen, indem sie auch die Schnelligkeit der Annäherung an den Attraktorzustand zu ermitteln gestatten. Sie drücken sozusagen die Affinität des Nichtgleichgewichtszustandes zum Gleichgewichtspunkt des Systems aus. In der Nähe des Attraktorzustandes drückt sich die Entropieerzeugungsrate des Systems in der Tatsache aus, daß Wärmefluß und Temperaturgradient, diffusiver Teilchenfluß und Dichtegradient, chemischer Reaktionsfluß und Mischungsgradient in linearer Beziehung zueinander stehen und damit das Prinzip der minimalen Entropieproduktion in Gleichgewichtsnähe erfüllen.

Ein durch verschärfte Nichtgleichgewichtsbedingungen gegenüber dem entropielimitierten Wärmetransport in Gleichgewichtsnähe erhöhter Wärmetransport erhöht zunächst die minimale Entropieerzeugungsrate, bis eine neue optimale Anpassung in diesem Stadium des Nichtgleichgewichtes gefunden ist. Solche »Bénard-Zellen« sind bekannt als ein autopoetisch in Erscheinung tretendes, turbulentes Konvektionsmuster in einer zähen, viskosen Flüssigkeit im Gravitationsfeld bei Gegebenheit eines starken Temperaturgefälles von unten nach oben. Hierbei wird, um den von außen geforderten hohen Wärmetransport erbringen zu können, ein neuer Organisationzustand in der vorher homogenen Flüssigkeit aufgebaut, was interessanterweise oft mit einer verminderten Entropieproduktion und immer mit einer deutlich erhöhten spezifischen Wirkrate einhergeht. In der sich organisierenden, strukturierenden Flüssigkeit bilden sich Kohärenzphänomene in der anfangs bis auf die atomare Ebene desorganisierten Materie aus. Das heißt, größere als atomare Bereiche in der Flüssigkeit beginnen sich wie ein geschlossener Körper zu verhalten und führen nunmehr geordnete Bewegungen unter Millionen oder Milliarden von Molekülen durch. Es werden somit auch größere als atomare Einheiten für den Transport von Wärmeenergie mobilisiert. Damit aber vermindert das sich organisierende System durch Kohärenzbildung auf makroskopischer Stufe seine innere Entropie, es gründet größere kohärenzzeigende Verbände und Gebundenheitszustände unter Myriaden von Molekülen. Aufgrund der dabei erhöhten Wärmeflüsse nach außen schickt das System nunmehr aber auch deutlich mehr Entropie in die Außenwelt.

Die Zahl der bei dieser Selbstorganisation der Materie des Systems möglichen Kohärenzzustände ist nicht abzählbar. Bei einer von außen erzwungenen Zustandsänderung tauchen immer mehr und immer neue Organisationsformen und Makrozustände auf. Die Boltzmannsche Statistik als Basis der Beschreibung des Entropiegeschehens versagt hierbei vollkommen, denn immer mehr übermolekulare Ordnungen treten in Erscheinung, übernehmen tragende Funktion für das System und führen letztlich dazu, daß das System mehr Wirkung entfachen kann. Dabei können sich immer wieder in bestimmten Organisationsbereichen Entropieerzeugungsplateaus oder -täler herausbilden, wenn nämlich der durch organisierte Konvektionsturbulenz getragene Wärmefluß bereichsweise wieder proportional zum Temperaturgradienten wird. Die in solchen Phasen vorherrschenden Transportkoeffizienten, wie Wärmeleitungskoeffizient, Diffusionskoeffizient oder Reaktionskonstanten, können dann von der thermodynamischen Vorgeschichte des Systems, in der sich die Turbulenzstruktur ausgebildet hat, abhängig werden. Damit aber wird auch das gesamte Systemverhalten bei einer Einflußnahme von außen von der thermodynamischen und entropiechronographischen Vorgeschichte des Systems abhängig. Es kann nicht ohne Ansehung seiner Vorgeschichte einfach »ad hoc« hinsichtlich seiner Physik und Chemie behandelt werden, es wird vielmehr wegabhängig und geschichtsabhängig in seinem Verhaltensmuster. Ein solches Nichtgleichgewichtssystem entwickelt eine manifeste Historizität oder Chronizität. Neue Wechselbeziehungen zwischen Teilbereichen des Gesamtsystems können sich herausbilden und die synergetischen Systemkanäle umgestalten. Stereodynamische Strukturen können aufkommen und das Verhaltensmuster des Systems völlig verändern. Alles erscheint einem als Phänomen der Irreversibilität im Geschehen.

Das wirft wieder die Frage nach dem Ursprung solcher Irreversibilität auf. Alle Grundgesetze sind reversibel. Warum sind dann die Thermodynamik und insbesondere die Nichtgleichgewichtsthermodynamik irreversibel? Nach dem Thermodynamiker Gibbs ergibt sich dies als Folge einer Näherung in unserer Naturbeschreibung oder als Folge der Vereinfachungen, die wir bei der makroskopischen physikalischen Naturbeschreibung machen. Wenn man einen Tropfen schwarze Tinte ins Wasser tropfen läßt, so färbt sich nach allgemeiner Beobachtung das Wasser schließlich gleichmäßig dunkel an, dennoch verbleiben, wenn man es genau analysiert, die Tintenmoleküle selbst in einem vollkommen heterogenen Zustand zum Wasser, hier ist vielleicht eines, und dort ist dafür keines. Die vorherige makroskopische, großskalige Heterogenität wird allerdings bei dem Mischungsvorgang systematisch mehr auf die mikroskopische, kleinskalige Ebene heruntergespielt. Dabei vollzieht sich eine Vermehrung von Entropie und eine Verringerung der Information, wenn wir das ganze Geschehen auf einer hyperatomaren Volumenskala verfolgen, nicht aber auf der atomaren Skala, auf der sich in Wahrheit gar keine Entmischung vollzieht.

Die Gleichungen der Teilchendynamik, sowohl die klassischen als auch die quantenmechanischen, erscheinen reversibel. Dagegen beschreiben die

Transportgleichungen für Teilchen und Teilchenenergien einen irreversiblen Prozeß der makrophysikalischen Natur. Läßt sich vielleicht bereits auf der mikroskopischen Ebene der grundlegende Unterschied zwischen irreversiblen und reversiblen Prozessen auffinden? Als Beschreibungselemente der Dynamik tauchen ja üblicherweise Teilchenbahnen, Trajektorien oder, was dem in der Quantenmechanik entspricht, Wellenfunktionen auf. In solchen Darstellungselementen wiedergegeben, erscheint die Dynamik reversibel. Kann man aber vielleicht ganz ohne solche Elemente auskommen und dennoch eine effiziente Dynamik betreiben? Wie wir schon hervorgehoben haben, ist dies möglich, wenn eine Wirkungsfunktion existiert. Dann läßt sich die wahre Bewegung als die Erscheinung einer minimierten Wirkungsentfaltung über ein Extremalprinzip formulieren, und die resultierenden Bahnen lassen sich daraus wiederum als dessen Lösung bestimmen. Die genaue Gestalt einer Wirkungsfunktion für die Bewegung eines Vielteilchenensembles unter Einbeziehung von Teilchenstößen untereinander konnte jedoch bis heute von den Physikern nicht angegeben werden. Stöße sind aber nun einmal nicht wirkungsirrelevant, und sie müssen folglich in ein Wirkungsprinzip mit einbezogen werden. Doch *niemand* weiß bisher, wie dies geschehen kann!

Am ehesten noch könnte man die Zusammenhänge auf die folgende Weise zu deuten versuchen: Was bewirken Teilchenstöße in einem Gasensemble eigentlich überhaupt an dem physikalischen Gesamtsystem, wie zum Beispiel der in einem fest berandeten Volumen eingeschlossenen und dort wechselseitigen Stößen unterliegenden Gasatome? Wenn wir eine Momentaufnahme von dem mikrophysikalischen Bewegungsgeschehen in einem solchen Volumen machen könnten, würden wir dabei die allermeisten Gasatome dieses Volumens gerade während eines Freiflugmomentes zwischen zwei aufeinanderfolgenden Stößen antreffen, einfach weil in einem Gas die Wahrscheinlichkeit für den Freiflug viel größer ist als für eine Kollisionspassage, also für jenen Teil der Flugstrecke, über der das Teilchen dem Einfluß einer interatomaren Wechselwirkungskraft unterworfen ist. Das hängt natürlich damit zusammen, daß die Gasatome über relativ große Strecken frei und nur von äußeren Feldern beeinflußt fliegen und nur über vergleichsweise sehr kurzen Bahnstrecken einer kurzreichweitigen Kraftwechselwirkung mit irgendeinem Nachbarteilchen ausgesetzt sind. Der Physiker drückt diesen Sachverhalt folgendermaßen aus: In einem Gas sind die »mittleren freien Weglängen« deutlich größer als die Atomdurchmesser der Gasatome, die eine maßgebende Skala für die Wechselwirkungskräfte angeben! Was machen dann aber diese gelegentlichen Stöße überhaupt für das mikrophysikalische Bewegungsgeschehen aus? Sie sorgen gewöhnlich dafür, daß das Gasatom, wenn es einem Stoß mit einem Partnerteilchen unterliegt, hinterher seine Bewegungsrichtung und seine Bewegungsenergie geändert hat. Wenn aber nun Bewegungsrichtung und Bewegungsenergie die einzigen Eigenschaften eines Gasatoms sind, so kann man auch sagen, daß im Stoß die Identität des Teilchens gewechselt hat. Es ist ein neues Teilchen entstanden! Und nicht nur eins; vielmehr entstehen pro Zweierstoß immer zwei neue Teilchen, während zwei alte verlorengehen. Wie soll man nun aber insgesamt über ein solch undurchschaubares, stochastisches Vielkörpergeschehen einen Überblick gewinnen?

Nehmen wir einmal ein einzelnes Teilchen, das sich momentan mit einer bestimmten Energie in eine bestimmte Richtung bewegen mag, die durch den Vektor seiner momentanen Geschwindigkeit bezeichnet werden kann. Lassen wir dieses Teilchen sich nun weiterbewegen in der Zeit, so minimiert es, wie wir vorher schon erörtert hatten, solange es frei fliegt, die je Zeitintervall realisierte Wirkung. Mit wachsender Wahrscheinlichkeit erfährt es jedoch bei seiner freien Bewegung irgendwann einen Stoß und ändert dabei abrupt seine kinetischen Eigenschaften. Die weitere Zukunft dieses Geschehens soll uns hier jedoch nicht weiter interessieren, weil es die Betrachtung wegen ständiger Wiederholung des analogen Prozesses zu keinem schlüssigen Ende führen würde. Entschieden interessanter ist hier vielmehr die Frage, ob durch die Vielzahl der sich ereignenden Stöße nicht die Möglichkeit gegeben ist, daß ein neues Teilchen irgendwo auf dem Weg des ersteren über einen Stoß erzeugt wird, das gerade die Flugbahn des ersteren exakt zurückläuft. Wenn dem so ist, so hätten wir an jedem Orte zwar nicht gleichzeitig, aber zu jeder Zeit gleich wahrscheinlich ein Teilchen, das mit einer bestimmten Bewegungsenergie in die eine Richtung fliegt, und dazu ein entsprechendes Antiteilchen, das mit derselben Energie an derselben Stelle jedoch gerade in die Gegenrichtung fliegt. Wir können Teilchen und Antiteilchen natürlich als zwei verschiedene Teilchen ansehen, wir könnten sie aber auch als ein und dasselbe Teilchen ansehen, wobei wir lediglich sagen würden, daß das Antiteilchen nichts anderes ist als dasselbe Teilchen – allerdings beim Rückwärtslauf in der Zeit.

Wenn wir nun die Wirkung von Teilchen und Antiteilchen zu einem bestimmten Ortszeitmoment während eines Zeitintervalls betrachten, so realisiert das Teilchen eine Wirkung und das Antiteilchen die Antiwirkung. Zählen wir also die Wirkungen aller gleichzeitig im System vorhandenen Teilchen und Antiteilchen zusammen, so kommt in der Tat unter solchen Umständen die Gesamtwirkung »Null« heraus.

Wenn Stöße in einem System also derart effektiv sind, daß alle denkbaren Paare von Teilchen und Antiteilchen gleich wahrscheinlich sind, so besagt diese Überlegung, daß in einem solchen Systemzustand dann, wenn jeder Elementarprozeß sozusagen gleich wahrscheinlich in seinem Vorwärts- wie in seinem Rückwärtslauf auftritt, überhaupt keine makroskopische Wirkung realisiert wird. Es ist dies aber gerade der sogenannte Boltzmannsche Gleichgewichtszustand, der dann in einem geschlossenen Gasvolumen erreicht ist, wenn die Gasteilchen in ihren Geschwindigkeiten gemäß der sogenannten Maxwellschen Verteilungsfunktion verteilt sind. Dann nämlich gerade läßt sich tatsächlich zeigen, daß ein detailliertes Stoßgleichgewicht besteht, was besagt, daß die Stoßerzeugung eines bestimmten Teilchens genauso wahrscheinlich ist wie seine Stoßvernichtung, womit Teilchen und Antiteilchen gleich wahrscheinlich werden. Im allgemeinen wird es jedoch eher unausgewogene Verhältnisse zwischen Teilchen und Antiteilchen in einem System aus vielen Gasatomen geben, in dem je nach Teilchenart die einen wahrscheinlicher als die anderen oder umgekehrt sind. Schon bei kleinen Abweichungen vom Gleichgewichtszustand wird die Bilanz zwischen Teilchen- und Antiteilchen-Erzeugung gestört, Wirkungen und Antiwirkungen heben sich demnach nicht mehr quantitativ auf, vielmehr realisiert das System nunmehr makroskopische Wirkung und ändert seinen Makrozustand.

Generell aber kann man daran erkennen, daß die Strukturentwicklung eines Nichtgleichgewichtssystems – und im weitesten Sinn genommen damit auch die Strukturentwicklung einer menschlichen Person zum Beispiel – zu einer Systemreifung, einer optimierten Umweltadaption und unter Umständen auch zur Verminderung einer Entropieproduktionsrate des Systems führt. Wenn man nun aber letztere Rate und auch die damit verbundene spezifische Wirkrate mit dem systemeigenen Zeittakt dieses Systems gleichsetzt oder zumindest verkoppelt, so ergibt sich wiederum zwangsläufig, daß bei strukturell hochentwickelten Systemen wegen der bei ihnen realisierten Herabsetzung der spezifischen Entropieproduktion und der erhöhten spezifischen Wirkrate auch der Zeittakt heruntergesetzt bzw. die Standardperiode der Zeitzählung heraufgesetzt sein sollte. Die genuine Systemuhr sollte hier langsamer gehen und sollte ein vergleichsweise hochstrukturiertes System vergleichsweise langsamer altern lassen. Insbesondere elementar periodische Prozeßabläufe erschienen, von außen besehen, in solchen Systemen vergleichsweise verlangsamt. Alle derartigen PEP-Systeme (also: Periodic Equivalence Processes) liefen somit langsamer ab, also all diejenigen Systemprozesse, die nach periodischen Äquivalenzen funktionieren. So würde etwa der Pendelschlag gleichartiger Pendel hier verlängert erscheinen, und Elektronenübergänge in der Atomhülle, die ja zur Emission von elektromagnetischen Wellen führen, würden zeitlich gedehnt und erschienen nach außen hin als eine zeitlich dilatierte, also rotverschobene Strahlung, was zu einer interessanten Deutung von exzessiven Rotverschiebungen in der Astronomie führt (Fahr, 1994).

Im Rahmen solcher Überlegungen kommt in letzter Zeit immer mehr die Vorstellung auf, daß man alle Vorgänge und Geschehnisse in makrophysikalischen Nichtgleichgewichtssystemen nach einer ihnen eigenen, genuinen Uhr beschreiben sollte. Zum einen verfolgt man damit den fundamentalen Kovarianzgedanken in der Naturbeschreibung: daß nämlich gleichartige naturgesetzliche Prozeßabläufe in verschiedenen Bezugssystemen unterschiedlichen Reifungsgrades und unterschiedlicher spezifischer Wirkrate sich bei geeigneter Zeittaktwahl immer als identisch darstellen lassen sollten. Zum anderen wird man dann aber auch dem Umstand gerechter, daß solche Systeme mit unterschiedlichem Reifungsgrad ansonsten, von außen beurteilt, unterschiedliche Raten für ihre spezifische innere Informationsproduktion aufzeigen. Davon gehen nun Nichtgleichgewichtsthermodynamiker wie Ilya Prigogine oder Hermann Haken aus, wenn sie sich Gedanken darüber machen wollen, wie eine geeignete Definition für eine systemimmanente Zeittaktung unter solchen Vorzeichen denn sinnvollerweise aussehen könnte. Sie kommen auf mühsamen, theoretischen Wegen dahin zu vermuten, daß dieser genuine, innere Zeittakt jedes makrophysikalischen Nichtgleichgewichtssystems etwas zu tun hat mit der spezifischen Informationsproduktion im Inneren dieses Systems und mit seiner Evolutionsfreudigkeit. Beides sind schwer zugängliche und noch schwerer meßtechnisch oder begrifflich zu fassende Größen, die man bis vor einigen Jahren überhaupt noch nicht in ein vernünftiges, sie quantisierendes Begriffskleid fassen konnte.

Hier ist inzwischen aber ein großer Fortschritt erzielt worden, so daß man heute einer theoretisch quantitativen Fassung dieser sehr komplexen Zusammenhänge näher denn je gekommen ist. Wie wir schon hervorgehoben haben, können für die thermodynamische Entwicklung in einem Nichtgleichgewichtssystem sogenannte Lyapunov-Funktionen abgeleitet werden, die den Nichtlinearitätsgrad der Systementwicklung aufzeigen können. Wenn man so will, zeigt sich an diesen Funktionen die Evolutionsfreudigkeit eines dadurch charakterisierten Systems an. Sie haben eine Indikatorfunktion für evolutive Schübe der verschiedensten Art im System. Mit dem Grad der Evolutionsfreudigkeit eines solchen Nichtgleichgewichtssystems hängt auch die Rate der inneren Informationsbildung zusammen, ohne daß es hierbei auf eine Festlegung der jeweiligen Evolutionsrichtung und der Art der damit einhergehenden Informationsbildung ankäme. Es kommt vielmehr darauf an, die dem System auf der erreichten Reifungsstufe immanenten Evolutionskräfte zusammenzufassen zu einer systemeigenen Tendenz.[6]

Von welcher Art ist nun die je eigene Zeitskala für ein Nichtgleichgewichtssystem? Wenn nämlich ein solches System gegenwärtig eine Evolutionsschubkraft gemäß seiner inneren Information verkörpert, dann kann man es mit der Evolution eines anderen Systems nur dann sinnvoll vergleichen, wenn man dies andere System auf einer geänderten Zeitskala betrachtet. Dies wird oft so gedeutet, daß man sagt, unterschiedliche Systeme mit verschiedenen Schubkräften bringen bei Erzeugung der gleichen Menge an interner Information unterschiedliche Zuwächse in der Eigenzeit hervor. Nehmen wir also einmal an, an einer Stelle im Kosmos würden Nichtgleichgewichtssysteme wie etwa Galaxien zur gleichen kosmischen Außenzeit erschaffen, so würden sie je nach ihrem inneren Informations- und Strukturaufbau unterschiedliche Schubkräfte entwickeln und würden folglich intern unterschiedlich altern. Strukturreiche Systeme würden genuin jünger erscheinen als strukturarme, gleichgewichtsnahe Systeme. Für den gleichen Schritt auf der Informationsskala nach oben mögen demnach informationshaltige Systeme weniger Außenzeit benötigen als informationsarme Systeme. Sie wirken also absolut gesehen von außen jünger, weil in ihnen die Zeit langsamer zu vergehen scheint.

Wenn ein System allerdings überhaupt keine innere Information produziert, weil es im Gleichgewicht oder in irgendeinem stabilen, stationären Zustand angelangt ist, dann würde ein solches System auch keine innere Zeit erzeugen. Komplizierter wird dies allerdings bei Systemen, wenn ihr Evolutionschub verschwindet, also Null ist. Daß Informationsstillstand jedoch wie Zeitlosigkeit wirkt, das macht auch durchaus von einem anderen Aspekt her einen tiefen Sinn. Denn in einem solchen Fall, in dem aus dem Geschehen auf der mikrophysikalischen Ebene kein neuer Makrozustand mit neuer Information des Systems hervorgeht, läßt sich auch der gegenwärtige Momentanzustand nicht mehr vom nachfolgenden unterscheiden. Es ist, als stünde die makrophysikalische Zeit still, obwohl sich mikrophysikalisch dennoch alles bewegt, aber diese Bewegungen bewirken nichts am Systemganzen. Jeder Mikroprozeß findet intern seinen Umkehrprozeß, der wie ein Rückwärtslauf des ersteren in der Zeit aussieht. Ein System in diesem Zustand wird von gleich vielen vorwärts und rückwärts laufenden Prozessen getragen, derart, daß insgesamt, das Geschehen aller Mikroprozesse zusammennehmend, kein Zeitsinn ausgezeichnet wird, denn jede Wirkung eines Vorwärtsprozesses hebt sich durch die Antiwirkung eines entsprechenden Rückwärtsprozesses immer gerade auf. In einem stationären Zustand des Systems vergeht demnach keine innere Zeit. Ein solcher Zustand wird zwar von mikrophysikalischen Prozessen getragen und unterhalten, dennoch vergeht hier aber keine Zeit, weil der zugeordnete Makrozustand keine Veränderung erfährt. Ein

Geschehen im eigentlichen Sinne läuft in einem System immer nur dann ab, wenn Information gebildet oder vernichtet wird und wenn damit der Makro zustand des Systems eine Reifung oder Verschleißung, verbunden mit einem internen Strukturwandel, durchmacht.

Im Universum hat man es so zum Beispiel mit unterschiedlich strukturhaften Objekten zu tun wie etwa normalen und elliptischen Galaxien, Balken- und Spiralgalaxien oder Seyfert-Galaxien und Quasaren. Nach unseren Erörterungen sollte es keinen Sinn machen, alle diese in ihrem Informationsgehalt und in ihrer evolutionären Schubdynamik so unterschiedlichen kosmischen Objekte auf der gemeinsamen Zeitskala einer systemunabhängigen Außenzeit zu betrachten, vielmehr sollte hier die Beurteilung der Evolutionsprozesse unter Zugrundelegung einer objekteigenen, genuinen Zeittaktung herangezogen werden. So muß man wohl sinnvollerweise Galaxien und Quasare angesichts ihres unterschiedlichen Strukturierungs- und Reifungsgrades in der ihnen jeweils angemessenen Zeittaktung beschreiben. Hoch informationshaltige Quasare oder die ihnen nahe verwandten Aktiven Galaxien und Seyfert-Galaxien sollten in ihren Einzelgeschehnissen nach einer vergleichsweise sehr langsam laufenden Eigenzeit ablaufen, während weniger strukturgeprägte Objekte wie elliptische Galaxien nach einer schneller laufenden inneren Uhr charakterisiert werden sollten.

Wie sollte sich so etwas nun in der Tat auswirken, und wie sollte es beobachtbar werden? Elementare periodische Prozesse, die zu den Basisvorgängen in jedem dieser Systeme, ob mit hohem oder niedrigem Informationsgehalt, gehören, sollten, wenn wir von außen, aus einem gleichgewichtsnäheren System her, davon Kenntnis nehmen, uns wesentlich verlangsamt vorkommen. Übergänge der Elektronen in der Hülle von Atomen sollten demnach, wenn sie uns über Strahlung mitgeteilt werden, die Tatsache ihrer Verlangsamtheit kundtun können und uns damit erlauben, uns direkt den verlangsamten Zeittakt in einem solchen System und damit seine intern informationsgeprägte Eigenzeit anzusehen. Dieser frappante Gedanke hat etwa den Astrophysiker Rudolf Treumann dazu veranlaßt, eine völlig neue Erklärung für die auffällig hohen Rotverschiebungen bei Quasaren vorzuschlagen.

Schon seit längerem ist den Astronomen, vor allem vorangetrieben durch die pionierhaften Arbeiten des Engländers Halton Arp, aufgefallen, daß normale elliptische Riesengalaxien im Universum in extrem überstatistischer Häufigkeit mit Quasaren oder Aktiven Galaxien räumlich assoziiert sind, obwohl die letzteren Objekte im Vergleich zu den ihnen eng assoziierten Normalgalaxien weit größere Rotverschiebungen in ihren Spektrallinien aufweisen. Nach der gängigen Interpretation seit Edwin Hubbles Veröffentlichung aus dem Jahre 1929 hält man solche Rotverschiebungen für Indikatoren einer Fluchtbewegung der emittierenden Objekte von uns fort; je größer die Rotverschiebung, desto größer die relative Fluchtgeschwindigkeit. Mit dem optischen Doppler-Effekt interpretiert, würde man angesichts der bei solchen Assoziationen auftretenden Rotverschiebungsexzesse auf Unterschiede in den Fluchtgeschwindigkeiten der assoziierten Objekte in der Größenordnung von ein Zehntel bis ein Drittel der Lichtgeschwindigkeit plädieren müssen. Wie sollten wohl so nahe beieinander gruppierte Objekte im Weltraum bei einer homologen, kosmologischen Expansionsbewegung derart unterschiedliche Fluchtgeschwindigkeiten realisieren können? Das erschien schon immer sehr seltsam und schien eine Erklärung solcher Rotverschiebungsexzesse in kosmischen Objektassoziationen über die Theorie der kosmologischen Rotverschiebungen zum Scheitern zu verurteilen. Denn man kann sich einfach nicht vorstellen, daß räumlich benachbarte Objekte im Weltraum mit derart unterschiedlichen Geschwindigkeiten von uns fliehen sollten. Damit müßten sie die Assoziation, in der konstelliert sie auftreten, in kürzester Zeit verlassen haben, und ihre Erscheinung am Himmel müßte einer reinen Zufallskonstellation zuzuschreiben sein, wie sie viel zu selten auftreten sollte. Dagegen spricht aber deutlich, daß diese unterschiedlich rotverschobenen Objekte materielle Verbindungen zueinander zeigen, die in Gestalt von leuchtenden Materiebrücken und geschwungenen Lichtfeldbögen neuerdings vom Hubble Space Telescope klar dokumentiert werden können.

Auf der Suche nach einer Erklärung für dieses wundersame Phänomen scheint hier nun der Gedanke äußerst verlockend, daß solche Objekte im Kosmos je nach ihrem Strukturierungsgrad eine intrinsisch kovariante Zeittaktung realisieren, die zum Beispiel bei Quasaren wegen deren hoher Strukturhaftigkeit, deren hohem Informationsgehalt und deren hoher evolutionärer Schubkraft sehr stark gegenüber normalen Galaxien herabgesetzt ist. Ein elektromagnetisches Signal aus einem solchen System spiegelt diesen verlangsamten Zeittakt durch entsprechende Rotverschiebung wider, wenn es zu uns gelangt und sich hier mit Signalen des gleichen physikalischen Ursprungs, aber hiesiger Herkunft vergleichen lassen muß, also mit Signalen, die hier in unserer Galaxie auf dieselbe Weise wie auch in den Quasaren erzeugt worden sind. Auch bei einem Vergleich der Atomemissionen aus einem Quasar und derjenigen einer ihm benachbarten Normalgalaxie wird dieser Unterschied im internen Zeittakt sogleich in Erscheinung treten. Die Rotverschiebungsexzesse in benachbarten Galaxienassoziationen würden sich auf dieser Schiene als bedingt durch die unterschiedlichen Eigenzeittaktungen in unterschiedlich gereiften, gleichgewichtsfernen Schwerkraftsystemen erklären lassen: Rotverschiebungen als Phänomen der strukturbedingt unterschiedlichen Eigenzeittakte an kosmischen Objekten. Eine derartige Situation läßt es auf der anderen Seite dann aber ersichtlich als verfehlt und geradezu unsinnig erscheinen, wenn man alles Geschehen im Kosmos – einschließlich aller Geschehnisse in den einzelnen Strukturkomponenten dieses Kosmos – nach einem einheitlichen, allgültigen, absoluten und universalen Zeittakt beschreiben wollte, von dem alle Gebilde und Strukturen des Kosmos gleichermaßen durchpulst sein sollen. Es deutet sich dagegen als weit tunlicher und auch wissenschaftlich angemessener an, je nach Beschreibungsgegenstand jeweils *systemspezifische Zeitmaße* zu verwenden.

10. Kapitel
Die adaptierte und transformierte Zeit

Das vorangegangene Kapitel mag deutlich gemacht haben, daß viele Unbegreiflichkeiten und Absonderlichkeiten, die sich im Rahmen unserer konventionellen Naturbeschreibung ergeben, unter Umständen nur darauf zurückzuführen sind, daß wir ein unangemessenes Zeitmaß bei einer solchen Beschreibung verwenden. Wir werden uns vielleicht immer stärker dessen bewußt werden müssen, daß es kaum Sinn machen kann, von einem absoluten Zeitmaß für alles Vorgängige in der Welt ausgehen zu wollen und dieses dann per Dekret zum Maß aller Dinge und Dinggeschehnisse machen zu wollen.

Gewöhnlich gehen wir dabei von der Zwangsvorstellung aus, daß zum Zwecke der allgemeinen Kohärenzsicherung unter allen Weltgeschehnissen und zum Zwecke der Garantierung eines durchgehenden Zusammenhangs in allem Vorgängigen eine allgemeine Ankopplung aller physikalischen Umweltgeschehnisse, nah und fern von uns, an einen alles übergreifenden, universalen Zeittakt fest etabliert sein müsse. So wie das Weltganze als ein zusammengeschlossenes Gesamtgeschehen aus seinen einzelnen Geschehnisteilen an den verschiedensten Stellen und Zeiten des Kosmos zusammenkommen können soll, so müssen nach dieser Vorstellung alle diese Teile schließlich auch unter einem gemeinsamen, sie alle übergreifenden Zeitdach untergebracht werden können. Andernfalls – bei Aufgabe einer solchen Universalzeit im Gesamtgeschehen – würde doch alles zwangsläufig in getrennte Realitätsbereiche der Welt zerfallen, die alle für sich getrennt betrachtet vielleicht eine angemessene Beschreibung finden mögen, aber schließlich die Hoffnung auf Kohärenz im Universum prinzipiell scheitern ließen.

Die zwanghafte Vorstellung von der Existenz einer universellen Zeittaktung allen Geschehens ergibt sich vielfach aus dem axiomatischen Ansatz, daß der Pulsschlag des Schöpfers sich durch die Gesamtheit seiner Schöpfung hindurchziehen und selbst in der äußersten Fingerspitze der Schöpfung noch zu spüren sein müsse. Sosehr dies insbesondere dem Schöpfungsgläubigen als notwendig erscheinen mag, so sehr bleibt dennoch die Frage zu diskutieren, ob wir nicht eine bessere, naturwissenschaftliche Erklärungsleistung für bestimmte Phänomenbereiche der Natur anbieten könnten, indem wir eine diesen Bereichen speziell angemessene Zeittaktung zugrunde legen würden, auf die Gefahr hin, daß wir so allerdings die Welt niemals als Ganzes werden beschreiben können.

Stellen wir uns also auf den Standpunkt, daß, wo immer von uns Geschehen in dieser Welt angeschaut und gedeutet wird, dabei eine diesem Geschehen und seiner spezifischen Wirkungsentfaltung angepaßte, inhärente Zeittaktung ins Spiel gebracht werden muß. Eine erzwungene Gleichschaltung aller periodisch ablaufenden Ereignissysteme in der Welt unter dem gemeinsamen Dach einer unspezifischen, absoluten, systementkoppelten Außenzeit ist wohl schon vom Konzept her unsinnig. Eine solche Zwangstaktung aller periodischen Systeme mit dem Ziel der Erhaltung fester Kommensurabilitäten zwischen den verschiedenen Systemperioden wäre nur dann sinnvoll durchführbar, wenn diese Systeme in ihren Entwicklungen und ihrem internen Periodenvollzug als völlig unabhängig voneinander betrachtet werden könnten und wenn keinerlei gegenseitige Wechselwirkungen zwischen ihren periodisierten Prozeßabläufen vorlägen. Nun handelt es sich aber im Grunde bei allen denkbaren PEP-Systemen, also bei Systemen mit ebendiesen periodischen Prozeßwiederholungen, immer um offene Systeme, die in vielfältigster Weise mit anderen PEP-Systemen in Wechselwirkung stehen. Die zu einem bestimmten Zeitpunkt gegebenen Kommensurabilitäten zwischen den Perioden zweier solcher Systeme erhalten sich aufgrund gegebener nichtlinearer Wechselwirkungen nicht dauerhaft in der Zeit. Alle Systeme führen vielmehr ständig relative Gangverschiebungen gegeneinander durch. Demnach muß aber ein chronometrischer Universalismus in Gestalt einer Anbindung aller PEP-Systeme im Universum an einen gemeinsamen, aber allen Systemen fremden Zeittakt zwangsläufig zum Scheitern verurteilt sein, auch wenn wir uns in unserer Welterklärung noch so gerne darauf stützen möchten.

PEP-Kommensurabilitäten können nur dann in einer externen Zeittaktung erhalten bleiben, wenn die Unabhängigkeit der periodischen Prozeßabläufe in diesen PEP-Systemen gewährleistet werden könnte. Das ist jedoch praktisch nie erfüllt, denn alle diese Systeme unterhalten chaotisierende Wechselwirkungen zueinander, wodurch nichtlineare Kopplungen der Systemprozesse, verbunden mit Periodenmodulationen, Periodenbifurkationen, Schwebungen und Phasenschiebungen, bedingt werden. So lassen sich, um bei dem einfachsten Beispiel anzufangen, zwei schwingende Pendel nicht sinnvoll in einer unabhängigen Außenzeit beschreiben, wenn sie auch nur in irgendeiner Weise eine Kopplung über Störkräfte aufeinander ausüben, sei es etwa dadurch, daß sie durch Reibung in einer gemeinsamen Gasumgebung, durch ladungsinduzierte Felder oder durch eine zwischen ihnen angebrachte Feder bei ihren Bewegungen aufeinander einwirken. Daß eine Beschreibung unter Benutzung einer systemunabhängigen Außenzeit hier nicht sinnvoll ist, zeigt sich daran, daß keine Vorhersagen über die Zukunftsentwicklung solcher Systeme mehr gemacht werden können. Ebenso verhalten sich zwei gleichartige Atome, deren Hüllenelektronen eigentlich feste PEP-Frequenzen abstrahlen sollten, unter Umständen gerade wegen einer solchen nicht auszuschließenden Kopplung über das involvierte, kohärenzinduzierende, elektromagnetische Strahlungsfeld, mit einer unabhängigen Außenzeit beurteilt, unvorhersagbar und chaotisch. Auch zwei Menschen können durch ihre gegenseitigen Wechselwirkungen unter Umständen Zwangstaktungen aufeinander ausüben, die bei beiden die inhärent gegebenen Biorhythmen chaotisieren können. Nur in dem eigentlich nie gegebenen Idealfall der völligen Systementkopplung könnten feste Kommensurabilitäten der PEP-Perioden solcher Systeme resultieren.

Solche Kopplungen zwischen den Systemen sind aber auf der anderen Seite durchaus erwünscht. Denn je schwächer die Wechselwirkungskopplungen ausgeprägt sind, um so weniger externe Wirkung entfacht ein System und um so weniger innovationsfreudig und informationsakkumulierend benimmt es sich. Jedes PEP-System, das ohne jede Wechselwirkung zu anderen auszukommen hätte, wäre geradezu deswegen ein totes System. Wie man ja weiß, finden sich in Organismen eine ganze Anzahl von selbständig verlaufenden Biorhythmen wieder. Die 24-Stunden-Lebensrhythmen bei Mensch und Tier sind nur ein Beispiel von vielen. Solche Rhythmen sind aber eigentlich alle nicht selbständig zu nennen, denn sie sind durch den physiologischen Gesamtprozeß innerhalb eines organisch zusammenhängenden Ganzen jedenfalls zumindest teilweise fremdinduziert und von außen bestimmt. Das induziert eine Zwangssteuerung und Teilchaotisierung in den Rhythmen der metabolistischen, vitalistischen oder hormonellen Kreisläufe. Hierdurch werden unglaubliche Mengen stärker und schwächer werdender Asynchronizitäten zwischen den internen Perioden eines Organismus hervorgerufen. Letztere sind jedoch im Normalfall durchaus nicht krankheitssymptomatisch, sondern vielmehr ein Zeichen der Normalität des Gesunden.

Eine Krankheitssymptomatik kommt nur in dem seltenen Fall einer kataklysmisch fatalen Fehlabstimmung der internen Periodenkopplungen zustande. Wenn man einem Menschen zum Beispiel von außen alle vier Stunden für zwei Stunden völlige Dunkelheit zumutet und ihm alle fünf Stunden etwas zu essen gibt, so mag ihm daraus ein fatales Biorhythmenchaos zwischen metabolistischem und vitalistischem Kreislauf erwachsen. Auch das gesamte kardiogrammatische Schwingkreissystem des menschlichen Organismus erfährt normalerweise so viele periphere Elektroeinkopplungen, daß sehr chaotisierte, systolische und anastolische Periodensequenzen die Folge sind. Ein Fourierdiagramm des menschlichen Herzschlags, mit dem man abfragt, welche Normalperioden sich in solchen Pulsationen verbergen, zeigt diese Veränderungen und Chaotisierungen eindeutig auf. Derartiges wird aber heute als das kardiogrammatische Stigma des gesunden Menschen angesehen. Ohne jede modulierende Wechselwirkung mit anderen elektrophysikalischen Schwingkreisen im Organismus würde der kardiovaskuläre Schwingkreis zu einem rein physikalischen, anorganisch toten Elementarsystem mit nur einer monoperiodischen Eigenschwingung entarten. Es würde wie ein völlig entkoppeltes, monoperiodisches, frequenzreines Elementarpendel arbeiten, wie ein Herz ohne begleitenden Organismus – ein Herz ohne Leib und Seele also.

Wechselwirkung scheint also ein Muß für ein gesundes Funktionieren organischer Systeme zu sein. Zuviel Wechselwirkung mag auf der anderen Seite aber auch zur völligen Ineffizienz verdammen, wie wir im Falle eines gleichgewichtsnahen Gases erkennen können. In diesem Zustand ist die mikroskopische Wechselwirkungseffektivität eines solchen Gases am größten, aber die makroskopische Wirkungsentfaltung wird verschwindend klein. Das System verzehrt sozusagen seine innere Agilität in einer chaotisierenden inneren Wechselwirkung, ohne makroskopisch dabei etwas zu bewirken. Erst wenn hier das innere Wechselwirkungsniveau durch Strukturbildung verringert werden könnte, würde es auch zu makroskopischer Wirkungsentfaltung kommen können.

Im Lichte solcher Überlegungen scheint es nun ebenso unsinnig zu sein, die allgemeine Zeiteinheit zur Bemessung aller Systemprozesse durch den Pulsschlag des jeweilig regierenden amerikanischen Präsidenten festzulegen, wie durch irgendwelche frequenzstabilisierte physikalische Schwingkreise neuester Bauart. Es müssen schon sinnvoll definierte Systemzeittakte eingeführt werden. Dem Philosophen Wolfgang Deppert erscheint eine Universaltaktung aller Ereignisse im Kosmos wissenschaftlich verfehlt und unhaltbar. Nach ihm benötigen wir vielmehr in den Konzepten der Naturbeschreibung adäquate Systemzeitnaturgesetze und keine pankosmischen Gesetzesformulierungen auf der Basis einer numinosen Weltzeit. Das heißt, wir benötigen für physikalische, biologische, biochemische, physikochemische, physiologische oder meteorologische Systeme eine je eigenständige Zeittaktung, mit der die beherrschenden Gesetze jeweils systemkovariant werden. Solche Gesetze sollten grundsätzlich auf der Basis einer adäquaten

Systemzeit formuliert werden, denn sonst läuft die Wissenschaft Gefahr, Verfehlungen in der Naturbeschreibung gerade durch Anwendung einer inadäquaten Chronometrisierung des jeweiligen Prozeßgeschehens zu begehen.

Adäquate oder inadäquate Chonometrisierung erkennt man in der Physik oft an mehr oder weniger geeigneten Transformationen der zeitbezeichnenden Variablen. An den mit solchen Transformationen erreichbaren Vereinfachungen der Prozeßdarstellung mag sich dann zeigen lassen, daß es für bestimmte Prozesse geeignetere Zeitmaße geben kann als zum Beispiel den Takt einer Normaluhr.

Betrachten wir zum Beispiel die Bewegung eines Planeten auf seiner Kreisbahn um die Sonne. Gegenüber der Verbindungslinie Sonne-Planet im Frühlingspunkt, also zu einem Zeitpunkt, wenn auf der Erde Frühlingsanfang ist, läßt sich jede weitere Position des Planeten durch den Winkel Ø beschreiben, den seine aktuelle Verbindungslinie zur Sonne mit der Frühlingslinie bildet. Dieser Winkel ist ein direktes Maß für die Zeit, die vergeht, denn er wächst proportional mit der Zeit. Das gleichmäßige Anwachsen des Winkels Ø mit der Zeit scheint dem Gleichlauf der Zeit in schönster Weise angepaßt zu sein. Statt durch diesen über alle Werte im Laufe der Zeit hinauswachsenden Winkel, der ja fälschlicherweise suggeriert, in der Zeit vollzöge sich hier ein monotones Wachstum bei dieser Bewegung, kann man die Position des Planeten auch durch die x-Koordinate oder die y-Koordinate bezeichnen, die er auf seiner Kreisbahn gerade einnimmt. Wenn wir die x-Achse in die Frühlingslinie legen und die y-Achse dazu senkrecht in der Kreisebene der Planetenbewegung, dann wird eine solche Beschreibung der Bewegung dem tatsächlichen Umstand, daß hier nämlich eine periodische Bewegung sowohl in der x-Koordinate als auch in der y-Koordinate vorliegt, viel besser gerecht. Wenn man nun noch die Zeit, statt nach dem Takt einer Normaluhr, in Einheiten der Umlaufsperiode mißt, dann entspricht man durch dieses neue Zeitmaß genau der Tatsache, daß pro solch natürlichem Zeittakt eine periodische Bewegung sich gerade vollendet bzw. sich wiederholt. Das natürliche Zeitmaß, in dem sich die gesamte Geschehnisvielfalt der Planetenbewegung unterbringen läßt, wäre demnach für eine solche Planetenbewegung gerade diese Umlaufsperiode. Obwohl weder x noch y linear mit dieser Zeit wachsen, scheint man durch Wahl dieses Zeitmaßes diesem von seiner Natur her periodischen Prozeß doch weit besser gerecht zu werden als durch den Azimutwinkel Ø auf der Bahn, der immer weiter mit der Zeit wächst, ohne dabei je neue Zustände herbeizuschaffen. Die richtige Beschreibungsgröße für eine Bewegung oder einen Vorgang kann demnach also nicht immer diejenige sein, die mit der Zeitkoordinate ein lineares Wachstum zeigt.[1]

Auf eine noch ganz andere Art ergibt sich der Zusammenhang von Zeit und daran gekoppelter Ortsveränderung für sogenannte selbstähnliche Bewegungen, wie sie sich zum Beispiel unter der Wirkung von Kräften ergeben, die auf eine nichtlineare Weise vom Ort abhängen. Hierbei kommt es zu Bewegungen, die während eines späteren Zeitabschnitts der Bewegung genau so aussehen wie zu einem früheren, wenn man nur die Bewegungsorte geeignet umskaliert, also die Messung dieser Orte in einer neuen, von der Zeit abhängigen Maßeinheit vornimmt. Wenn man dies in der geeigneten Form tut, kommt es zum Phänomen einer korrelierten Eichinvarianz. Das heißt: Wenn man die Zeitkoordinate ändert oder mit einem festen Faktor umskaliert und wenn man gleichzeitig die Ortskoordinaten umskaliert, jedoch in anderer Weise, also mit einem anderen Faktor, so ergibt sich aus einem vergangenen Lösungspunkt der Bewegung immer wieder ein neuer, zukünftiger Ortszeitpunkt der Bewegung. Befolgt man also eine solche raumzeitliche Umskaliervorschrift, so ergibt sich praktisch, daß die vorher in der Normzeit gegebene Bewegung nunmehr in einen Stillstand übergeht. Die nach dem Normtakt eigentlich ablaufende Bewegung ist in dieser Sicht so auf einmal statisch geworden. In einer derartigen skaleninvarianten Bewegung vollzieht sich folglich eigentlich gar keine echte Entwicklung. Durch geeignete Simultanänderung der Maßeinheiten für die Zeitkoordinate und die Ortskoordinaten verbleibt man dagegen immer am gleichen Ereignispunkt der Lösungskurve für die ablaufende Bewegung, also auch am gleichen Punkt eines Geschehnisablaufes, obwohl letzterer dennoch als solcher, in einer gleichbleibenden und kontinuierlich verfließenden PEP-Zeit einer Normaluhr gesehen, wie eine finite, endzielorientierte Entwicklung aussehen mag. Ein Geschehnispunkt in der Bewegung ist mit jedem anderen sozusagen seinsidentisch. Er ist durch nichts als ein evolutionsmäßig fortgeschrittener im Vergleich zu Punkten mit kleineren Zeitkoordinatenwerten zu erkennen.

Um hierfür ein konkretes Beispiel zu geben, wollen wir uns eine eindimensionale Bewegung eines Körpers in einem reibenden Hintergrundmedium längs einer räumlichen x-Achse vorstellen, bei der die auf die Bewegung einwirkende Kraft proportional zum Quadrat des Abstandes x vom Koordinatenanfangspunkt und zur momentanen Geschwindigkeit $v = dx/dt$ dieses Körpers sein soll. Es ist eine Reibungskraft, die wie üblich der momentanen Geschwindigkeitsrichtung entgegenwirkt, also die gegebene Geschwindigkeit, ob positiv oder negativ zur x-Achse gerichtet, in ihrem Betrag reduziert. Die Effizienz dieser reibungsbedingten Bremsung ist dabei außerdem quadratisch vom Abstand vom Koordinatenursprung abhängig, was durch die Ortsabhängigkeit des Reibungskoeffizienten bedingt sein mag. Es gilt also dann das folgende Bewegungsgesetz: $d^2x/dt^2 = -\beta x^2 dx/dt$.

Daraus leitet man durch Integration her, daß die Geschwindigkeit des Körpers, wenn seine Geschwindigkeit im Koordinatenanfangspunkt, also bei $x = 0$, den Wert $v_o = 0$ haben soll, sich gemäß der Gleichung: $dx/dt = - \beta x^3$ verhält. Über diese Gleichung wird dem bewegten Objekt an jedem erreichten Orte eine ortstypische Geschwindigkeit zugeschrieben. Und zwar sollte die Geschwindigkeit dabei also in kubischer Weise vom Abstand vom Koordinatenanfangspunkt abhängen. Wenn man eine derart beschriebene Bewegung nun von irgendeinem Anfangszustand, also von einem Ort x_o zur Zeit $t = 0$ hin zu großen Zeiten t fortschreiten läßt, so stellt sich frappanterweise heraus, daß dann die Bewegung völlig unabhängig davon verläuft, von welchem Anfangspunkt $x_o = x (t = 0)$ aus man den Körper seine Bewegung vollführen ließ. Das heißt demnach, daß dieser Bewegung nach entsprechend langer Zeit ganz und gar nicht mehr anzusehen ist, von welcher Anfangsbedingung sie einmal losgelaufen ist. Der Anfangszustand A drückt sich bei der Bewegung eines solchen Körpers in einem später eingenommenen Zustand B überhaupt nicht mehr aus. Der Zustand B als Folgezustand ist unabhängig vom Verursachungszustand A.[2]

Vor aller Theorie physikalischer, chemischer oder biologischer Prozesse muß man sich also im Interesse des Erklärungserfolges, den die angesetzte Theorie haben soll, stets nach der im gegebenen Fall geeignetsten Systemzeit umsehen und diese dann als Basis der Beschreibung benutzen. Dieses neue Wissenschaftskonzept verlangt aber nun eine ganze Reihe von Konsequenzhandlungen. So muß man das Prozeßgeschehen in einem als eigenständig anzusehenden System nach den systeminternen Wiederholungsrhythmen oder Eigenrhythmen charakterisieren. Man muß Eigentakte und Eigenmaße für Längen, Energien und Wirkungen einführen. Kurz gesagt, man muß eine durchgängige Eigenmetrisierung des Systems durchführen, für die es von außen her zunächst einmal keine allgemein anwendbare Vorschrift gibt. Mit der konsequenten Einführung solcher systemimmanenter Eigenmaße ergeben sich dann natürlich auch eigenständige Begriffe wie Impuls, Energie und Kraft, die hier anstelle der konventionellen Begriffe zur Anwendung kommen müssen, wenn man dahin gelangen will, daß eine allgemeine Begriffs- und Gesetzeskovarianz bei beliebigem Wechsel des Beschreibungsobjektes als Folge daraus resultiert. Das sogenannte Chaosverhalten in der Herzrhythmik, also etwa in der diastolischen oder systolischen Pulsschlagkurve, hat sich längst als ein Zeichen von Normalität und nicht etwa von Krankheit erwiesen. Es ist aber eine schlichte Folgeerscheinung der Verwendung unkommensurabler, systemfremder PEP-Perioden, also untauglicher Zeitmaße für die Beschreibung. Bei der üblicherweise durchgeführten Fourieranalyse der kardiogrammatischen Elektroimpulse sucht man nach anorganisch elementaren Periodenanteilen in den Herzrhythmen, die dem menschlichen Organismus aber wesensfremd sind, und muß dann dieser Fehlprozedur zufolge erkennen, daß der menschliche Organismus sich in solchen Zeitnormen nicht erfassen läßt, sondern chaotisch aussieht.

Zeit sollte also immer als etwas Vorgangsbegleitendes eingeführt werden. Sie sollte auf die Eigenrhythmen des Systems gestützt sein und sich an das mit ihr zu beschreibende und zu bemessende Vorgängige anpassen. Wolfgang Deppert geht zum Beispiel in dieser Forderung so weit zu verlangen, daß es in der adäquaten Beschreibung des einzelnen, personalen Menschen durch eine ihm angemessene Systemzeit weder das Vorher vor seiner Zeugung noch das Nachher nach seinem Tode geben sollte. Die personale Zeit läuft hier nur zwischen Geburt und Tod des einzelnen Menschen. In der angemessenen Systembeschreibung des Kosmos sollte es gleichermaßen weder das Vorher vor dem Urknall noch das Nachher nach dem Endkollaps geben dürfen. Angemessen getaktet, verläuft auch hier die Zeit nur zwischen diesen apokalyptischen, eschatologischen Ereignissen. Alles im Rahmen dieses Systems Vorkommende liegt dann auf einem einzigen, systemtypischen Spannungsbogen lokal und interrelational aufgereiht und wirkt dort wie fest plaziert, ähnlich wie die am Firmament fixierten Fixsterne.

Endliche und unendliche Zeitverläufe bei der Beschreibung desselben Geschehens sind alternativ möglich durch einfache Änderung des Zeittaktes, mit dem das Geschehen nach seinen intentional adressierten Ereigniselementen getaktet wird. Davon kann man sich in unzählig vielen Beispielen überzeugen. So zum Beispiel am Einfall eines Raumschiffes in den Schwarzschildbereich eines Schwarzen Loches. Mit der Uhr eines außenstehenden Beobachters getaktet, der diesem Prozeß des Hineinfallens in das Schwarze Loch selbst nicht unterworfen ist, erscheint dieser Einfall als unvollendbar. Das heißt, es erscheint nach außen hin so, als ob das Raumschiff dem Schwarzschildradius des Schwarzen Lochs zwar im Wachsen der Zeit immer noch ein wenig näher kommt, aber dennoch diesen Grenzradius niemals tatsächlich erreicht, geschweige denn ihn unterschreitet. Mit der Uhr eines Raumschiffinsassen dagegen getaktet, vollzieht sich jedoch dieser Einfall in das Schwarze Loch in endlicher Zeit. Wir können nun im Prinzip beide Zeitbemessungen desselben Vorgangs, also von innen oder von außen vorgenommen, alternativ zueinander verwenden, wir können aber auch danach fragen, welche dieser alternativ möglichen Bemessungen denn die angemessenere sein mag. Der einzelne Mensch, in seiner Eigenzeit oder seiner Binnenzeit repräsentiert, bildet eine Unendlichkeit von Ereigniselementen zwischen Geburt und Tod, und sein Tod rückt in dieser Betrachtung sozusagen in die Unendlichkeit fort. Von außen durch Außenstehende und durch systemfremde Uhren bemessen, ist er dagegen ein zeitterminiertes Phänomen unter der Menschheit, eine Erscheinung mit einer endlichen Ereignisvielfalt, die vielleicht 80 Jahre währt und ein Vorher und ein Nachher erkennbar macht.

Ein anderes klassisches Beispiel: Achilles kann bei seinem Versuch, die vor ihm kriechende Schildkröte zu überholen, dies, in einer prozeßunabhängigen Außenzeit bemessen, leicht in endlicher Zeit schaffen. In einer prozeßinternen Zeitbemessung, deren Zeittakt iterativ nach dem jeweiligen Erreichen des jeweils vor ihm liegenden Zielortes bestimmt ist, also jenes Ortes, wo die Schildkröte sich im Zeittakt im Schritt vorher befand, wird diese Einholung der Schildkröte jedoch niemals ganz vollzogen sein und demnach keine Überholung erfolgen, denn letztere wird in dieser Zeittaktung auf die Unendlichkeit hinausprojiziert.

Nehmen wir uns die Eigensystemtaktung von Achilles und der Schildkröte noch einmal etwas genauer vor und fragen uns, was hier eigentlich mit der verwendeten Eigenzeit passiert. Wie vergleicht sie sich mit der Zeit, die auf einer unabhängig positionierten Uhr vergeht?

Nehmen wir an, Achilles läuft konstant mit großer Geschwindigkeit V, während die Schildkröte sich konstant mit kleiner Geschwindigkeit v bewegt. Zum Zeitpunkt $t = 0$ befindet sich die Schildkröte in Laufrichtung um die Strecke L vor Achilles. Um diesen Punkt zu erreichen, benötigt Achilles die Zeit $\Delta t_1 = L/V$. Während dieser Zeit ist jedoch die Schildkröte um die Strecke $\Delta x_1 = v\,(L/V)$ vorangekommen. Um diesen neuen Ort zu erreichen, benötigt Achilles nunmehr die Zeit $\Delta t_2 = \Delta x_1/V = \Delta t_1\,(v/V)$, während der die Schildkröte wiederum noch ein Stück weiter vorangekommen ist. Für das Erreichen dieses Ortes ist nun für Achilles die weitere Zeit $\Delta t_3 = \Delta t_2\,(v/V) = \Delta t_1\,(v/V)^2$ erforderlich. Schließlich beim i-ten Erreichen des vorherigen Schildkrötenortes ist für Achilles die Gesamtzeit von $t_i = \sum_i \Delta t_i = \sum_i (L/V)\,(v/V)^{i-1}$ vergangen, und immer noch hat er die Schildkröte nicht eingeholt, geschweige denn überholt. Die Zeiten t_i, die bis zum i-ten Einholen des Schildkrötenortes vergangen sind, bleiben immer endlich, auch wenn man in diesem Beispiel die Zahl i selbst nach Unendlich streben läßt. Dann nämlich errechnet sich nach der obigen Überlegung einfach eine Gesamtzeit von $t_\infty = (L/V)/[1-(v/V)]$!

Diese von außen gemessene Zeit ist also durchaus endlich, auch wenn die an dem Einholprozeß vorgenommene Schrittzählung auf Unendlich führt. Eine unendliche Zahl von Progreßschritten wird also in einer endlichen Zeit absolviert. Obwohl der i-te Schritt sich essentiell, also seinem Inhalt nach, durch nichts vom $(i+1)$-ten Schritt unterscheidet, wird also, in dieser äußeren Zeit gemessen, den späteren Progreßschritten immer weniger Zeit zugeordnet. Das scheint eine dem so analysierten Vorgang nicht angemessene Verzeitlichung zu sein. Mit dieser Schrittzählung haben wir jedoch andererseits ein willkürliches Konzept der Ereignisquantisierung eingeführt, die den eigentlichen Einholvorgang auf unendlich viele Teilschritte anlegt. Wir haben die Taktung des Einholvorganges nämlich so angelegt, daß der Einholvorgang sich in einer zeitlichen, prozessualen Unendlichkeit vollzieht und daß es in dieser Zählung zudem auch kein Jenseits des eigentlichen Einholmomentes mehr gibt. Das heißt: Die eigentliche Überholung kommt bei dieser Ereignisstaffelung überhaupt nicht mehr vor. Andererseits zählt man hier den Ablauf des Vorganges nach, wenn man so sagen soll, willkürlich oder künstlich eingeführten Ereigniselementen, von denen es bis zum Eintritt der eigentlichen Überholung unendlich viele gibt. Hier wird nämlich als zeittaktgebendes Zwischenereignis immer der Moment gewertet, wenn der Schnellere den vormaligen Ort des Langsameren gerade erreicht. Eine solche Zeitzählung könnten wir auch auf einer Uhr ablesen, auf der allerdings die Systemeigenzeit τ statt der üblichen, prozeßfremden Normalzeit t angezeigt wird, die dann allerdings gegenüber unserer PEP-Normaluhr einen beschleunigten Gang haben muß.

Hier läßt sich leicht zeigen, daß die Beziehung zwischen der prozeßeigenen Zeit τ und der Normalzeit t schlicht durch eine Transformation gegeben ist, also eine Funktion, die einem bestimmten Wert t einen entsprechenden Wert τ zuordnet. In der transformierten Zeit τ, oder wie wir sagen könnten, der prozeßinternen Eigenzeit, erscheint nun der Einholvorgang wie auf eine Unendlichkeit von Zeit abgebildet. Die Unterschiedlichkeit in der Darstellung ergibt sich hier aus der unterschiedlichen Art, wie bei der Normzeit und der Eigenzeit taktgebende Ereigniselemente definiert werden. Bei der Normzeit sind es die Periodenvollzüge der Pendel- oder Unruhenschwingungen der Normuhr, die nichts mit dem eigentlichen Überholvorgang selbst zu tun haben und letzteren somit »fremdtakten«. Bei der prozeßinternen Eigenzeit sind es dagegen Ereignisse, die sich aus dem inneren Schrittvollzug des Überholvorgangs sequentiell und prozessual ergeben. Das jeweilige Zeitvergehen ergibt sich also gemäß der Setzung von Ereigniselementen, mit denen eine Zählung vorgenommen wird. Es wird also gar nicht eigentlich die Zeit gezählt, sondern vielmehr eine Zahl von konzeptbedingten Ereigniselementen im Prozeßablauf. Hier läßt sich auch nicht sinnvoll fragen, welche der verwendeten Uhren denn nun wohl »richtig« geht. Hier gibt es kein »richtig« oder »falsch«. Man kann höchstens nach dem Kriterium angemessen oder weniger angemessen unterscheiden.

In der Regel gibt man sich als für die Vorgangsbeschreibung geeignete Uhr am liebsten ein physikalisch möglichst einfaches, elementares Taktgebersystem vor, wie ein Schwingpendel, ein Torsionspendel, einen Schwingquarz oder einen elektrischen Schwingkreis und bemißt den Zeitablauf im Zuge irgendwelcher Vorgänge durch parallele Zählung der simultan ablaufenden Schwingungen. Sodann nimmt an an, daß die PEP-Perioden solcher ja allenthalben verwendeter Oszillatoren, die sich lokal gegeneinander synchronisieren und sich auf Ganggleichheit prüfen lassen, zumal wenn alle Oszillatoren auf die exakt gleiche Weise hergestellt wären, auch überall und zu allen Zeiten einander gleichbleiben. Uhren sind, was sie sind, und sie bleiben es hier und dort und immerdar! Der Takt, den solche Systeme vorgeben, soll also immer und überall der gleiche sein. Im Grunde können wir also an anderen Orten und zu anderen Zeiten nur dann mit unserer lokalen Zeit vergleichbare Zeiten messen, wenn wir zuvor dafür gesorgt haben, daß gleichartige Uhren von uns aus an alle anderen Stellen des Universums verbracht worden sind. Das ist natürlich ein ideales Programm, das wir niemals ernstlich durchführen können. Wir könnten ohnehin nur diejenigen Punkte im Universum, die in zeitartiger Lage zu uns liegen, sich also über reale Signale aus unserer Gegenwart erreichen lassen, auf solche Weise synchronisieren und mit Uhren ausstatten. Aber es ergeben sich bereits hierbei, auch ohne daß wir das in die Tat umsetzen müßten, ganz gehörige konzeptionelle Schwierigkeiten, die uns mahnen zu überlegen, ob diese Form der Zeittaktung von Vorgängen in aller Welt mit Einheitsuhren prinzipiell überhaupt sinnvoll sein kann.

Nehmen wir nur einmal an, die Einheitsuhren würden beim Transport durch die Raumzeit entweder transportbedingt oder zielortbedingt Gangveränderungen erfahren. Schon dann wäre es fraglich, ob man unter solchen Umständen ein Geschehen an anderen Orten überhaupt sinnvoll mit unserer lokalen Uhr verfolgen könnte. Nehmen wir an, wir lassen uns ein physikalisch streng definiertes Geschehen, das an einem entfernten Ort abläuft, über Lichtsignale mitteilen und verfolgen dann das uns übermittelte Geschehen auf unserer lokalen Uhr, so mögen wir leicht zu dem Eindruck gelangen, daß dieses Geschehen an jenem entfernten Ort ganz anders abzulaufen scheint als ein physikalisch genau gleichartiges, kausal äquivalent angestoßenes Geschehen, welches wir zum Vergleich hier lokal direkt neben unserer Uhr wie zum Test ablaufen lassen. Daraus dürften wir nun aber nicht schließen, daß ein gleichartig kausal bedingter Geschehensablauf sich an anderen Orten im Universum anders vollzieht als bei uns. Denn es ist womöglich einfach der Unterschied im Uhrengang hier und dort, der dies so in Erscheinung treten läßt. Nach der dortigen Uhr getaktet, mag der dortige Vorgang in seiner Ereignissequenz sich ganz genau so darstellen wie der hiesige nach der hiesigen Uhr getaktete. Wir müssen also darauf gefaßt sein, daß die Zeit an anderen Stellen im Universum anders verläuft als bei uns und können nicht fragen, wo sie denn wohl richtiger verläuft.

Das Problem der Uhreneichung und der Lagenbezeichnung erweist sich als von ganz besonderer Bedeutung in der Speziellen und der Allgemeinen Relativitätstheorie. In beiden Bereichen der theoretischen Physik muß, bevor man sich noch über Zeitdauern, Längen, Bewegungen und Geschehnisse in der Raumzeit unterhalten kann, zuerst einmal überlegt werden, wie man Orte und Zeiten an verschiedenen Punkten der Welt quantitativ derart festlegen will, daß man sich darüber zwischen verschiedenen Weltbeobachtern unterhalten kann. Es muß eine eindeutige und praktikable Eichkonvention für Zeitdauern und Entfernungen erfunden werden, mit der es überhaupt erst gestattet werden kann, Festlegungen für diese Größen zu treffen. In der Speziellen Relativitätstheorie ergibt sich, daß man sich über Orte und Zeiten von Weltereignissen zwischen zwei unterschiedlich bewegten Weltbeobachtern nur dann sinnvoll unterhalten kann, wenn man nach ganz bestimmten Regeln die Orts-Zeit-Angaben des einen Beobachters in die des anderen umwandelt – oder wie man auch sagt, transformiert. Man ordnet der einen Orts-Zeit-Angabe eine andere Angabe nach einem definiten mathematischen Modus zu, die im eigenen Referenzsystem gelten soll.

Solche Transformationen können benutzt werden, um die Orts-Zeit-Angaben zweier beschleunigungsfrei gegeneinander bewegter Beobachter ineinander umzuwandeln. Im Eigensystem jedes Beobachters läßt sich dabei zunächst einmal nach einer von Einstein vorgeschlagenen Synchronisationskonvention für jedes Ereignis an irgendeinem Orte eine zugehörige Zeitangabe machen: Man bringt gleichartige Uhren vom Ursprung des Systems an alle anderen Orte des Systems und eicht diese dann über eine Lichtwechselwirkung mit der im Ursprung verbliebenen Uhr alle auf die sogenannte Eigenzeit dieses kohärenten Raum-Zeit-Systems. Das geschieht, indem man zunächst die Entfernung R vom Ursprung zu jedem beliebigen Ort feststellt und sodann zum Zeitpunkt t_o einen Lichtpuls vom Ursprung zu diesem Ort ausschickt. Wenn der Lichtpuls an diesem Orte eintrifft, soll die Uhr an diesem Orte dann auf die Zeit $t(R) = t_o + R/c$ (c = Lichtgeschwindigkeit) eingestellt werden. Auf diese Weise erreicht man eine Synchronisation aller Uhren mit der Ursprungsuhr und kann nunmehr irgendwelche künftigen Ereignisse an irgendwelchen Orten zeitlich durch die an diesem Ort gemessene Zeit festlegen. Dieses Verfahren kann selbstverständlich im Referenzsystem jedes Beobachters separat angewendet werden. Dabei ergibt sich dann aber die zwangsläufige Folge, daß die Orts-Zeit-Angaben für Ereignisse in der Welt nicht für beide Beobachter gleich sind, vielmehr müssen die Angaben des einen Beobachters in die des anderen transformiert werden. Wenn beide Beobachter sich also über Orte und Zeiten von Weltereignissen verständigen wollen, dann müssen sie die in ihrem Referenzsystem geltenden

Angaben in die entsprechenden im Referenzsystem des jeweils anderen Beobachters umwandeln. Das alles heißt aber immer noch nicht, daß die Zeit in beiden Systemen anders verlaufen würde, denn im Ursprung jedes dieser Systeme steht ja die gleiche Uhr. Es heißt eigentlich nur, daß beide Beobachter eine ihrem System zugehörige Orts-Zeit-Sprache sprechen, die man nicht überall spricht und die auch nicht allgemein verpflichtend ist, sondern die man sich erst in die jeweils eigene Sprache nach einer bestimmten Transkodiervorschrift oder Transformation übersetzen muß.

Bei dieser Übersetzung von Orts-Zeit-Angaben zu irgendwelchen Weltereignissen ergibt sich nun im Rahmen der Speziellen Relativitätstheorie eine ganz besondere Merkwürdigkeit. Es kommt zu sogenannten »Zeitdilatationen«, also zu dem Phänomen beispielsweise, daß der Eigenzeittakt des einen Beobachters jedem anderen Beobachter, der sich relativ zum ersteren bewegt, verlangsamt erscheint. Übersetzt also ein Beobachter die Taktschläge der Uhr eines anderen Beobachters, die diesem im Sekundentakt schlagen mag, indem er sie als Weltereignisse ansieht, in die Raumzeitkoordinaten seines eigenen Referenzsystems und bewertet sie somit auf seiner Eigenuhr, so kommt er zu dem Schluß, daß zwischen diesen Taktschlägen mehr als eine Sekunde liegt. Was soll das für das erlebende Bewußtsein jedes Beobachters im Universum heißen? Hängt die Zeit denn nun wirklich von der Bewegung ab? Vergeht sie also langsamer oder schneller, je nachdem, wie man sich im Universum bewegt?

Man muß sich allemal klar machen, daß es sich hier immer um die Beurteilung eines Zeitintervalls zwischen zwei Weltereignissen handelt, nämlich den beiden aufeinanderfolgenden Uhrtakten im Eigensystem des anderen Weltbeobachters, die von dem Beurteilenden her nicht als rein zeitartige Ereignisse erlebt werden können, weil die hier gemeinte, taktgebende Uhr sich für den Beurteilenden während aufeinanderfolgender Taktschläge im Raum bewegt, also ihre Raumdistanz verändert. Im System der beurteilten Uhrschläge dagegen bewegt sich diese Uhr nicht. Dort steht sie vielmehr stets im Ursprung dieses Referenzsystems fest bei den Raumkoordinaten und verbleibt auch dort über alle Zeiten hinweg. Die beiden Weltereignisse aufeinanderfolgender Taktschläge dieser Uhr sind also in diesem *Eigensystem* der Uhr bewertet »rein zeitartig«, das heißt, zwischen diesen Ereignissen liegt lediglich eine Zeitspanne, aber keine Raumspanne! Oder anders gesagt: Die Ereignisse sind in diesem Eigensystem der taktgebenden Uhr *ortsgleich.* Alle anderen Beobachter dieser beiden Weltereignisse verbuchen diese beiden Ereignisse in ihrem Eigensystem, das sich gegenüber erstgemeintem ja bewegen mag, sowohl mit unterschiedlichen Zeitwerten als auch mit unterschiedlichen Ortswerten. In solchen Systemen, für die diese beiden Ereignisse demnach nicht rein zeitartig sind, liegt jedoch dann nach Aussage der Lorentztransformationen eine größere, dilatierte Zeitspanne zwischen ihnen.

Es dauert hier eben länger, bei Ereignis B auf Ereignis A folgt, als in dem Referenzsystem, in dem diese beiden Ereignisse ortsgleich sind. Würde man also die Zeit stoppen, die vergeht, bis eine Sanduhr ausgelaufen ist, so würde man die kürzeste Zeitspanne genau dann bestimmen, wenn man mit der Stoppuhr, in fester Position unmittelbar neben der Sanduhr, die dabei verrinnende Zeit mißt. Wenn man dagegen mit einer Uhr mißt, die sich gegenüber der Sanduhr bewegt, so würde man dabei eine längere Zeitspanne ermitteln. Aber von dieser Uhr aus gesehen, befindet sich die Sanduhr zu Anfang und zu Ende dieser Zeitspanne auch an verschiedenen Orten, sie hat also, von dieser Uhr aus gesehen, eine Ortsveränderung in der Zeit erfahren. Gesehen vom Eigensystem dieser Uhr, liegt zwischen den Ereignissen A und B nunmehr aber auch eine größere Wirkungsentfaltung als von dem System her beurteilt, in dem die Ereignisse A und B rein zeitartig sind. Wir können also allgemein festhalten, daß Uhren, die zueinander bewegt sind, ihre Taktschläge gegenseitig als unterschiedlich beurteilen, und zwar wird jeweils der Eigentakt der Uhr vom anderen System aus verlangsamt gesehen, auch wenn es sich mechanisch physikalisch um die gleichen Uhren handeln sollte.

Etwas Ähnliches ergibt sich auch zwischen Uhren, die sich zwar nicht zueinander bewegen, die aber statt dessen an Orten mit unterschiedlichem Gravitationspotential lokalisiert sind. Hier ergibt sich mit den Mitteln der Allgemeinen Relativitätstheorie, daß eine Uhr im Vergleich zu ihrem Eigentakt den Takt einer anderen, aber gleichartigen Uhr an einer Stelle als verlangsamt beurteilt, an der das Gravitationspotential größer ist, und als beschleunigt, wenn dort das Gravitationspotential kleiner ist. Positionieren wir eine durch einen Schwingquarz gesteuerte Uhr in großer Entfernung von der Erde, so mag dort das Erdgravitationspotential gerade verschwinden. Eine gleichartige Uhr am Erdboden aufgestellt, befindet sich jedoch dort in dem am Erdboden herrschenden Gravitationspotential. Vergleicht man nun die Taktperioden beider Uhren, indem man die aufeinanderfolgenden Takte der jeweils anderen Uhr über Lichtsignale überträgt, so erkennt die Uhr am Erdboden, daß der Takt der erdfern positionierten Uhr offensichtlich beschleunigt ist. Durch das Gravitationspotential scheinen die ansonsten baugleichen Schwingquarzuhren gegeneinander in ihrem Gang verstimmt zu sein. Obwohl baugleich, sind sie demnach nicht mehr ganggleich. Wieder kann man fragen, ob dies heißt, daß die Zeit tief im Gravitationsfeld langsamer vergeht als außerhalb, obwohl doch offensichtlich hier und dort genau das gleiche passiert: Ein Schwingquarz führt eine Schwingung durch. Dies drückt sich ja schließlich auch darin aus, daß beide Uhren aufgrund ihrer

Baugleichheit die gleiche Eigenzeittaktperiode haben. Dennoch weicht offensichtlich örtlich ihre Schwingperiode von der ihnen eigenen Eigentaktperiode nach Maßgabe des dort gegebenen, örtlichen Gravitationspotentiales ab.

Das führt uns nun eine sehr mißliche Lage vor Augen; denn wir finden offensichtlich, daß gleiche Uhren an verschiedenen Stellen im Gravitationsfeld verschieden schnell gehen, wovon wir uns durch Uhrenvergleich über Signalkommunikation zwischen diesen Stellen jederzeit überzeugen können. Damit läßt sich aber – zumindest gilt das für den Physiker – kaum leben: einräumen zu müssen, daß gleichartige Prozesse an unterschiedlichen Stellen im Universum verschieden in der Zeit ablaufen. Und so versucht man in der Allgemeinen Relativitätstheorie diese Vorbelastung des Zeitablaufs durch das Gravitationsfeld künstlich aufzuheben, indem man eine ortsabhängige Eichung jeder Normuhr durchführt, durch die man die feldbedingte Verstimmung der Uhr durch eine entsprechend diesem mißlichen Umstand entgegenwirkende Gangkorrektur kompensiert. Das bedeutet, daß jede Uhr ortsabhängig beschleunigt werden muß. Damit erreicht man, daß nach einer solchen ortsabhängigen Gangkorrektur der Gang aller Uhren an verschiedenen Plätzen in der Welt gleich erscheint, sofern der Gang dieser Uhren nicht naturbedingt noch auf eine andere, primäre und explizite Weise von den lokalen Eigenschaften des Gravitationsfeldes bestimmt wird.

Dieses Synchronisationskonzept läßt sich so jedoch nur durchführen an solchen Uhren, deren Eigentakt nicht selbst wieder von den Eigenschaften des Gravitationsfeldes bestimmt wird. Das trifft etwa auf Uhren zu, die von einem elektrischen oder mechanischen Schwingungssystem getaktet werden. Anders verhält sich dies jedoch mit Uhren, die in ihrem Eigentakt von den Eigenschaften des lokalen Gravitationsfeldes bestimmt werden, wie etwa einer klassischen Pendeluhr: bei einer solchen Uhr hängt der Eigentakt mit dem lokalen Schwerkraftfeld zusammen. Das bedeutet, daß die Eigentaktperiode in diesem Falle schon in recht komplizierter Weise mit den Eigenschaften des lokalen Gravitationsfeldes verknüpft ist. Und hier hilft es dann auch nichts mehr, die allgemeinrelativistische Gangkorrektur einer solchen Uhr durchzuführen. Hier behalten wir nun allemal ortsabhängig getaktete Uhren zurück, mit der sehr mißlichen Folge, daß wir mit solchen Uhren das lokale physikalische Geschehen hinsichtlich einer Abbildung von Ereignissequenzen in der Zeit offensichtlich ortsspezifisch beschreiben würden.

Noch frappanter sind die Verhältnisse im Inneren eines frei im Gravitationsfeld fallenden Kastens. Wenn auf dem Kastenboden ein Pendel steht und den freien Fall des Kastens voll mitmacht, so würde sich seine Pendelperiode sogar auf unendlich ausdehnen, weil im Inneren des Kastens die Schwerkraft aufgehoben zu sein scheint und die Gravitationsbeschleunigung in diesem

Kasten verschwindet. Der Pendelschlag vollzieht sich hier also unendlich langsam, und alle Prozesse im Kasteninneren, die in ihrem Ablauf nicht im entsprechenden Maße von der Gravitationsbeschleunigung abhängig sind, würden, mit dem Pendelschlag bemessen, unendlich schnelläufig erscheinen. Wenn wir jedoch wollen, daß bei gleichem Prozeßablauf die zwischen einem Zustand A und einem nachfolgenden Zustand B erbrachte Wirkung überall im Universum in der gleichen minimierten Zeit erbracht wird, dann verlangt dies offensichtlich danach, daß wir ortsspezifisch und prozeßspezifisch eine wirkungskorrelierte Zeittaktung einführen.

Man könnte hier noch einmal tiefer darüber nachdenken, welche Deutung man eigentlich dem sogenannten Zwillingsparadoxon der Speziellen Relativitätstheorie geben könnte. Es handelt sich dabei um die prekäre Aussage, daß zwei Zwillinge α und β unterschiedlich altern, wenn nur der eine von ihnen sich durch die Raumzeit des Universums bewegt, während der andere am Orte verbleibt. Altert hier nun wirklich ein Zwilling weniger schnell als der andere, nur weil er sich gegenüber ersterem in Bewegung befindet, oder ist dies nur ein Scheineffekt, der mit der Deutung des Zeitvergehens von einem fremden Bezugssystem zusammenhängt, in dem das Altern des anderen Systems ja eben bei Gegebenheit einer Bewegung nicht rein zeitartig wahrgenommen werden kann? Die Spezielle Relativitätstheorie besagt auf der Basis ihrer Transformationsformeln für Weltereigniskoordinaten von einem zum anderen Bezugssystem, daß folgendes paradoxe Phänomen eintreten sollte: Zu einem bestimmten Zeitpunkt lassen wir den einen von zwei Zwillingen α und β, nehmen wir an, es sei β, eine Reise mit konstanter Geschwindigkeit antreten, die ihn für eine Weile in die Ferne des Raums entführt. Zu einem späteren Zeitpunkt sorgen wir dafür, daß β seine Reisegeschwindigkeit umändert und ab dann die Rückreise zu α antritt. Irgendwann wird er dann wieder am Orte von α eintreffen. Die Frage könnte dann sein: Wie alt schätzt jeder Zwilling in diesem Moment seinen Gegenzwilling? Nach der Relativitätstheorie beurteilt interessanterweise jeder der beiden Zwillinge das Alter des Gegenzwillings niedriger als sein eigenes, und zwar nicht aus Höflichkeit dem anderen gegenüber, sondern weil ihm die Lorentztransformationen der Raumzeitereignisse genau dies so ausweisen. Von α aus gesehen, hat sich β zunächst entfernt und später wieder angenähert. Er hat sich also bewegt in der Raumzeit, und folglich erscheinen die Herzschläge von β für α verlangsamt. Das Paradoxe an der Situation ist nun aber, daß die Altersbeurteilung von β aus ganz genauso ausfällt, denn von ihm aus gesehen, hat sich ja α entfernt und später wieder angenähert, zwar jeweils in der Gegenrichtung, aber das bleibt für die Altersbeurteilung unerheblich. Es zählt nur die Tatsache, daß auch für β sein Gegenzwilling α sich bewegt hat und folglich auch dessen Herzschlag für β verlangsamt erscheint. Wie kann man eine solche paradoxe Situation verstehen? Wenn beide Zwillinge also wieder zusammentreffen, so muß jeder aufgrund der relativitätstheoretischen Altersbestimmung davon ausgehen, daß der andere jünger ist. Dies aber muß ersichtlich falsch sein, denn es kann unmöglich sowohl gelten, daß β jünger als α ist, als auch das Gegenteil. Beide Zwillinge beweisen sich also nur, daß zumindest auf ihren Fall die Spezielle Relativitätstheorie nicht anwendbar ist.

Warum aber sollte dies so sein? Es liegt einfach daran, daß die beiden Bezugssysteme, Zwilling α und Zwilling β, im Verlaufe des oben geschilderten Reiseprogramms in der Tat nicht austauschbar sind. Die eigentlich paradoxe Situation kann sich also aus diesem Grunde nicht ergeben, weil die Zwillinge eben doch nicht auswechselbar, wiewohl vielleicht zwar verwechselbar sind. Denn wenn α die ganze Zeit am Orte verbleibt, so erfährt er auch keinerlei Krafteinwirkung, während er auf seine Eigenuhr schaut. Anders ist dies bei β, der ja zunächst einmal eine bestimmte Reisegeschwindigkeit aufnehmen muß. Dazu muß er eine Beschleunigung seiner selbst durchmachen, die ihn nach kurzer Zeit auf seine Reisegeschwindigkeit bringt. Während dieser Zeit erfährt β aber eine Krafteinwirkung, die er sogar mit einem Akzelerometer exakt aufzeichnen lassen könnte. Während also β seine Eigenuhr abliest, muß er gleichzeitig für kürzere Zeit eine Krafteinwirkung spüren, die sein Gegenzwilling α nie zu spüren bekommt. Es ist nun die Frage, ob der Eigenuhr von β bei dieser Krafteinwirkung unter Umständen eine Verstimmung widerfährt, wie dies etwa auch bei einer Uhr geschieht, die wir tiefer in ein Gravitationsfeld hineinbringen. Weiterhin nicht austauschbar sind die Zwillinge im Moment der Reiseumkehr von β, denn auch in diesem Moment erfährt β eine Beschleunigung, weil seine Geschwindigkeit für die Rückkehr durch irgendeine Krafteinwirkung umgeändert werden muß. Während dieser Beschleunigungsphasen können aber die jeweiligen Raumzeitereignisse nicht mit den Mitteln der Speziellen Relativitätstheorie von Bezugssystem zu Bezugssystem übertragen werden. Beschleunigungen sind demnach etwas sehr Heimtückisches für die Transformation der Raumzeitereignisse. Mit den Mitteln der Speziellen Relativitätstheorie läßt sich in diesen Phasen nicht nachvollziehen, wie sich die Ereigniskoordinaten von α in das Bezugssystem von β und umgekehrt übertragen lassen.

Hierfür muß man eine Anleihe bei der Allgemeinen Relativitätstheorie machen die ja Beschleunigungen wie Gravitationsfelder behandeln kann.[3] Hier zeigt sich, daß der Moment der Reiseumkehr sich auf den Eigentakt von β nicht weiter auswirkt, weil hier nur eine Geschwindigkeitsumkehr erfolgt bei Erhalt der Größe der Geschwindigkeit in der Bewegung von β. Das entspricht einem Durchtauchen eines zentralen Gravitationsfeldes auf einer parabolischen Keplerbahn, bei der die Geschwindigkeit sich zwar umdreht, der Körper sich aber schließlich wieder auf dem gleichen Gravitationspotential wie vorher befindet. Anders ist dies bei der Uhr, die zunächst auf ihre Reisegeschwindigkeit gebracht werden muß. Sie erfährt sozusagen einen Wechsel des Gravitationspotentials! Das heißt aber in der Konsequenz, daß Uhren und das mit ihnen vorgenommene Zeitmessen nicht weg- und wirkungsunabhängig sind. Uhren sind vielmehr die wahrsten Geschichtsschreiber. In ihrem Gang wird genau festgehalten, welche Beschleunigungsereignisse sie im Laufe der Zeiten erfahren haben.

Noch ein weiterer Umstand läßt sich in Verbindung mit dem veränderten Gang der Uhren im Gravitationsfeld bedenken: Wenn schon der Gang der Uhren entsprechend dem örtlichen Gravitationsfeldpotential beschleunigt oder verlangsamt erscheint, was sollte dies dann für das Zeiterleben von Lebewesen an verschiedenen Stellen im Gravitationsfeld bedeuten? Erleben Menschen an unterschiedlichen Stellen im Schwerefeld wirklich einen unterschiedlichen Fluß der Zeit? Und woran sollte ihnen das auffallen? Zunächst einmal läßt sich feststellen, daß alle örtlich ablaufenden Prozesse, die in ihrem Ablauftakt nicht selbst vom Gravitationsfeld bestimmt sind, mit dem Lebensablauf des örtlichen Beobachters gleichtaktig bleiben. Gemessen an der örtlichen Taktung solcher Fundamentalprozesse, bleibt also der erlebbare Lebensablauf synchron. Zu den örtlichen Prozessen fallen keine relativen Verstimmungen auf. Das vorher angesprochene Phänomen der Taktverstimmung taucht nur beim Vergleich von Zeitabläufen gleichartiger physikalischer Prozeßabläufe an verschiedenen Stellen im Gravitationsfeld, also auch an verschiedenen Stellen in unserem Kosmos auf.

Am Orte selbst kann nur auffallen, daß vom Schwerefeld bestimmte Prozeßabläufe – etwa wie die Pendelschwingung oder das Fallen eines Apfels vom Tisch auf den Boden – gegenüber anderen Prozeßabläufen, etwa unseren biologischen, vitalistischen Rhythmen, verstimmt werden. In einem freifallenden Kasten zum Beispiel, in dem die Schwerkraft aufgehoben ist, wird der Fall des Apfels vom Tisch oder eine Pendelschwingung länger brauchen, als ein ganzes Menschenleben in diesem Kasten währt. Man kann nur hoffen, daß sich äußerliche Schwerefeldveränderungen, die eine derartige Verstimmung von Normaluhren, wie Quarz- und Pendeluhr, gegeneinander oder des menschlichen Biotaktes gegenüber Alltagsuhren bedingen würden, nicht allzu schnell ergeben. Denn das wäre bereits für unser Erleben der örtlichen Umwelt fatal und noch fataler für unser Erleben entfernter Umwelten.

Wenn sich plötzlich unter uns der Boden auftäte und wir uns samt allem um uns herum in einem freifallenden System befänden, so hätte dies ganz schwerwiegende Verstimmungsfolgen. Wenn sich dagegen die Schwerefeldverhältnisse in unserer Umwelt, die unser Leben begleiten, nur über Jahrmilliarden hinweg langsam ändern würden, so könnten wir uns in jeder Generation bestens auf die derzeit für uns gegebenen Taktkommensurabilitäten verlassen.

Eine Veränderung unserer Schwerefeldumgebung mit der Zeit hätte vom Prinzip her ganz gravierende Folgen für die Taktung unserer Zeitverläufe im Rahmen eines Menschenlebens, der Ereignisverläufe in den Jahreszeiten oder im Zuge der Menschheitsgeschichte. Im allgemeinen bauen wir darauf, daß ein Tag 24 Stunden hat, daß der Mond in 28 Tagen die Erde umläuft und daß die Erde die Sonne in einem Jahr entsprechend 356 Tagen einmal umkreist und damit gerade den jährlichen Jahreszeitenzyklus, bestehend aus Frühling, Sommer, Herbst und Winter, induziert. Die Kommensurabilitäten zwischen all diesen Perioden scheinen dabei also fest gegeben zu sein und sich im Laufe der Zeit nicht zu verändern. Wenn sich jedoch das Gravitationsfeld zeitlich verändert, in dem sich Sonne, Erde und Mond bewegen, so würden die Verhältnisse dieser Perioden zueinander dadurch zeitlichen Variationen unterworfen sein. Tagesperiode, Mondperiode und Jahresperiode würden sich sowohl in ihren absoluten als auch in ihren relativen Werten ändern.

Wenn zum Beispiel die Gravitationskonstante, die im zweiten Newtonschen Gesetz, welches die Anziehung zwischen zwei Massen formuliert, als eine Konstante auftritt, in Wahrheit zeitabhängig wäre, so wären alle oben genannten Perioden in unterschiedlicher Weise davon betroffen. Für die Erde selbst würde dies bedeuten, daß ihre Schwerkraft sich verändert und daß damit der Erdball seine Ausdehnung und natürlich damit verbunden sein Trägheitsmoment verändert, wodurch wegen der Erhaltung des Drehimpulses des Erdkörpers die Änderung der Drehgeschwindigkeit der Erde und somit der Tageslänge bedingt würde. In ganz anderer Weise würden die Mondumlaufperiode oder der Erdumlauf um die Sonne durch die zeitliche Veränderung der Gravitationskonstanten beeinflußt. Das bedeutet aber, daß die Kommensurabilitäten zwischen diesen Perioden sich mit der Zeit laufend verändern würden. Wenn die Erhaltung dieser Periodenverhältnisse über angemessen lange Zeiten hinweg die fundamentale Basis für unsere derzeitige kalendarische Ordnung bilden soll, so ist das dem Umstand zu verdanken, daß die Zeitskala der Veränderung der Gravitationskonstante sehr groß ist gegenüber einigen tausend Erdjahren oder Erdumläufen um die Sonne.

Mit einer solchen theoretisch angenommenen zeitveränderlichen Gravitationskonstante würden sich natürlich auch die Theorien der Planetenbewegung um die Sonne oder der Sternbewegungen um das galaktische Massenzentrum sehr verkomplizieren.[4]

Es gibt nun tatsächlich eine Reihe von guten Gründen anzunehmen, daß gewisse Naturkonstanten, zu denen auch die Gravitationskonstante gehört, letztlich keine »guten Konstanten«, sondern nur Quasikonstanten sind, deren Werte sich nur zufällig über menschheitsrelevante Zeitepochen hinweg praktisch nicht ändern. Ein einzelner Mensch mag also im Laufe seines Lebens nicht bemerken können, daß sich die Erdbeschleunigung allmählich verändert. Nicht einmal im Laufe der Geschichte der Menschheit mag eine solche Veränderung auffallen.

Über kosmische Epochen hinweg allerdings, die mit dem Weg des Lichtes von den fernsten Leuchtquellen in unserem Kosmos zu uns überbrückt werden, mögen die Werte dieser Konstanten dennoch kosmisch-epochale Langzeitveränderungen durchmachen. Vielleicht haben wir ja nur Glück, daß solche Fundamentalkonstanten, wie wir sie normalerweise mit unseren alltäglichen Beobachtungen überbrücken, mit Fug und Recht als »gute« Konstanten gelten können. Das läßt aber nicht den Schluß zu, daß diese Größen, sofern sie dann überhaupt noch ihren Sinn behalten würden, über große Zeiten und weite Räume gesehen, als Konstanten gelten können. Eher kommt man zu dem Verdacht, daß ohne die gleichzeitige Berücksichtigung der raumzeitlichen Weiten des Kosmos einerseits und der mikrophysikalischen Atomwelten andererseits keine angemessenen, durchgängig gültigen Gesetze der Physik ableitbar sind. Man sollte vielmehr einen Wechselbezug zwischen den skalenfrei zu formulierenden Naturgesetzen und den gegebenen Strukturen auf allen Größenskalen erkennen können. Dieser epistemologisch gewünschte Wechselbezug zwischen Gesetz und darin beschriebenem Geschehen auf allen Skalen des Kosmos hat in der modernen Naturwissenschaft gerade im Bereich der Gravitationswechselwirkungen zwischen Massenkörpern im Kosmos zu einer in gewisser Hinsicht extremen, aber eigentlich nur konsequenten Überlegung geführt.

Die Gravitation beeinflußt bekanntlich die großen Strukturen im Kosmos. Sie kommt maßgebend erst bei den Wechselwirkungen zwischen weit voneinander entfernten kosmischen Massen ins Spiel, ist aber in diesen Bereichen auch die einzige Kraft, die über solche Entfernungen überhaupt noch wirkt, während alle anderen Naturkräfte über solche Raumskalen längst abgeschirmt sind. Die hier im Kosmos wirksamen gravitativen Wechselwirkungskräfte selbst sind aber möglicherweise nicht einfach seit dem Weltanfang naturintrinsisch vorgegeben in ihrer Form und Stärke, sie könnten viel eher erst durch die kosmischen Strukturen selbst und die Massenverteilungen im Universum festgelegt worden sein. Das vermuteten etwa die Astrophysiker Fred Hoyle und Jayant Narlikar in ihrer Art, Physiker wie Ernst Mach, Paul Dirac, Pascual Jordan und Brans Dicke in anderer Weise. Paul Diracs

Vermutungen gehen dabei von dem als erklärungsbedürftig angesehenen Umstand aus, daß sowohl auf der mikrophysikalischen wie auf der makrophysikalischen Ebene bestimmte skalentypische, dimensionslose Verhältniswerte gebildet werden können, die in beiden Fällen auf fast identische Zahlen von der gigantischen Größe von 10^{40} führen.[5]

Die Gleichheit der beiden Zahlen auf mikro- und makrophysikalischer Ebene kann man als einen Zufall ansehen, man kann ihr aber auch eine tiefe heuristische Bedeutung beimessen. Wenn man sich auf diesen Standpunkt, den von Dirac und Jordan, begibt, dann heißt dies anzunehmen, daß diese suggestive Verwandtschaft der beiden Riesenzahlen eine in der Natur realisierte Verbindung von Mikrokosmos und Makrokosmos widerspiegelt. Setzt man demnach, wegen der angedeuteten numerischen Gleichheit, diese beiden Zahlen in Form einer mathematischen Gleichung einander gleich, so ergibt sich dabei so etwas wie ein in der Natur geforderter Zusammenhang zwischen kosmischen und atomaren Fundamentalgrößen. Man kann diese Gleichung nämlich so verstehen, als sei durch sie gefordert, daß es in der Natur des kosmischen Ganzen liegen sollte, stets in allen Epochen der Weltentwicklung das Verhältnis von elektrischer zu gravitativer Wechselwirkungskraft zwischen den Bestandteilen eines Wasserstoffatoms auf einem Wert zu halten, der gleich der Größe des Universums ist, gemessen in Bohrschen Atomradien. Wenn man so will, würde dies die Tatsache formulieren, daß das Verhältnis elektrischer und gravitativer Naturkräfte zueinander immer korreliert ist mit der Größe des Gesamtuniversums. Für ein expandierendes Universum wie das unsrige, dessen Größe mit der Zeit wächst, hätte dies evidenterweise frappante Konsequenzen. Aus einer solchen Gleichung läßt sich nämlich dann folgern, daß die für Fundamentalkonstanten gehaltenen Größen der Physik – wie Protonenmasse, Elektronenmasse, Elementarladung, Planckkonstante und Gravitationskonstante – in einer entsprechenden mathematisch-algebraischen Kombination gemäß dieser Gleichung die Größe des Universums jeweils darstellen können müßten. In dieser mathematischen Kombination müßten sie uns demnach jederzeit sagen können, wie groß das Universum derzeit ist. Atomarer und kosmischer Naturbereich wären nicht mehr unabhängig voneinander bemeßbar, sie wären vielmehr intrinsisch in ihren Maßen miteinander verflochten. In einem expandierenden Weltall, in dem der Weltdurchmesser eine Funktion der Weltzeit sein würde, könnten also zumindest nicht alle obigen Fundamentalkonstanten wirkliche Konstanten sein, vielmehr müßten einige, wenigstens aber eine, gerade in geeigneter Weise mit der Weltzeit variieren.

Dirac und Jordan haben hieraus den Schluß ziehen wollen, daß es die Gravitationskonstante ist, die sich mit der Weltzeit ändert. Und zwar sollte sie sich umgekehrt proportional zur Größe des Universums verkleinern, mit der Konsequenz beispielsweise, daß sich Sonne und Erde im Laufe der Zeit in einem expandierenden Universum immer schwächer gravitativ anziehen würden und die Erde auf immer weiter ausgedehnte Kreisbahnen ausweichen müßte. Die Erdanziehungskraft müßte trotz gleichbleibender Erdmasse bei zeitlich abnehmender Gravitationskonstante im Laufe der Äonen allmählich ebenfalls abnehmen, die Erde, von ihrer Schwerkraft zu einem Teil entlastet, sollte sich ausdehnen und ihre Drehgeschwindigkeit um die eigene Achse sollte sich verringern. Die Erdentage würden dann länger werden.

Man könnte die obige Relation alternativ auch auf andere Weise erfüllen. So könnte man ebensogut fordern, daß die Protonenmasse oder auch das Verhältnis von Elektronen- zu Protonenmasse in geeignetem, kosmologischem Maße zeitabhängig ist. Auch das hieße nach unserem derzeitigen Verständnis der Physik, tief an den Grundfesten des herkömmlichen Theoriengebäudes zu rütteln; denn die Massen der Elementarteilchen werden innerhalb dieses konventionellen Gebäudes ja als genuine, unwandelbare Eigenschaften der Teilchen selbst angesehen. Protonen sind hier im Rahmen der herkömmlichen Physik eben Teilchen, denen eine einzige und nur diese Masse zukommt. Die Spekulation auf kosmologisch sich wandelnde Massenwerte kommt dagegen aber dem Machschen Gedanken sehr entgegen, der die Trägheit jedes Teilchens im Universum, in der sich ja gerade die Teilchenmasse ausdrückt, als eine Folge der Wechselwirkung dieses Teilchens mit allen anderen Teilchen beschreiben wollte. Wenn dem so wäre, ließe sich leicht vorstellen, daß die Massen der Teilchen sich verringern, wenn alle Teilchen im Kosmos im Zuge der kosmologischen Expansion auf größere Abstände rücken.

Der Schluß auf kosmologische Massenveränderlichkeit liegt auch noch nach einer anderen Überlegung der beiden Astrophysiker Fred Hoyle und Jayant Narlikar nahe. Auch nach ihrer Ansicht läßt sich die träge Masse aller Elementarteilchen nicht als eine teilchenspezifische, unveränderliche Eigenschaft verstehen. Sie stellt vielmehr eine Kenngröße dar, die durch die Wechselwirkung mit der gesamten restlichen Materieverteilung im Raum oder mit dem allgemein-relativistischen Äquivalent derselben, also mit der Struktur der vierdimensionalen Raumzeit, in ihrem effektiven Zahlenwert festgelegt wird. Sie folgern daraus, daß für die Bewegung der Massen im Universum ein allgemeines, allumfassendes Wirkungsprinzip gelten sollte. Nach einem solchen pankosmischen Wirkungsprinzip allerdings sollte der Kosmos nun dasjenige System aus Feldern und Materie realisieren, bei dem sowohl die Wirkungen der verteilten und bewegten Massen als auch die der durch diese Massen bedingten Gravitationsfelder minimiert werden. Das verlangte nun aber, daß die Massen im Universum sich genau nach Maßgabe der Veränderung der Weltlinienlängen ändern sollten, was sich in einem isotrop expandierenden, homogenen Universum konkret so auswirkt, daß die Massen der Teilchen sich mit dem Reziproken des Weltdurchmessers verkleinern sollten.

Die Grundlage all dieser Überlegungen bildet der aufregende Machsche Gedanke, daß im Prinzip weder Massen noch Wirkungen und ebensowenig die Zeiten der Wirkungsentfaltung ohne die Kenntnis der Gesamtheit des Kosmos richtig formuliert werden können. Mach hatte argumentiert, daß bei Anwesenheit nur eines einzigen Körpers im Weltall überhaupt nicht von dessen Trägheit oder träger Masse die Rede sein könnte, da diese Trägheit sich nur in einer Widerstandskraft gegenüber Relativbeschleunigungen zu irgendeinem Nachbarkörper im Kosmos äußern kann. Wenn es jedoch überhaupt keinen solchen Nachbarkörper gibt, so ist es sinnlos, dennoch von einem solchen Widerstand, also von Trägheit reden zu wollen. Die Trägheit und träge Masse können also keine intrinsischen Eigenschaften dieses Körpers selbst sein. Vielmehr sollten sie etwas mit dem Koexistieren dieses Körpers in der Raumzeit zusammen mit den vielen anderen kosmischen Körpern zu tun haben. Mach selbst hat allerdings niemals eine nach dieser einleuchtenden Überlegung aufgebaute, quantitative Formulierung seines relativistischen Trägheitsprinzips zu geben vermocht. Auch viele Physiker nach ihm, die den prinzipiellen Gehalt seines Gedankens durchaus würdigenswert fanden, haben es bis heute ebensowenig verstanden, diesem Konzept durch eine angemessene Formulierung des Trägheitsprinzips in voller Strenge zu genügen. Dennoch bleibt es gerade auch im Zusammenhang mit der Zeit im Universum von großer Bedeutung. Machs Gedanke berührt nämlich nicht nur die trägen Massen im Universum, sondern selbstverständlich auch die mit diesen Massen und ihren Bewegungen verbundenen Wirkungen im Universum. Mit diesen aber ist nun, wie wir schon erörtert haben, ein Informationsverlust verbunden, der einen spezifischen kosmischen Weltzeitzuwachs mit sich bringt. Auf diese Weise wird also erkennbar, daß Wirkungsentwicklung, Zeitentwicklung und Massenentwicklung im Universum in sehr enger Weise kosmologisch verbunden sind.[6] Die Synchronisation jedes Teilprozesses im Weltall mit der kosmischen Weltzeit bleibt ein schwieriges Unterfangen der physikalischen Welterklärung!

11. Kapitel
Sind Zeit und Geschehen diskontinuierlich?

Man sagt und denkt im allgemeinen, Zeit verfließe kontinuierlich. Jeder Zwischenschritt eines in den Zeitenfluß eingebetteten Geschehensablaufes lasse demnach eine beliebig fortsetzbare Mikroskopie der Konsekutionen in immer kleinere Zeitabschnitte zu. Dabei unterstellt man aber, Zeit durchlaufe jede Zwischenmarke zwischen zwei zeitlich festgelegten Ereignispunkten, zwischen denen sich ein Ereignisablauf immer wieder aufs neue wie ein steter Umschlag von diskreten Ursachen in diskrete Wirkungen vollziehe. Das Geschehen wird demnach angesehen als eine ununterbrochene Ereigniskette mit einer infinitesimalen Auslegung jedes Zeitraumes durch eine unabzählbare Menge von Zwischenereignissen. Interessant ist dabei die Selbstverständlichkeit der Annahme einer Kontinuität des Raumes und der Zeit, für die es in einer digitalisierten Welt wie der heutigen, in unserem Zeitalter der elektronischen Welterfassung, eigentlich gar keine Basis geben dürfte.

Geschehensdinge begreifen wir als kontinuierliche Prozeßabläufe, die sich in ihren prozessualen Einzelmomenten deswegen auch auf den kontinuierlichen Strom der Zeit abbilden lassen. Wir verwenden aus diesem Grunde, verstandesmäßig fast gezwungenermaßen, immer gerne die Metapher vom Fließen der Zeit. Wir verstehen die Zeit im Bild eines Wasserstromes, der ein Flußbett hinunterströmt. Die einzelnen Ereignisse, die wir selbst erleben mögen oder von anderen erwähnt hören, bewegen sich wie schwimmende Gegenstände auf diesem Fluß der Zeit dahin, so wie Holzstücke auf der Wasseroberfläche eines Baches vorüberschwimmen. Die Ereignisse kommen mit diesem Fluß aus der Zukunft schließlich in unsere Gegenwart und werden danach mit demselben Fluß weiter und immer weiter in die Vergangenheit flußabwärts geführt. Unter Physikern, die sich dem Denken Newtons angeschlossen haben, herrscht nun die Meinung vor, daß dieser Zeitstrom immer gleich schnell bewegt sei, während unsere unmittelbare Alltagserfahrung eher dahin geht zu vermuten, daß die Zeit an manchen Tagen schneller, an anderen langsamer verfließt, ganz nach der Menge, nach der Rate und nach der Vehemenz der Ereignisse beurteilt, die auf uns während eines Tagesganges einstürmen.

Mit dem Bild des Zeitflusses verbindet sich auch unser Gespür für die Irreversibilität des Geschehens. Man versteht spontan, daß das Fließen eines Flußes, auf dem die Ereignisse von der Zukunft in die Gegenwart und sodann in die immer fernere Vergangenheit hinweggetragen werden, nur ein irreversibles Einmaligkeitsgeschehen sein kann. Man muß sich aber bei diesem immer wieder gebrauchten Bild fragen, ob ein Ereignis für uns wirklich wie ein Blatt ist, das auf dem an uns vorbeiströmenden Fluß von weiter stromaufwärts nach weiter stromabwärts an uns vorbeigeführt wird. Ist diese Metapher eigentlich zutreffend? Ist das Ereignis nicht vielmehr nur die Koinzidenz des uns passierenden Blattes mit unserem perzipierenden Wachbewußtsein? Irgendwo weit stromauf oder weit stromab ist diese Koinzidenz sicher nicht gegeben und auch nicht sinnvoll konzipierbar oder konstruierbar. Und somit gibt es auch das Ereignis weder in der Zukunft noch in der Vergangenheit. Es besteht eben nur in dieser Koinzidenz des uns Passierens, die jedoch niemals, weder mit unserem Gewesensein noch mit unserem Seinwerden, zustande kommt. Ereignisse schwimmen eben nicht wie Blätter auf einem Wasserstrom, sie sind nur Koinzidenzen mit unserer Befindlichkeit oder mit einer anderen Befindlichkeit.

In ein wieder anderes Bild bringt der Philosoph Gerold Prauss das, was die Natur von Zeit, Geschehen und Ereignis ausmacht. Er schaut dabei zunächst auf die Natur einer geometrischen Linie beziehungsweise eines geometrischen Punktes und fragt sich, inwiefern man sagen kann, daß die Linie aus Punkten besteht, wenn doch der ideale Punkt eine geometrische Singularität ohne Nachbarschaft darstellt. Ebenso kann man sich fragen, inwiefern der Geschehensstrom aus Jetztmomenten besteht, ohne dabei in solche Momente zu zerfallen. Prauss geht dieser Frage genauer nach, indem er sich vorstellt, wie Linie und Punkt vermittels eines Kreidestückes und eines Schwammes auf einer Tafel gleichzeitig realisiert werden könnten. Mit der einen Hand, die ein Stück Kreide über die Tafel führt, werde eine Linie auf die Tafel gezogen, mit der anderen Hand, die einen Schwamm unmittelbar hinter der ersten Hand herführt, wird die in der Entstehung begriffene Linie immer wieder, kaum daß sie in Erscheinung tritt, bis auf einen voranwandernden Punkt ausgelöscht. Es bleibt also nur jeweils ein geometrischer Punkt übrig, während es zur Ausbildung einer geometrischen Linie nicht kommt.

Was aber ist nun dieser Punkt auf der Linie? Hat er überhaupt etwas mit der Linie zu tun? Ist die Linie ein Prozedere von Punkten, die eine Zielvorschrift befolgen? Doch in welcher Weise kann in einem geometrischen Punkt eine Vorschrift zum Übergang in einen anderen Punkt aus der Nachbarschaft angelegt sein? Ein solcher Punkt stellt als Punkt weder einen Unterschied zur Linie dar noch als Linie einen Unterschied zum Punkt an sich. Er ist ein Zwischending, weder Punkt noch Linie, und dennoch existent, wie es der Konstruktionsvorgang ja beweisen kann. Er ist ein Punkt oder ein Gegenstand, der es in sich hat. Aber was hat er eigentlich in sich? Ist es ein Punkt mit der Entelechie, in seine lineale Nachbarschaft überzugehen? Dann aber ist er keine topologische Singularität, sondern eine transiente Erscheinung, die mehr ist als ihr jeweiliges Sein. Ganz wie dieser Gegenstand scheint auch die innere Struktur der Zeit beschaffen zu sein. Sie ist etwas Transientes, das ständig kommt wie geht, und sie ist genau darin etwas »Dauernd-Wechselndes«, so widersprüchlich dies auch klingen mag, weil etwas eigentlich nur entweder dauern oder wechseln können sollte. Die Zeit jedoch ist und kann beides, sie ist ein Entstehen zum Vergehen und nicht zum Bestehen. Wie Punkt und Ausdehnung fallen in ihr Ereignismoment und Geschehensgeschichte zusammen. In diesem Seinszwiespalt kann sie also kein Objekt im eigentlichen Sinne sein. Sie ist vielmehr ein Subjekt, sie macht den Stoff der Subjektivität aus als Sein, das sich aus sich selbst heraus in sein Anders differenziert.

Trotz der Differentiation aus sich selbst heraus verliert das Subjekt aber nicht seine Identität und so auch nicht die Zeit oder die in ihr auftretenden Ereignisse. Auch Ereignisse verändern sich nicht in der Zeit; wohl sind es die Dinge, die sich verändern mögen, weil ihnen Geschehnisse widerfahren. Die Ereignisse selbst aber sind zeitlos, sie werden wie zu einem erzählbaren Stoff ohne Zeitdimension. Die Frage mag dann aber sein, wie sich ein Geschehnis an einem Ding oder an der Konstellation der Welt überhaupt vollzieht. Bleibt das Ding, an dem sich ein Geschehnis vollzieht, sich selbst identisch, oder wird dabei ein Ding gegen das andere ausgewechselt? Ist die Welt in einer geänderten Konstellation noch dieselbe wie vorher, oder tritt eine andere Welt an die Stelle der vorherigen? Wir stehen vor der schwierigen Frage nach der Kontinuität von Geschehen.

Wenn sich die Welt insgesamt durch ihre digitalisierten und diskreten Eigenwerte über einen Zustandsvektor darstellen ließe, so gäbe es keinen kontinuierlichen Wandel im Weltzustand, sondern es gäbe lediglich eine Präsenz der Welt in Zuständen, zwischen denen kein kontinuierlicher Übergang möglich ist. Letzterer existiert einfach nicht, denn es gibt das Kontinuum von Zwischenzuständen eben nicht. Wenn es unter solchen Umständen einen Zeitfluß geben soll, so kann er nur in einer Aufeinanderfolge von Zeitintervallen bestehen, die zwischen aufeinanderfolgenden Realisierungen von Weltzuständen liegen oder geradezu dafür ein Synonym bilden. Der jeweilige Zeitschritt ist dann dem getanen oder gerade vollzogenen Realisierungschritt einfach äquivalent.

Erwin Schrödingers berühmte Wellengleichung, die auf mikrophysikalischer Ebene die Wirkungsentfaltung in der Welt beschreibt, ist mathematisch gesehen eine Differentialgleichung, die die Entwicklung des Geschehenszustandes an einem herausgegriffenen Raumzeit-Punkt auf Zustände in unmittelbar benachbarten Raumzeit-Punkten in Form einer durch ihre zeitlichen und räumlichen Gradienten definierten Wirkungsfunktion bezieht. Hierbei wird davon ausgegangen, daß sich die raumzeitlichen Nachbarpunkte in infinitesimal kleinem Abstand vom Betrachterpunkt befinden können. Entsprechend ergibt sich die Lösung dieser Schrödinger-Gleichung, die ja auch als zeit- und raumabhängige Wellenfunktion bekannt ist, bemerkenswerterweise als eine für jeden infinitesimal benachbarten Punkt in Raum und Zeit wohldefinierte Zustandsfunktion. Dem liegt ganz klar der Begriff des kontinuierlichen Raumes und des kontinuierlichen Zeitflusses zugrunde.

Gibt es beide Kontinuitäten jedoch tatsächlich? Kann man als garantiert ansehen, daß alle Raumzeit-Punkte eine beliebig infinitesimale Nachbarschaft von Raumzeit-Punkten besitzen? Kann die Natur in jedem noch so kleinen Zeitschritt überhaupt etwas Erfaßbares realisieren? Wenn es nach Plancks und Heisenbergs Theorieansätzen Wirkungsquanten und Wirkungsunschärfen gibt und wenn sich zudem das natürliche Geschehen immer so vollzieht, daß in der Zeit die Wirkungsentfaltung minimiert wird, so kann eigentlich keine Zeit vergehen, solange ein System in einem festen Wirkungszustand verharrt, sondern sie vergeht nur jeweils in maßgleichen oder maßäquivalenten Schritten bei der Aufeinanderfolge von zwei nacheinander realisierten Wirkungsquanten.

Die Zeit – sie kann nur differentiell vergehen, als Zeitintervall zwischen zwei aufeinanderfolgenden Wirkungsrealisierungen mit einem Wirkungsunterschied. Es kann nur ein Zeitintervall geben, das die Differenz in den aufeinanderfolgend realisierten Wirkungen begleitet oder gar damit identisch ist. Heißt dies etwa: ausdehnungslose, digitale Punkte im Raum? Diskrete Ortspunkte ohne Zwischenraum, Zeitpunkte ohne Zwischenzeit? An solchen Raumzeit-Punkten aber entwickeln wir doch unser Verständnis von Mechanik und Dynamik diskreter Objekte. Wenn nun aber der Raum nichts anderes ist als eine diskontinuierliche, abzählbare Mannigfaltigkeit aus diskreten, ausdehnungslosen Punkten, so kann weder er noch das in ihm ablaufende Bewegungsgeschehen kontinuierlich sein. Indes, wie soll man andererseits wohl die Raumzeit als beliebig teilbar behandeln können, wenn die Heisenbergsche Unschärferelation dieser Teilbarkeit eine klare Grenze setzt? Kann denn dann überhaupt zwischen zwei Punkten immer wieder eine unendliche

Vielzahl von Zwischenpunkten erwartet werden, wenn zwischen solchen Punkten nicht einmal »eine« einzige Wirkungseinheit realisiert wird? Was wäre, wenn sich zeigen würde, daß es einen kleinstmöglichen Abstand im Raum gibt, mit dem sich sozusagen eine Art Gitterstruktur des Raumes ergäbe? Was, wenn es kleinstmögliche Zeitintervalle gäbe, wodurch sich eine Art Gitterstruktur der Zeit ergäbe? Raum wäre dann nur in den Ecken dieses Raumgitters, Zeit nur in den Ecken eines solchen Zeitgitters! Welt wäre nur in den Ecken eines entsprechenden Raumzeit-Gitters! Wie soll man sich ein derartiges Raumzeit-Gitter vorstellen?

Wenn sich ein Elementarteilchen mit einer bestimmten Energie frei im Raum bewegt, so realisiert es dabei Wirkungen, die in ihrer Aufeinanderfolge mindestens um ein bestimmtes Wirkungsquantum voneinander verschieden sein müssen, gegeben durch ein digitales Energieinkrement und ein digitales Zeitinkrement, die im Produkt den Wirkungszuwachs definieren.[1]

Bei nichtrelativistischen Teilchen bedeutet dies einfach, da die Gesamtenergie dann nur von der Teilchenmasse abhängt, daß wir zur Beschreibung der Teilchenbewegung eine massenabhängige Zeitrasterung einführen müssen. Teilchen unterschiedlicher Massen können dann in ihren Bewegungen folglich nur in Zeitpunkten dargestellt und überwacht werden, die ein gemeinsames Vielfaches der einzelnen Rasterintervalle repräsentieren. Das ist ersichtlich nur dann überhaupt möglich, wenn die Teilchenmassen sich zueinander wie ganze Zahlen verhalten, wenn also ihre Massenverhältnisse rationale Zahlen darstellen würden – eine für die Elementarteilchenphysik überaus interessante Forderung.

Für relativistische Teilchen, bei denen die Energie sowohl von ihrer Ruhemasse als auch von ihrer Geschwindigkeit abhängt, bedeutet das, daß auch die hier angemessene Zeitrasterung sowohl von der Teilchenmasse als auch von der Teilchengeschwindigkeit abhängig gemacht werden müßte. Denkt man hier auch wieder an das geforderte rationale Zahlenverhältnis der Teilchenenergien verschiedener relativistischer Teilchen, so ergibt sich eine äußerst problematische Kommensurabilitätsforderung für die Zeitmaße dieser Teilchen, die in ihrer Konsequenz hier nicht weiter verfolgt werden soll, die jedoch in ganz besonderem Maße die Nichttrivialität der Frage nach einem gemeinsamen Zeitfluß für alle Teilchen in unserer Welt hervortreten läßt.

Hervorgehoben soll hier dagegen nur noch werden, daß mit der gefundenen Zeitrasterung auch eine Raumrasterung verbunden ist, indem zwischen zwei in der Teilchenbewegung aufeinanderfolgenden Orten eine Distanz liegen muß, die der Strecke entspricht, die das Teilchen bei seiner gegebenen Geschwindigkeit im Rahmen eines Zeitrasterintervalls überbrücken kann. Wie hier in einer Welt unterschiedlich energetischer Teilchen die Raum- und

Zeitraster aufeinander abgestimmt werden müßten, damit unter solchen Umständen überhaupt noch eine sinnvolle Raumzeitdarstellung der Entwicklung eines Vielteilchensystems möglich erscheint, darf und kann man sich hier nur einmal ansatzweise durch den Kopf gehen lassen. Der omnipotente, universal herrschende, kosmische Zeitfluß über dem kosmischen Geschehen in einem kontinuierlich aufgespannten Raum wird durch derartige Überlegungen jedoch zunächst einmal zutiefst in Frage gestellt.

Man kann auch noch über ganz andere Wege, ohne die Idee des Wirkungsquantums zu bemühen, zu der Vermutung geführt werden, daß es eine quantisierte Raumzeit geben könnte oder daß es zumindest ein gutes heuristisches Konzept sein könnte, bei unseren Versuchen zu einer physikalischen Naturerklärung anzunehmen, es gäbe eben nur eine solche quantisierte Raumzeit und nicht etwa ein Raumzeitkontinuum. Ereignisse ließen sich demnach nur dann in den Eckpunkten eines entsprechend aufgebauten Raumzeit-Gitters dingfest machen, während sich dazwischen prinzipiell nichts ereignen kann. Wie kommt man hier wohl auf die Idee, der Raum ließe sich nicht beliebig weitergehend ins Kleine verstückeln, sowenig wie sich räumliche Entfernungen durch beliebig kleine Teilstrecken ausmessen lassen? Es gibt in der modernen Physik eine ganze Reihe von Anzeichen dafür, daß uns die Annahme von essentiell physikalisch realen Beschaffenheiten über beliebig kleinen Längenskalen der Natur in vielen Bereichen der Physik in große Schwierigkeiten bringt.

Ein Elementarteilchen, wie ein Elektron oder Proton, besitzt bekanntlich eine feste Ruhemasse und eine feste elektrische Ladung von endlichen, mit festen Zahlen angebbaren Werten. Denkt man sich nun die Gesamtladung des Elektrons aus räumlich verteilten Ladungsteilen aufgebaut, die vielleicht das Volumen einer kleinen Kugel erfüllen, so läßt sich mit einfachen Mitteln der Elektrodynamik die gesamte Abstoßungsenergie ausrechnen, die in einer solchen Ladungsverteilung stecken müßte und die auf der anderen Seite aufzuwenden wäre, wenn man ein Elektron, auf entsprechend kleinem Raum konzentriert, bauen wollte. Diese positivwertige Energie müßte das Elektron in irgendeiner Form nach außen hin repräsentieren, am einfachsten, wie man mit Einsteins Masse-Energie-Beziehung vielleicht vermuten sollte, durch sein entsprechendes Massenäquivalent. Nun ergibt sich aber leicht, daß die Abstoßungsenergie um so größer wird, je kleiner die Kugel angenommen wird, in der die bekannte Ladungsmenge des Elektrons lokalisiert sein soll, und es stellt sich schnell heraus, daß die Äquivalentmasse dieser Energie bereits der bekannten Ruhemasse des Elektrons völlig gleich wäre, wenn nur die angenommene Ladungskugel des Elektrons einen bestimmten Radius annimmt. Wenn die gesamte Elektronenladung dagegen in einer noch kleineren Kugel verborgen wäre, müßte das Elektron in Form von Äquivalentmasse der zugehörigen positiven Abstoßungsenergie bereits mehr Masse besitzen, als es tatsächlich in der experimentellen Überprüfung manifestiert.

Diese Situation macht es offensichtlich unplausibel anzunehmen, das Elektron ließe sich als eine Singularität des Raumes von unendlich kleiner Ausdehnung verstehen. Vielmehr scheint die Forderung nach einer endlichen Ausdehnung unausweichlich, trotz der Elementarität von Masse und Ladung des Elektrons. Beide Qualitäten können nach herkömmlichen Begriffen nicht in einem singulären Raumpunkt realisiert sein. Auch auf anderem Wege läßt sich die endliche räumliche Ausdehnung des Elektrons, oder jedes anderen Elementarteilchens, als eine unausweichliche Konsequenz erkennen, wenn man nur die träge Masse eines solchen Teilchens als eine eigenständige, genuine Teilcheneigenschaft anerkennen will. Wenn die Gesamtmasse als eine aus unzählig vielen, infinitesimalen Massenanteilen aufgebaute Größe angesehen wird, so wird schnell klar, daß diese Teile nicht in beliebig kleinen Volumina untergebracht sein können, weil sonst die gravitative Selbstwechselwirkung aller Massenteile untereinander unendlich groß würde.

Diese mit kleiner werdendem Volumen nach unendlich hin divergierende gravitative Bindungsenergie hätte dann nach Einsteins Formulierung der Masse-Energie-Äquivalenz einen unendlich großen Massendefekt zur Folge. In geringerer Form tritt dieser Massenschwund bekanntlich ja auch bei der Kernfusion auf, bei der sich herausstellt, daß die Masse des aus atomaren Teilen fusionierten Kerns aufgrund der Bindungsenergie kleiner ist als die Massensumme der Teile. Einen endlichen, und zwar positiven Wert der Eigenmasse können Teilchen also nur dann haben, wenn das Volumen, in dem ihre Massenanteile verteilt sind, genügend groß ist, so daß die arithmetische Summe der Massenanteile immerhin noch größer ist als der mit der Selbstbindung der Teile verbundene Massendefekt. Auch das verlangt danach, allen Elementarteilchen trotz ihrer Elementarität eine endliche Größe zuzusprechen. Von kleineren Dimensionen als der hiermit verbundenen Elementarlänge sprechen zu wollen, macht folglich nur dann Sinn, wenn man die Elementarität der Teilchen in Frage stellt und wenn man beginnt, nach einer Bestätigung für Substrukturen solcher Teilchen Ausschau zu halten. In komplizierteren Betrachtungen zu diesem Thema im Rahmen der Quantenfeldtheorie, wo man die Selbstwechselwirkung eines Elementarteilchens mit seiner virtuellen Teilchennachbarschaft im fluktuierenden Vakuum ausrechnet, ergibt sich diese prekäre Situation einer Divergenz der mathematischen Ausdrücke für die damit verbundene Selbstenergie von Elementarteilchen immer wieder. Hier hilft man sich in neuerer Zeit zwar meist durch ein Verfahren der Renormierung des Energiereferenzniveaus, verschleiert aber im Grunde hiermit nur das dahinterstehende Grundsatzproblem, nämlich dasjenige der Existenz von naturgegebenen Minimallängen.[2]

Orts- und Zeitkoordinaten können dann nämlich nicht mehr beliebige Werte annehmen. Es gibt sozusagen nur Eigenwerte der Raumzeit-Koordinaten, etwa der kartesischen Koordinaten, die ganzzahlige Vielfache der Elementarlänge darstellen müssen. Im Rahmen der euklidischen Geometrie wird es dann sehr problematisch, die Länge der Diagonale eines ebenen Quadrates oder diejenige eines dreidimensionalen Kubus in der Natur anzugeben. Ein Quadrat mit der elementaren Kantenlänge L hätte nach dem Satz von Pythagoras eine Diagonale mit der Länge $L\sqrt{2}$ zu haben, sie wäre also von ihrer Länge her kein ganzzahliges Vielfaches der Elementarlänge, weil die Quadratwurzel aus 2 bekanntlich eine irrationale Zahl ist. Entweder existiert also die Länge dieser Diagonale gar nicht in einer solchen Natur, oder es gibt kein Quadrat mit der Kantenlänge L, oder die euklidische Geometrie gilt in einer quantisierten Raumzeit-Welt nicht mehr. Ähnliche Probleme entstehen, wenn man einen Kreis mit dem Radius $R = aL$ in der Natur konstruieren würde. Dieser Kreis hätte nach euklidischer Geometrie den Umfang $2\pi(aL)$, und da die Zahl π keine rationale Zahl ist, gäbe es kein reales Maß für diesen Umfang. Genau genommen kann es also in einer quantisierten Raumzeitwelt keinen ebenen Kreis geben, die gültige Geometrie hat kein euklidisches Sein, sondern ist eine krummlinige Geometrie, deren Eigenschaften von den verwendeten Skalengrößen abhängt und die nur im Grenzfall ganz großer Skalen näherungsweise in eine euklidische Geometrie entartet.

Aufbauend auf der Eidetik des Raumzeit-Kontinuums, der wir uns im gewöhnlichen Leben immer zu bedienen versuchen, wird normalerweise stets angenommen, daß die Linie aus der kontinuierlichen Bewegung eines Punktes, die Fläche aus der kontinuierlichen Bewegung einer Linie und ein spezielles Teilvolumen des dreidimensionalen Raumes aus der kontinuierlichen Bewegung einer Fläche hervorgehen. Wenn es diese Kontinuität aber gar nicht gibt bei der Bewegung eines Punktes, indem der Punkt, etwa jetzt repräsentiert durch ein physikalisch verstandenes Elementarteilchen, gar nicht an allen Stellen des Raumes auftauchen kann, sondern nur an speziell ausgezeichneten Raumstellen, den sogenannten Eigenwerten der Raumzeit, dann gibt es die physikalische Existenz auch nur abgebildet auf den Ecken eines Raumzeitgitters, und die Linien, Flächen und Teilvolumina sind mathematisch vielleicht richtige, physikalisch aber allemal unsinnige und unverwertbare Begriffe.

Für Newton war es evident, daß Bewegungen kontinuierlich verlaufen. Objekte verstehen wir dabei als punktgleiche Entitäten, die ihre Identität mit sich selbst behalten, während sie sich von einem Ortspunkt zum nächsten bewegen. Wenn sie nur an bestimmten Ortswerten auftauchen könnten, so müßten sie in den dazwischenliegenden Zwischenbereichen verschwunden sein. Eine Bewegung eines Objektes wäre danach wie eine organisierte Folge von Wiedergeburten dieses Objektes an ausgewählten Punkten, die wie eine gesetzmäßig angelegte Folge von Ortsmarken durch eine Vorschrift generiert werden. Für die Newtonsche Mechanik ist klar, daß ein Körper, der sich von einem Orte A zu einem Orte B bewegt, dabei selbstverständlich eine kontinuierliche Folge von Zwischenorten zu passieren hat. Wenn jedoch aus dem Kontinuum von Zwischenwerten nur einige ausgewählte Ortspunkte als erlaubte Erscheinungspunkte des Körpers in Frage kommen, so kann Newtons Bewegungsgesetz, das mathematisch gesehen die Form einer Differentialgleichung hat, nicht mehr richtig sein, denn dieses ergibt ja gerade als seine Lösungen die kontinuierlichen Bewegungen; diese aber gibt es dann eben nicht! Bewegungen müssen dann schon eher über quantenmechanische Wellengleichungen formuliert werden, deren Lösungen die sogenannten Wellenfunktionen sind.[3]

Auf der Basis solcher Überlegungen geht der amerikanische Nobelpreisträger für Physik, Richard P. Feynman, der spannenden Frage nach, wie sich eigentlich das physikalische Geschehen von der Verursachung her bis zur Bewirkung hin bei der Berücksichtigung solcher Grundsatzaspekte wirklich vollzieht. In seinem Buch über die Theorie des Lichtes analysiert er anhand der nach ihm benannten Feynmangraphen, wie sich ein Lichtgeschehen von der Lichtemission an der Quelle bis hin zur Wirkreaktion an einem Lichtempfänger hin wirklich abspielt. Er kommt dabei zu der überaus interessanten Einsicht, daß sich ein Ursachenereignis mit einem Wirkereignis nicht einfach über eine einsträngige kausale Ereigniskette verbinden läßt, sondern daß das Wirkereignis schließlich von dem Initialereignis über alle möglichen Bewirkungswege mit unterschiedlicher Prägungseffizienz mitbestimmt wird. Das heißt dann in der Tat: Durchschnitte man sozusagen die Hauptereigniskette, also den effektivsten Bewirkungsweg, so würde das Finalereignis über alle konkurrierenden Nebenwege der Bewirkung hervorgerufen – und deren gibt es unendlich viele –, die sich lediglich durch ihre Effizienz voneinander unterscheiden.

Das läßt sich in seinem Aussagegehalt an folgendem konkreten Experimentaufbau genauer nachvollziehen: Licht werde in Form von Photonen von einer Lichtquelle L ausgesandt und falle zunächst auf eine Glasplatte der Dicke D. An der Oberseite der Glasplatte kann das Licht entweder unter einem bestimmten Winkel reflektiert werden, oder es kann in die Glasplatte eindringen. Im letzteren Fall kann das Licht danach beim Durchgang durch die Glasplatte dann an der Unterseite derselben wiederum entweder reflektiert werden und im Glas bis zur Oberseite der Platte propagieren – oder es kann nach unten aus der Glasplatte austreten. Dies sind zunächst die Grundsätzlichkeiten der einzelnen Prozeßabläufe, die von ihren disjunkten Einzelheiten her noch keinen prädeterminierten Geschehensablauf erkennen lassen.

Nun aber soll ein solcher Geschehensablauf dadurch erfaßbar gemacht werden oder geradezu durch die Perzeptionsart herbeigezwungen werden, daß man Lichtdetektoren im Raum aufstellt, mit denen registriert werden kann, wie viele der von der Lichtquelle insgesamt ausgehenden Lichtphotonen jeweils bei ihnen ankommen. Es sieht also so aus, daß hier ein Geschehen aus einem reinen Gegebenheitszustand hervorgeholt wird nur dadurch, daß man Nachfragen ins System einbringt, nämlich Nachfragen nach dem Verbleib der Photonen, die von der Lichtquelle ausgehen oder ausgegangen sind. Damit aber bringt man ein historisches Interesse ins System ein; ein Interesse nach der Geschichte der einzelnen Photonen, die die Quelle verlassen haben.

Nehmen wir einmal an, einer der Detektoren, etwa A, sei im Raum oberhalb der Glasplatte angebracht, wo sich auch die Lichtquelle befindet, und ein anderer, B, befinde sich unterhalb der Glasplatte. Die Frage soll nun sein: Wie viele der Photonen, die die Lichtquelle aussendet, gelangen zum Detektor A und wie viele zum Detektor B? Damit lautet zunächst die erste Frage physikalischer Natur: Wovon hängt das Ergebnis solcher Zählungen ab? Und die zweite Frage – eher von epistemologisch-philosophischer Natur – lautet: Worin liegt jeweils nun das Geschehen? Was spielt sich hier eigentlich ab? Wird hier nicht das Geschehen eigentlich erst durch die Fragestellung in Form der aufgestellten Detektoren provoziert oder herbeigeschaffen, wo vorher nur ein geschehnisloser Zustand herrschte – gegeben durch sich in einem strukturierten System ausbreitende Photonen? Gegeben durch lokal veränderliche, richtungsabhängige Lichtströme also.

Das Licht von der Quelle gelangt nach Feynmans Auffassung zunächst einmal überallhin. Die Frage nach dem Verbleib der Photonen ist jedoch nach dem Anbringen der Detektoren A und B auf disjunkte Antworten eingeengt. Es interessiert jetzt nur noch, wieviel Licht bei A beziehungsweise bei B ankommt. Andere Stellen, an denen keine Detektoren stehen, interessieren demnach nicht, obwohl auch dort Licht hingelangt. Das tatsächliche Geschehen im System ist folglich weit vielfältiger und viel weiter aufgefächert, als die experimentelle Anordnung mit den beiden Detektoren es abfragt. Man muß sich jedoch überlegen, ob ein nicht befragtes Geschehen überhaupt abläuft.

Man kann sich jetzt zum Beispiel für die Abhängigkeit des Reflexionsgrades der Glasplatte von der Dicke D der Glasplatte interessieren, das heißt, nachfragen, auf welche Weise es von der Dicke der zwischen den Detektoren A und B positionierten Glasplatte abhängt, wie viele Photonen effektiv bei A nach Reflexion entweder an der Oberseite oder an der Unterseite der Platte ankommen. Das Interessante ist, daß sich experimentell eine periodische Variation des Reflexionsgrades, zwischen minimal 0 Prozent und maximal 16 Prozent, mit zunehmender Dicke D der Platte feststellen läßt. Absolute Vorhersagen über das Verhalten von einzelnen Photonen lassen sich dabei aber gar nicht machen. Man kann nicht sagen, was ein einzelnes Photon tut, wenn es auf die Oberseite oder die Unterseite der Glasplatte trifft. Nur statistische Aussagen über das Reflexions- oder Transmissionsverhalten sehr großer Zahlen von Photonen erscheinen hier sinnvoll. Die Tatsache aber, daß der Reflexionsgrad periodisch mit der Dicke der Platte variiert, weist klar darauf hin, daß die Wirkeffizienz von Photonen, die an der Vorderseite bzw. an der Hinterseite der Glasplatte reflektiert werden, bevor sie zum Detektor gelangen, offensichtlich stark über die Dickevariation beeinträchtigt werden kann. Dies hängt offenbar mit dem variierenden Photonenlichtweg im Glas beziehungsweise mit der über die Glasdicke D variierenden Laufzeitdifferenz dieser beiden beitragenden Photonenarten zusammen.

In Feynmans Theorie wird dies auf die folgende Weise quantifiziert: Für jeden überhaupt möglichen Lichtweg von der Quelle zum Detektor kann eine spezielle Wirkamplitude und damit verbunden eine Wirkphase, oder anders gesagt – ein orientierter Wirkvektor, festgelegt werden. Wenn man so will, läßt sich jedem dieser Wirkwege ein spezieller Pfeil mit Länge und Richtung zuordnen, durch den seine Wirkeffizienz, Photonen von der Quelle zum Detektor zu bringen, berücksichtigt werden kann. Daraus wird aber auch klar, daß die hierbei zugeordnete Wirkeffizienz mit einer fest vorgegebenen Anfangssituation und mit einer assoziierten, ausschließlich befragten Endsituation zusammenhängt. Der Anfang heißt: Photonen gehen von einer Quelle aus. Das dazu gefragte Ende heißt: Photonen kommen an einem Detektor in A oder in B an. Ohne diese apriorische Vorgabe in der Form der Anfrage ist die Wirkeffizienz irgendwelcher Wege überhaupt nicht festlegbar. Wirkungseffizienz läßt sich demnach also nur im Hinblick auf einen zuvor festgelegten Anfangszustand und Endzustand quantifizieren.

Die Wirkvektoren für alle möglichen Wege können sodann zu einer statistischen Gesamtwirkung addiert werden, indem sozusagen alle Pfeile mit ihrem Ende an die Spitze eines anderen Pfeils gelegt werden. Der sich dabei – also durch dieses Zusammenlegen – ergebende Summenvektor der Wirkung sagt schließlich dann erst etwas über die Intensität der beim Detektor A ankommenden Photonen aus. In diesem Summenvektor drücken sich die Beiträge sämtlicher Bewirkungswege aus. Das bedeutet dann zum Beispiel auch: Wenn man den Photonen den von der geometrischen Optik vorgeschriebenen Weg blockieren würde, würden nicht etwa überhaupt keine Photonen mehr zum Detektor A gelangen, vielmehr würde sich lediglich ein anderer Summenvektor für die Wirkung ergeben. Letztere baut sich dann eben aus den noch verbliebenen Wirkkomponenten auf. Das heißt schlicht: Die Wirkung geht nicht nur einen einzigen Weg, sie geht vielmehr alle möglichen Wege, wobei diese Wege durch apriorische Vorgabe von Anfangs- und Endzustand in ihrer Gesamtheit definiert werden.

Photonen, die am Detektor A ankommen, können sowohl über die Reflexion an der Vorderseite als auch über Reflexion an der Rückseite der Platte dort hingelangt sein. Den ankommenden Photonen ist dieses vielleicht in einem anderen Bewertungsblick historisierende Stigma nicht anzusehen. Für die Vorhersage der realisierten Lichtintensität in A ist aber die Kenntnis und die Berücksichtigung aller möglichen Lichtwege oder Wirkwege nach ihrer Bewirkungseffizienz wichtig. Das Finalereignis bei A erscheint somit aus allen seinen Bewirkungskomponenten aufgebaut. Viele Umfelder wirken hier zusammen, damit aus dem Initialereignis des Photonenausgangs von der Quelle schließlich in A irgendein assoziiertes, »finales« Lichtereignis realisiert wird. Nach Feynmans Theorie geht es hierbei um die Superposition von einzelnen Wirkungswellen, die zu den einzelnen Wegen gehören, auf denen etwas bei A bewirkt werden kann. Praktisch muß hierbei unterschieden werden zwischen der Amplitude der Wirkungswelle und ihrer Phase, welche gleichbedeutend ist mit der Zuordnung eines gerichteten Einheitsvektors auf einem Einheitskreis. Die Wirkungswellenvektoren aller Wege werden sodann vektoriell addiert und ergeben einen aus der Vektoraddition hervorgehenden effektiven Summenvektor, dessen Länge oder Effektivamplitude die Wahrscheinlichkeit für das Ankommen der Photonen in A oder in B angibt. Das klingt so sehr technisch und rezeptbuchhaft, aber es erlaubt, so durchgeführt, tatsächlich, die sich realisierenden exakten Lichtverhältnisse richtig vorherzusagen.

Letzteres besagt aber auch, daß die sich ergebende Wirklichkeit aus vielen Bewirkungskomponenten zusammengesetzt ist. Auch die scheinbar unwesentlichen und entfernten Bereiche wirken bei der Festlegung eines Phänomens durchaus mit. Liegt zwischen Vorderkante und Hinterkante der Glasplatte, des Dielektrikums, ein größerer optischer Weg und damit größere Laufzeitunterschiede für die diese Wege benutzenden Photonen, so ändert sich für letztere die Amplitude und Phase der Wirkung, wodurch jedoch die Auswirkung der Photonen von der Hinterkante auf das insgesamt bei A ankommende Licht nicht grundsätzlich heruntergesetzt wird. Im Gegenteil: Bei Vorliegen bestimmter Phasendifferenzen erscheint die Wirkeffizienz beider Photonenarten gleich, und es mögen demnach an den Detektoren A und B beiderlei Photonentypen gleichermaßen ins Spiel kommen. Photonen spielen also damit aber auch eine Rolle, die unterschiedliche Geschichtsphasen der Systemumwelt erfahren haben können, etwa wenn Vorderkante und Hinterkante der Glasplatte sich bewegen. Wenn zum Beispiel die Hinterkante der Glasplatte plötzlich löcherig wird oder sich zu einer gewissen Zeit zu bewegen anfängt, so schlägt sich dies im aktuellen Lichtgeschehen bei A und B in der Zukunft nieder. In einer aktuellen Erscheinung, wie sie von den Detektoren registriert werden kann, münden so also mit einem gewissen Effizienzgewicht Vergangenheit und Gegenwart und – wenn man avancierte Wellen noch mit hinzunimmt – sogar Zukunft des Systems ein. Die Gegenwart ist also nicht allgegenwärtig und eigenmächtig, sie koexistiert vielmehr mit den anderen Zeitmodi des Systems.[4]

Immer aber ist das sich ergebende Phänomen aus vielen Wirkwegen und Wirkkomponenten aufgebaut. Die tatsächlich hervortretende Wirkung kommt dabei nicht nur über einen, etwa den effektivsten Weg, sondern über alle möglichen Wirkwege zustande, auf denen Wirkungen realisiert werden. Der effektivste darunter zeichnet sich nur dadurch vor den anderen aus, daß die Wirkungen auf den Wegen aus seiner Nachbarschaft sich sehr effektiv aufaddieren, weil die zugehörigen Wirkpfeile alle fast gleichgerichtet sind, während andere sich zum Teil in ihren Wirkungen aufheben, weil sie einander entgegengerichtet sind.

Dies hat interessante Konsequenzen. So zum Beispiel, wenn man Photonen von einer Lampe über einen Spiegel auf einen auf der gleichen Seite befindlichen Detektor lenken will. Gehen wir dabei von einer festliegenden Spiegelfläche aus, so wird eine ganz bestimmte Anzahl von Photonen über ihn zum Detektor weitergeleitet werden. Man würde denken, daß diese Zahl mit Sicherheit kleiner werden müßte, wenn man gewisse Teile der Spiegelfläche schwärzen würde, so daß von diesen Teilen Photonen nicht reflektiert, sondern absorbiert werden. Dies gerade stimmt jedoch verblüffenderweise nicht, zumindest nicht generell. Man kann nämlich dafür sorgen, daß nur solche Teile geschwärzt werden, über die Photonen zum Detektor gelangen könnten, deren Wirkvektoren sich gerade gegenseitig auslöschen. Damit haben solche Photonen am Detektor überhaupt keine Wirkung, und man könnte sie ebensogut ganz weglassen oder unterdrücken, ohne dadurch am Detektor an Lichtintensität einzubüßen. Dies kann zum Beispiel für eine bestimmte Wellenlänge des Lichtes dadurch geschehen, daß man den Spiegel in gleichbleibenden, für diese Wellenlänge spezifischen Abständen mit parallelen schwarzen Streifen überzieht. Dadurch reduziert man die Lichtausbeute für alle anderen Wellenlängen am Detektor erheblich. Die Lichtausbeute derjenigen Photonen, die in ihrer Wellenlänge auf den Strichabstand abgestimmt sind, verringert sich jedoch überhaupt nicht, weil bei ihnen dafür gesorgt ist, daß die Wirkvektoren derjenigen Photonenwege, die über die Stellen der geschwärzten Streifen ansonsten möglich wären, sich gegenseitig gerade aufheben und somit auch ohne die Schwärzung zu einer Nullwirkung führen würden. Auf diese Weise schafft man sich durch eine Spiegelstrichelung einen wellenlängenspezifischen Reflektor. In der Fachterminologie nennt man dies einen Spiegelgitterspektrographen, ein Gerät, das es erlaubt, selektiv die Photonen der verschiedenen Wellenlängen aus dem Licht einer Lampe auf Detektoren an verschiedenen Plätzen im Raum zu lenken.

Man entnimmt daraus die ganz wesentliche physikalische Wahrheit, daß es falsch ist zu sagen, das Licht nehme bei seinem Weg von A nach B entweder den einen oder einen anderen Weg. Es nimmt vielmehr alle möglichen Wege, nur realisiert es auf ihnen jeweils unterschiedliche Wirkamplituden und Wirkphasen. Die damit assoziierten Wirkvektoren können sich danach bei ihrer Superposition am Zielort B entweder addieren oder auslöschen und ergeben somit eine kleine oder große Wirkung. Alle Wege der Zielrealisierung sind jedoch im Prinzip immer am Geschehen beteiligt, wenn auch normalerweise die nach der geometrischen Optik vorgeschriebenen Wege die effektivsten sind.

Die zu einem Finalereignis – etwa diesem detailliert beschriebenen Ankommen von Photonen am Detektor A – führenden Zwischenereignisse vollziehen sich demnach nicht wie auf einer Kette aufgereiht streng nacheinander, sondern, wenn man so will, eher alle nebeneinander oder gleichzeitig zueinander. Wenn man sich mit Photonen beschäftigt, die von A nach B gehen, so sind dies nicht irgendwelche Photonen, deren Anfangszustand allein darin besteht, daß sie eben von A ausgehen, sondern solche, zu deren Anfangszustand es ebenso gehört, daß sie schließlich, über welche Wege auch immer, nach B gelangen. Endzustand und Anfangszustand greifen sozusagen projektional ineinander, sie sind nicht entkoppelt und frei voneinander. Dennoch greifen wir aber in unseren Vorgangsbeschreibungen diese Zustände künstlich als isolierte und nicht als bijektionale Zustandsmomente aus dem eigentlich nicht auftrennbaren Zustandsgeflecht heraus, das gar kein Geschehen im eigentlichen Sinne manifestiert, bei welchem ja nach unserem üblichen Verständnis ereignisbedingt etwas qualitativ völlig Neuartiges geschaffen werden müßte.

Man möchte immer, wie auf einer linearen Kausalkette aufgereiht, konsekutive Geschehensetappen festlegen, über die ein Endzustand herbeigeführt wird. Dabei ist der Endzustand B nie ein Zustand an sich, er ist vielmehr nur ein Endzustand für den Anfangszustand A und hat ohne diesen keinen konzeptionellen oder heuristischen Eigenwert. In einem fließenden Geschehen nach der Art von Photonen, die von A nach B gehen, gibt es keine Teiletappen der Bewirkung, die zueinander avancierten oder retardierten Charakter hätten und wie Ursache und Wirkung zueinander eingestuft werden könnten. Photonen sind gleichzeitig in A und B und überall dazwischen. Teilereignisse auf dem Wege von A nach B müssen aber von uns stets erst visionär erfunden werden, und sie dienen nur dem Zweck, uns das kausale Weiterhangeln von einem zum nächsten Teilereignis zu erleichtern, um schließlich über den weiten Weg von A nach B zu kommen. Ein Geschehen hin zu einem Endereignis kann gar nicht als eindeutige, kontinuierliche Aufeinanderfolge von Zwischenereignissen gesehen werden. Es muß verstanden werden als ein über alle systeminternen Wirkungslinien fest vorgegebener Zusammenhang zwischen Initialereignis und Finalereignis, geregelt über wirkungsgewichtete Vermittlungswege aller Art, die diese von der primär beobachterbedingten Fragestellung her anvisierte Verbindung von Anfang und Ende herstellen können.

Anmerkungen

1. Kapitel: Der alltägliche Umgang mit der Zeit

1 In einem solchen Bezugssystem (Inertialsystem) schreiben sich diese Bewegungsgleichungen in folgender Form:

$$m \frac{d^2 x_i}{dt^2} = K_i,$$

wo »m« die träge Masse des bewegten Objektes, x_i und K_i eine der drei kartesischen Komponenten des Objektortes bzw. der wirkenden Kraft und t die Zeitkoordinate darstellen. Der in der Gleichung auftretende Differentialquotient d^2x_i/dt^2 bezeichnet die Rate der zeitlichen Änderung der Geschwindigkeit in der »i«ten kartesischen Komponente. Als Kräfte K_i können in dieser Gleichung Kräfte aller Art, die auf das Objekt bei seiner Bewegung einwirken, berücksichtigt werden, wie etwa Schwerkraft, Reibungskraft, elektrische Kraft oder Lorentzkraft. Im Falle verschwindender äußerer Kräfte, also bei $K_i = 0$!, ergibt sich dann eine erheblich vereinfachte Gleichung der Bewegung:

$$\frac{d^2 x_i}{dt^2} = 0,$$

deren Lösung die geradlinige, gleichförmige Bewegung des Objektes gemäß:

$$x_i = x_i\ (t) = a_i + b_i\ t$$

liefert, wobei b_i die konstante Geschwindigkeitskomponente parallel zur i-Achse des kartesischen Koordinatensystems ist und a_i die Ortskoordinate des Objektes zum Zeitpunkt $t = 0$ repräsentiert. In der mathematischen Prozedur, die zu den beiden obigen Gleichungen geführt hat, darf die träge Masse »m« des sich bewegenden Objektes gekürzt werden, wenn sichergestellt ist, daß nicht nur die Kraft K_i selbst, sondern auch der Ausdruck (K_i/m) verschwindet. Nur in dem Falle läßt sich sagen, daß die obige Aussage überhaupt nicht vom Maße der Trägheit des betreffenden Objektes abhängt.

Dann nämlich wird ausgesagt, daß bei einer solchen kraftfreien Bewegung der Zugewinn im Wert der Ortskoordinate x_i proportional zum Zugewinn in der Zeitkoordinate »t« erfolgt. Indem jedoch gerade dieser Zusammenhang erfüllt wird, ist gerade dafür gesorgt, daß »t« zu einer »guten Zeitkoordinate« im Sinne Poincarés gemacht wird, welche die Bewegungsgleichungen in die einfachstmögliche Form bringt. Würde man dagegen die Zeit auf irgendeiner phantasievoll angelegten Alternativuhr mit der Koordinate τ messen, und fände man einen nichtlinearen Zusammenhang zwischen dieser Koordinate und der guten Koordinate »t«, etwa in der Form:

$$\tau = \tau\,(t) = \tau_0 \ln\,(t/t_0 + 1),$$

so würden die Bewegungsgesetze und ihre Lösungen im Bild dieser Koordinate weit kompliziertere Gestalt annehmen. Dann nämlich würde sich, anstelle des einfachsten, das folgende, weit kompliziertere Bewegungsgesetz ergeben:

$$\frac{d^2 x_i}{d\tau^2} = \left(\frac{1}{\tau_0}\right) \cdot \frac{d\,x_i}{d\tau} = K_i',$$

das wie ein Bewegungsgesetz für ein Objekt aussieht, welches sich unter der Wirkung einer beschleunigenden Pseudo-Kraft K_i' fortzubewegen hat, wobei diese Kraft proportional zur jeweils erreichten Pseudo-Geschwindigkeit $(dx_i/d\tau)$ selbst ist. In dieser Zeitkoordinate tritt demnach so etwas wie eine Kraft auf, die aber gemäß der ursprünglichen Voraussetzung, daß alle echten Kräfte auf das Objekt verschwinden sollen, als eine »Scheinkraft« aufzufassen wäre. Eine solche Kraft tritt also *nur* wegen der Verwendung einer »schlechten« Zeitkoordinate »τ« anstelle der »guten« Zeitkoordinate »t« auf und führt auch deswegen in dieser Koordinate nicht zu einer gleichförmigen Bewegung des Objektes, sondern zu einer nichtgleichförmigen, die durch die folgende nichtlineare Weg-Zeit-Beziehung formuliert wird:

$$x_i = x_i\,(\tau) = x_o \exp\,(\tau/\tau_0).$$

An dem eben aufgeführten Umstand läßt sich also klar erkennen, von welcher Bedeutung für die gesetzliche Form der physikalischen Naturdarstellung die Festlegung eines gültigen Zeitmaßes sein wird. Generell wird im Sinne der Poincaré-Forderung dasjenige Zeitmaß vor allen anderen zu bevorzugen sein, unter dessen Zuhilfenahme die Gesetze der Mechanik die einfachstmögliche Form annehmen. Gehen wir also demnach einfach von irgendeiner zur Verfügung stehenden Uhr und dem von ihr gegebenen Zeitmaß τ aus. Dann können wir natürlich nicht von vornherein hoffen, daß wir uns allein damit schon zufällig das richtige, »gute« Poincarésche Zeitmaß »t« verschafft haben. Wir können aber letzteres daraus gewinnen, wenn wir nunmehr genau nach derjenigen Straffungsfunktion $t = f(\tau)$ suchen, die es erreicht, die Bewegungsgesetze in die einfachstmögliche Form zu überführen. Bei Gegebenheit von Kräftefreiheit sollte sich dann ja unter Verwendung von »t« eine lineare Weg-Zeit-Beziehung ergeben, während sich im physikalischen Experiment bei Wegmessungen und Zeitmessungen in unserem Zeitmaß »τ« eine nichtlineare Beziehung ergeben mag, die auf noch existente Scheinkräfte bei diesem Maß hindeutet. Unsere Straffungsfunktion muß nun gerade so beschaffen sein, daß sie diese Scheinkräfte zum Verschwinden bringt und uns in dem neuen Zeitmaß eine lineare Weg-Zeit-Beziehung liefert.

Dabei fällt sogleich ein bedeutender Umstand auf, den wir auf jeden Fall auch bei einem freigewählten Zeitmaßgeber mit dem Zeitmaß τ beachten müssen. Zum Zwecke einer möglichst hohen Erklärungsleistung bei der physikalischen Naturbeschreibung darf weder ein zyklischer noch ein unsteter Zeitmaßgeber herangezogen werden. Wenn das Zeitmaß nur als Zeigerstellung auf einem Uhrenzifferblatt abgelesen wird, das die Zahlen 1 bis 12 aufweist, so kann mit solchen Zeitwerten keine Vorgangsbeschreibung von Vorgängen sinnvoll werden, wenn letztere länger als 12 Stunden dauern oder erst kurz vor

»12« beginnen, weil sich dann die Zeitwertesukzession gegenüber dem Erlebnisablauf oder Ereignisablauf umkehren würde, indem das »Frühere« im Vergleich zum »Späteren« den höheren Zeitwert zugeordnet bekäme. Das aber würde die Kausalität, die die Physiker hinter jedem Ereignisablauf sehen möchten, mit umkehren. Wir müßten also auf den Kausalitätsgedanken in der Naturbeschreibung bei einem solchen »unguten« Zeitmaß verzichten. Ein Zug, der abends irgendwo abfährt und morgens irgendwo anders ankommt, führt seine Fahrt in unseren Augen auch nur deswegen im Einklang mit dem Kausalitätsgedanken und dem Kontinuitätsgedanken durch, weil wir wissen, daß zwischen »abends« und »morgens« der Tag gewechselt hat. Brauchbare Zeitmaßgeber müssen demnach durch die Eigenschaft eines monotonen Wachstums ihres Zeitmaßes τ charakterisiert sein.

Zudem sollten sie auch durch die Eigenschaft der Kontinuität der Zeitmaßentwicklung ausgezeichnet sein, so daß zu zwei verschiedenen Zeitwerten τ_1 und τ_2 in diesem Maß gemessen stets ein Zwischenwert τ mit $\tau_1 < \tau < \tau_2$ existiert. Bei einem digitalisierenden Zeitmaßgeber kommt es unabänderlich zu einer Digitalisierung des Geschehens. Das Umweltgeschehen wird dadurch in Geschehnisquanten zerlegt, zwischen denen, wenn dies überhaupt noch sinnvoll behauptbar sein sollte, ein völlig anderer Kausalkonnex als aus unserer Normalwelt bekannt besteht. Veränderung im herkömmlichen Sinne läßt sich dann nur noch begreifen als Wandlung von integralen Zeitbildern der Umwelt innerhalb des digitalen Zeitwertes τ_j beziehungsweise des darauffolgenden Wertes τ_{j+1}. Wenn unsere digitale Zeitwerteinheit $\Delta\tau = (\tau_{j+1} - \tau_j)$ ein »Tag« wäre und wir folglich Zeitspannen nur in natürlich ganzzahligen Vielfachen dieser Einheit messen könnten, so würden wir das Geschehen nur in ephemeriden Geschehnisentitäten begreifen können. Veränderungen innerhalb einer Tagesdauer würden alle zu einem Integralbild zusammenzunehmen sein und erst mit dem vorlaufenden oder nachfolgenden Integralbild verglichen werden können. In einem solchen digitalisierten Zeitmaß beschränken wir uns demnach erkennbar hinsichtlich der möglichen Auflösbarkeit von Veränderung.

Da die digitalisierten Mittelwerte irgendwelcher Geschehnisabläufe jedoch im Normalfalle nicht stetig aneinander anschließen werden, wird auch die Naturdeutung unter dem Heurismus der Kausalität unter solchen Gegebenheiten ersichtlich unsinnig, weil eben uneindeutig. Ein digitalisierter Mittelwert zum Zeitwert τ_j kann unterschiedliche Mittelwerte zum Zeitwert τ_{j+1} nach sich folgen lassen. Eine Ursache könnte demnach unterschiedliche Folgen haben, und das heißt, daß es unter diesen Umständen zwischen Ursache und Wirkung keinen eindeutigen Konnex gäbe, was natürlich den Kausalitätsheurismus zu einem unsinnigen, unbenutzbaren Instrument unseres Naturverstehens abqualifizieren würde. Kausalität im Naturgeschehen kann nur unterstellt werden, wenn die Zeit lückenlos, monoton wachsend und stetig verfließt.

2. Kapitel: Wie gelangt die Zeit in die Natur?

1 Man kann ein in zwei zueinander rechtwinkligen Raumkoordinaten (etwa x- und y-Koordinaten) frei unter seinem Aufhängepunkt schwingungsfähiges Pendelgewicht so aus seiner Ruhelage herausbewegen, daß es bei seinen Schwingungsbewegungen im Laufe einer Schwingungsperiode die Form einer Ellipse über die x-, y-Ebene zeichnet. Das

jeweils in der Ebene realisierte Koordinaten-Paar (x, y) ergibt sich dabei als Funktion der Zeit über einfache trigonometrische Funktionen gemäß:

$$x = x_0 \sin(2\pi t/\tau); \text{ und } y = y_0 \cos(2\pi t/\tau).$$

Hierbei ist τ die Schwingungsperiode sowohl in der x-, z- wie in der y-, z-Ebene, und x_0 und y_0 sind die maximalen Auslenkungen auf der x- bzw. y-Achse, die bei der Schwingung realisiert werden.

Das interessante Phänomen ist hierbei nun, daß die bei der obigen Beschreibung der zur jeweiligen Momentposition des Pendelgewichtes auftretende Zeitabhängigkeit der Auslenkungskoordinaten in der Form $x = x(t)$ und $y = y(t)$ einen eigenartigen Charakter hat, den man erkennt, wenn man die beiden Gleichungen separat zunächst quadriert und danach addiert. Dann ergibt sich der folgende Zusammenhang:

$$(x/x_0)^2 + (y/y_0)^2 = \sin^2(2\pi t/\tau) + \cos^2(2\pi t/\tau) = 1!$$

Hiermit gelangt man also zu einer mit der gleichen Pendelbewegung verbundenen, aber erstaunlicherweise völlig zeitlosen Aussage, daß nämlich die x-Koordinate und die y-Koordinate jeder überhaupt bei der Schwingung realisierten Pendelauslenkung miteinander zwangsweise verkoppelt sind, und zwar derart, daß sie allesamt auf einer Ellipse in der x-, y-Ebene angeordnet sind. Während des vollen Ablaufes jeder einzelnen Schwingung, und jeder weiteren, realisiert sich also insgesamt etwas Zeitloses. Nur die Tatsache, daß eine bestimmte x-y-Kombination dieser Ellipse zufällig nun mit einer bestimmten Zeitmarke auf einer Normaluhr koinzident gemacht werden kann, kann zwar dafür sorgen, daß eine Zeitabhängigkeit des Ablaufes vorgetäuscht wird. Bei jedweder Änderung dieser Willkürkoinzidenz ändert sich der eigentliche physikalische Ablauf von seiner Substanz her aber überhaupt nicht. Es wird unter allen Umständen immer die gleiche Ellipse durchlaufen, nur die Zufallskoinzidenzen sind jetzt andere, jedoch liegt dem eigentlichen Geschehen evidenterweise keine echte Zeithaftigkeit inne.

2 Das Pendel erlebt eine Variation der effektiven Erdbeschleunigung »g«, die somit also selbst zu einer expliziten Funktion der Zeit $g = g(t)$ wird. Mit letzterer streng korreliert, ändert sich nun aber bekanntlich auch die Schwingungsperiode τ des Pendels nach der Beziehung:

$$\tau(t) = 2\pi\sqrt{L/g(t)}.$$

Um zu diesem einfachen Ergebnis überhaupt kommen zu können, muß außerdem sogar noch vorausgesetzt werden, daß die Änderung der effektiven Erdbeschleunigung über einer Pendelschwingungsperiode praktisch nicht zu merken ist. Wenn dagegen die Pendelperiode von der Größenordnung der Änderungsperiode der Erdschwere wäre, wenn also etwa die Schwingungsperiode 10 bis 20 Stunden betrüge, so würden sich dabei sogar noch sehr viel komplexere, wie man sagt, chaotische Beziehungen im Schwingungsablauf des Pendels ergeben.

3 Die Entropie s läßt sich dann in ihrer zeitlichen Veränderung schreiben als: $S(t) = N K \ln[C\, T(t)^{3/2}\, V(t)]$, wobei C eine physikalische Konstante ist, die die Masse der Gasteilchen und das Plancksche Wirkungsquantum in sich enthält.

3. Kapitel: Ist Zeit transzendental?

1 Daß es sich dennoch bei der Beschreibung des Systems durch die Wellenfunktion nur um ein Ein-Teilchen-System und nicht um ein Viel-Teilchen-System handelt, drückt sich darin aus, daß das konjugiert komplexe Quadrat der Wellenfunktion, das nach der Interpretation der Quantentheoretikerschule um Niels Bohr die örtliche Aufenthaltswahrscheinlichkeit des Teilchens darstellt, aufsummiert über dem gesamten Raum den Wert »1« ergibt und damit sicherstellt, daß das Teilchen irgendwo im Raum manifestiert sein muß. Das heißt auch, daß die über dem Gesamtraum manifestierte physikalische Wirkung derjenigen eines einzigen und eben nicht etwa derjenigen vieler Teilchen entspricht. Die Beschreibung eines quantenmechanischen Viel-Teilchen-Systems (zum Beispiel etwa 10 Teilchen) geschieht dagegen durch eine Viel-Teilchen-Wellenfunktion, deren integrierter Wirkungswert nun nicht den Wert »1«, sondern in diesem Fall den Wert »10« hat. Ein solches System ist jedoch interessanterweise nicht zerlegbar in die Zustände der einzelnen Teilchen des Systems, weil es von einer Viel-Teilchen-Produktwellenfunktion beschrieben wird, in der sich die Beiträge der einzelnen Ein-Teilchen-Wellenfunktionen nichtlinear niederschlagen. Es gibt demzufolge also keine Zusammensetzbarkeit des Gesamtzustandes aus Einzelzuständen mehr. Jedes quantenmechanische Teilchen hebt somit, wenn man so sagen will, die Individualität jedes anderen quantenmechanischen Teilchens auf. Man kann bei einem Viel-Teilchen-System also gar nicht mehr von einer Vielheit von Einzelteilchen im klassischen Sinne sprechen, sondern man beschreibt hier lediglich einen Systemzustand, dessen integrierter Wirkungswert ganzzahlig, aber eben größer als »1« ist.

4. Kapitel: Die Zeit des Ich

1 Fassen wir also noch einmal alles vorher Gesagte zusammen, indem wir es wie folgt ansehen:

Letztlich ergibt sich unsere ganze Zeiterfahrung aus einer Tiefenanalyse unseres Selbstbewußtseins. Sie beginnt und endet bei einer Philosophie unserer Person. Zeit – das ist nur die Zeit des Bewußtseins, der reflektierten Erlebniswelt, und sonst nichts. Das Wirken von Schopenhauers Weltwillen, dem Willen, der sich als äußere sowie innere Kraftentfaltung unseres Bewußtseins vollzieht, scheint das wahre Hintergrundgeschehen vor unseren Begriffen wie Raum und Zeit oder Grund und Folge zu sein. Der Weg von der Dingerscheinung in der bewußten Vorstellung zum außenweltlichen Raumzeitkörper eines Ansichseins eröffnet sich immer nur von der Struktur des Ich her, eines Ich, das nach Schopenhauers Darstellung die Manifestation des Weltwillens ist, eines Willens zur Welt.

So sieht man denn auch nichts als einen einheitlichen Willen hinter den physikalischen Geschehnissen der Naturwelt verborgen. Was da überhaupt geschieht und von uns registriert wird, ist schlicht Umsetzung von Willen in Gewolltes. Die Zeit sowie der Raum dienen dabei nur als Bühne dieser Umsetzung. Das Ich, und die Natur außerhalb des Ich, ist blinder, zielloser Wille. Vernunft, Geist, Ratio, Gefühl, Sensualität und Intelligenz sind nur Instrumente eines solchen in sich unteleologischen und ungerichteten Willens. Dieser äußert sich demnach in einem autopoetischen – selbstschöpfenden – Triebgebaren, das von keiner Instanz des Bewußtseins oder der Dingwelt primär verantwortet wird. Blinde

Leidenschaften lenken somit unsere Ichseinsgeschicke. Wir müssen als Ich stets etwas wollen, und also geschieht etwas nach diesem Willen. Der Weltgrund jedoch ist in uns, und er ist völlig irrational, und der Intellekt dient bei der Erkenntnis dieser Tatsache nur als willfähriges Werkzeug des Willens an sich.

Der Mensch kommt zu sich selbst und zu seiner eigentlichen Möglichkeit als Ich nur, indem er sich diesem ewig drängenden Willenstrieb nicht gänzlich preisgibt. Das Ich als ein sinnlich-biologisch organisierter Ichkörper mit Begierden, Wollungen, Strebungen, Hoffnungen, Illusionen, Phantasien – ist selbst nichts als die Erscheinung dieses anhaltenden Triebes, die Welt geschehen zu lassen. Damit ist die innere Wahrnehmung gerade eben die Verinnerlichung und Regulierung dieses Weltwillens. Das eigene Ich erscheint dabei so gut – könnte man sagen – wie der eigene wahrgenommene Leib in der Welt, als solcher eingeordnet in die Zeitstrukturen und Kausalzusammenhänge der physikalischen Welt. Die Offenbarung unseres Ich als unmittelbarer Willen macht den ewigen Ereignisfluß, das ewige Werden und das nimmerendende Weltgeschehen überhaupt erst aus.

Zugleich erlebt sich das Ich als raumloses, zeitloses, grundloses – freies Wirken –, als einen Willen zum Wirken und Werden schlechthin. Unsere Vorstellung von der Welt wird getragen von einem fraglos existenten, monistischen, aber stets und spontan stellungnehmenden Trieb, dem Trieb zum Ding an sich! Zum Beweise dessen, weist Schopenhauer auf folgende Eigentümlichkeit hin: Wenn man den tuenden Menschen fragt, warum er dies oder jenes denn tut, so gibt er gemeinhin Motive, Zwecke, Gründe, Nutzen oder Wünsche an. Wenn man ihn aber fragt, warum er eigentlich überhaupt etwas will, so weiß er keine Antwort. Denn dieser Wille wohnt dem Ich unwillkürlich inne. Er ist grundlos und nichts außer sich selbst. Er bedarf keines Anstoßes!

Jede Anschauung von der Welt bleibt wert- und inhaltslos ohne eine Beziehung zu unserem Willen, der dazu Stellung bezieht. Damit Vorstellungen von der Welt uns nicht leer, fremd und nichtssagend bleiben, müssen sie in ihrer Form vor unserem Willen Geltung gewinnen und eine gefühlte, appetenz-erzeugende Bedeutung annehmen. Das mag klarmachen, daß die gesamte Ätiologie unserer Vorstellungen in nichts anderem als diesem Willen verankert ist. Nur hier kann man letztlich auf die »Gründe« der transzendentalen Vorstellungen stoßen. Somit ist Gegenwart der Welt ganz und gar nicht etwas objektiv, umweltlich Gegebenes, sondern eine Bemühung unseres Willens, sich Welt zu erwirken, um eben überhaupt eine Welt zu haben. Die Gegenwart der Außenwelt stellt eine Manifestation dieses unseres Willens zur Welt dar.

Ist demnach tatsächlich das Geschehen in der Welt nichts weiter als die gewollte Vorstellung von Geschehen? Wenn ja, so wollen wir dennoch die Bedeutung dieser Vorstellung für uns als Bewußtsein einräumen und für sich immer wieder erfahren. Was macht demnach diese vorgestellte Welt von einem substratlosen Traum verschieden? Es muß die Einbindung der Vorstellung in unseren Willen sein! Letzterer ist grundlos und eben nicht wie Vorstellungen verknüpfbar nach dem Satz des zureichenden Grundes. Von außen gewinnt man nie den Kern dieses Willens, denn er hat kein Außen und ist nichts außer ihm selbst. Hat die Zeit aus eben diesem Grunde auch kein Außen und keine Begründung?

5. Kapitel: Woher kommt der Zeitpfeil?

1 Hinter dieser Erfahrung verbirgt sich ein ganz allgemeingültiger Befund für alle physikalischen Systeme, nämlich der zunächst einmal semi-empirische, qualitative Sachverhalt

von der Erhaltung der Gesamtmenge an Entropie und Information eines Systems. Bei entsprechender Definition der Größen: S = Entropie und: I = Information könnte dies etwa mathematisch ausdrückbar werden in der Form: $S(t) + I(t) = const.$, wenn t die Zeitkoordinate bezeichnet. Wie die Entropie, so ist allerdings auch die Größe I eine nicht immer leicht zugängliche. Nur in den einfachsten Systemen ist ihre Definition relativ leicht einsichtig. Eines wird aber durch obigen Zusammenhang sofort klar: Wenn aus irgendwelchen höheren thermodynamischen Gründen gefordert ist, daß die Entropie eines Systems mit der Zeit zunimmt, so macht dies eine Abnahme der Information des Systems mit der Zeit offenbar bei natürlichen Abläufen zwangsläufig.

Boltzmanns Formulierung der Entropie leitet mathematisch auf einen etwas anderen Zusammenhang hin und erlaubt auch letzten Endes die Größe »Information« in etwas spezifischerer Weise zu fassen. Indem Boltzmann eine thermodynamische Wahrscheinlichkeitsfunktion W einführt, die die Wahrscheinlichkeit der Realisierung eines nach außen in Erscheinung tretenden, makroskopischen Systemzustandes aus den möglichen Permutationen der ihn konstituierenden, mikroskopischen Teilzustände beschreibt, kann er die Systementropie in der Form:

$$S(t) = k \ln W(t)$$

angeben, wobei die Größe »k« die berühmte Boltzmannsche Konstante repräsentiert ($k = 3.3 \cdot 10^{-24}$ cal/K). Erwin Schrödinger setzt in seinem Buch »Was ist Leben?« diese Boltzmannsche Realisierungswahrscheinlichkeit W(t) mit dem Begriff U(t) = »Unordnung« gleich und fragt sich dann, wie man wohl das Vermögen lebender Systeme, wie etwa der Pflanzen oder der Tiere, »Boltzmann«-statistisch begreifen können soll, dauerhaft auf niedrigem oder sich gar erniedrigendem Entropieniveau zu operieren. Nach seiner Mutmaßung nimmt ein lebender Organismus aus seiner Außenwelt dauernd Information oder negative Entropie auf. Er bekommt bestimmte Direktiven oder Weisungen für sein weiteres physikochemisches Verhalten zugespielt! Das kann man nun andererseits auch als Abgabe von Entropie an die Außenwelt verstehen, und es bedeutet somit, daß sich das innere Entropieniveau dieses Organismus trotz Waltens des zweiten Hauptsatzes der Thermodynamik nicht erhöhen muß, sondern sich sogar vermindern kann. Letzteres kann daraus verstanden werden, daß dieser Organismus mehr Entropie nach außen abführt, als er selbst thermodynamisch erzeugt und erzeugen muß.

Wenn nun W(t) ein Maß der Unordnung U(t) ist, so mag man das Reziproke dieser Funktion, nämlich (1/W(t)), als ein Maß für das Gegenteil, nämlich für die Ordnung O(t) im System ansehen können. Dann aber läßt sich Boltzmanns Gleichung für die Entropie auch schreiben in der Form:

$$- S(t) = k \ln (O(t)) = k \ln (\frac{1}{W}),$$

und sie sagt somit aus, daß die negativ genommene Entropie eines Systems ein direktes Maß der Ordnung O ist, woraus man auch folgern kann, daß das Produkt aus dem Grade der Unordnung U und dem Grade der Ordnung O eines Systems stets den Wert »1« besitzt. Weiterhin läßt sich jedoch mit Sicherheit auch sagen, daß die Ordnung in einem System um so höher ist, je mehr Information in einem System steckt, bzw. je mehr Information man benötigen würde, um ein System in dem jeweils vorliegenden Ordnungszustand zu beschreiben oder zu reproduzieren. Wenn ich zum Beispiel einem anderen Menschen mitteilen will, wie mein extrem wohlgeordneter Bücherschrank, mit jedem Einzelbuch an genau festgelegter Stelle, angelegt ist, so muß ich ihm sehr viel Detailinformationen übergeben. Bei einem extrem unordentlichen Bücherschrank, bei dem jedes Buch einfach zufällig seinen Platz irgendwo annimmt, beläuft sich die diesen Zustand charakterisierende Information lediglich auf die Angabe der Gesamtzahl von Büchern in diesem Schrank. Das mag einen dann auch leicht zu der vernünftigen Vorstellung bringen, daß die Information I und die Ordnung O zueinander in linearer Beziehung stehen, derart, daß also gelten würde: $I(t) = C\,O(t)$. Danach läßt sich nun aber Boltzmanns Gleichung für die Entropie umwandeln in eine Relation zwischen Information und Entropie, gegeben in der einfachen Form:

$$I(t) = C \exp(-S(t)/k).$$

Hieran kommt zum Ausdruck, daß bei Zunahme der Entropie in einem System im Laufe der Zeit t die systemimmanente Information systematisch abnimmt. Die Konstante C stellt hierbei die systemimmanente Information bei verschwindender Entropie des Systems dar, also bei $S = 0$!

Interessant ist, daß man Information oft als eine paketierbare oder paketierte Größe antreffen kann. So kann man eine bestimmte Menge von Information in elementare Teile zerlegen und dann zum Beispiel in Form von modulierten Wellenimpulsen per Licht, Schall oder Radiosendung über weite Strecken übermitteln und an anderer Stelle wieder in der ursprünglichen Form regenerieren. Nachrichtentechniker machen sich diesen Umstand technisch seit Heinrich Hertz' und James Clerk Maxwells Entdeckungen zum Elektromagnetismus zunutze. Information ist eine quantisierbare und demnach meßbare Bestimmungsgröße eines Systems, die unabhängig von dem Medium existiert, durch das sie an uns übertragen wird. Sie besitzt geradezu physikalische Realität, und die Frage mag daraufhin nur sein, wie sich diese besondere Realität am Verhalten eines physikalischen Systems auswirkt.

Information als eine dem System innewohnende intrinsische Größe zu behandeln, der eine echte Wirkpotenz im physikalischen Sinne zukommt, läuft einem gewöhnlich gegen die eigene Neigung. Man glaubt eigentlich nicht so recht, daß es eine Rolle spielen könnte, ob Information real und materiell manifestiert in einem System existiert oder ob sie sich nur bei dem beobachtenden Physiker einfindet. Was macht die Information, die in einem System steckt, dort an diesem System? Was bewirkt sie? Die Schwierigkeit, Information als eine physikalische Größe mit Realitätswert und intrinsischer Eigenschaftlichkeit für die physikalische Welt anzuerkennen, mag daher kommen, daß wir glauben möchten, dieselbe bilde nur ein Problem für den über das Weltsystem nachdenkenden Menschen, habe dagegen keine Relevanz für das Geschehen selbst.

Um Informationsgehalte an einem physikalischen System zu studieren, mag man sich zum Beispiel einmal ein einfaches, klassisch mechanisches Oszillatorensystem oder ein quantenmechanisches System mit »n« diskreten Energiezuständen vorstellen. Die Frage an ein solches System soll dann etwa lauten: Wie hoch ist der jeweilige Informationsgrad, den wir in einem solchen System inkarniert finden können? Den jeweils in einem solchen System steckenden Informationsgehalt können wir, wie an diesem Beispiel abzulesen, als die minimale »Bit«-Zahl festlegen, die zur völligen Beschreibung des Systemzustandes ausreichend und notwendig ist. Ein »Bit« (Binary digit) ist sozusagen das Elementarquantum an Information, das sich einerseits auf elektronischem Wege erfassen oder übermitteln läßt, andererseits aber auch als Eigenschaft des Systems in letzterem niedergeschlagen ist. Es entspricht, vereinfacht gesagt, dem Zustand »geladen« oder »ungeladen« eines in einem elektronischen Netzwerk eingebauten Kondensators, an dem sich jedoch nur stellvertretend eine quantisierte Systemeigenschaft widerspiegeln läßt. Durch diese Dualität der Information in Form von »geladen« oder »ungeladen« legt sich eine Binärkodierung aller Informationen nahe, also eine Darstellung der gegebenen Information in Form einer Zahl, gegeben im Zweiersystem (also $A = A_0 \circ 2^0 + A_1 \circ 2^1 + A_3 \circ 2^3 + +..A_i \circ 2^i$)!

Unser Schwingungssystem mit »n« diskreten Energiezuständen kann deshalb dargestellt werden durch eine der Zahlen von 1 bis n. Nehmen wir an, »n« sei gleich $8 = 2^3$, dann sind zu deren elektronischer Repräsentation im Zweiersystem 3 Bit erforderlich, weil die 8 zwar in diesem Zahlensystem eine vierstellige Zahl ist, sie selbst jedoch als die Zahl Null repräsentiert werden kann, die ja selbst für eine Bezeichnung des Systemzustandes, weil nicht vorkommend, nicht benötigt wird. Wenn man also den Zustand des bezeichneten physikalischen Systems zu einem Zeitpunkt $t = t_0$ exakt kennt, zum Beispiel in der Form folgender drei Bits: (1; 0; 1), was identisch ist mit der Zahl $5 = 1 \circ 2^2 + 0 \circ 2^1 + 1 \circ 2^0$ und somit mit der Aussage: »Das System ist in seinem fünften Energiezustand, $E = E_5$!«, so läge demnach zu diesem Zeitpunkt eine genaue Kenntnis des Systems vor. Der Informationsgehalt, der zugleich der maximal mögliche für dieses simple System überhaupt ist, umfaßt demnach 3 Bit.

Für den Übergang aus dem anfangs gegebenen Zustand »5« in irgendeinen der anderen natürlich oder durch äußeren Anstoß zugänglichen Zustände »i« des Systems gibt es bestimmte Übergangswahrscheinlichkeiten $A_{5,i}$, wonach sich die Wahrscheinlichkeit w_i, das System nach einer Zeit $t > t_0$ in einem dieser anderen Zustände vorzufinden, berechnen läßt. Ohne äußere Störungen des Systems, also einer Energiezufuhr insbesondere, kann nur ein spontaner Übergang in niederenergetischere Zustände erfolgen. Im Laufe der Zeit wird die Wahrscheinlichkeit w_5, das System noch immer im Zustand »5« anzutreffen, immer kleiner, während die Wahrscheinlichkeiten, es in niedriger energetischen Zuständen anzutreffen, ständig wachsen, derart aber, daß dennoch immer die Summe der Teilwahrscheinlichkeiten, $\sum w_i$, gleich 1 ist, denn in irgendeinem der zugänglichen Zustände muß das System schließlich stets mit Gewißheit sein. In welchem Zustand das System jedoch zu einer späteren Zeit $t > t_0$ tatsächlich ist, läßt sich niemals mehr so wie zu Anfang exakt sagen.

Das bedeutet, daß sich der Informationsgehalt I(t) des Systems, der anfangs gleich $I(t_0) =$ 3 Bit war, ständig vermindert, während sich das System, sich selbst überlassen, natürlich, aber physikalisch erlaubt verhält. Wenn schließlich keinerlei genaue Kenntnis mehr über den tatsächlichen Zustand des Systems besteht, so ist dieser Informationsgehalt auf Null geschwunden, und die Entropie des Systems ist nach Boltzmanns Aussage riesig geworden. In Verbindung mit der Antikorrelation von Entropie und Information kann man nunmehr feststellen, daß das System jetzt ins Maximum seines Entropieniveaus hineinläuft.

Interessant ist nun, daß man an diesem simplen Beispiel auch den Einfluß der Umwelt auf Entropie und Information des Systems aufzeigen kann. Stellen wir uns nämlich dieses Oszillatorsystem in einem hochentropischen und informationslosen Zustand vor, und überlegen wir dann, was passiert, wenn dieses System mit einem monochromatischen Strahlungsfeld, also einem Feld einer frequenzreinen elektromagnetischen Strahlung, über längere Zeit wechselwirkt. Dann gibt es eine erhöhte Wahrscheinlichkeit des Oszillatorsystems in einen der beiden Zustände »i« und »j« überzugehen, deren Energiedifferenz $|E_i - E_j|$ nach Division durch die Plancksche Wirkungskonstante »h« eine Frequenz liefert, die der Frequenz ν des äußeren Strahlungsfeldes am nächsten kommt. Die Unkenntnis über den aktuellen Zustand des Systems verringert sich also unter dem Außeneinfluß wieder, weil das System schließlich nur noch in einem dieser beiden Zustände »i« oder »j« anzutreffen sein wird. Nunmehr steckt also wieder deutlich mehr Information in diesem System. Durch die Wechselwirkung mit der Außenwelt scheint in diesem Fall also Information auf das System eingeflossen zu sein, und Entropie ist gleichzeitig am System erniedrigt worden und nach außen abgeflossen.

6. Kapitel: Kommt unsere Zukunft aus dem Informationsverlust?

1 Diese freie, disponible und *allein* wirkfähige Energie, gegeben durch $\varepsilon_{frei} = (\gamma - 1)$ (n K T), beträgt so zum Beispiel in einem idealen, einatomigen Gas mit einem Adiabatenindex von $\gamma = 5/3$ nur (4/9), also nur rund die Hälfte der insgesamt pro Volumeneinheit vorhandenen thermischen Gesamtenergie $\varepsilon_{therm} = (3/2)$ (n K T). (n = Teilchendichte; K = Boltzmannkonstante; T = Gastemperatur) Den Rest der Energie, die andere Hälfte eben, kann das Gas auch über noch so ausgeklügelte Wärmemaschinen einfach nicht zur Wirkung bringen.

2 Die Boltzmannsche »H«-Funktion läßt sich nach der folgenden Integralformel berechnen:

$$H(t) = \int^3 f(\vec{v},t) \ln [f(\vec{v},t)] \, d^3v,$$

wobei $f(\vec{v},t)$ die Wahrscheinlichkeitsverteilung der vorhandenen Teilchen über dem dreidimensionalen Raum der Geschwindigkeiten darstellt, durch welche also angegeben wird, wie wahrscheinlich es zur Zeit t ist, ein Teilchen mit einer bestimmten Geschwindigkeit $\vec{v}$ aus dem Geschwindigkeitsraum anzutreffen. Der Ausdruck ln [f] unter dem Integral bedeutet zudem den natürlichen Logarithmus von dieser Wahrscheinlichkeitsverteilung. Das Integral selbst, aus dem man die Funktion H(t) gewinnt, erstreckt sich sodann über den gesamten Geschwindigkeitsraum, das heißt über alle in ihm repräsentierten Teilchen des Systems.

Von dieser nach der obigen Vorschrift gebildeten, zunächst in ihrer Bedeutung undurchschaubaren Funktion H(t) kann nun über die Benutzung der Bolzmannschen Integrodifferential-Gleichung, einer kompliziert aufgebauten mathematischen Gleichung zur Beschreibung der Veränderung der Wahrscheinlichkeitsverteilung $f(\vec{v},t)$ unter dem Einfluß statistisch vieler Stöße der Teilchen untereinander, festgestellt werden, daß sie wundersamerweise im Verlaufe der Zeit ständig kleinere Werte annimmt. Dies drückt sich mathematisch auf folgende Weise aus:

$$\delta H/\delta t = \int^3 \delta f/\delta t \, [1 + \ln f] \, d^3v \leq 0 \, !$$

Die Funktion H ist wegen dieser besonderen Eigenschaft auch als Negentropiefunktion bezeichnet worden, weil sie mit der uns schon bekannten Entropie S(t) des Gasensembles auf folgende, einfache Weise verbunden werden kann:

$$H(t) = - S(t)/ K V \, ,$$

wenn K die Boltzmann-Konstante und V das Gasvolumen des Systems bezeichnen. Über diesen Zusammenhang gesehen bedeutet also die offenbar zwangsläufige natürliche Negentropieabnahme des Systems gleichzeitig eine damit verbundene Entropiezunahme, also eine Zunahme des Unordnungsgrades mit fortschreitender Zeit. Die Negentropie H(t) stellt aber auch, anders, nämlich positiv gedeutet, den momentanen Informationsgehalt eines Systems dar.

3 Diese Chaoshypothese besteht de facto ja darin zu behaupten, daß die Stoßwahrscheinlichkeit zwischen zwei Teilchen der Geschwindigkeit $\vec{v}_1$ und $\vec{v}_2$ proportional zum Produkt der Wahrscheinlichkeiten, zwei solche Teilchen im Raum, wo sie miteinander stoßen sollen, anzutreffen, also proportional zu $[f(\vec{v}_1) \circ f(\vec{v}_2)]$ sein soll. Hierbei sollen natürlich diese Wahrscheinlichkeiten selbst nicht von dem aktuell zustande kommenden Stoß prädeterminiert oder mitbeeinflußt sein. Positionen und Geschwindigkeiten der Teilchen sollen demnach völlig unkorreliert sein.

Natürlich läßt sich im Einzelfall überhaupt nicht einsehen, warum dies so sein soll. Man stelle sich nur einmal ein Teilchen vor, das sich nach seinem vorhergegangenen Stoß nunmehr auf einen Ort $\vec{X}$ zubewegt, wo es dazu bestimmt ist, einen weiteren Stoß mit irgendeinem anderen Teilchen zu erleiden. Auf seinem Wege dorthin realisiert es an jedem zwischenzeitlich erreichten Orte $(\vec{X} + d\vec{X})$ nach Maßgabe des Wechselwirkungsfeldes zwischen den beiden stoßenden Teilchen genau eine und nur eine Geschwindigkeit $\vec{v} = \vec{v}\,(\vec{X} + d\vec{X})$; die Geschwindigkeit ist also mit dem erreichten Orte in diesem singulären Fall absolut streng korreliert! Da dieser singuläre Fall jedoch mit dem zufälligen Auftauchen eines zweiten Teilchens am Orte $\vec{X}$ verkoppelt ist, wobei es gleichgültig ist, welches von den zigtausend vorhandenen Teilchen dies sein wird, so glaubt man statistisch argumentieren zu müssen und sagt sich, daß man nur entsprechend lange warten muß, um feststellen zu können, daß das Auftreten einer bestimmten Teilchengeschwindigkeit am Orte $\vec{X} + d\vec{X}$ doch, statistisch gesehen, mit diesem Orte unkorreliert ist.

Dies aber kann nur richtig sein, wenn es keine synchronisierenden, sich akkumulierenden Effekte in Verbindung mit den Stößen gibt, wenn es also die restlichen Teilchen z. B. in ihrer Bewegung nicht beeinträchtigt, daß irgendwo zwei, drei oder gar noch mehr andere Teilchen einander nahe kommen oder gar im eigentlichen Sinne miteinander zusammenstoßen. Solche Situationen liegen jedoch eindeutig bei fernreichweitigen, unabgeschirmten und sich addierenden bzw. verstärkenden Kraftfeldern standardmäßig vor, wenn sich Teilchen noch über größere Entfernungen gegenseitig beeinflussen. Wenn sich zum Beispiel in einem kleinen Partialvolumen des Gesamtgasraumes momentan und zufällig eine positive Dichtefluktuation ergibt, so daß also in dieser Gegend zeitweilig die Dichte ein wenig höher als die mittlere Dichte im Gesamtvolumen ist, so kann dies über gravitative und elektrische Kräfte seine dynamische Rückwirkung auf die Bewegung aller anderen Teilchen in der Umgebung haben. Das aber gerade bewirkt eine Korrelation von Positionen und Geschwindigkeiten, die gerade mit der Annahme von »molekularem Chaos« unberücksichtigt bleiben sollen. – Wenn molekulares Chaos in der Erdatmosphäre oder im Weltall Gültigkeit hätte, so gäbe es dort keine Wolken am Himmel, die aus Wasserdampfkondensationen bestehen, und auch keine Galaxien und Galaxienhaufen, die sich aus einem homogenen Weltmateriemeer herausgeformt haben!

4 Das läßt sich wie folgt einsehen: Wenn sich für jede Wahrscheinlichkeits-Verteilungsfunktion der Teilchengeschwindigkeiten, die sich im Laufe der makrophysikalischen Ent-

wicklung des Teilchensystems ergibt, molekulares Chaos erwarten ließe, so müßte tatsächlich die »H«-Funktion mit der Zeit ständig abnehmen. Nun nehme man einmal an, daß die Entwicklung des Systems bei aufeinanderfolgenden Zeitmomenten t_1, t_2, t_3 über zugeordnete Zustände Ψ_1, Ψ_2, Ψ_3 mit ständig abnehmendem Wert der »H«-Funktion, also $H = H_i = H(t_i)$ mit $H_3 \leq H_2 \leq H_1$, führt und dabei vielleicht unterwegs etwa im Zeitpunkt t_2 eine derartige Situation schafft, bei der die momentan realisierte Verteilungsfunktion nur vom Betrag der Teilchengeschwindigkeit bzw. nur vom Quadrat derselben abhängt, so läßt sich folgendes als Folge dieses Umstandes überlegen:

Man stelle sich in diesem Zeitpunkt t_2 nun einmal ein anderes System vor, dessen Zustand Ψ_2^* sich aus dem des Ursprungssystems, Ψ_2, einfach dadurch ergibt, daß man alle momentanen Teilchengeschwindigkeiten $\vec{v}_1$ in $(-\vec{v}_1)$ umkehrt, also somit alle momentanen Einzelgeschehnisse zeitlich invertiert, so müßte demnach für den Zustand dieses neuen Systems $\Psi_2^* (\vec{v}_i) = \Psi_2 (-\vec{v}_i)$ gelten! Das solchermaßen invertierte System sollte nun zumindest in dem unmittelbar nachfolgenden Augenblick in die Vergangenheit des Originalsystems zurücklaufen müssen, wo aber ja die »H«-Funktion dieses Originalsystems größer war als zum jetzigen Zeitpunkt, also $H_1 > H_2$. Wenn jedoch nun zusätzlich molekulares Chaos in beiden Systemen vorherrschen würde, so müßte der Wert der »H«-Funktion mit der Zeit auch in dem invertierten System sinken, es müßte also $\delta H^*/\delta t \leq 0$ gelten! Da außerdem nun die beiden »H«-Funktionen aufgrund unserer Setzung wegen $H^* (f^*(\vec{v})) = H (f(-\vec{v})) = H (f(\vec{v}))$ einander in ihrem Wert gleich sein müssen, so kann derartiges nur physikalisch miteinander vereinbar sein, wenn zufällig gerade zu dem Zeitpunkt t_2 folgende Beziehung Gültigkeit besitzt: $\delta H/\delta t = - \delta H/\delta t = 0$, wenn also das System sich auf einem temporären Negentropie-Maximum oder -Minimum befindet, so daß die momentane zeitliche Veränderung der »H«-Funktion zu diesem Zeitpunkt gerade verschwindet, weil sie sich gerade auf einem Plateau befindet; das heißt, wenn also Max/Min $(H) = H(t_2)$ gilt!

5 Dazu stelle man sich eine Gitterebene mit N in dieser Ebene gleichmäßig in den Ecken von ebenen Quadraten verteilten Teilchen einer bestimmten, aber bei allen Teilchen gleichen Masse m vor. Diese Teilchen, zum Beispiel die beiden Teilchen i und j, sollen alle mit ihren Nachbarteilchen über elastische Kräfte $\vec{F}_{ij}$ proportional zu ihrem jeweiligen Abstand $\Delta\vec{X}_{ij}$ verbunden sein, d. h., es soll gelten: $\vec{F}_{ij} = \varkappa\ \Delta\vec{X}_{ij}$. Eine solche Situation wäre zum Beispiel realisierbar, wenn zwischen allen Teilchen längs der Verbindungseiten der Quadrate Spiralfedern angebracht wären.

Eine der Teilchenmassen m mögen wir uns nun einmal durch eine viel größere Masse $M \gg m$ aufgewertet denken und danach, zum Beispiel durch einen Stoß von außen, zu einer bestimmten Zeit $t = 0$ mit einer Anfangsgeschwindigkeit v_0 senkrecht zur Gitterebene ausgestattet vorstellen. Diese Masse beginnt also im ersten Moment mit der ihr erteilten Geschwindigkeit aus der Ebene hinauszulaufen. Es ist dann natürlich klar, daß diese Geschwindigkeit im Laufe der nachfolgenden Zeit geändert, und zwar verringert wird, da die aus der Ebene herauslaufende Masse M die an sie gekoppelten Nachbarmassen m ebenfalls aus der Ebene herauszuziehen versucht und dabei ihren Vertikalimpuls allmählich aufzehrt. Für große Zahlen N der in der Ebene ausgelegten Nachbarteilchen läßt sich die resultierende Bewegung der Masse M als eine Schwingung senkrecht zur Ebene mit einer zunächst exponentiellen Verkleinerung derjenigen Geschwindigkeit beschreiben, mit der die Masse jeweils die Ebene beim Hin- und Herschwingen erneut durchtaucht. Die Schwingungen der Masse M durch die Ebene hindurch sind also zunächst durch eine systematisch kleiner werdende Schwingungsamplitude, nur überlagert von gewissen fluktuierenden Schwankungen und gewissen Störbeschleunigungen, gekennzeichnet.

In dieser Phase sieht das System der schwingenden Massen wie ein Boltzmannsches Entropieerzeugungssystem aus, das gerade dabei ist, die Information eines extremen Nichtgleichgewichtszustandes – nur eine Masse besitzt zur Zeit $t = 0$ Schwingungsenergie – über die Dissipation dieser Primärenergie der Masse M in Form von Schwingungsanregungen der Nachbarmassen m aufzulösen, also die Negentropie $H\ (t > 0)$ des Systems zu verkleinern und somit einer Gleichverteilung der Schwingungsenergien über alle Teilchen entgegenzustreben. Da in diesem System ersichtlich jedoch kein molekulares Chaos herrscht – denn Orte und Geschwindigkeiten der Teilchen sind bei dieser Anordnung der Massen korreliert, und jedes Teilchen merkt über die Kopplungen die Bewegungen und Orte aller anderen Teilchen – und da außerdem nur reversible Mikroprozesse ablaufen, sind nicht nur alle Mikrobewegungen, sondern auch die Folge der Makrozustände des Systems voll invertierbar in der Zeit, also vollkommen invariant gegenüber einer Zeitumkehr. Das System muß also vorhersehbar nach einer gewissen Zeit in seinen invertierten Anfangszustand zurücklaufen.

Das bedeutet nun im Prozeßablauf des Gesamtsystems folgendes: Zunächst wird systematisch Schwingungsenergie von der Masse M auf alle anderen Nachbarmassen m verteilt, bis die Masse M bei abnehmender Schwingungsamplitude praktisch wieder zum vorübergehenden Stillstand gekommen ist, während die gesamte Schwingungsenergie des Anfangszustandes nunmehr in den Schwingungsenergien der anderen Massen aufgegangen ist. Dann aber beginnen diese konzertiert schwingenden Nachbarmassen systematisch aus ihren Energiereservoirs Energie auf die Primärmasse M zurückzukoppeln, bis schließlich der Anfangszustand, von dem alles Geschehen seinen Ausgang genommen hatte, sich wieder regeneriert hat. Der in diesem Falle gegebene Poincaré-Zyklus vollendet sich für dieses gegebene Szenario nach einer Zeit τ_{rev}, die sich zu folgendem Wert berechnen läßt:

$$\tau_{rev} = \frac{1}{2} N (m/\varkappa)^{1/2} .$$

Sie hängt also linear von der Zahl der beteiligten Partnerteilchen ab, bleibt aber durchaus von endlicher Größe. Überdies verhält sie sich umgekehrt proportional zur Wurzel aus der Kopplungskonstante $\varkappa$, durch die die interatomaren Kräfte zwischen den im Gitter angeordneten Atomen charakterisiert werden. Wird diese interatomare Kopplung sehr stark, wie zum Beispiel in Festkörperoberflächen oder an Metalloberflächen, so werden die in solchen Fällen zu berechnenden Poincaréschen Rückkehrzeiten recht kurz. Die Tatsache, daß sie in einem idealen Boltzmannschen Gas so lang werden, liegt also nur daran, daß hier die interatomaren Wechselwirkungskräfte vergleichsweise sehr schwach ausgeprägt sind. Bei starker interatomarer Bindung reagieren die Nachbarteilchen als konzertiertes Kollektiv statt als ein Chaos von unkoordinierten Einzelteilchen auf das gleichgewichtsstörende Primärteilchen zurück. Das liegt wiederum daran, daß die zwischen den elektrisch neutralen Gasatomen eines normalen Gases zur Wirkung kommenden Wechselwirkungskräfte auf sehr kurzen Distanzen abgeschirmt werden. So ist das

Coulombfeld des Atomkernes jedes neutralen Gasatoms jenseits der diesen Kern umgebenden Elektronenhülle schon praktisch unwirksam, und über solche Abstände hinaus wirkt ein Gasatom auf ein anderes dann nur noch über die sogenannten unabgesättigten Van Der Waalschen Kräfte ein, die mit wachsendem Abstand zwischen den Atomen sehr schnell verschwinden. In der Tat fallen sie mit der sechsten Potenz der Wechselwirkungsdistanz ab. Das führt dazu, daß die Van Der Waalsche Kopplung zwischen zwei Gasatomen bei einem Durchschnittswert für den interatomaren Abstand von $\Delta r \cong (n)^{1/3}$ enorm schwach ist; die Energie der interatomaren Van Der Waal-Bindung ist in einem idealen Gas um viele Größenordnungen kleiner als die mittlere thermische Energie jedes Gasteilchens. Damit ist der kollektive Charakter der interatomaren Wechselwirkung auch entsprechend sehr schwach ausgeprägt.

6 Das läßt sich daran erkennen, daß die kosmische Entropie S_{cos} unter diesen Umständen gegeben wäre mit dem folgenden Ausdruck:

$$S_{cos}(t) = N\,K\,\ln\,[V(t)\;T(t)^{3/2}],$$

wenn N die zeitlich konstante Gesamtzahl der Gasteilchen im Weltall und V(t) und T(t) das in der Zeit sich verändernde Volumen des Alls und die Temperatur der darin befindlichen Materie ist. Es zeigt sich nun, daß Temperatur und Volumen in einem homolog expandierenden Universum, das homogen von adiabatisch reagierendem Gas erfüllt ist, sich mit der Zeit gerade so verändern, daß der Produktausdruck, der als Argument der natürlichen Logarithmenfunktion in der kosmischen Entropie auftritt, gerade zeitlich konstant bleibt und damit die kosmische Entropie selbst unverändert läßt. Die kosmische Entropieuhr bliebe also in einem solchen Universum bei der Expansion stehen!

7 Das hat zur Folge, daß die einzelnen im Kosmos propagierenden Photonen ihre Energie umgekehrt proportional zur Größe R des Universums gemäß $\{E_\nu = h\,\nu = h\,\nu_0\,(R_0/R)\}$ verringern, jedoch ihre Gesamtphotonenzahl beibehalten. Mit diesem Effekt verbunden vollzieht sich auch die Veränderung einer Planckschen Gleichgewichtsstrahlung, auch Hohlraumstrahlung genannt, im expandierenden Kosmos so, daß dabei zwar stets eine Plancksche Strahlung erhalten bleibt, jedoch eine, deren Gleichgewichtstemperatur T_s ständig wiederum umgekehrt proportional zur Größe des Universums {gemäß $T_s = T_{s0}(R_0/R)$} abnimmt. Da nun die Entropiedichte s_s eines Planckschen Strahlungsfeldes mit der dritten Potenz der Temperatur variiert ($s_s = (4/3)\,\alpha\,T_s^3$, α = Stephan-Boltzmann-Konstante!), so ergibt sich zwangsläufig, daß die Gesamtentropie S_s des Strahlungsfeldes im Kosmos trotz dessen Expansion wegen $S_s = (4\,\pi/3)\,R^3 s_s$ konstant bleibt.

7. Kapitel: Zeit in einem gespiegelten Universum

1 Zu diesem Zwecke ist es am einfachsten, sich zunächst einmal ausschließlich auf die Betrachtung rein räumlicher Spiegelungen am Koordinatenursprung zu beschränken, bei denen die Raumkoordinaten x, y, z eines Objektpunktes $\vec{r}$ einfach auf Werte (– x), (– y), (– z) übertragen werden, so daß sie dem vorherigen Ort jetzt den Ortspunkt $(-\vec{r})$ zuordnen. Mit dieser Operation gleichbedeutend wäre auch die Umorientierung aller Kartesischen Koordinatenachsen von ihrer positiven in ihre negative Richtung, wobei allerdings aus einem rechtshändigen dann ein linkshändiges Orthogonalachsensystem wird, also

eines, das statt eines Rechtssinnes einen Linkssinn auszeichnet, das heißt eine Schraube mit Rechts- statt mit Linksgewinde.

Eine solche Operation soll zunächst einmal hier vorgenommen werden, ohne daß gleichzeitig auch an der Zeitkoordinate eine Veränderung, also weder eine Verschiebung noch eine Spiegelung, vorgenommen wird. Eine solche räumliche Umsetzungsoperation oder Punktspiegelung hat nun jedoch die zwangsläufige Folge, daß irgendwelche naturbedingt vorliegenden Objektgeschwindigkeiten oder Objektbeschleunigungen von einer solchen Maßnahme ebenfalls mitbetroffen sind, indem aus einer Objektgeschwindigkeit $\vec{v} = \delta\vec{r}/\delta t = \delta/\delta t\ \{x, y, z\}$ nach Spiegelung nunmehr die neue Objektgeschwindigkeit $\delta/\delta t\ \{-x, -y, -z\} = (-\vec{v})$ wird. Das bedeutet folglich aber, daß die Richtungssinne aller Ortsvektoren, Geschwindigkeiten und Beschleunigungen von Teilchen eines physikalischen Systems, und allgemein von allen linearen, reinräumlichen Dreiervektoren mit physikalischer Relevanz, bei der Raumspiegelung invertiert werden. So wird also ein Vektor $\vec{A} = \{A_x; A_y; A_z\}$ bei dieser Spiegelung zu einem Vektor $\{-A_x; -A_y; -A_z\} = (-\vec{A})$. Haben wir eine Bewegung nach der Vorschrift des zweiten Newtonschen Gesetzes vorliegen, so zeigt sich nach dem oben Gesagten, daß dieses Gesetz im allgemeinen nicht invariant gegenüber solchen Raumspiegelungen ist, denn aus diesem Gesetz, das ja bekanntlich die Planetenbewegung um die Sonne beschreibt, würde die Newtonsche Aussage: $m\ (d^2/dt^2)\ (\vec{r}) = \vec{K}(\vec{r})$ ($\vec{K}$ bezeichnet hier den Vektor der zentralen Gravitationskraft und m die Masse des Planeten) durch Punktspiegelung in die Nicht-Newtonsche Aussage: $m\ (d^2/dt^2)\ (-\vec{r}) = -\vec{K}\ (-\vec{r})$ umgewandelt, welche mit ersterer ersichtlich nur dann forminvariant und identisch wäre, wenn $\vec{K}(\vec{r}) = \vec{K}(-\vec{r})$ gelten würde. Letzteres gilt jedoch niemals für eine zentrale Gravitationskraft, es sei denn trivialerweise bei unendlich großen Abständen vom Gravitationszentrum ($r \Rightarrow \infty$), wo überhaupt keine Gravitation wirkt.

Überall dort aber, wo jedoch Gravitation einwirkt, wird durch die Newtonsche Bewegung ein definiter Drehimpuls mit endlicher Größe ausgezeichnet, und dieser ist interessanterweise invariant gegenüber Raumspiegelungen, während die Geschwindigkeit des bewegten Planeten es nicht ist. Das heißt, es würde bei der Spiegelung eine Bewegung beschrieben, die bei Bewegungsumkehr ihren zugeordneten Drehimpuls nicht ändert. Das aber stellt eine Nicht-Newtonsche Bewegung dar und damit eine nicht in der Natur vorkommende Bewegung einer Planetenmasse um ein Gravitationszentrum. Die raumgespiegelte Bewegung stellt uns in diesem Falle demnach in Form des Spiegelprozesses einen in der Natur nicht vorkommenden Prozeß, also einen Scheinprozeß, vor. Hier liegt also ein Verstoß gegen die Punktspiegelungssymmetrie der Natur vor. Eine bestimmte, mit dieser Spiegelungsoperation verbundene physikalische Größe fungiert hier offensichtlich also nicht als Erhaltungsgröße der Natur. Diese Größe nennt man die Helizität eines Systems. Sie stellt so etwas wie eine Kombination aus Linearvektor und Axialvektor dar, gegeben durch ein skalares Produkt aus Impuls und Drehimpuls. Durch eine solche Größe wird ein Drehsinn festgelegt, und dieser ändert in der Tat sein Vorzeichen, wenn er statt von einem rechtshändigen von einem linkshändigen System beurteilt wird, wie es durch Punktspiegelung aus ersterem hervorgeht. Das bedeutet nun nicht, daß die Natur zu ihrer angemessenen Darstellung rechtshändige vor linkshändigen Koordinatensystemen bevorzugt, es besagt lediglich, daß man zur richtigen Formulierung des Newtonschen Sachverhaltes einer Planetenbewegung in einem linkshändigen Koordinatensystem ein revidiertes Gesetz zugrundelegen muß.

Lineare Vektoren kehren, wie wir herausgestellt haben, bei Raumspiegelungen also ihr Vorzeichen um. Dagegen muß man es als einen besonders interessanten Umstand einstufen, daß eine andere Art von Vektoren der Physik – nämlich axiale Vektoren, die mathematisch als ein vektorielles Kreuzprodukt von zwei linearen Vektoren definiert sind – bei solchen Spiegelungen keine Veränderung erfahren, sich also gegenüber solchen Spiegelungsoperationen invariant verhalten. So bleibt also, wie wir schon gesagt haben, etwa ein axialer Drehimpulsvektor als das vektorielle Kreuzprodukt eines Orts- und eines Geschwindigkeitsvektors, $\vec{D} = m\,(\vec{r} \times \vec{v})$, sich selbst identisch bei der Raumspiegelung an einem Punkt, weil die beiden den Axialvektor erzeugenden Linearvektoren beide ihren Richtungssinn ändern und damit im Kreuzprodukt den Inversionseffekt aufheben. Auch eine Kreisbewegung bleibt sich selbst bei einer solchen räumlichen Punktspiegelung identisch und ändert nicht etwa ihren Umlaufssinn, wie man sich leicht durch Aufzeichnen auf ein Blatt Papier klarmachen kann. Die Frage muß dann aber sein, was diese Spiegelungen von Geschehensabläufen für die Natur der Spiegelbilder erwarten lassen. Sind solche Spiegelbilder immer physikalisch reell, oder existieren sie, zumindest in vielen Fällen, in der Natur selbst eigentlich nicht und sind demnach leicht als physikalische Trugbilder zu entlarven? Man wird sofort schon sagen können, daß Spiegelbilder natürlicher Prozesse sich immer dann als Trugbilder entlarven lassen werden, wenn in den Gesetzen zu diesen Prozessen die Forderung nach einer festen Richtungskombination eines Linearvektors und eines Axialvektors auftritt, wenn also dementsprechend ein fester Schraubensinn ausgezeichnet wird. Denn dann eben wird diese Kombination von Linearvektor und Axialvektor ja im Spiegelbild abgeändert und sollte somit ein entlarvbares Trugbild mit einem entgegengesetzten Schraubensinn herbeiführen. So läßt sich zum Beispiel leicht zeigen, daß die raumgespiegelte Bewegung einer elektrischen Ladung in vorgegebenen elektrischen und magnetischen Feldern eine Scheinbewegung wiedergibt, weil die hier maßgebende Kraft eine Kombination aus Linearvektor (Elektrische Feldkraft $\vec{E}$) und Axialvektor (Lorentzkraft $\vec{v} \times \vec{B}$) darstellt. Der punktgespiegelte Vorgang würde die Bewegung eines geladenen Partikels wiedergeben, welches sich gegenüber dem elektrischen Feld wie ein Partikel mit der Spiegelladung, gegenüber dem Magnetfeld aber wie ein Partikel mit der ungespiegelten Ladung verhält. Da ein Teilchen nun aber nur entweder eine positive oder eine negative Ladung besitzen kann, liegt in dem gespiegelten Prozeß ein Trugprozeß vor.

Dies verhält sich nun wiederum ganz anders bei Spiegelungen an einer Raumachse oder an einer ebenen Raumfläche. Bei solchen Spiegelungsoperationen werden nur jeweils diejenigen Vektorkomponenten, die senkrecht zu der Spiegelachse oder Spiegelfläche orientiert sind, im Vorzeichen invertiert, während die achsen- oder flächenparallele Komponente beibehalten wird. Dies führt interessanterweise dazu, daß die Händigkeit des Koordinatensystems erhalten wird. Ein rechtshändiges System bleibt auch nach dieser Spiegelungsoperation ein solches. Das hat auch zur Folge, daß bei dieser Spiegelungsoperation im allgemeinen weder der Vektor des Impulses noch der des Drehimpulses mit ihren ungespiegelten Entsprechungsvektoren identisch bleiben, daß aber in jedem Falle interessanterweise nunmehr die Helizität, also das skalare Produkt aus gespiegeltem Impuls und gespiegeltem Drehimpuls, unverändert und gleich der Helizität im Ursprungssystem bleibt. Eine solche Spiegelungssymmetrie sollte also in den Naturprozessen dann manifestiert sein, wenn die Helizität oder, wie man unter Physikern auch oft sagt, die Parität eine Erhaltungsgröße ist.

2 Es handelt sich hierbei nämlich um eine räumliche Flächenspiegelung (P-Operation) und zusätzlich eine Ladungskonjugation (C-Operation), die darin besteht, daß man alle Teilchen des Originalbildes in Antiteilchen und alle Antiteilchen in Teilchen spiegelt. Eine solche (P–C)-Spiegeloperation sollte, so hoffte man, von der Natur angenommene Spiegelbilder erzeugen. Wie sich zum Beispiel zeigen ließ, würde das (P–C)-gespiegelte Wu-Experiment, bei dem sowohl eine Flächenspiegelung als auch eine Umsetzung aller Teilchen in Antiteilchen erfolgt – wobei also alle Elektronen in Positronen und alle Kobalt-Kerne in Antikobaltkerne verwandelt würden –, tatsächlich einen in der Natur vorkommenden Prozeß wiedergeben.

Leider konnten jedoch zwei amerikanische Physiker James Cronin und Val L. Fitch 1964 durch Experimente in einem Laboratorium in Brookhaven zeigen, daß die Natur in Wirklichkeit, zumindest in einigen Fällen, auch diese erweiterte Symmetrie verletzt, zumindest immer dann, wenn in dem betrachteten Prozeß neutrale K-Mesonen, auch Kaonen genannt, auftreten, welche eine schwere Art der Mesonen darstellen, von denen die leichteren Pionen und Müonen genannt werden. Den experimentellen Nachweis für den (P–C)-Symmetriebruch in Verbindung mit diesen Kaonen kann man sich wie folgt vorstellen: Schickt man einen Strahl von schnellen, positiv geladenen Kaonen (K^+) auf einen Kupferblock, so verlassen auf der gegenüberliegenden Seite neutrale Kaonen diesen Block. Diese neutralen K-Mesonen bestehen aus einer Mischung aus Teilchen (K^0) und Antiteilchen (K^{-0}) dieses Mesonentyps, und sie zerfallen nach kurzer Zeit in Elektronen und deren Antiteilchen, Positronen. Bei diesem Zerfall erweist sich nun aber, daß in der Tat mehr Positronen als Elektronen in den Zerfallsprodukten auftreten, deren Identität man leicht durch ein sie ablenkendes Magnetfeld, das senkrecht zum Strahl orientiert ist, nachweisen kann. Unterwirft man nun diesen Vorgang einer (P–C)-Spiegelung, so sollte, im Spiegel gesehen, folgendes ablaufen:

Ein Strahl von schnellen, negativ geladenen Kaonen (K^-), den Antiteilchen der (K^+)-Mesonen, trifft auf einen Block aus Antikupfer ($\overline{Cu}$) und läßt auf der Gegenseite des Blockes wiederum eine Mischung von neutralen Kaonen der Sorte (K^0) und der Sorte (K^{-0}) austreten, die nunmehr allerdings wegen der vorgenommenen Teilchen-Antiteilchen-Spiegelungsoperation gehäuft in Elektronen statt in Positronen zerfallen sollten. Das ablenkende Magnetfeld, welches sich diesmal nicht umkehrt, weil der rechtsläufige Elektronenstrom ja durch einen linksläufigen Positronenstrom ersetzt wurde und deswegen das gleiche Magnetfeld erzeugt, lenkt Elektronen zur gleichen Seite ab wie im Ursprungsprozeß, nur sollten diesmal mehr Elektronen dort auftreten. Tatsächlich läuft nun aber ein solcher Prozeß mit Antikaonen, also C-gespiegelten, geladenen Kaonen, ganz wie im Falle des Ursprungsprozesses ab und liefert wiederum mehr Positronen als Elektronen in den Zerfallsprodukten. Die Natur scheint demnach in der Tat auch diese höhere Symmetrie, zumindest in einigen Fällen, zu brechen. Sie ist nicht einverstanden mit gewissen ihrer Spiegelbilder.

Im allgemeinen ist mit der Untersuchung solcher Symmetrieprinzipien immer ein Erkenntnisgewinn verbunden. Wenn sich bestimmte Dinge einem bestimmten Symmetrieprinzip unterordnen lassen, so zeigen sich nämlich in diesem Umstand bestimmte Eigenschaftsverwandtschaften unter diesen Dingen an. An den Dingen erscheint eine gewisse Gemeinsamkeit, die das Verständnis des Verhaltens dieser Dinge ungemein erleichtern kann. Unter diesem Aspekt der Verwandtschaftssichtung kann man auch das oben schon erwähnte PC-Symmetrietheorem sehen oder das aus ihm hergeleitete, noch erweiterte PCT-Symmetrietheorem. Letzteres besagt, daß die im Rahmen der Teilchenphysik zu betrachtenden Reaktionsprozesse allesamt eine gemeinsame Grundsymmetrie besitzen müssen, aufgrund derer sie bei einer gleichzeitigen Paritätsspiegelung (P-Operation), Ladungsspiegelung (C-Operation) und Zeitspiegelung (T-Operation) in einen Prozeß übergehen, der ebenfalls in der Natur gleichermaßen und ohne Abstriche möglich ist. Zwar weiß man inzwischen genau darüber Bescheid, daß einzelne elementare Reaktionsprozesse unter subatomaren oder atomaren Teilchen weder invariant gegenüber einer räumlichen Spiegelung noch gegenüber einer Vertauschung von Teilchen und Antiteilchen, noch gegenüber einer Zeitinversion im Sinne eines Austausches von Anfangszustand und Endzustand einer Reaktion sind. Man glaubt aber aus einer grundlegenderen Symmetrie der Natur her erkennen zu können, daß man stets innerhalb des in der Natur Möglichen bleibt, wenn man alle diese Operationen an einer Reaktion gleichzeitig vornimmt.

3 Bei nichtrelativistischen Geschwindigkeiten, also Geschwindigkeiten klein gegenüber der Lichtgeschwindigkeit, ergibt sich aus diesem Zusammenhang eine einfache Bewegungsgleichung der folgenden Form: $m\, d^2r/dt^2 = K(r) - (2/3)\, e^2 (d^3r/dt^3)$. Hier mag $K(r)$ irgendeine vom Ort abhängige äußere Kraft bedeuten. Die Größe »e« bezeichnet die elektrische Ladung des Teilchens, der Term (d^3r/dt^3) bezeichnet die dritte zeitliche Ableitung des Teilchenortes nach der Zeit bzw. die zweite zeitliche Ableitung der Teilchengeschwindigkeit, also die Änderung der Änderung der Geschwindigkeit. Die Kopplung des geladenen Teilchens an sein eigenes elektromagnetisches Strahlungsfeld bedingt also, über das Minuszeichen des entsprechenden Terms in der Bewegungsgleichung festgelegt, eine Abbremsung des bewegten geladenen Teilchens.

4 Wir wollen hier noch auf ein anderes, unter Physikern immer wieder diskutiertes Problem zur Herkunft eines Zeitsinnes eingehen, nämlich auf die jeden vor den Kopf stoßende Tatsache, daß sich die Maxwellschen Gleichungen sowie die Lorentzgleichungen, die gemeinsam das wechselseitige Spiel der Verursachung zwischen elektromagnetischen Feldern und bewegten elektrischen Ladungen konsistent beschreiben, in sich invariant gegenüber Zeitspiegelungen sind, obwohl die aus diesen Gleichungen hervorgeholten Lösungen für die Ausbreitung von elektromagnetischen Strahlungen offensichtlich einen klaren Zeitsinn auszeichnen. Das heißt soviel, als würde die Natur nur Lösungen dieses Gleichungssystems erlauben, die einen eindeutigen Zeitsinn auszeichnen, obwohl die diesen Lösungen zugrundeliegenden Gesetze eine Zeitauszeichnung überhaupt nicht erkennen lassen. Zwar kann eine elektromagnetische Strahlung, die sich als ebene Welle in der Richtung $\vec{n} = \vec{k}/k$ ($\vec{k}$ ist der Wellenvektor) mit einer Frequenz ω ausbreitet, im Prinzip ohne Verstoß gegen die Gesetze ebensogut auch in die Gegenrichtung $(-\vec{n})$ propagieren und sich damit so verhalten, als hätte man eine Zeitspiegelung an ihr durchgeführt, indem man t durch $(-t)$ ersetzt. Eine solche ebene Welle stellt jedoch einen praktisch nie realisierten Idealfall dar. Sie hängt niemals mit einzelnen, sie erzeugenden, bewegten Ladungen zusammen; es gibt sie sozusagen in Wirklichkeit nur in einem quellenfreien Vakuum.

Anders ist dies sofort, wenn Wellen betrachtet werden sollen, die mit bewegten Ladungen über die durch letztere bedingten elektrodynamischen Feldpotentiale zusammenhängen. Hier leiten sich die entstehenden elektrischen und magnetischen Felder an bestimmten Orten $\vec{r}$ und zu bestimmten Zeiten t aus den sogenannten retardierten Feldpotentialen her. In diesen Potentialen, die man Lienhard-Wiechert-Potentiale nennt, drückt sich die Tatsache aus, daß die Wirkung einer zur Zeit t_0 am Orte $\vec{r}_0$ bewegten Ladung an einem anderen Orte $\vec{r}$ de facto erst nach einer sog. Retardierungszeit, $\Delta t = | (\vec{r} - \vec{r}_0) | / c$, zur Wirkung kommen kann. Letztere ist gegeben durch die Lichtlaufzeit zwischen dem Ort $\vec{r}_0$ und dem Orte $\vec{r}$, also einer Art Einwirkzeit oder Kommunikationszeit zwischen dem einen und dem anderen Ort. Alle Feldquellen in Form von irgendwo im Raum verteilten elektrischen Ladungen und elektrischen Strömen müssen also an irgendwelchen anderen Orten gemäß einer distanzspezifischen Retardierungszeit berücksichtigt werden. Für den Jetztzustand an einem Orte zählt nur, was an anderen Orten vor dieser Retardierungszeit gewesen ist! Hierin wird berücksichtigt, daß physikalische Qualitäten an Orten r_o nur dann für eine Verursachung einer Wirkung am Orte r zur Zeit t in Frage kommen können, wenn sie eine Verursachung in retardierter Form darstellen. Genau an dieser Stelle der theoretischen Betrachtung schleicht sich nun aber der Zeitsinn in die Geschehensbeschreibung ein, wie man an vielen Beispielen im Detail überprüfen kann. Da die Verursachung immer vor der Wirkung gegeben sein soll, so kommen zur Beschreibung der elektrodynamischen Erscheinungen in Verbindung mit bewegten elektrischen Ladungen nur die retardierten und niemals die eigentlich als Lösung der Maxwellschen Gleichungen ebensogut möglichen avancierten Potentiale in Frage.

8. Kapitel: Der kosmische Zeitsinn

1 Sie beträgt einfach: $\Delta E_s \cong (R_{s0}/R_s) \circ E_s$, wobei R_{s0} der Schwarzschildradius der Sonne ist, welcher etwa 3 Kilometer beträgt. $R_s \cong 700\,000$ Kilometer ist der heutige Radius der Sonne, und E_s ist die Ruhemassenenergie der Sonne, also $E_s = N_P\,(m_p\,c^2)$. Danach errechnet sich jetzt die Zahl der von der Sonne in dieser Phase abgestrahlten Photonen zu: $N_\nu \cong \Delta E_s/E_\nu \cong (R_{s0}/R_s)\,(m_p c^2/E_\nu)\,N_p \cong 3000 \circ N_P!$

2 Das heißt ihren Schwarzschildradius gemäß dem Massezuwachs ΔM, den sie beim Schlucken erfahren haben, um $\Delta R_s = R_s(\Delta M/M)$. Die gleiche Menge Energie $\Delta E = c^2 \Delta M$ etwa von einem GeV (Giga-Elektronenvolt) entspricht aber dabei auf der einen Seite nur einem einzigen Proton, auf der anderen Seite etwa einer Milliarde von Photonen eines thermischen Strahlungsfeldes der Temperatur von 3000 Kelvin. Das bedeutet: Wenn das Schwarze Loch eine bestimmte Energiemenge an Photonen schluckt, so erniedrigt sich dabei die äußere kosmische Entropie wesentlich mehr, als wenn es die gleiche Energiemenge in Protonen schluckt, obwohl das Schwarze Loch selber dabei wegen der gleichen Energiemenge sich jeweils um den gleichen Betrag ΔR_s aufbläht.

3 Auch für den hier maßgebenden Prozeß der gravitativen Fragmentation aus einer diffusen Materieverteilung gibt es typische Raumskalen, für die in einem solchen Fall die Angemessenheit der Homogenitätsannahme für die Beschreibung der kosmischen Materieverteilung überprüft werden müßte. Eine solche Skala läßt sich für jede Phase der kosmischen Evolution über das Jeanssche Kriterium mit einer typischen Länge $L_J \cong c_{eff}/\sqrt{6\pi G \varrho}$ berechnen. Hier bezeichnet c_{eff} die für die Aufhebung von lokalen Verdich-

tungen relevante Reaktionsgeschwindigkeit des Mediums. Wenn der elektromagnetische Strahlungsdruck in der Materiekondensation dominant ist, wird dies die Lichtgeschwindigkeit c, wenn dagegen der thermische Gasdruck dominant ist, wird es die Schallgeschwindigkeit c_s sein. Solange die kosmische Materie heiß und ionisiert ist, herrscht der Strahlungsdruck vor, und die angesprochene kritische Skala rechnet sich mit der Lichtgeschwindigkeit aus. Das ist im Universum bis zum Unterschreiten der Rekombinationstemperatur bei etwa $T^* = 5000$ Kelvin gegeben, wenn in normalen Friedman-Lémaitre-Modellen, die als Beschreibung unseres Universums oft herangezogen werden, eine Dichte von etwa $\varrho^* = 10^{-20}$ g/cm^3 herrschen sollte. Danach sollte dann der Gasdruck für die Fragmentation beherrschend werden, und die bestimmende Jeanslänge sollte von der Schallgeschwindigkeit bestimmt sein. Zu diesem Zeitpunkt kann man dann also eine kritische Jeanslänge über den Ausdruck $L_J^* \cong c_s^*/\sqrt{6\pi G \varrho^*}$ von etwa 2 Lichtjahren berechnen. Ein Volumen mit der Kantenlänge von 2 Lichtjahren enthält jedoch zu dieser kosmischen Zeit immerhin noch die riesige Zahl von $N_J^* \cong 10^{58}$ Atomen. Rein zufällige, statistische Schwankungen in der Teilchenfüllung eines solchen Jeansvolumens von der Größe L_J^3 würden sich zu dieser Zeit demnach auf $\delta N_J^*/N_J^* = (N_J^*)^{-3/2}$ belaufen und wären unvorstellbar gering, zu gering, als daß man sich aus ihnen das heutige strukturierte Weltall hervorgegangen denken kann.

9. Kapitel: Die Zeit, die aus der Wirkung kommt

1 Wenn man die Kräfte zum Beispiel aus einem skalaren Feldpotential herleiten kann, wie zum Beispiel im Falle von Schwerkräften, die aus einem Gravitationspotential durch Gradientenbildung hergeleitet werden können, so läßt sich ein kinetisches Lagrange-Potential L als Differenz von kinetischer Energie T und potentieller Energie U angeben. Mit diesem Lagrange-Potential läßt sich dann die bei der Bewegung pro Zeitintervall dt realisierte Wirkung dW durch den folgenden Ausdruck angeben:

$$dW(t) = L\,(x_i, \mathring{x}_i, t)\,dt = [T(\mathring{x}_i) - U\,(x_i, \mathring{x}_i)]\,dt\,.$$

Hier stellen x_i und $\mathring{x}_i$ die Orts- und Geschwindigkeitskoordinaten des bewegten Körpers zum Zeitpunkt t dar. Die wahre Bewegung eines Körpers von A nach B unter solchen Verhältnissen gewinnt man dann gerade durch eine Bewegungsbahn $x_i = x_i\,(t)$, die die realisierte Wirkung zwischen diesen beiden Punkten minimiert, indem $W_{AB}\,(x_i(t)) = \mathrm{Min}\,(W_{AB})$ wird. Dies schreibt sich mathematisch auch in der folgenden Form:

$$\delta\, W_{AB} = \delta\, [\int_{t_A}^{t_B} L\,(x_i, \mathring{x}_i, t)\,dt] = 0\,!$$

und besagt in dieser Formulierung, daß der wahre Weg gerade so aussehen muß, daß die Variation δW_{AB} der Wirkung W_{AB} bei minimaler Variation oder Abwandlung dieses Weges verschwinden muß. Danach läßt sich das obige Integralprinzip dann in ein Differentialprinzip umschreiben und liefert die wahre Lösung als Lösung einer daraus hervorgehenden Differentialgleichung.

2 Diese Irrelevanz bei solchen »realen« Bewegungslösungen gegenüber der Zeit erkennt man daran, daß man die Zeitkoordinate aus ihnen ganz eliminieren kann und durch

irgendeinen Familienparameter ersetzen kann, der nichts anderes tut, als die Werte von $-\infty$ bis $+\infty$, wie die reellen Zahlen auf dem Zahlenstrahl, zu durchlaufen und jedem Wert von λ ein Tripel von Ortskoordinaten $x_i(\lambda)$ zuzuordnen. Statt die Bewegungskurve durch $x_i = x_i(t)$ zu repräsentieren, läßt sich dieselbe Kurve schließlich ebensogut durch $x_i = x_i(\lambda)$ wiedergeben, und dennoch bleibt sie dabei topologisch, morphologisch gleich. Erst wenn man sich fragt, wieviel Zeit Δt_{AB} ein Körper bei seiner natürlichen Bewegung längs dieser gefundenen Kurve denn benötigen würde, um von A nach B zu gelangen, so kommt erst durch diese Fragestellung das Zeitmoment mit in diesen Kontext hinein. Wie sich in der Speziellen Relativitätstheorie zeigt, ist es allerdings gar nicht unproblematisch, die Messung einer solchen Zeitdauer vorzunehmen. Das Ergebnis einer solchen Messung hängt nämlich von der räumlichen Position der hierbei verwendeten Uhr ab. Man kann eigentlich nur eines sagen: Es gibt eine besonders ausgezeichnete Uhrenposition, die den Vorzug hat, daß die so positionierte Uhr dann gerade den kleinstmöglichen Wert für die Zeitdauer, nämlich $\Delta t_{AB} = \Delta t^0_{AB}$, bestimmt. Das ist genau dann der Fall, wenn die Uhr im bewegten Objekt selbst untergebracht ist und sozusagen mit diesem vom Orte A zum Orte B mitbewegt wird. In diesem objektgebundenen Referenzsystem mißt eine Uhr nämlich die objekteigene Zeit oder, wie man auch sagt, die Eigenzeit des Objektes. Wenn man sich also das bewegte Objekt als eine Art Lebewesen vorstellen würde, so würde die so gemessene Eigenzeitdauer Δt^0_{AB} gerade angeben, um wieviel dieses Lebewesen bei seiner Bewegung von A nach B gealtert ist. Alle auf andere Art gemessenen Zeitdauern, also bestimmt von Uhren an nicht mitbewegten Standorten, würden dagegen eine größere Zeitdauer ergeben.

3 Im leeren kosmischen Raum ist zwar die lokale Geschwindigkeit des Lichtes immer gleich der Vakuumlichtgeschwindigkeit c, aber die metrische Weglänge hängt in gekrümmten Räumen in komplexer Weise von der ortsabhängigen und zeitabhängigen Metrik dieses Raumes ab. Dies führt dazu, daß das Wirkungsprinzip für die Minimierung der Zeit bzw. der Wirkung in diesem Falle hier folgendes verlangt:

$$0 = \delta \int_A^B \frac{ds}{c} = \delta \int_A^B \sqrt{g_{ik}\, \mathring{x}_i\, \mathring{x}_j}\, d\lambda .$$

Hierbei sind die Metriktensorelemente $g_{ik} = g_{ik}(x_i)$, in denen sich die Struktur der Raumzeit ausdrückt, ortsabhängige Funktionen, also Funktionen der vier Raumzeitkoordinaten x_i. Die Punkte »o« über den Koordinaten x_i bezeichnen Ableitungen nach dem Bahnparameter λ, dessen lokales Inkrement $d\lambda$ als Bezeichnung des Fortschritts auf dem Lichtweg auftritt.

4 Mathematisch ergibt sich daraus dann der Zusammenhang:

$$\Delta I = \iota \frac{\Delta W}{h} = \iota \frac{(\Delta E \circ \Delta t)}{h} ,$$

wobei ι eine Größe ist, die die Wertigkeit der gelieferten Information oder des Informationsempfängers ausdrückt. Hierbei macht es zum Beispiel einen Unterschied in dem Wert von ι, ob die Information zwischen natürlichen Systemen transferiert wird oder etwa zwischen intelligenten Systemen wie Lebewesen, wie Tieren, Menschen oder Gruppen von solchen. Über den Photoeffekt wird so ein empfangener kodierter Lichtpuls von einer einfachen Photozelle in einen schlichten Strompuls verwandelt. Derselbe kodierte Lichtpuls könnte jedoch auch die Amerikaner zum Eröffnen des Atomkrieges gegen irgendeinen Gegner veranlassen. Die Wirkung der gleichen überkommenen Information ist also in beiden Fällen eklatant verschieden. Dennoch besteht die oben erwähnte klare Beziehung zwischen Wirkung und Information.

5 Dabei gilt also: $(dw/dt) = (dw^*/dt^*) = \omega = \text{const}$. Hierbei wäre die Größe ω, nämlich die spezifische Wirkungsentfaltung in jedem natürlichen Geschehen je Zeiteinheit, als ein generelles Charakteristikum des allgemeinen Naturwaltens zu sehen. Die natürliche Zeiteinheit t^* müßte demnach in jeder angemessenen Naturbeschreibung entsprechend der lokal realisierten spezifischen Wirkungsentfaltung dw pro dortigem, herkömmlichem Zeitintervall dt für jede Stelle des Universums eigens festgelegt werden, derart daß $(dw/dt)\,(dt/dt^*) = \omega$ gilt. Somit müßte dann für die natürliche Zeit gelten: $t^* = (1/\omega) \int (dw/dt)\, dt$. Das würde dann aber automatisch bedeuten, daß, auf die Basis eines natürlichen Vergleichs gebracht, die Zeit in einem System, welches eine hohe spezifische Wirkrate besitzt, langsamer vergeht als in einem System mit niedriger spezifischer Wirkrate. Es ergäbe sich damit also eine strukturspezifische Zeitzählung oder ein strukturspezifischer Zeitfluß.

6 Dies geschieht, indem man als Ausdruck des Gesamtverhaltens die Summe $K = \sum L_i$ der positiven Lyapunov-Funktionen L_i bildet und darin dann ein geeignetes integrales Maß für die Nichtlinearität des Systemverhaltens oder seine Anfälligkeit gegenüber äußeren Störeinflüssen gewinnt. Diese Summe nennt man auch die »dynamische Entropie« des Systems, weil in ihr eine aus der Evolutionsneigung des Systems herkommende Tendenz zu systemeigener Entropieproduktion ausgedrückt wird. Nach der Vorstellung von Ilya Prigogine spielt die dynamische Entropie »K« die entscheidende Rolle für die Erzeugung von innerer Information, die dem System bei seiner Evolutionsbewegung zuwächst. Die dynamische Entropie bestimmt nämlich gerade die Rate der inneren Informationsbildung, was sich mathematisch in folgender Form ausdrücken läßt: $(dI/dt) = K(I) = \sum L_i(I)$. Hierbei wird die Entwicklungsfreudigkeit oder die evolutive Schubkraft K des Systems selbst als eine Funktion der systeminhärenten Information I angesehen. Letzteres geht zusammen mit unserer früheren Feststellung, daß die spezifische Wirkrate $(dw/dt) = (1/i)\,(dI/dt)$ eines Systems von dessen Reifegrad oder Strukturierungsgrad und damit von seiner inhärenten Information abhängt. In der linearen Instabilitätsphase in der Nähe stabiler Zustände ist die Schubkraft K eine systemtypische Konstante K_0, und es ergibt sich somit der folgende lineare Zusammenhang zwischen Informationsgewinn ΔI und Zeitinkrement Δt: $\Delta I = (I - I_0) = K_0(I)\,(t - t_0)$. Hieraus erkennt man, daß solche Systeme in gleichen Zeitabschnitten bei unterschiedlichen Schubkräften $K_0(I)$ unterschiedliche Zuwächse an innerer Information I realisieren, wenn man die Zeitmessung dabei in einem externen System vornimmt, um einen Vergleich herzustellen. Der hierbei jeweils maßgebende Wert $K_0(I)$ entzieht sich im Einzelfall durchaus nicht der Bestimmbarkeit. Bei vielen Nichtgleichgewichtssystemen läßt er sich so zum Beispiel theoretisch nach inzwischen entwickelten Standardmethodiken explizit ermitteln. In anderen Fällen, in denen diese

Vorgehensweise nicht möglich ist, läßt er sich häufig experimentell ermitteln, indem man an entsprechenden Nichtgleichgewichtssystemen Zeitserien von Meßwerten bestimmter evolutionsrelevanter thermodynamischer Parameter aufnimmt wie zum Beispiel den Teilchenfluß, den Wärmefluß oder das Mischungsgefälle zu aufeinanderfolgenden Zeitmomenten.

Noch eine weitere Beziehung läßt sich in dieses Evolutionsspiel mit einbeziehen: die Beziehung zwischen systemimmanenter Information und dem zugehörigen Phasenraumvolumen eines makroskopischen Systems. Dieser sogenannte Phasenraum bezeichnet einen sechsdimensionalen Überraum, aufgespannt aus Ortskoordinaten und Impulskoordinaten des Systems, in dem sich jeder mikroskopische Geschehensbestandteil des makroskopischen Systemgeschehens als ein sechsdimensionaler Punkt unterbringen läßt. Zum Beispiel ließen sich sämtliche Atome eines gaserfüllten Volumens aufgrund der ihnen zukommenden Orte und Impulse als Punkte in diesem Phasenraum anbringen. Alle diese Punkte lassen sich von einer Einhüllenden umschließen und definieren sodann ein endliches Phasenraumvolumen ΔV_{ph}, welches den momentanen Zustand dieses Systems charakterisiert. Für den Fall eines Gasvolumens, in dem keine Stöße vorkommen, in dem alle Gasatome vielmehr nur freie Hamiltonsche Bewegungen ausführen, sagt uns das bekannte Liouvilletheorem der Gaskinetik, daß es auch im Zuge der Weiterentwicklung eines solchen Systems zu keiner Änderung des systemeigenen Phasenraumvolumens kommen würde, daß hier hingegen stets $\Delta V_{ph}(t) = \Delta V_{ph,0}$ gelten würde. Wenn aber das makrophysikalische Geschehen in einem solchen System von nicht-Hamiltonschen, stochastischen und stoßbestimmten Mikrobewegungen auf der Atomebene getragen ist, so verändert sich das zugehörige Phasenraumvolumen mit der Entwicklung des Systems in der Zeit. Man bestätigt hierbei eine überaus interessante Beziehung zwischen diesem aktuellen Phasenraumvolumen $\Delta V_{ph}(t)$ und dem zugehörigen Informationsgehalt $I(t)$ eines Systems, gegeben durch die folgende einfache Relation:

$$\Delta V_{ph}(t) = \Delta V_{ph,0} \exp (+ I(t)) \ .$$

Diese Relation besagt: Das vom System in jeder Entwicklungsphase eingenommene Phasenraumvolumen vergrößert sich exponentiell mit der systemimmanenten Information $I(t)$ und geht im Gleichgewichtsfall, dem die Information $I_0 = 0$ zugesprochen werden muß, auf sein systemeigenes Minimum $\Delta V_{ph,0}$ zurück.

Wenn man zwei gleichwertige Systeme »1« und »2« miteinander vergleicht, die jedoch auf unterschiedlicher Entwicklungsstufe stehen, ausgedrückt durch Informationsgehalte I_1 und I_2 und Schubkräfte $K_1(I_1)$ und $K_2(I_2)$, so läßt sich das zugehörige Phasenraumvolumen des Systems »2« auf die Entwicklung des Phasenraumvolumens des Systems »1« beziehen, und es ergibt sich dabei: $\Delta V_{2,ph} = \Delta V_{ph,0} \exp (K_1 \tau)$, mit $\tau = t\ (K_2/K_1)$. Das besagt aber, daß sich beide Phasenraumvolumina völlig gleich verhalten, wenn wir sie nur in einer geeignet definierten Eigenzeit τ des jeweiligen Systems beschreiben. Wenn hier einem Beispiel zuliebe einmal angenommen werden soll, daß die Schubkraft K_2 des Systems »2« kleiner als diejenige K_1 des Systems »1« ist, so verlangt diese Eigenzeitnormierung also, daß sich das System auf einer relativ zum System »1« gedehnten Zeitskala mit $t_2 = t_1 \circ (K_2/K_1)$, also langsamer entwickelt.

10. Kapitel: Die adaptierte und transformierte Zeit

1 Wenn wir hier in dem obigen Beispiel statt der realen Eigenzeit τ wiederum eine noch andere, diesmal imaginäre Zeitkoordinate einführen wollten über $\tau' = i\,\tau$, mit »i« als der imaginären Einheit, so erhielten wir gar für die gleiche Kreisbahnbewegung des Planeten nunmehr als alternative Darstellung: $x(\tau') = \mathrm{Re}\,[R \exp(\tau')]$; $y(\tau') = \mathrm{Im}\,[R \exp(\tau')]$. Hierbei bedeuten Re[ ] und Im[ ] den Realteil und den Imaginärteil einer komplexen Funktion, nämlich der Exponentialfunktion mit dem imaginären Argument τ'. Bei monotonem Wachstum der imaginären Zeit τ' resultiert also in dieser Darstellung ein monotones Wachsen des Argumentes der Exponentialfunktion, wodurch sozusagen äußerlich der periodische Charakter der Planetenbewegung zunächst einmal verschleiert wird, obwohl alle Darstellungen mit den Zeitkoordinaten t, τ und τ' letzten Endes alle gleichwertig sind. Dennoch kann man sich fragen, welches die angemessenste Zeitkoordinate für die Beschreibung des hier vorliegenden Bewegungsablaufes ist.

2 Es tritt eine asymptotische Form der Bewegung ein, die einfach nach der Gleichung $x(t) = 1/\sqrt{2\beta t}$ verläuft. Diese Gleichung beschreibt eine sehr eigentümliche Art von Bewegung, die man skaleninvariant nennt. Wissen wir nämlich, daß sich der gemäß dieser Gleichung bewegte Körper zu einer bestimmten Zeit t_1 an der Raumstelle x_1 befindet, und fragen uns sodann, wo derselbe Körper sich wohl befinden mag, wenn die doppelte Zeit $t_2 = 2\,t_1$ verstrichen sein wird, so beantwortet sich diese Frage einfach entsprechend der oben erwähnten Lösung durch: $x(2\,t_1) = x(t_1)/\sqrt{2}$! Das heißt aber nichts anderes, als daß Orte und Zeiten der Bewegung zueinander korreliert sind, derart daß gilt: $x(t)\sqrt{t} = x(t_1)\sqrt{t_1} = \mathrm{const}$! Wenn man die Zeit also um irgendeinen Faktor α anwachsen läßt, also etwa von t_1 auf αt_1, so wird der dazugehörige Ort $x(\alpha t_1)$ einfach dadurch gewonnen, daß man den Ort $x(t_1)$ um den Faktor $(1/\sqrt{\alpha})$ verkleinert. Das eigentliche Geschehnisphänomen, also die Erscheinungsform eines Prozeßablaufes, wird demnach durch die Wahl der Maßeinheiten für Distanzen und Zeiten ganz erheblich beeinflußt. Wenn wir dabei verkoppelte Metrisierungsvorschriften für Raum- und Zeitstrecken benutzen, so lassen sich zum Beispiel selbstähnliche Evolutionsprozesse wie ein dauerhafter Zustand beschreiben.

3 Wir stellen uns vor, daß die Beschleunigung von β auf die Reisegeschwindigkeit v_0 dadurch erreicht wird, daß β eine entsprechende Potentialdifferenz $\Delta\Phi = v_0^2/2$ im Gravitationsfeld durchfällt und dabei genau seine Reisegeschwindigkeit erreicht. Dann befindet sich die Uhr von β aber jetzt, wie wir schon vorher erörtert haben, auf dem Niveau einer Uhr, die gegenüber der Uhr von α sich nach der erfolgten Beschleunigung auf Reisegeschwindigkeit um $\Delta\Phi$ tiefer im Gravitationsfeld befindet, wo ihr Eigentakt demnach auf $\tau'_\beta = \tau_\beta \exp(-\Delta\Phi/c^2) \cong \tau_\beta \sqrt{1 - (v_0/c)^2}$ verkürzt werden muß. Dieser verkürzte Takt hebt die für α sich ergebende Zeitdilatation zwischen den einzelnen Herzschlägen von β nun gerade auf, und es ergibt sich kein Paradoxon mehr, es ergibt sich aber auch kein unterschiedliches Altern der Zwillinge.

4 Es ergäben sich dann keine geschlossenen Keplerbahnen mehr, sondern nur noch ellipsenähnliche Bahnen, bei denen sich die typischen Bahnelemente wie die Perihellage,

also die Lage des sonnennächsten Bahnpunktes, die mittlere Hauptachse und die Exzentrizität mit der Zeit verändern. Für das so verkomplizierte Keplerproblem der Planetenbewegung bei gegebener Zeitveränderlichkeit der Gravitationskonstante G läßt sich allerdings auch dann eine interessante Lösung finden, indem man die Planetenbewegung nicht in der unadaptierten Außenzeit einer außerhalb des Sonnensystems befindlichen Normaluhr taktet, sondern in einer der G-Veränderlichkeit adaptierten Zeit τ. Schreibt man die beiden Newtonschen Gesetze, durch die die Planetenbewegung um die Sonne beschrieben wird, auf diese adaptierte Zeitkoordinate τ um, indem man die folgende Transformation zwischen der äußeren Normalzeit und der Eigenzeit τ benutzt:

$$\tau(t) = \int_{t_0}^{t} \sqrt{G(t)/G_0}\, dt \ ,$$

wobei G_0 der Wert der Gravitationskonstanten zu einer bestimmten Zeit t_0 sein soll, so zeigt sich, daß dann das verkomplizierte Keplerproblem in erster Ordnung wieder integrabel wird und Keplerellipsen als Lösungen liefert, nämlich dann, wenn man Terme von der Größenordnung des Verhältnisses von Umlaufszeit τ_r zur Periode τ_G der G-Veränderlichkeit vernachlässigt. Berücksichtigt man solche Terme der Größenordnung (τ_r/τ_G), so läßt sich das Problem dann als Keplerbewegung um eine Zentralmasse darstellen, auf die eine störende Schubkraft einwirkt. Eine solche Störkraft hat jedoch dann die Wirkung, daß die vom Planeten eingeschlagene Momentanellipse sich dreht und ihre Hauptachse sowie Exzentrizität verändert. Beim Merkur kennt man ja tatsächlich dieses Phänomen der Perihelwanderung seiner Ellipsenbahn. Den nicht durch Einwirkung der Gravitation der anderen Planeten im Sonnensystem bedingten Anteil dieser Wanderung glaubt man jedoch durch allgemein-relativistische Effekte über die Einsteinschen Feldgleichungen angemessen zu erklären. Wie man sieht, könnte diese Wanderung aber auch durch die Veränderung der Gravitationskonstante bedingt sein, die die Einsteinsche Feldtheorie nicht berücksichtigt.

5 Zur Charakterisierung der Kraftverhältnisse im atomaren Größenbereich läßt sich das Verhältnis Γ_{micro} zwischen der elektrischen und der gravitativen Kraft heranziehen, die zwischen dem Proton und dem Elektron eines Wasserstoffatoms wirken. Dabei ergibt sich die Zahl $\Gamma_{micro} = (e^2/G\, m_e m_p) = 2.4\ 10^{39}$! (Hier ist e = Elementarladung, G = Gravitationskonstante, m_e = Elektronenmasse, m_p = Protonenmasse). Bildet man zum anderen das Verhältnis Γ_{macro} aus dem Weltdurchmesser und dem Atomdurchmesser, so ergibt sich dabei eine Zahl $\Gamma_{macro} = (S_o/R_B) \cong 10^{40}$ (wo $S_o = c/H_o$ der Weltdurchmesser ist, gegeben durch das Reziproke der Hubblekonstanten $H_0 \cong 50$ km/s/Mpc, und wo R_B der Bohrsche Atomradius ist, der Halbmesser des Wasserstoffatoms). Man kommt also erstaunlicherweise bis auf einen geringfügigen Unterschied in der Vorzahl, den man außerdem leicht der Ungenauigkeit in der Kenntnis der Hubblekonstanten zuschreiben kann (30 km/s/Mpc $\leq H_o \leq$ 90 km/s/Mpc!), auf dieselbe riesige Zahl.

6 Das kann man eventuell nutzen, um eine kosmische Weltzeit τ_0 einzuführen, die für alle im Universum ablaufenden Prozesse dann gleichermaßen als Außenzeit verpflichtend sein würde. Nach Ernst Mach könnte diese Zeit τ_0 dann kosmisch global über den jeweiligen globalen Informationsgehalt I des Universums und über seine die aktuellen Struk-

turierungen betreibenden und beschreibenden Lyapunov-Funktionen K(I) dargestellt werden, und zwar über den Zusammenhang $\tau_0 = \int (1/K(I))\, dI$. Wenn alle heute gängig benutzten Normaluhren über ihre aktuellen PEP-Perioden mit dieser Weltzeit ständig im Einklang bleiben sollten, so müßte das nicht als ein kausales Einwirken des Ordnungszustandes im Universum auf jede einzelne Normaluhr empfunden werden, sondern könnte im Machschen Sinne als das Einwirken des kosmischen Ganzen auf die PEP-Perioden-definierenden »Fundamentalkonstanten« der Physik in einer Weise verstanden werden, die den Gleichlauf mit der kosmischen Weltzeit τ_0 gewährleistet.

11. Kapitel: Sind Zeit und Geschehen diskontinuierlich?

1 Von zwei unterscheidbaren Zuständen W_1 und W_2 zu sprechen ist nur dann überhaupt sinnvoll, wenn zwischen diesen Zuständen ein Wirkungsunterschied von mindestens $\Delta W = | W_1 - W_2 | \geq \Delta W_0$ liegt. Wenn wir demnach einen Zeitpunkt t_1 festlegen wollen, zu dem das Teilchen am Orte x_1 ist und die Energie $E(t_1)$ repräsentiert, so können wir dem mit diesem Teilchen und seiner Bewegung einhergehenden Geschehen erst dann wieder einen neuen Zeitpunkt $t_2 = t_1 + \Delta t$ zuordnen, wenn zwischen diesen beiden aufeinanderfolgenden Zeitpunkten, t_1 und t_2, mindestens die Elementarwirkung ΔW_0 realisiert worden ist. Wenn wir von nichtrelativistischen Teilchen ausgehen oder wenigstens annehmen können, daß die Teilchengeschwindigkeit sich während der Zeit Δt der Realisierung eines Wirkungsquantums kaum ändert, so läuft diese Forderung einfach darauf hinaus, daß sich $\Delta t_i = h/2\, \pi\, E\, (t_i)$ ergibt und damit der erlaubte Zeitschritt von der momentanen Teilchenenergie abhängt. Die für eine solches Teilchen minimal zulässige Zeitrasterung im Moment t_i fordert also ein von der momentanen Gesamtenergie $E = E(t_i)$ des Teilchens abhängiges Rasterungsintervall.

2 In der Hochenergiephysik gilt als ein heiliges Dogma, daß man um so höhere Energien benötigt, je mikroskopischer man die Struktur der Materie untersuchen möchte. Das hängt damit zusammen, daß Teilchen im Bild der Quantentheorie auch als Wellen anzusprechen sind und daß man mit solchen Teilchen, die bestenfalls über der Dimension einer solchen Wellenlänge zu lokalisieren sind, eben nur solche Strukturen analysieren kann, deren Größe größer als die charakteristische Wellenlänge dieser Teilchen ist. Diese mit Materiestrahlen irgendwelcher Teilchen der Masse m verbundene DeBroglie-Wellenlänge ist nun mit dem Impuls p dieser Teilchen über die Beziehung $\lambda_{DeBroglie} = h/p$ verknüpft. Bei verschwindendem Impuls der Teilchen wird diese Wellenlänge also beliebig groß, bei wachsendem Impuls andererseits wird sie immer kleiner. Da der Impuls eines relativistischen Teilchens nun mit dessen Gesamtenergie E über die Beziehung: $p^2 = (E/c)^2 - (m_0\, c)^2$ zusammenhängt, wo m_0 die Eigenmasse des Teilchens bezeichnet, wird klar, daß die Wellenlänge von bewegten Teilchen nur durch Erhöhung von deren Energie kleiner gemacht werden kann. Steht jedoch in einem physikalischen System nur eine Höchstenergie von E_{max} überhaupt zur Disposition, so wird die Existenz einer dadurch automatisch vorgegebenen Minimallänge über die Beziehung $L_{min} = \lambda_{DeBroglie}\, (E_{max}) \cong hc/E_{max}$ sofort ersichtlich.

Denken wir an den gesamten Kosmos, so leuchtet ein, daß die in ihm manifestierte Gesamtenergie wohl als endlich groß gelten kann, womit für diesen Kosmos unmittelbar die Existenz einer für ihn spezifischen Minimallänge nachgewiesen wäre. Das heißt aber, daß kleinere Distanzelemente für die Beschreibung eines solchen Kosmos auch keinen Sinn mehr machen können, weil es in keinem Falle hierfür eine Beobachtungsrelevanz geben kann. Durch die naturgegebene Existenz einer Minimalwellenlänge ist bei elektromagnetischen Strahlungsphänomenen dann auch gleichzeitig die Existenz einer Maximalfrequenz über $\nu_{max} = c/\lambda_{min}$ festgelegt. Damit löst sich dann gleichzeitig auch ein sehr gravierendes Problem der Quantenelektrodynamik, welches bei der Berechnung der Energiedichte des elektromagnetischen Feldvakuums auftritt. Wie man in entsprechenden Darstellungen dieses Sachverhaltes durch Rafelsky und Müller (1988), Fahr (1989, 1992) oder Genz (1993) erfahren kann, ergibt sich hierbei, daß die spezifische Energiedichte des Grundzustandes des elektromagnetischen Feldes oder des fluktuierenden Feldvakuums mit der dritten Potenz der Frequenz ansteigen sollte, so daß die Summe über alle Energieanteile dieses Grundzustandes demzufolge mit der vierten Potenz der maximal möglichen Frequenz ν_{max} des elektromagnetischen Feldes ansteigen sollte. Wenn es also keine feste Obergrenze der Frequenz gäbe, so würde dies bedeuten, daß der Grundzustand des elektromagnetischen Feldes eine unendlich große Energie repräsentieren müßte. Nunmehr sind aber Gründe sichtbar geworden, eine kleinste Länge sowie ein höchste Frequenz für naturgegeben zu halten.

Aus diesem Grunde entschließt sich der Physiker August Meesen, die Konsequenzen der Existenz einer solchen Minimallänge für die physikalische Naturbeschreibung einmal genauer auszudenken. In seinem hochinteressanten und sehr spekulativen Artikel in »Philosophie der Naturwissenschaften« zum 13. Wittgenstein-Symposium macht er dem Leser zunächst einmal schnell klar, daß die Einführung einer solchen Länge in jedem Falle kolossale Konsequenzen für die von der Physik zu leistende Naturbeschreibung haben muß – wie klein auch immer sich diese Länge schließlich erweisen mag. Ob man nun diese Elementarlänge L_0 über die Plancklänge ($L^2 = hG/c^3 = 4\ 10^{-35}$ m), über den klassischen Elektronenradius ($R_e = e^2/m_ec^2 = 2.87\ 10^{-15}$ m) oder über die DeBroglie-Wellenlänge $L_{min} = hc/E_{cos}$ des Universums einführt, in jedem Falle ergeben sich durch sie völlig neue Verhältnisse zum Beispiel für die Raumzeitgeometrie und die in ihr erfaßbare Physik.

3 Diese Wellenfunktionen erlauben dann ihrerseits eine probabilistische Interpretation, indem das Quadrat der komplexwertigen Funktion ψ die jeweilige Aufenthaltswahrscheinlichkeit des beschriebenen Teilchens wiedergibt. In der kontinuierlichen Wellenmechanik kann der Erwartungswert des Ortes eines solchen Teilchens dann üblicherweise über das folgende Integral erhalten werden: $< x\,(t) > = \int x \mid \psi\,(x,\,t) \mid^2 dx$. Wenn die Raumzeitkoordinaten jedoch selbst quantisiert sind, läßt sich sinnvollerweise nur an den Ecken des Raumzeitgitters mit einer von Null verschiedenen Wahrscheinlichkeit überhaupt ein Teilchen erwarten, an allen anderen Orten kann das Teilchen ja von vornherein nicht auftauchen, und somit ergäbe sich nunmehr der Erwartungswert dieses Teilchens, anstatt aus einem Integral, aus der folgenden Summe über diskrete Beiträge: $< x(t) > = \sum x_i \mid \psi\,(x,\,t) \mid^2$, wenn $x_i = i\ L_0$ ist.

Dies hätte nicht allein zur Folge, daß das Newtonsche Bewegungsgesetz anders, nämlich nicht als eine Differentialgleichung für die kontinuierliche Ortsveränderung in der

Zeit, geschrieben werden müßte, sondern auch, daß praktisch alle anderen in der Physik standardmäßig benutzten Gleichungen eine neue Formulierung erfahren müßten. In der relativistischen Quantenmechanik beschreibt man so zum Beispiel die kraftfreie Bewegung eines Teilchens mit einer Wellengleichung, der Klein-Gordon-Gleichung, welche mathematisch gesehen eine partielle Differentialgleichung zweiter Ordnung darstellt, gegeben in der Form:

$$\delta_x^2 \psi - \delta_{ct}^2 \psi = (2 \pi m_0 c/h) \psi .$$

Aus dieser Gleichung gewinnt man dann mit Hilfe der allgemeinen Form der Wellenfunktion leicht die bekannte Energie-Impuls-Beziehung relativistischer Teilchen in der schon vorher angegebenen Form: $(E/c)^2 = p^2 + (m_0 c)^2$. Das Quadrat der Energie eines freien Teilchens hängt danach linear mit dem Quadrat seines Impulses zusammen. Bei Existenz einer Minimallänge und eines Raumzeitrasters als Basis der Beschreibung von freien Teilchen kann die Klein-Gordonsche Differentialgleichung aber nun nicht mehr die angemessene Beschreibung liefern. Vielmehr müssen angesichts der verlorenen Kontinuität in Raum und Zeit anstelle der Differentialquotienten sogenannte Differenzenquotienten als Basis der Formulierung dienen, in denen die Änderungen der Wellenfunktion ψ über endlich großen Raumintervallen und endlich großen Zeitintervallen formuliert werden. Aber diese Intervalle kann man nun, wenn man angemessene Physik machen will, nicht wie in einem mathematischen Grenzwertprozeß auf Null schrumpfen lassen, weil dies sinnverletzend wäre. Ein solcher Grenzwertprozeß würde die Beschreibung zwangsläufig »widernatürlich« werden lassen. Es ergibt sich also die Notwendigkeit, für die relativistische Bewegung freier Teilchen analog zur früheren Differentialgleichung nunmehr eine Klein-Gordonsche Differenzengleichung zweiter Ordnung als Beschreibungsmittel zu verwenden.

Man könnte meinen, daß dies nur eine formale Änderung in den Gleichungen bedingen würde, jedoch stellt sich schnell heraus, daß die Lösungen dieser neuen Differenzengleichung zweiter Ordnung einen ganz neuartigen Bezug zwischen Teilchenenergie und Teilchenimpuls verlangen, nach A. Meesen gegeben durch die Gleichung:

$$\sin^2 (\pi L_0 E/hc) - \sin^2 (\pi L_0 p/h) = (\pi L_0 m_0 c/h)^2 !$$

Hierin drückt sich jetzt eine periodische Abhängigkeit des Impulses von der Teilchenenergie aus, die nur für sehr kleine Ruhemassen m_0 wieder in die frühere lineare Beziehung zwischen beiden Größen übergeht. Führt man außerdem die Minimallänge L_0 hier wieder über die DeBroglie-Wellenlänge des Gesamtkosmos durch $L_0 = h/cM_{cos}$ ein, so ergibt sich aus der obigen Beziehung für ein Teilchen mit der Masse M_{cos} des gesamten Universums, daß ein solches Teilchen nur den verschwindenden Impuls $p = 0$ besitzen kann und also ruhen muß. Ein solches Teilchen markiert somit zwangsläufig das Ruhesystem des Kosmos.

Ähnlich interessante Konsequenzen lassen sich unter den konsternierenden Gegebenheiten einer Raumzeitquantisierung für die Spezielle Relativitätstheorie, und hier speziell für die Lorentztransformationen, deduzieren, die den Bezug der Ereigniskoordinaten eines bestimmten Inertialsystems zu denjenigen eines anderen Inertialsystems regeln. Im Interesse der angemessenen Darstellung der Tatsache, daß sich das Licht, beziehungsweise allgemeiner gesagt – die elektromagnetische Strahlung, in allen Inertialsystemen gleichermaßen ausbreitet, war schon zu Beginn dieses Jahrhunderts klargeworden, daß sich alle Koordinaten eines physikalischen Ereignisses bei einer Übertragung von einem in ein anderes Intertialsystem einer Transformation unterziehen müssen. In zwei zueinander bewegten Systemen sind nicht nur die Ortskoordinaten, sondern auch die Zeitkoordinaten gleicher physikalischer Ereignisse verschieden. Dasjenige Gleichungssystem, wodurch dieser Umstand im Sinne der Speziellen Relativitätstheorie richtig ausgedrückt wird, nennt sich bekanntlich das System der Lorentztransformationen. In ihm wird formuliert, wie sich die Raum- und Zeitkoordinaten physikalischer Ereignisse von einem in ein anderes Inertialsystem übertragen lassen. Insbesondere ergibt sich dabei, daß Zeit- und Raumintervalle sich bei der Übertragung von einem zum anderen Inertialsystem nicht invariant transformieren, das heißt, ihnen werden ungleiche, geänderte Intervalle im anderen Referenzsystem zugeordnet. Der in einem bestimmten Ruhesystem in einer bestimmten Raumrichtung abgebildeten Minimallänge L_0 wird so zum Beispiel in jedem anderen System, das sich parallel zu dieser Raumrichtung bewegt, eine kontrahierte Länge L'_0 zugeordnet. Außerdem wird dieser Minimallänge in jedem anderen System überdies auch noch ein Zeitintervall zugeordnet, wobei die zugeordneten Intervalle in einer kontinuierlichen Weise von der Relativgeschwindigkeit zwischen dem Ruhesystem und dem jeweils anderen System abhängen. Nun entsteht dadurch aber ersichtlich ein gravierendes Problem, wenn es eine Raumzeitquantisierung gibt, verbunden mit einer Matrix von möglichen Ereignispunkten in der Raumzeit, die in den Ecken eines Raumzeitgitters angeordnet sind.

Wenn dieses Gitter mit den herkömmlichen Mitteln der Speziellen Relativitätstheorie transformiert wird, so geht es ersichtlich nicht in das entsprechende Ruhegitter eines anderen Systems über, sondern die Übertragung führt zu einem schiefwinklig verzerrten Gitter, in dem die Gitterabstände alle von der Elementarlänge abweichen. Das läßt klar erkennen, daß eine neue Form der Lorentztransformationen für die Spezielle Relativitätstheorie gefunden werden muß, wenn in einer angemessenen physikalischen Beschreibung der Natur auf die Raumzeitquantisierung Rücksicht genommen werden soll. Die sich unter diesen Umständen ergebenden Transformationen sind im Gegensatz zu den bekannten Lorentztransformationen von nichtlinearer Natur. Sie sind zwar in ihrem Typus recht kompliziert angelegt und verlangen zudem eine völlig neue Deutung, sie sollen aber, weil sie einfach nur das Produkt einer vielleicht verfrühten Spekulation darstellen könnten, deshalb hier nicht weiter diskutiert werden. Sie sind jedoch ohne weiteres als gültige Transformationsbeziehungen aufstellbar und zeigen somit, daß das Konzept der Raumzeitquantisierung durchaus mit dem so gewichtigen Äquivalenzprinzip der Speziellen Relativitätstheorie vereinbar ist.

4 Immer aber hängt dabei die Wirkungseffizienz der einzelnen beitragenden Wellenteile von der Phase der zugeordneten Wirkungswellen ab. Es zeigt sich, daß diese vom Wegintegral der Wirkung abhängt, also von der auf dem jeweiligen Weg aufaddierten Wirkung. Bei Photonen hängt die Wirkung von der Photonenenergie und dem genommenen Lichtweg ab, der in einer bestimmten Zeit durchlaufen werden kann. Somit hat blaues Licht ein höheres Wirkintegral als rotes, auch wenn es denselben optischen Weg nimmt und diesen wegen gleicher Geschwindigkeit in gleicher Zeit zurücklegt, weil die Energie

E_{blau} der blauen Photonen höher als die E_{rot} der roten ist und deshalb die Wirkung der ersteren $W_{blau} = E_{blau} \int ds/c$ größer als die $W_{rot} = E_{rot} \int ds/c$ der letzteren ist.

Daher ergibt sich auch klar verständlich, daß die gleiche Anordnung von Lampe, Platte und Detektor bei vorgegebener Plattendicke D unterschiedliche Reflexionsverhältnisse für blaues bzw. rotes Licht ergibt. Variiert man also die Plattendicke, so schafft man sich allein dadurch einmal einen guten Blaulichtreflektor, ein andermal, bei einer anderen Dicke, einen guten Rotlichtreflektor.

Literatur

Abbot, L. (1988): The problem of the cosmological constant, Spektrum der Wissenschaften, Juli 1988, S. 92–99.

Arp, H. C. (1987): »Quasars, Redshifts and Controversies«, Interstellar Media, Berkeley, California.

Arp, H. C. (1993): »Der kontinuierliche Kosmos«, Mannheimer Forum 1992/1993, Boehringer Mannheim, hrsg. von E. P. Fischer, S. 113–175.

Audretsch, J., und Mainzer, K. (Hrsg.) (1988): »Philosophie und Physik der Raumzeit«, Mannheim.

Breuer, R. (Hrsg.) (1993): »Immer Ärger mit dem Urknall«, Reinbek bei Hamburg.

Bowyer, T. H. (1984): Derivation of the blackbody radiation spectrum from the equivalence principle in classical physics with electromagnetic zero-point radiation, Physical Review D, 29/6, pp. 1096–1098.

Crawford, H. J., and Greiner, C. H. (1994), The search for strange matter, Scientific American, Jan. 1994, pp. 58–63.

Davies, P. C. W. (1977): »The physics of time asymmetry«, Berkeley, California.

Deppert, W. (1994): PEP Systeme in Physik und Biologie, in: »Das Rätsel der Zeit«, hrsg. von H. Baumgärtner, Freiburg.

Dressler, A. (1988): Astrophys. Journal, Vol. 329, pp. 519–523.

Dressler, A., Oemler, J., Gunn, P., and Butcher, K. (1993): Astrophys. Journal Letters, Vol. 404, L 45.

Dürr, H. P. (1991): Wissenschaft und Wirklichkeit: Beziehung zwischen Weltbild der Physik und der eigentlichen Welt, in: »Geist und Natur«, hrsg. von H. P. Dürr, Berlin.

Fahr, H. J. (1974): »Raumzeitdenken – Zwangsvorstellung Unendlichkeit«, Zürich.

Fahr, H. J. (1988): The growth of rationalism in our concepts of the physical nature, Interdisciplinary Science Reviews, Vol. 13 (4), pp. 357–373.

Fahr, H. J. (1989): The modern concept of »vacuum« and its relevance for the cosmological models of the universe, Philosophy of Natural Sciences, Vol. 17, Proceedings of the Wittgenstein Symposium, Kirchberg/Wechsel, Hölder-Pichler-Tempsky, Wien, ed. by P. Weingartner and G. Schurz, pp. 48–60.

Fahr, H. J. (1989a): Der Begriff des Vakuums und seine kosmologischen Konsequenzen, Naturwissenschaften, Band 76, S. 318–321.

Fahr, H. J. (1990): The Maxwellian alternative to the dark matter problem in galaxies, Astronomy and Astrophysics, Vol. 236, pp. 86–94.

Fahr, H. J. (1992): »Der Urknall kommt zu Fall: Kosmologie im Umbruch«, Stuttgart.

Fahr. H. J., and Loch, R. (1991): Astronomy and Astrophysics, Vol. 246, pp. 1–9.
Fahr, H. J. (1994): Die Erde im Kosmos, in: »Lob der Erde«, hrsg. von P. Gordan, Salzburger Hochschulwochen 1993, Wien.
Fahr, H. J. (1994): Zeit in Natur und Universum, in: »Zeitbegriffe und Zeiterfahrung«, hrsg. von H. M. Baumgartner, Band 21 der Reihe Grenzfragen, Freiburg.
Fahr, H. J. (1994): »Kosmologie in der Wissenschaftlichen Kontroverse: Neue Horizonte zum Verständnis des Weltganzen«, Mannheim 1995.
Geller, M. J., and Huchra, J. P. (1989): Mapping the universe, SCIENCE, Vol. 246, pp. 897–903.
Genz, H. (1994): Etwas und Nichts, in: Mannheimer Forum 1993/94, hrsg. von E. P. Fischer, S. 127–198.
Genz, H. (1994): »Die Entdeckung des Nichts: Leere und Fülle im Universum«, München.
Hawking, S. (1988): »Eine kurze Geschichte der Zeit«, Reinbek bei Hamburg.
Himmelmann, N. (1976): »Utopische Vergangenheit«, Berlin.
Hodge, P. (1993): The extragalactic distance scale, Sky & Telescope, Oct. 1993, pp. 16–20.
Hogan, C. J. (1994): The cosmological conflict, NATURE, Vol. 371, pp. 374–375.
Hoyle, H., and Narlikar, J. V. (1974): »Action at a distance in Physics and Cosmology«, San Francisco.
Hoyle, F. (1990): The nature of mass, Astrophysics Space Science, 168, pp. 59–88.
Janich, P. (1993): Philosophie der Zeitmessung, in: »Philosophie und Physik der Raum-Zeit«, hrsg. von J. Audretsch und K. Mainzer, Mannheim.
Kanitscheider, B. (1993): »Von der mechanistischen Welt zum kreativen Universum«, Darmstadt.
Lerner, E. J. (1991): »The Big Bang never happened«, London.
Meesen, A. (1989): Is it logically possible to generalize physics through space-time quantization, in: »Philosophy of Natural Sciences«, 13th Wittgenstein Symposium, Hölder-Pichler-Tempsky, Wien, pp. 19–48.
Mittelstaedt, P. (1989): »Der Zeitbegriff in der Physik«, Mannheim.
Narlikar, J. V. (1989): Noncosmological redshifts, Space Science Reviews, Vol. 50, pp. 523–614.
Prauss, G. (1993): Die innere Struktur der Zeit als ein Problem für die formale Logik, Zeitschrift für Philosophische Forschung, Band 47, S. 543–558.
Prigogine, I. (1991): Die Wiederentdeckung der Zeit in der Natur, in: »Geist und Natur«, hrsg. von H. P. Dürr, Berlin.
Prigogine, I. (1993): Zeit, Entropie und Evolutionsbegriff in der Physik, in: »Klassiker der Modernen Zeitphilosophie«, hrsg. von W. C. Zimmerli und M. Sandbothe, Darmstadt.
Rafelsky, J., und Müller, B. (1985): »Die Struktur des Vakuums«, Frankfurt.
Rees, M. J. (1978): Origin of the pregalactic microwave background, NATURE, Vol. 275, pp. 35–37.
Sandage, A., and Tammann, G. A. (1975): Astrophys. Journal, Vol. 197, pp. 265–274.
Saunders, W., et al. (1991): The density field of the local universe, NATURE, Vol. 349, Jan. 1991, pp. 32–38.

Soucek, T. V. (1988): »Ungleichheit vom Uratom zum Kosmos: Das Schneeflockenprinzip«, München.
Stonier, T. (1991): »Information und die innere Struktur des Universums«, Berlin.
Tammann, G. A. (1987): The cosmic distance scale, in: »Observational Cosmology«, IAU Symposium 124.
Treumann, R. A. (1992): Redshifts and intrinsic time, Astrophys. Space Science, 198, pp. 71–77.
Turner, M. S. (1993): Why is the temperature of the universe 2.726 Kelvin?, SCIENCE, Vol. 262, pp. 861–866.
Tully, R. B., and Fisher, J. R. (1977): A new method of determining distances to Galaxies, Astron. Astrophys., Vol. 54, pp. 661–673.
deVaucouleurs, G. (1975): »Stars and Stellar Systems – 9«, Chicago, Illinois.
Weinberg, S. (1989): The cosmological constant problem, Reviews of Modern Physics, Vol. 61/1, pp. 1–20.

Namenregister